阿嘉島／ヒズシビーチ photo：北島清隆

沖縄県全人口…1,469,628人
（2024年1月1日現在／2023年2月1日より518人増）
沖縄県全体面積…2282.5
沖縄本島面積…1,208.53
●沖縄県統計課☎098-86

JN065079

伊平屋島 P.91
野甫島
具志川島
伊是名島 P.90
屋那覇島
（屋我地大橋orワルミ大橋）
古宇利大橋
古宇利島 P.93
屋我地島
伊江島 P.86〜
本部
水納島 P.93
瀬底島 P.93
（瀬底大橋で行ける）

※ヨロン島は、奄美群島の島ですが、海の雰囲気が沖縄に似ており、沖縄からも行きやすいので、本誌では、長年沖縄と一緒に取り上げています。

沖縄本島 P.36〜

金城町石畳道（那覇市首里）photo：呉屋博典

粟国島 P.93
渡名喜島 P.93
入砂島
久米島 P.80〜
北谷
那覇
座間味島 P.73〜
阿嘉島 P.78〜
ケラマ諸島
伊計島 P.93
宮城島 P.93
津堅島 P.93
久高島 P.93

渡嘉敷島 P.67〜

本島周辺の島々 P.66〜
慶良間諸島・大東諸島
ヨロン島 含む

北大東島 P.92
大東諸島
南大東島 P.92

※大東諸島は実際はもっとはなれています。（那覇空港より南大東島まで約360km）

田中一村記念美術館
奄美大島で晩年暮らした一村の作品を常時展示。高倉をイメージした外観もいい。
用安ビーチ（奄美大島・笠利町）
奄美リゾートばしゃ山村のレストランテラスより

犬の門蓋（いんのじょうふた／徳之島・天城町）
浸食された隆起珊瑚礁の見事な景観

※奄美群島は美しい海と自然の見所も多くおもしろい！

（マルエー／マリックス）（鹿児島）
P.222〜
（羽田・成田・伊丹・関西・福岡・鹿児島）
奄美大島 P.164〜
（鹿児島）
（鹿児島）
（奄美海運）
P.223〜
名瀬
喜界島

（那覇からの便のみ）
加計呂麻島 179（宿泊）
（かけろま）
請島 P.179（宿泊）
（うけ）
与路島
（鹿児島）

鹿児島県
奄美群島 P.163〜

奄美大島、徳之島は、沖縄本島やんばる、西表島と並び2021年7月、世界遺産に登録されました。

奄美大島は羽田から直行飛行機便もあり便利。鹿児島からは各島へも飛んでいる。

又、フェリーが鹿児島、奄美大島、徳之島、沖永良部島、ヨロン島、沖縄（本部と那覇）を結んでいます。／船の沖縄・奄美交流割引（P.223）を利用して、沖縄から行く船旅は圧倒的に安くてお得。沖縄と合わせて、奄美群島の旅も計画してみては？

徳之島 P.180〜
平土野
亀徳

沖永良部島 P.186〜
和泊
（鹿児島）
知名
（鹿児島）
（那覇）

※奄美群島は奄美大島より南の8島。沖縄のような雰囲気を持っています。沖縄との位置関係は、ヨロン島の位置関係で、おおよその距離をつかんでください。P.163も参照。

ヨロン島 P.94〜
（奄美群島の島）
（那覇）

（沖永良部島・知名町）鹿児島県の天然記念物
ラメキがとっても美しい、全長600m

沖縄本島
本島周辺の島々
ケラマ諸島・大東諸島・ヨロン島含む
宮古諸島
八重山諸島
奄美群島
飛行機・船
宿泊情報

沖縄・離島情報 2025
C O N T E N T S

最近、浦添市の「国立劇場おきなわ」で組踊を見るのにはまっている。組踊は世界無形文化遺産。琉球の文化のすごさを実感できる（写真/国立劇場おきなわ/演目「銘苅子」より）情報はP.64参照

地図にも載っていないマヤロックの滝 誰もいないし、コーヒーは飲むむ、千載一遇のタイミング

馬と走ろう与那国マラソン

おめざめマングローブストレッチ（星野リゾート 西表島ホテル/宿泊者無料）無料でいろんなプログラムがある中でも、これはホントに気持ちいい。

本を購入いただいた方にしか教えたくない、希少なランチありマス 限定10食、週末のみ（奄美大島・宇検村）

「穴場」と断言していいと思う沖永良部島 見所いっぱいでめちゃ楽しかった。写真は半崎で見た「イソノギク」。可愛すぎてテンション爆上がり。旅行体験記はP.190〜参照

沖縄の気候

●沖縄は、亜熱帯気候です。近海を黒潮が流れる暖かい海に囲まれているため、年間の温度差が小さく、冬でも17度前後の暖かさ（風が強いと体感温度が下がる）です。夏は日差しが強いのでとても暑いイメージがありますが、最高気温は31〜32度位です。梅雨は平均して5月連休明けから6月の後半頃までで、パッと降ってパッと晴れることも多く、むしろ2月頃の方が雨が続く日があります。抜けるような青空が続いて見られるのは、梅雨明けから7月中旬くらい。この時期の晴れの日は海、空、雲の色が最高です。4月には初夏が訪れ、盛夏が10月まで続き、1月にはもう桜（緋寒桜）が咲き始めます。

奄美群島について

●奄美群島も亜熱帯気候区域で、年間通して暖かですが、雨が多く、そのおかげで自然豊か。急な冷え込みや真夏の日差しよけや冷房対策にも気をつけて、長袖は持っていきましょう。11月〜4月にかけては、上着（+冬場はカーディガン）も必要。秋から春にかけて平均気温は、沖縄より2〜3度低くなります。

*1991〜2020年 平均値（気象庁）		1月	2月
平均気温	沖縄 那覇	17.3℃	17.5℃
	沖縄 石垣	18.9℃	19.4℃
	東京	5.4℃	6.1℃
	奄美大島 名瀬	15.0℃	15.3℃
沖縄 季節		冬	
沖縄 天候		小雨や曇りがちの日	
沖縄 服装		風の強い日や夜は体感温度がかり低くなるので厚手の上着が	

12月、大石林山でリュウキュウコスミレを見る。
冬にスミレの花を見られる喜びと、リュウキュウと
名前につくものを見るのと、ダブルで嬉しい

ダイビングライセンス講習中に超かわいいウミガメと
逢えました！（渡嘉敷島）
写真：シーフレンド
ライセンス取得体験レポーター：藤巻美琴

最近「みき」を飲むために、「みき作り」を学ぶために宮古島に
行く人が出現中。沖縄・奄美の伝統発酵飲料「みき」を
飲みにあなたもめんそーれ。（写真：「来間島みき」砂川葉子）

西表島に行ったら、カヌーで滝に行ったり、
SUPで滝に行ったり、ボートでシュノーケリング
に行ったり、ボートで釣りに行ったり
サイコーな海でダイビングしたり、とにかく
アクティブに遊ぶ、そんな島ですね西表島
（写真：西表島風車）

奄美大島と徳之島だけにいる
特別天然記念物アマミノクロウサギは
なんと、ツアーで見られます

西表島と言えば、いくつもの滝に行く
ツアーが人気だ。川筋には宝石のような
蝶が群れて給水しており、人が
近づくと一斉に飛び立つが、静かに
しているとまた同じ場所に集まってくる。
こんなのを眺めていると、全然飽きないね。
仲良川にてミカドアゲハの群れ
《星野リゾート西表島ホテルのツアーにて》

3月	4月	5月	6月	7月	8月	9月	10月	11月	12月
19.1℃	21.5℃	24.2℃	27.2℃	29.1℃	29.0℃	27.9℃	25.5℃	22.5℃	19.0℃
20.9℃	23.4℃	25.9℃	28.4℃	29.6℃	29.4℃	28.2℃	26.0℃	23.6℃	20.5℃
9.4℃	14.3℃	18.8℃	21.9℃	25.7℃	26.9℃	23.3℃	18.0℃	12.5℃	7.7℃
17.1℃	19.8℃	22.8℃	26.2℃	28.8℃	28.5℃	27.0℃	23.9℃	20.4℃	16.7℃

春	初夏	梅雨	盛夏	夏	残暑	秋	初冬
やや安定した天気		じめじめ	一番天気が安定	蒸し暑い	台風が多い！		

長袖のシャツや薄手のカーディガンで
一枚脱げるようにしておくといい

日焼け、冷房対策に薄手の長袖の服が
あれば便利

朝晩は涼しくなるので薄手の
ジャケットや上着が必要

小浜島の超絶景サウナ

取材：窪田和人

適温の水風呂。こだわりの冷却装置付。

サウナポンチョを羽織って海風に吹かれる。
この至福感はんぱなし。

季節に合せたサウナドリンクやフード付き。この時はシークヮーサーモクテルが。

最強インパクトのサウナ体験

八重山諸島初のバレルサウナ、絶景海風（うみかじ）サウナ、体験してみました。

なにこれ、まじ絶景・・・

サウナの海側は透明になっていて、海だけが見える。2時間なんて入れるかなーと思ってたけど、1日じゅうでもいけそう。

10分入ったら、ウッドデッキの水風呂（冷却装置付）に1分入り、リクライニングチェアでサウナポンチョを着て海を見ながら休憩。

ハーフタイムにもってきてくれるスペシャルドリンクも堪能し、そのほかにも冷水、塩分摂取の飴などフリー。

完璧整ったぜ!

今回の100日間の旅でもっともインパクトのあった体験。この2時間味わうために一年頑張れそう。

*現在販売されている内容は、「絶景パッションフルーツサウナ」(2024/3/1～5/31) 2時間1組3名まで30,000円（星野リゾートリゾナーレ小浜島宿泊者対象）、予約制。パッションフルーツ香のロウリュあり。料金に含まれるもの：サウナ利用料、パッションフルーツと生ハムのサラダ、パッションフルーツモクテル。時期により、企画、料金体系等変化する。

あれこれサービスしてくれるのは、全国のサウナを渡り歩いたというサウナースタッフの河藤寛人さんが感じい〜い。サウナの醍醐味について語り合いたい。

西表島ナイトツアー体験

取材：窪田和人

絶滅危惧種のヤシガニ。かなり巨大だった。

ガジュマルの実をもぐもぐ食べるヤエヤマオオコウモリ

あのエコツーリズムリゾートの星野リゾート西表島ホテルがまた画期的なことをやり始めた。宿泊予約を最低2泊からにしたのだ。つまり、「西表島に来るなら最低2泊はしてください」、「夕方から夜明けまでの西表島、面白いところだらけなんですよ」というアピール（ナイトタイムエコノミーと称す）なのだ。なんと、素晴らしい！僕も西表島には、そのくらい本腰で行ってほしい。そしてナイトツアーも体験してほしい！と常々思っているのである。

ホタルだけじゃない夜の生き物

西表島のナイトツアーといえば、3〜4月頃の「ヤエヤマボタル」が最も有名で、自分も何度も参加したが、毎回感動する。そして、今回の「ジャングルナイトウォーク」はまた格別に素晴らしかった。

カクレイワガニ、通常の印刷では表現できないビビッドな紫色を実際見てみてほしい。

案内してくれたガイドの香山さんは、学生時代コウモリの調査をしていたこともあり、10〜11月頃限定で「ヤエヤマオオコウモリもぐもぐウォッチングツアー」というマニアックなツアーも開催している。そのツアーではなかったのだが、運良くナイトツアー中にヤエヤマオオコウモリのもぐもぐシーンにも出会え感動した。

全部言えないすごすぎる内容

長年島で暮らす、生き物の研究者だからこそわかる、ヤマネコその他の生き物の生態に関する話がリアルすぎて、超コーフンした。生き物好きな人の好きさ具合が伝わってきた。

このホテルは森と海に囲まれた立地で、静かな集落に隣接し、普通に車で行き来する道路沿いでもある。

【重要ポイントのひとつ】世界遺産に登録されている西表島では、ガイドは許可制。ツアーガイドは「竹富町観光ガイド免許証」を携帯する必要がある。お客さんから求められたら提示する必要があるってことね。写真はガイドしてくれた香山さん。超音波探知機を使用して、なんのコウモリか識別できるというオタク。

ホテルの敷地内含む歩いてすぐのフィールドでかなりの種類の生き物が見られた。西表は、身近に自然と触れられるのがすごいところね。

ということで、今回は「西表島のツアーガイドは許可制になっている」ということと、「西表島は泊まって夕方〜朝も楽しもう」ということをメインにお伝えしました。

【データ】ジャングルナイトウォーク
20:00〜21:30、4,500円（星野リゾート 西表島ホテル宿泊者限定）、7歳以上、定員6名（最少催行人数1名より）

ガイドしてくれた堀之内辰朗さん

Drip coffee while looking at the waterfall

誰もいない滝まで歩いて、コーヒーを淹れて一服する。これが夢だったね。あちこちで給水する蝶の群れや、西表独特な植物の姿態に驚いたり、苔むした岩に咲く小さな花を眺めたり、初めての滝で。

幻の

滝見コーヒー。西表島でやりたかったこと。

スローなハイキングツアー

「マヤロックの滝へジャングルスローハイキング」というツアー。

マヤロックの滝は今まで行ったことがなかったし、「スローハイキング」という楽しそうな名前にひかれて気軽な気持ちで参加してみた。

車を停めた所やら、ユツン川の川筋にところどころタイワンキチョウが群れになっていて、めちゃきれいだった。スタートからテンションMAX。ミカドアゲハやイシガケチョウ、黒いアゲハチョウも一緒に吸水・乱舞していて、なんとも「浮世離れ」な光景。

そしてこの日は、贅沢なことに参加者が僕一人。勝手なペースで歩いたり立ち止まったりできて、滝見コーヒーもごく稀に時間に余裕がある時だけの幻メニューだって。千載一遇のラッキーチャンスだった！

みんなでわいわいと滝に飛び込んだりするのもいいけど、のんびり歩いてのんびり一服。僕にとってこれが最高の時だった。（取材：窪田和人）

【データ】西表島ホテル（宿泊予約後に申込）
マヤロックの滝へジャングルスローハイキング
9:00～12:30、13:30～17:00　8,000円
所要時間／3時間半（トレッキング：片道約45分）定員6名（最小催行人数1名より）
対象／10～65歳
含まれる内容／フェルトブーツ・防水バッグ（5L）・バックパック（非防水）・雨具（雨天時）

↑タイワンキチョウ
乱舞のようす

巨大な豆「モダマ」の木。大迫力のつる性植物

タイワンキチョウ。多い時は何十頭も花が咲いたように黄色く群れていた。

大石林山へ行く

優れものの音声ガイド。ストレスなく説明が聞けて so good

取材：窪田和人

ガジュマルカーテン。ガジュマル森林コースは、何本もの巨大なガジュマルがあり大迫力。

そこに行くだけで、自然の姿に圧倒される景観。「神々しい」ってこういうことだね、と思える場所の力。沖縄本島に行ったら毎回訪ねたくなる。
今回は新しく導入された「音声ガイド」を使って歩いてみた。

何回も訪れている大石林山、「音声ガイド」を聞きながら回ってみた。

僕は、「スピリチュアルガイドツアー」が何度参加しても一番感動するな、と思っていたので、それ以上のものなんてある？と半信半疑だったのだが、結論として「これは価値がある！」と思った。どこが!?

それは、地図を見ながらガイドポイントで音声を聞くと、大石林山の魅力がわかりやすい！そして、自分たちのペースでじっくり回れるところがいい！居心地が良くて気持ちいい場所にずっといてもいいし、植物や生き物の写真を撮ったり自由に時間を使える。疲れたら一旦精気小屋パーラーでカフェ（ランチ）タイムを過ごしてから再出発してもいい。

美ら海展望台コース、奇岩・巨岩コース、ガジュマル森林コース、バリアフリーコースとほぼ全部を回って3時間ぐらい楽しめたよ。

【データ】大石林山　国頭村字宜名真1241　9:30〜17:30（16:30最終受付）、大人1,200円、小人600円、シニア1,140円。音声ガイドレンタル1,000円。

精気小屋のぜんざいと、月桃の葉をたっぷり使った「杜のタピラ焼き」をいただく。ヤギ汁も名物。

石灰岩むきだしの岩山の遠望もすごいが、立ち並ぶ尖った岩の間を歩くと、その普通じゃない雰囲気がより強く身に迫ってくる。

住宅街に突如現れる宜野湾市大山のターンム畑。
どぅる天が食べたい、ムジ汁が飲みたい、なんて言うあなたはきっと沖縄病。沖縄に来るまでは存在さえ知らず、来てからその魅力を知って虜になるタイプの食材かも。
沖縄初めてのあなたも、ターンムを探して食べてみてね。

どぅる天（酒膳 眞栄田）

もっと食べてみようよ、ターンム

牧志公設市場の城間田芋店は大山産ターンム専門店

那覇の市場でも、たまに見かける金武町産ターンム

ターンムってなぁに?

ターンムってなんだかわかる? 漢字だと「田芋」。田んぼの芋。その名の通り水田で作られるお芋。沖縄の芋といえば、紫色がきれいな紅芋のほうがスイーツ系でいろいろと有名になっちゃってるけど、それに比べてターンムは灰色。見た目もちょっと地味目だから気づかない人も多いけど、実は知らないうちにおいしいって食べてるはずだよ!

みんな大好き「どぅる天」

うちなー居酒屋さんでよく見かける「どぅる天」。衣のないコロッケみないなものが揚げて出てくる。一口食べたら。。。ナニコレ〜うま〜!でもって、なんかほっこりする〜って経験ない?

出汁の香りと独特のほんわかした香りが鼻に抜けて、今まで食べたことのない食感と不思議な味わい。

一度食べたら忘れられない、このどぅる天の中身こそが、ターンムなのだ!

で、この「どぅる」って何?! どぅる天は、もともと「どぅるわかしー」って料理があって、それをコロッケみたいに成型して揚げたもの。

どぅるわかしーを作るときターンムを出汁で炊いている時の様子が"泥

を沸かした"ようだから!という何とも食べ物としてはどうなの? 的ネーミング料理だけどその名とは裏腹に、お味は優しく、体中に染みわたるのがこの料理。

しみる「どぅるわかしー」

私がどぅるわかしーに出会ったのは、高校生の頃。かつての久米郵便局前にあった山本綾香さんのお店「穂花」でいただいたのが最初。

亡き父が沖縄へ赴任した時に、家族でこの不思議おいしい料理に出会い、ほかのお店でもメニューにあるといつも頼むようになりましたが、綾香さんのどぅるわかしーは力強く、本当においしかった!

ほかにも宮廷料理の「料亭美榮」のそれはとても上品で一口食べると心が洗われるよう。

作る人により様々な味わいが楽しめるのもどぅるわかしーの魅力。料理人の解釈がストレートに出てくる料理でもあり、今でも私はメニューにあると必ずたのんでしまう、魔性の料理なのだ。

さて、この不思議おいしい料理のもと! であるターンム。いったいどこでどんな風に育っていて、売られているのか、探っていきましょう(^o^)。

ターンムの2大名産地は

ターンムといえば宜野湾市大山と金武町というのが2大名産地。まずは、私も仕入れるときに必ず行く、牧志公設市場の城間田芋店。ここは宜野湾市大山産の上質なターンムが手に入るお店です。でも、無い時は無い!(←これは沖縄で暮らすにあたっ

仲良し伊芸ご夫妻

丸々と太ったターンム収穫!

水が張ってあるのがターンムの水田

大山田芋生産組合会長石川さん、熱く語る。

牧志公設市場の城間田芋店は大山産ターンム専門店

てはほぼ常識といってもいいフレーズ。無い時は無いしある時はある。ターンムに限らずね)

　芋類は、植物検疫で県外持ち出しが禁止されてるけど、それは生の芋の場合。ターンムは収穫したら必ず蒸して火を通してから出荷されるから、大丈夫!

　だから市販されているターンムは、県外持ち出しもOKだし、なんならそのまま食べられるよ!(皮はむいてね)

　そしてターンムは田んぼの芋というだけあって、水田で作っています。

湧水で作られるターンム

　水田といえば湧水がある地域ということで、大山も金武町もどちらも豊富な湧水がある土地。今から10年ほど前、大山のターンム畑を見学させてもらったことがあります。車でそばを通過しては「周りは住宅地なのに、ここだけ青々としたターンムの葉が揺れる畑が広がっていていいなぁ」といつも見ていたのですが、見るたびにその青々が少しずつ減ってススキが生えているのが目立つようになってきたんです。ちょっとそれが気になって、実際畑に行ってみると・・・

ターンム畑を歩いてみると

　あぜ道をガイドさんと歩くと、車窓から眺めている時にはわからなかった水中の小さな生き物がたくさんいたり、鳥や昆虫がいっぱいいたり、そこだけ別世界が広がっていました。

　こんこんと湧き出すカー(湧泉)の水は冷たく、昔は那覇の水道水にも

使われていたくらい水量も豊富。

　以前は稲を育てる水田でしたが、1960年代から換金作物としてターンムを育てるようになったのだとか。

　でもやっぱり、ススキも目立ちます。(つまりターンムを育てなくなり放置された畑にススキが生える)

　そのあたりのことを、今回は大山田芋生産組合の石川会長さんに畑を案内していただきながらお話を伺ってきました。

　石川さんは会長を17年なさっている生き字引的存在。すべてのデータが頭に入っていて、数字がすらすら出てくるのでびっくり。大山ターンム愛をつよーく感じます(^-^)。

　しかし、10年ぶりの大山ターブックワー(田んぼ)は、さらにススキが幅を利かせ、ターンム畑の方が少ない!? これはちょっとショックでした。ここまで減っているとは。。。

　そういえば、市場の城間田芋店も、私が自分の店を始めた25年前、シーズンの冬にはたくさん積まれていて選び放題でした。

キャンプハンセンGATE1前にあるリカモカカフェの人気メニューは「むるターム」。ターンム好きには外せないスイーツ

　そばではおばさんが、爪を真っ黒にしながらムジ(ターンムの茎、ずいき)の皮をぴーーーっと器用に剥いている光景は、ごく当たり前の市場風景でした。

　そう、私の大好きだった公設市場界隈は、この四半世紀の間に全く以前の面影がなくなってしまったのです。今は市場界隈のおばさん達もほとんど引退しちゃったし、公設市場もこぎれいな建物に替わり、周りに出ていたアジアの香りがする島野菜系屋台的売り場もすっかり消えてしまい、田芋店も「毎週金曜には入荷予定」みたいな感じで品薄感満載。うーーん、これはどうしたものだろう。

出荷まで手がかかるターンム

　ターンム生産者がここまで減ってしまったのは様々な理由があるそう。生産者の高齢化や、家族の介護などの年代になっていること。またターンムはほかの野菜とちがって、収穫してすぐは出荷できないんです。

　あくが強いので、いったん蒸し、そしてようやく出荷する。重量もあるので、大変な仕事。そして普天間基地から流出した消火剤による風評被害。さらにコロナ禍での消費量激減、、、。

子孫繁栄の象徴、スター食材

　もともとターンムは沖縄の行事料理には欠かせない作物で、周りにたくさんの子芋ができることから子孫繁栄の象徴でもあり、行事料理には欠かせないスター的食材だ。

　でも、お正月だろうと清明だろうとお盆だろうと容赦なく「集まるのを自

もしかして一番おいしい? 田芋の唐揚げ
（飯塚家食卓より）

インターリンク豊川あさみ社長と統括シェフの
息子さん。ターンム料理やお菓子を絶景の金
武湾を見ながら楽しめるカフェレストラン長楽。

那覇空港国際線と国内線の間（ゆいにちストリート）にあ
るインターリンクさんの直営店

粛」させられた県民は、集まれない
ならクワッチー（ごちそう）も作らな
くなり、もともと最近は外注に頼って
いた行事料理もさらに家庭で作らな
くなり、、、

　でも石川さんたちは、大山のター
ンムをもっと子供達にも知ってもらお
う、愛してもらおうと出張授業をした
り、畑で体験学習をしたりと頑張って
いらっしゃいます。そして地元の大
山小学校の制服はターンムの緑色の
葉っぱの色なんだって(^o^)。子供の
ころから地元を代表するターンムを
誇りに思って育ってくれれば、きっと
またあの青々としたターンム畑が増
えてくるかもしれないよね!

名前が秀逸「金武タームくん」

　さて、一方の金武町はイメージキ
ャラクターに、ターンムの妖精「金武
タームくん」を任命するくらいのター
ンム推し。

　そして金武のターンムと言ったら
インターリンクさんでしょう! もともと
金武町の銘酒「龍」の酒蔵でもあり、
ターンム料理の「カフェレストラン長
楽」や、ターンム入りチーズケーキな
どが有名な会社です。

　ここのチーズケーキはとってもお
いしくて、那覇空港にも常設店があ
るので、お土産にもおすすめ。社長
の豊川あさみさんに紹介していただ
いた農家・伊芸さんの畑を見学させ
ていただきました。

金武のターンム畑を見学

　伊芸さんは、もともと金武町ご出身
ですが、若いころ兵庫でお仕事をな

さっていた徳次郎さんと兵庫出身の
妙子さんのおしどり夫婦。ご結婚後
沖縄に戻り、ベテランターンム農家
でもある徳次郎さんのお兄さんに弟
子入りしました。

　今では「徳次郎さん妙子さん夫妻
のターンムしか買わない」という熱
烈なファンがたくさんいる生産者さ
んとなりました。

　そういう方は、大切なお友達にお
歳暮としてターンムを贈るのだそう。
お話を聞いていると、もはや「芋」と
いうより、高級フルーツのマンゴー
みたいな扱いになっている!

今や高級食材ターンム

　芋というから安価なイメージだけ
れども、大きな台風だと葉がやられ
て、実が大きくならないし、害虫もし
っかり駆除しないとだめだし、本当
に手がかかる作物で、さもありなん。

　そして、行事料理以外にも、スイ
ーツとしてのポテンシャルがすご
い。

　伊芸さんのお嬢さんは、ご両親の
ターンムや、ご親戚の生産する果物
の規格外品などを使ったスイーツの
お店「並里みるく堂」を経営なさって
います。ここでも人気は冬のターン
ムスイーツ。

　ターンムは、沖縄を含むアジアで

なかとみ菓子店の田いもパイ

採れる「パンダンリーフ（ニオイアダ
ン）」の香りがほのかにして、お菓
子にするにはぴったり。

　さらに癖がなくねっとりとした食感
もあんこ系にしやすいので、可能性
は無限大。そんな「田んぼのマンゴ
ー」ターンム、もっと探してみない?

　私が大好きなお菓子はなかとみ菓
子店の「田いもパイ」。マニアはお
店まで行って揚げたてを頬張るんだ
とか(≧∀≦)。公設市場近くのお餅
屋さんで見かける「田芋チョコバー
ガー」もハマるよ!（どんなお菓子か
気になるでしょ）ムジを使った「ムジ
汁」っていうお味噌汁も絶品よ〜

　これはターンムに限らずだけど、
みんながもっとターンムを食べれば
生産量も上がってくるわけだから、
今度沖縄に来たらぜひターンム料理
やターンムスイーツ、いろいろ食べ
てみてね(^▽^)/

取材・写真・飯塚みどり プロフィール
東京小石川出身の元カメラマン。
那覇市松尾、まちぐゎー（市場）の隅っこで、人気料理
店「お肉とチーズ界のてだこ亭」を営むオーナーシェフ。
沖縄の飲食業界でただ一人のフランスチーズ鑑評騎
士の称号を持ち、沖縄の上質な味を追求する。
県産チーズ量り売りとクラフトビールの持ち帰り店「泡
とフロマージュ」も絶賛営業中!

金武町のキャラクター
金武ターム君

ようこそ
金武町へ

カベルナリア吉田 Presents

竹富島・黒島・波照間島

歩いてヘルシー！

沖縄健康さんぽ

文&写真：カベルナリア吉田

珊瑚の石垣と白砂が敷き清められた道（竹富にて）

　あろはー！　俺いつも沖縄の島を歩いて周っているんだけどさ、けっこうな距離を歩くんだよね。そしてふと思ったわけ。いったい何歩くらい歩いて、どんだけカロリーを消費しているのかなって。

　そんでもって最近はやりのスマートウォッチ、歩数やカロリーを計測してくれるじゃん。とゆーわけでスマートウォッチを装着して八重山の島々を歩いてみたよ。どれくらい歩いたかって？それは読んでみてのお楽しみ〜。

足が砂にめりこむ。ここちいい〜！（黒島にて）

● カベルナリア吉田
1965年北海道生まれ、早稲田大学卒。読売新聞社ほかを経て2002年からフリー。沖縄と島を旅する紀行ライターだけど、最近は故郷の北海道も攻略中。最新刊は『秘境駅で途方に暮れた』（イカロス出版）。
著書多数…『アイヌのことを考えながら北海道を歩いてみた』（ユサブル）、『ニッポンのムカつく旅』（彩流社）、『何度行っても変わらない沖縄』（林檎プロモーション）、『新日本エロい街紀行』『狙われた島』（アルファベータブックス）、『突撃！島酒場』『肉の旅』『絶海の孤島』（共にイカロス出版）、『沖縄の島へ全部行ってみたサー』（朝日文庫）、『沖縄・奄美の小さな島々』（中公新書ラクレ）など。
趣味はレスリング・バイオリン、料理。乙女座O型。

歩かないと見えないモノってあるね
竹富島

　石垣島から高速船で10分、まずは竹富島に上陸。歩くぞー！

　と思ったら、ほかの観光客はバスや車に乗って、あっという間にいなくなった。ポツンと取り残されるロンリーおいら、とりあえず集落に向かって歩き始める。

　さっそく道ばたに立つ「健康モデル指定地区」の碑を発見。建立の

日付は1970年3月で、50年以上も前から竹富島は健康モデル地区だったのだ。竹富は何度も行っているけど、知らなかったよ。

　集落の手前で「→新里村遺跡」の案内に従い、脇道を進む。木々に挟まれた小道に木漏れ日が注いで、蝶が舞う。気持ちいいね。

　やがて大きな亀甲墓が見えてきて、その手前に「新里村遺跡」の案内板が立っている。今でこそ周辺は森だけど、かつてここに「新里村」があったのだ。これまた知らなかった。

　そして――静かだ。俺以外に誰も

いなくて、木の葉のざわめきだけがサワサワと聞こえる。こんなに静かな竹富島は初めてだ。

　来た道を戻り、集落に向かう道を進む。ほどなく集落入口の「スンマシャー」が見えてくる。石垣をグルリと積み回したもので、病魔や凶事が集落に侵入するのを遮っているんだって。

　スンマシャーの脇を通り、集落へ。サンゴ石垣、砂を撒いた道。そして大きな石碑に「啓蒙臺（台）」の文字。これは何？

　大正8年（1919年）に建てた、高等

※スマートウォッチが記録するデータは、そんなに正確じゃないらしいから、あくまでも「目安」として参考にしてね。

赤山公園から望む集落

夕陽の名所、西桟橋

啓蒙台／大正8年築、高等小学校設立記念碑

人頭税廃止百年碑（ンブフルの丘）

*うつぐみ。竹富の基本精神「一致協力の心、賢さより「一致協力」が勝る」という意味。

うつぐみの碑（ンブフルの丘）

▲新里村遺跡の入口
◀健康モデル地区指定地区標示塔（港からすぐ）
▼集落に入る手前、外からの凶事の侵入を阻む

東のスンマシャー

地図内ラベル

- 北岬
- ビジターセンター 竹富島ゆがふ館 フナヤー跡
- 港湾ターミナル てぇどぅんかりゆし館
- ⚓竹富港
- 赤山公園 なごみの塔
- 新里村遺跡
- 西塘御嶽
- 東集落
- 健康モデル指定地区標示塔
- 西桟橋
- 西集落
- 東のスンマシャー
- コンドイビーチ
- 啓蒙台
- 郵便局
- 旧與那国家
- ナージカー（仲筋井戸）
- 仲筋集落
- 水道記念碑
- コンドイ岬
- ンブフルの丘 うつぐみの碑 人頭税廃止百年碑
- カイジ浜（星砂の浜）
- 蔵元跡
- ※行き止まり
- ※進入禁止
- 東崎
- N

小学校設立記念碑だそうだ。100年以上も前、島の学校に「高等科」があったのだ。島の子どもは勉強していたんだね。

一方で近くの建物の壁に「スナック」の文字が残っている。竹富にスナック、ちょっと意外かも。

さらに進み見どころいろいろ。大正2年（1913年）築の伝統家屋「旧與那國家住宅」、木々に囲まれ立つ「水道記念碑」。石垣で囲まれた「仲筋井戸」に「人頭税廃止百年記念碑」。歌が刻まれた「うつぐみの碑」と、碑石が立つ小高い丘は「ンブフル」。竹富島は赤瓦と石垣と水牛車のイメージが強いけど、史跡も多いのだ。

南西のカイジ浜へ向かう途中、平坦な竹富では珍しい下り坂に「急坂注意」の看板。緩い坂だけど竹富では「急」なのだろう。

カイジ浜が見えてくる。手前に立つ石碑は「蔵元跡」。「蔵元」は琉球時代の役所のことで、昔はここが島の行政の中心だった。

カイジ浜は星砂の浜として知られ、ここから海岸沿いに北上してコンドイビーチ、西桟橋を経由して集落の中心部へ向かう。「赤山公園」から赤瓦屋根が並ぶ風景を見て、水牛車が横断して、拝所「西塘御嶽」ニシトウオンへ。

16世紀にカイジ浜に蔵元を置き、八重山全域を統治した西塘さん。没後はその屋敷跡に墓がつくられ、拝所となり、島の人は折々の参拝を欠かさない。とにかく竹富島で大昔から、人が暮らしてきたのだ。

というわけで、ひと通り周って港に戻り、自販機でグアバ茶を買ってゴール。せっかく歩いたんだから、からだにいいものを飲まないとね。

そして気になる歩行距離と歩数は……。1時間43分で10.7kmを歩き、歩数は12,921歩、消費カロリーは698キロカロリー！ご飯が茶碗1杯（150グラム）で234キロカロリーだから、ほぼ3杯ぶん消費した。やったね！

小さな竹富島も、歩けばけっこうな運動量。しかも歴史を学べるし、ぜひ歩いてほしいね。

蔵元跡（カイジ浜手前）
*八重山統治最初の役所跡 初代頭職は西塘氏

西塘御嶽（集落内）
*初代頭職・西塘氏を守り神として祀ってある

牛を眺めながらさんぽ
黒島

八重山ヘルシー散歩、次は黒島へ。朝一番の船で島に向かった。

着いた。旅人も出迎えの人も少なめで、静かだ。でもこの穏やかな感じが好きなんだよね。

いつもは自転車で周るけど、今日は歩くぞー。黒島はご存知の通り、人の10倍の牛がいる「牛の島」。年に一度の「牛まつり」の会場に沿って、ホルスタイン模様の電柱が並んでいる。

そして道沿いに放牧場が広がり草を食む牛たちが……あれ、いない？出荷されたばかりか、それともコロナ禍でいなくなった？

と思ったら。

「ブモオオ〜」

いた。一列に並び、猛然と牧草を食べている。時刻は9時過ぎ、牛たちは朝ごはんタイム。それで放牧場にいなかったのだ。安心して先へ進む。

白い鳥居と並んで立つ石碑に「乾震堂」の文字。昔、島に漂着した中国の偉人を祀った場所だそうだ。

その石碑の近くに展望台があるので、上って島を見渡す。一本道がどこまでも延び、放牧場がどこまでも広がっている。ただそれだけ、でものどかで落ち着くんだよね、黒島の風景って。

引き続き一本道を歩く。朝食を終えた牛が、ボチボチ放牧場に出てきている。やがて郵便局が見えてきて、家も並びだし、集落に着いたようだ。

そして道ばたに、子どもの標語がいくつも立っている。

「100メートル走で1位になる」
「ダンスがうまくなる」

島に子どもは何人いるのかな。ワンパクでもいいから、たくましく育ってほしい。

そして「日本の道100選の碑」に行き当たる。

碑の前を通る「東筋」は100選の中の一本で、昔は砂が撒かれていたが、今はアスファルト。それでも道沿いに古い民家が並ぶ、素朴な風景は変わらない。

近くの黒島伝統芸能館には「八重山舞踊勤王流ゆかりの地」の碑が立っている。勤王流は八重山で創始された流派で「二十二の手」が特徴、創始者の「比屋根さん」は黒島で生涯を終えたそうだ。とにかく歩くと、島の歴史をいろいろ学んでしまうのだ。

朝ごはん中！夢中で食べる様子がかわいいね。

水道記念碑／1975年に西表島から水道が引かれた。

乾震堂／黒島灯台の近くから移設された。

黒島展望台／高さ10ｍ／黒島は平坦なので見晴らし最高！

黒島展望台からの眺め

東筋の集落

日本の道100選の碑

伝統芸能館の横にある

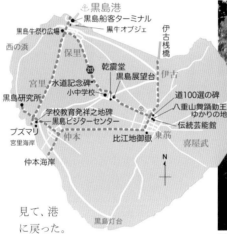

この木立を抜けると、伊古桟橋へ

比江地御嶽／島には多くの御嶽（神聖な場所）がある。

　売店で「サラダ寿司」を買い、牛と標語を見ながら進む。「インスタフォロワー100人ごえ」なんて標語も。島の子どもも今や、スマホを操っているらしい。

　木々のトンネルを抜け、伊古桟橋へ。エメラルド色の海！白砂に寄せては返す波がキラキラと輝いて、宝石のよう。一日ボーっとしていたくなるが、先へ進む。

　赤瓦の拝所「比江地御嶽」を見て、途中の放牧場では牛がまだ朝ごはん中で、さらに進むと仲本海岸。やはりエメラルド色の海、そしてフカフカの砂浜を素足で踏むと、ズボボと足がめり込む。

　気持ちいい。海岸に座ってサラダ寿司を食べながら、しばし海を眺めてボーっとした。派手な名所は少ないけど、黒島は落ち着く。

　このあとはビジターセンターで「学校教育発祥之地碑」を見て異国船を見張った「プズマリ」も見る。さらに黒島研究所の入口で泳ぐサメも見て、港に戻った。

　途中の道沿いの放牧場に、朝ごはんを済ませた牛がたくさんいて「ああ、黒島に来た」としみじみ実感した。史跡もあるけど、黒島はとにかく牛！自転車も爽快だけど、牛をじっくり眺めるなら、歩いて周りたいね。

　というわけで港に到着。歩数ほかデータは……16、820歩、歩行距離14.0km！134.5分歩き、908キロカロリーを消費、ご飯を茶碗ほぼ4杯ぶん！

　でも道は平坦で、牛を眺めていると飽きないし「そんなに歩いたかな？」っていう感じだったね。

黒島港の前のでっかい黒牛のオブジェ

T字路の突き当たりなどに設けられる魔除け、石敢當。これは大きい！

学校教育発祥之地碑（黒島ビジターセンター横）／ここに尋常小学校黒島分校があった。

プズマリ／昔、貢船や異国船を監視していた遠見台。黒島で一番高い所。

青空ときび畑の道、風景にとけてさんぽ
波照間島

波照間小中学校の塀の壁画

八重山ヘルシー散歩旅のラストは、日本最南端の有人島、波照間島へ。定期船「ぱいじま2」に乗って、揺れて揺られて1時間強、防波堤に書かれた「ようこそ最南端」の文字に迎えられ到着した。集落経由で日本最南端の碑を目指して、散歩スタート！

「どこまで行かれますか?」

おっと、歩き始めた俺の真横に車が停まり、運転席のお兄さんが乗車を誘う。「今日は歩くので」とヤンワリ断ったけど、歩いていると車が停まってくれるこの感じ、八重山だね。

道ばたに「祖平宇根之碑」。「祖平宇根」は人名で、人頭税を運ぶ船の船頭だったが、暴風雨に遭遇して中国に漂着。3年後に波照間島の風水図をもらって帰国し、波照間に道路を開通させた。

碑石に「祖平花節」の歌詞も刻まれているけど、この歌をはじめ何もかも知らなかった。いつもは自転車で通り過ぎる道だけど、歩くといろいろ発見があるね。

そして……学童慰霊碑も立っている。第二次大戦末期、波照間の島民は西表島に強制疎開させられ、マラリアで子どもを含む大勢の人が亡くなった。島の悲しい歴史だけど、知っておきたいね。

海上の外敵を見張ったコート盛（火番盛）と、日本最南端の駐在所を見つつ集落へ。小中学校の塀を、子どもたちが描いた壁画が埋め尽くしている。そして道ばたに立つ交通標語看板に「ヤマシヤマシパリョ〜」ってどーゆー意味?　「車はゆっくり走ってね」ってことかな。

さらに「ウタマンドゥ　トゥンジピコハン」これは通訳付きで、「子どもの飛び出し注意」だって。「ピコハン」が可愛いかも。

島出身の英雄・長田大主を祀る「長田御嶽」の碑を過ぎた先に、木立に挟まれ立つ南売店。飲み物を買い、店頭のベンチでひと休みして、最南端へ向かう。

集落を抜けると青空の下に一本道が延び、道沿いにサトウキビが茂る。そしてキビの向こうに波照間灯台が見えてくる。

青空と道とキビ畑、それだけ。でもなんだか気持ちよくて、風景の中に溶けてしまいそう。

最南端に到着。「日本最南端之碑」が立ち、日の丸の標石も変わらず立っている。海の向こうはフィリピンで、この日の丸を見ると「国境に来たんだなあ」と実感する。

そして断崖絶壁の高那崎に、波がドッパーンとぶつかり砕ける。最南端の海は、意外に荒々しい。

そんな感じで最南端をしばし堪能して、集落方面に戻る。途中で再び俺の真横で車が停まり「どこまで

ニシ浜はとにかく美しい！海の色、白砂のビーチ、景観も最高。

高那崎に立つ日本最南端の碑。一帯は、大海原に向かって岩場がひろがっている。

地元ことばの看板がいいね〜

ゆっくりゆっくりはしってね

ヤマシヤマシ パリョ〜

こどもが とびだす あぶない

ウタマンドー トゥンジピコハン

波照間教育会

南共同売店。お店入口横には掲示板とベンチがある。また、すぐ前の木陰にもテーブルと椅子がある。

製糖工場／島のさとうきびを昔ながらの製法で炊き上げた黒糖は大人気！

祖平宇根之碑（波照間港からすぐ）

学童慰霊碑の碑文

コート盛（高さ約4m）
琉球王朝時代の見張台

波照間ラムネと黒糖シロップ

波照間港
祖平宇根之碑
学童慰霊碑
ニシ浜ビーチ
製糖工場
コート盛
風力発電
N
波照間小中学校
富嘉売店
南共同売店
波照間灯台
長田御嶽
オヤケアカハチ生誕の地
星空観測タワー（休館中）
東屋
日本最南端之碑
高那の景勝地
高那崎

波照間灯台は島の真ん中に！

行くの？」と運転席の島のオジさん。親切で、旅人を歩かせてくれない波照間なのだ。

　製糖工場の煙突を見つつニシ浜へ。エメラルドグリーンの海と白い砂浜、まさに美ら海！　砂浜に足を投げ出しゴロゴロしていると戻りの船の時間が迫ってきた。

　港に戻り、売店でヘルシーみやげを物色。島の黒糖を買いたいと思ったら、時期が合わなくて買えず、代わりに黒糖シロップをゲット。一緒に「波照間ラムネ」も買った。シロップはアイスにでもかけようか、今から楽しみだ。

　そして歩行距離と歩数は……14.3kmを歩き17,234歩！　137分歩いて、930キロカロリーを消費した。これまたご飯を茶碗4杯ぶん！　石垣に戻ってバカ食いすると、歩いた効果がパーになるから気をつけないとね。

　というわけで島を歩くと、いい運動になり、島の細かい歴史なども学べてしまう。皆さんも島を歩いて健康になりましょー！　ただし暑い日はこまめに休んで、水分をとって、熱中症に注意してね！

波照間港を出港する船より／奥に見える島影は西表島。

南の島の
リゾートホテル

星野リゾート リゾナーレ小浜島　海上ビアガーデン

the STAR BAR

フサキビーチリゾート ホテル&ヴィラズ THE STAR BAR（石垣島）

Yoron-tou

Motobu

西海岸リゾートエリア　Nago

Onna

Yomitan

Kume-jima

Urasoe　Okinawa

Naha

Kerama-Shotou　Itoman

Okinawa-hontou

Ikema-jima

Oogami-jima

Irabu-jima

Shimoji-jima

Kurima-jima　Miyako-jima

Kohama-jima

Yonaguni-jima

Iriomote-jima　Ishigaki-jima

Taketomi-jima

Kuro-shima

Hateruma-jima

リゾートには、それぞれのスタイルがある。

広大な敷地で様々に1日遊べるリゾート。

観光や街あるきにも便利なリゾート。

プライベート感あふれる大人の隠れ家的リゾート。

あなたに合ったリゾートを探してみよう。

沖縄本島のリゾート

沖縄の中心地・那覇は、歴史、文化、食、遊びなど何でも揃っている。那覇のリゾートに泊まってじっくり歩いてみよう。また、ビーチが目の前のリゾート、南部、中部、北部観光に便利なリゾートなど…旅の目的別、遊びの日程にあわせて、選んでみよう。

那覇市 那覇の中心に位置し、伝統と格式を持つホテル

沖縄ハーバービューホテル

☎098-853-2111　　1泊朝食付ツイン ¥21,000〜

市街地の喧騒を感じさせない落ち着いた雰囲気のシティーホテル。モダンな空間と温かなホスピタリティーで穏やかなひと時を。ランチも人気のガーデンレストラン「プランタン」では、多彩なメニューをご用意。24時間使えるフィットネスルームもおすすめ!

住 那覇市泉崎2-46 **交** 空港より車で約10分、壺川駅、旭橋駅より徒歩約10分 **室** 352室／レストラン(和食・洋食・中国料理)／ロビーラウンジ／クラブラウンジ／ガーデン／プール／フィットネス／各種ショップ **IN/OUT** 14:00／11:00 **MAP** P.48B2 **P** 190台

注目ポイント 那覇の街並を望むひとときを。
クラブフロア宿泊者専用の特典クラブラウンジでは、移りゆく時間に合わせ、一日中様々なサービスを楽しめます。

10Fクラブラウンジでの朝食▶

糸満市 那覇空港から車で約20分の贅沢リゾート

サザンビーチホテル＆リゾート沖縄

☎098-992-7500　　1泊朝食付ツイン ¥13,000〜

本島最南端にある糸満市。全長約70mのガーデンプールには虹のウォータースライダーも設置。オーシャンビュー客室からは、ケラマ諸島国立公園も見え、ホテル目の前「美々ビーチいとまん」へ沈む夕日も感動的。ハーバービュー客室からは糸満市内の夜景や朝日を楽しめる。空港直結路線バス「ウミカジライナー」も便利。全室禁煙。

ホテル目の前に広がる白浜のビーチ、美々ビーチいとまんで、多彩なアクティビティが楽しめる。

ガーデンプール

ウォールアートが映える
PHOTO SPOT

夕日を望むビューバス・天蓋付ベッドで寛げる
クラウンオーシャンスイート

上階からの眺望が魅力、
プレミアムクラブ・オーシャン

住 糸満市西崎町1-6-1 **交** 空港より車で約20分 **室** 448室／オーシャンビューレストラン／プールサイドレストラン／ガーデンBBQ・プールサイドパーラー・ガーデンプール(季節営業)／インドアプール／キッズルーム／エステ／ショップ他 **IN/OUT** 15:00／11:00 **MAP** P.42A3

注目ポイント 最上階の専用ラウンジで寛ぎの時間を。
10階プレミアムラウンジでは、時間帯によるバリエーション豊富なフードプレゼンテーションが楽しめ、オーダー制のパンケーキや、こだわりの沖縄県産ハーブティもオススメ。糸満市内の景色とともに、優雅な時間を過ごせる。

那覇市 交通の便抜群のシーサイドエリア
パシフィックホテル沖縄

☎098-868-5162　1泊朝食付ツイン ¥16,350〜

パシフィックプレミアムスイート

ガーデンプール（4月中旬〜9月）

空港車約8分、国際通り約車5分。波の上ビーチ徒歩約8分。泊港にも近い好立地。ガーデンレストラン竜潭はモーニングからランチ、ディナーまで一日中ブッフェスタイルを楽しめる。コンビニ、カフェなど施設も充実。16タイプの客室は様々な利用シーンに合わせて選べる。

パシフィックタタミ・ツイン　スタンダードツイン

ガーデンレストラン竜潭

住那覇市西3-6-1　交空港より車約8分　室389室／バフェレストラン「竜潭」／「パシフィックオーシャンカフェ」／「バーハックマン」／ショップ「バキビカストアーズ」／宴会場　IN/OUT 15:00/11:00　MAP P.48A2　P約350台（駐車場無料!）

広々駐車場無料は高付加価値!

🛟ビーチ 🏊プール ♨大浴場 🍸バー 和室 🚿シャワートイレ ルームサービス ♿バリアフリールーム コインランドリー 📶Wi-Fi（一部）

注目ポイント **レンタカーステーション併設!**
ホテルロビーのカウンターでカンタン受付即貸し出し可能。レンタカー付き宿泊プランもあり。

朝食ブッフェ

那覇市 那覇市内を見下ろす天空のインフィニティ・エッジ・プールで寛ぎの時間を
ヒューイットリゾート那覇

☎098-943-8325　1泊スタンダードツイン¥15,000〜（朝食無料）

1年中利用できる全長16メートルのインフィニティ・エッジ・プール

ホテル最上階のグリルレストラン「MASAN」

国際通り近く、観光の起点に便利な立地。屋上のインフィニティープールとプールサイドバーで非日常的なひと時を楽しめる。1階のブッフェレストランと13階のグリルレストランでは、シーンにあった料理を提供。那覇の中心部にありながらリゾート感を満喫できるシティホテル。

オリジナルカクテルが楽しめるプールサイドバー「The Bar」

住那覇市安里2-5-16　交空港より車約20分、安里駅徒歩3分　室331室／屋上プール／ブッフェレストランTIIDA／グリルレストランMASAN／プールサイドバーThe Bar／ランドリールーム／アソビコンシェルジュ　IN/OUT 15:00／11:00　MAP P.53E3

🛟ビーチ 🏊プール ♨大浴場 リラクゼーション 🍸バー 和室 ルームサービス ♿バリアフリールーム コインランドリー 📶Wi-Fi（全館）

注目ポイント **約170種類の朝食ブッフェ**
沖縄料理、和食、洋食と豊富な料理が並ぶ朝食ブッフェ。宿泊者は無料。人気のハンバーガーステーションでは、40種類以上のバンズやパティ、ソースでオリジナルバーガーが作れる。活気溢れるレストランで素敵な朝食を。

那覇市 那覇の中心、都会の中の温泉リゾート
沖縄逸の彩（いつのいで）ホテル

☎098-863-8877　1泊朝食付ツイン ¥12,000〜

プールサイドではドリンクを飲みながらゆっくり過ごせる

水瓶で入る屋外の天然温泉

牧志駅から徒歩1分。那覇では珍しい屋外天然温泉＆プール（夏季限定）があり、宿泊者は無料で利用できる。朝食は沖縄出身の料理長が作る沖縄料理メインのバイキングが堪能でき、夕方にはモノ作り体験やお祭り体験等日替わりイベントが開催され、家族・カップルで楽しい時間を過ごせる。

大人1名に対して12歳以下の添い寝無料

住那覇市牧志3-18-33　交空港より車で約15分、牧志駅より徒歩1分　室201室／深層水天然温泉（屋外）／ランドリールーム／ウォーターサーバー／ドリンクサーバー／電子レンジ／朝食会場　IN/OUT 15:00/11:00　MAP P.53D3

品数豊富な朝食バイキング

🛟ビーチ 🏊プール ♨大浴場 リラクゼーション 🍸バー 和室 ルームサービス ♿バリアフリールーム コインランドリー 📶Wi-Fi（全館）

注目ポイント **ドリンク・アイスクリームが無料!**
朝10時〜夜10時までビール、ハイボール、泡盛、アイスクリームが無料で食べ飲み放題! チェックイン前でも利用できるうれしいサービス。夜8時半〜9時半の日替わり夜食ラーメンも大人気!

＊宿泊料金…消費税10％込、ツインは特に記載のない場合2名分の料金を表示しています

ようこそ、やんばるの息吹を感じる場所へ

浦添市

ホテル アラクージュ オキナワ

☎098-943-5300　1泊朝食付(2名利用時) 1名¥8,000〜

やんばるの大きなガジュマルの上でくつろぐようなステイをイメージしたシティリゾート。沖縄県産アカギのテーブル、琉球ガラスのランプなど、沖縄の自然と文化を感じられる館内。西海岸を見渡すカフェ＆ダイニング、インフィニティプールで、開放感あふれるリゾート気分を。

住 浦添市港川512-55
交 空港より車で約25分
室 120室
カフェ＆ダイニング／インフィニティプールのあるルーフトップガーデン／他
IN/OUT 15:00/11:00
MAP P.42B1

インフィニティプール

エントランス

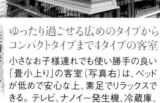

カフェ＆ダイニング

注目ポイント

ゆったり過ごせる広めのタイプからコンパクトタイプまで4タイプの客室

小さなお子様連れでも使い勝手の良い「畳小上り」の客室(写真右)は、ベッドが低めで安心な上、素足でリラックスできる。テレビ、ナノイー発生機、冷蔵庫、コーヒーマシン、他、設置。

沖縄市

那覇空港や北部観光へのアクセスも良好

オキナワ グランメールリゾート

☎098-931-1500　1泊朝食付ツイン ¥15,000〜

東海岸を望む高台に建ち、海から昇る朝日やきらめく夜景が楽しめるロケーション。どの客室も32㎡以上と、開放的な空間が広がる。宿泊客は無料で利用できるジムやサウナをはじめ、夜にはライトアップされるナイトプールも完備している。

住 沖縄市与儀2-8-1　交 空港より車で約50分、空港より無料シャトルバス有(要予約)　室 300室／ビュッフェスタイルレストラン／バーラウンジ／ショップ／屋内プール・サウナ／ジム／宴会場
IN/OUT 15:00／11:00
P 240台(無料)
MAP P.44C4

スイートタイプA

エントランスのシーサー

和室もあり　スタンダードルーム

夜はライトアップされる屋内プール

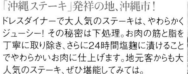

注目ポイント

「沖縄ステーキ」発祥の地、沖縄市！

ドレスダイナーで大人気のステーキは、やわらかくジューシー！ その秘密は下処理。お肉の筋と脂を丁寧に取り除き、さらに24時間塩麹に漬けることでやわらかいお肉に仕上げます。地元客からも大人気のステーキ、ぜひ堪能してみては。

西海岸リゾート

海と太陽が創り出す至福の空間

ホテル日航アリビラ

☎098-982-9111　1泊朝食付ツイン ¥48,400〜

異国情緒漂うスパニッシュコロニアル風の建物が特徴的なオンザビーチのリゾートホテル。目の前の「アリビラブルー」と称される透明度を誇る海ではマリンメニューが楽しめる。また、沖縄の食材を駆使した料理が味わえるレストランなど、極上のステイが堪能できる。

住 中頭郡読谷村儀間600
交 空港より車約70分　室 397室
レストラン(和・洋・ブッフェ・鉄板)／ラウンジ／ビーチハウス／リラクゼーションプール／屋外プール／エステティックサロン／チャペル／宴会場／ショップ MAP P.44A2
IN/OUT 15:00/12:00

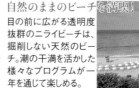

アーチが美しく連なる回廊

色とりどりの花が咲き誇るパティオ

ニライビーチ　サンセットセーリング

注目ポイント

自然のままのビーチを満喫！

目の前に広がる透明度抜群のニライビーチは、掘削しない天然のビーチ。潮の干満を活かした様々なプログラムが一年を通じて楽しめる。

グランディスタイル 沖縄読谷 ホテル&リゾート

読谷村

沖縄を美しくしなやかに遊ぶ

☎098-987-8300　https://glamdaystyle.jp

客室テラスのデイベッドで、沖縄の穏やかな風を感じながら過ごす。インフィニティープールで体を動かした後には、フリーフローのラウンジでお酒やFOODを愉しむひとときを。いつもの『沖縄』とは違う、最高にシックなGlamorous（魅力的な）DAY（1日）。

住 中頭郡読谷村字瀬名波571-1
交 空港より車約53分　室 54室／琉球DINING TASTE／BAR ZANPA※／CAFÉ LOUNGE CHILLAX※／インフィニティプール（通年）／セレクトショップ
IN/OUT 15:00／11:00
MAP P.44B2　P 35台
※バーとカフェは15:00〜21:00
フリーフロー

琉球DINING TASTE
CAFÉ LOUNGE CHILLAX

プレミアムセントラルスイート

注目ポイント
INFINITY POOL 2VISIONS
朝と夜の二つの表情をもつプールはシーズン問わず利用できる温水プール。夜はBARになり、水中に浮かぶテーブルやプールサイドでドリンクを。

ビーチ／プール／大浴場／リラクゼーション／バー／和室／ルームサービス／バリアフリールーム／コインランドリー／Wi-Fi（全館）

カフー リゾート フチャク コンド・ホテル

西海岸リゾート

東シナ海の絶景を望む高台に立つ

☎098-964-7000　1泊朝食付ツイン ¥38,000〜

リゾートの非日常を感じつつ、暮らすように寛げる空間が魅力。ホテル棟、コンドミニアム棟、アネックス棟の3棟からなる客室は全室オーシャンビューのスイートタイプで、平均70平米以上と広々。レストランやレンタル品も充実し、長期滞在でも愉しめる。

住 国頭郡恩納村字冨着志利福地原246-1　交 空港より車約50分（沖縄道石川ICより15分）室 333室／イタリアンレストラン／焼肉レストラン／テイクアウト専門店／バー／ショップ／コンシェルジュ／屋外プール／ジム他　IN/OUT 14:00／11:00
P 352台　MAP P.44C2

コンドミニアム棟プレミアムスイート

アネックス棟スイート

スパ［The Green SPA］

ホテル棟スイート

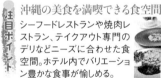
注目ポイント
沖縄の美食を満喫できる食空間
シーフードレストランや焼肉レストラン、テイクアウト専門のデリなどニーズに合わせた食空間。ホテル内でバリエーション豊かな食事が愉しめる。
琉球食材を使ったイタリアンレストラン
雄大な海を眺められる最上階の焼肉レストラン

ビーチ／プール／gym／リラクゼーション／バー／和洋室／ペットルーム／バリアフリールーム／コインランドリー／Wi-Fi（全館）

AQUASENSE Hotel & Resort

西海岸リゾート

自然と一体となれる特別な滞在体験

アクアセンス ホテル&リゾート

☎098-987-8031　1泊朝食付ツイン ¥42,000〜

2022年4月にグランドオープン。全室屋外ジェットバス付きのオーシャンビューバルコニーを備え、季節や天候に左右されず沖縄の自然を感じられる。棚田をモチーフにし、プールやガゼボが点在するアクアテラス、季節や時間によって異なる表情を見せる自然の情景が魅力。

住 国頭郡恩納村字冨着黒崎原86-1　交 空港より車約50分（沖縄道石川ICより15分）
室 77室／レストラン／ショップ／コンシェルジュ／屋外プール
IN/OUT 14:00／11:00
P 81台（無料）
MAP P.44C2

オーシャンテラスデラックスルーム

客室屋外ジェットバス
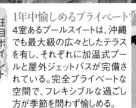
アクアテラス

注目ポイント
1年中愉しめるプライベートプール
4室あるプールスイートは、沖縄でも最大級の広々としたテラスを有し、それぞれに加温式プールと屋外ジェットバスが完備されている。完全プライベートな空間で、フレキシブルな過ごし方が季節を問わず愉しめる。

ビーチ／プール／大浴場／サウナ／リラクゼーション／バー（4〜10月）／和室／ルームサービス（一部）／バリアフリールーム／コインランドリー／Wi-Fi（全館）

＊宿泊料金…消費税10％込、ツインは特に記載のない場合2名分の料金を表示しています

西海岸リゾート

TAMARIBA (タマリバ) に、温水のプール
ルーズにすごすホテルが楽しすぎ

星野リゾート　BEB5沖縄瀬良垣

バレルサウナで冬もテンションMAX

☎050-3134-8094 (星野リゾート予約センター)　1泊1名¥9,000〜

みんながゆったり (よんな〜) 沖縄時間を過ごせるホテル。全室キッチン+オーブンレンジ+洗濯乾燥機付きで、ミニパーティーやロングステイもできる仕様。年間楽しめる屋外プールがあり、ビーチはお散歩で行ける。眠れない夜も持ち込み自由なTAMARIBAでunlimitに楽しむ。

キッチンや洗濯機も備えるデラックススイート

住 国頭郡恩納村瀬良垣1860-4
交 空港より車約60分 (高速利用)
室 105室／カフェラウンジ、プール、ジム、レンタサイクル (無料)、自動販売機、全室にキッチン・大型冷蔵庫・バルコニー付き
IN/OUT 15:00／11:00
MAP P.44C1

ガゼボ付きのプール (冬季は温水化)

注目ポイント
屋外まで広がる24時間OKの、TAMARIBAの居心地がよすぎ

TAMARIBA (タマリバ) には、ピッツァやアンティパスト、沖縄の地ビールなどを揃えた気軽でおしゃれなカフェも。しかも持ち込みOK!

[アイコン] ビーチ　プール　大浴場　エステ　カフェ　gym　バリアフリールーム　客室内ランドリー　Wi-Fi (全館)　ペットルーム

西海岸リゾート

目を閉じてもそこに感じる癒しの場所

沖縄 かりゆし
ビーチリゾート・オーシャンスパ

☎098-967-8731　1泊朝食付ツイン ¥34,000〜

かりゆしリゾートでは、8万坪の敷地に海と森が広がり、かりゆしワンダーランド8つのパークで「泊まる・遊ぶ・食べる・体験する」が充実、3つのプール、ビーチメニューも豊富。魅力あふれるリゾートスタイルを楽しめます。さらに、かりゆしファミリールームは、色鮮やかでポップで楽しい空間に生まれ変わりました。かりゆしリゾートを遊びつくそう!

フォースルーム

住 国頭郡恩納村名嘉真ヤーシ原2591-1
交 空港より車で90分
室 496室／レストラン (和洋中・焼肉・BBQ、他)／大展望風呂／スポーツジム／カラオケ／ショップ／ゲームプラザ／他
IN/OUT 15:00／11:00　MAP P.45E1

サブマリーンやんばるの海

ちむどんどん! かりゆしファミリールーム
お部屋がフォトスポット
2段ベッドスペースは潜水艦orツリーハウス
ダブルベッド1台
シングルベッド2台
シャワールーム2つ

やんばるのツリーハウス

注目ポイント

[アイコン] ビーチ　プール　大浴場　エステ　バー　fitness　バリアフリールーム　コインランドリー　Wi-Fi (全館)　ペットルーム

本部町

自然豊かなやんばる・本部エリアに
充実したマルシェも楽しめる新リゾート!

アラマハイナ コンドホテル

絶景のインフィニティプール

☎0980-51-7800　1泊朝食付 (2名利用時)1名¥12,000〜

国内外の旅行サイトでお客様から高評価を得て数々の賞を受賞。開放感あふれる全室スイートタイプ、オーシャンビューの客室はゆったりとしたロングステイ仕様。美ら海を目の前に望むインフィニティプールや展望大浴場など、充実した設備で思い思いに贅沢な時間を!

住 国頭郡本部町山川1421-1
交 空港より車で約100分
室 100室／レストラン、展望大浴場、インフィニティプール、フィットネスジム
IN/OUT 15:00／11:00
MAP P.46B3
https://www.ala-mahaina.com

オーシャンビューの展望大浴場

注目ポイント　やんばるビストロ ルアナ

ホテル内のレストランでは地元の食材をふんだんに使ったフレンチベースの無国籍料理を楽しめる。口コミで高評価の朝食も外せない。

[アイコン] ビーチ　プール　大浴場　エステ　バー　fitness　バリアフリールーム　コインランドリー　Wi-Fi (全館)

名護市 島とあそぶ 森とつながる
オリエンタルホテル沖縄リゾート＆スパ

☎0980-51-1000　　1泊朝食付 ¥24,800〜

ガーデンプールの夜は幻想的な空間に

全長170m、沖縄県内最大級のガーデンプール

やんばるに自生する植物に囲まれたクラブラウンジ

沖縄食材にこだわった料理が楽しめるブッフェレストラン
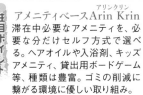

開放的なスパ。5種類のバスでリフレッシュ

　緑豊かな自然に囲まれ、全室が海を見渡すオーシャンビュー。リニューアルした県内最大級のガーデンプールは常に適温に管理され、3〜12月まで楽しめる。やんばるの森にいるような緑溢れるクラブラウンジではワンランク上の宿泊を演出。快適なホテルステイを満喫できる。

🏠名護市喜瀬1490-1
🚗空港より沖縄自動車道利用で70分　🏨361室
レストラン（ブッフェ、和食、焼肉）／プールサイドバー（季節営業）／ガーデンプール／スパ／フィットネス／ショップ／他
IN/OUT 15:00／11:00
MAP P.45E1

注目ポイント

アメニティベースArin Krin（アリンクリン）
滞在中必要なアメニティを、必要な分だけセルフ方式で選べる。ヘアオイルや入浴剤、キッズアメニティ、貸出用ボードゲーム等、種類は豊富。ゴミの削減に繋がる環境に優しい取り組み。

ウエルカムサービスのデトックスウォーターで一息。

本部町 やんばるの自然の中、身も心もリフレッシュ！
ホテルマハイナ ウェルネスリゾートオキナワ

☎0120-081-715　　1泊朝食付（2名利用時）1名 ¥6,500〜

30mプールがある中庭でのんびり南国リゾートを満喫

　沖縄美ら海水族館まで車で約5分と、本島北部観光にお薦め。オーシャンビューの広々客室でファミリーやグループにも最適。スタンダードからハイグレードまで客室も多彩。ビュッフェレストランでは地元の食材をふんだんに使用した豊富なメニューを楽しめる。

🏠国頭郡本部町山川1456
🚗空港より車で約100分
🏨263室／メインダイニング／ビュッフェレストラン／ロビーラウンジ
☆宿泊者大浴場・プール無料
IN/OUT 15:00／11:00　MAP P.46B3

注目ポイント
ファミリーに人気の和洋室
畳スペースを備えた和洋室は広々としていて、小さなお子様連れのゲストから「安心して過ごせる」と大人気。

スーペリアファミリー▶

本部町 もとぶから始まる沖縄の楽園タイム
ロイヤルビューホテル美ら海

☎0980-48-3638　　1泊朝食付（2名利用時）1名 ¥7,000〜

　沖縄美ら海水族館に一番近く、エメラルドビーチや備瀬のフクギ並木にも歩いていける絶好のロケーション。開放感たっぷりのガーデンプールや、大型のエア遊具やおもちゃが揃うキッズパークも好評。レストランでは地元の食材にこだわったビュッフェを満喫。

🏠国頭郡本部町石川938
🚗空港より車で約100分
🏨120室／レストラン／屋外プール／コインランドリー／バーベキューガーデン／ビリヤード／キッズパーク／駐車場90台（無料）
IN/OUT 15:00／11:00　MAP P.46B3

たくさんの遊具が揃うキッズパーク

注目ポイント
ファミリーに人気のワクワク客室
フルリニューアルした「オーシャン・ファミリールーム」は二段ベッドを備え、ファミリーやグループでの利用に最適。伊江島を望む眺望は圧巻です。

＊宿泊料金…消費税10％込、ツインは特に記載のない場合2名分の料金を表示しています

離島のリゾート

沖縄本島からちょっと足を伸ばして離島に行くだけで、海の色も、流れる空気も、音もゆったり感も、すべてが違ってくる。ファミリーや仲間で自然を体感しながらのんびり過ごす。海遊びもおすすめ。

 ヨロン島　海と星の美しさに酔いしれる癒し空間

プリシアリゾートヨロン

☎0997-97-5060　1泊朝食付ツイン ¥22,400〜

サンセットが絶景な兼母海岸に面したビーチリゾート。約5万m²の広大な敷地にコテージ形式の客室。1日1組限定のスイートヴィラの新設をはじめ、4ベッド以上のデラックスルーム、カップルに最適なスタンダードハリウッドツインなど多様なゲストルーム、レストラン、その他施設を全面リニューアル。

マリンレジャー、百合ヶ浜ツアー、他のアクティビティも充実し、リゾートを満喫!

新登場、テントサウナ

ミコノス広場

ビーチサイドヴィラハリウッドツイン

住 鹿児島県大島郡与論町立長358-1
交 空港より車3分 室93室／レストラン（地中海料理・炉端焼き・BBQ）／カフェ／売店／ダイビングクラブハウス
IN/OUT 15:00／10:00 MAP P.95A2 http://www.pricia.co.jp／

海一望のレストラン「アネリア」

注目ポイント ヨロンの海を満喫するアクティビティ!

● SUPガイドツアー 6,000円〜
● シュノーケルツアー 大人 4,700円〜
● 百合ヶ浜ツアー 4,400円

 久米島　イーフビーチまで徒歩1分の南国リゾート

リゾートホテル久米アイランド

www.kumeisland.com／

☎098-985-8001　1泊朝食付ツイン ¥16,000〜

デラックスツインのお部屋

久米島最大のリゾートホテル。2024年7月全客室のリニューアル完成。ダブルルームからスイートルームまで滞在目的に合わせたお部屋をご用意。広々としたプールやホテルで楽しめるアクティビティも多彩。

住 久米島町字真我里411 交 空港より車20分 室142室／レストラン／バーベキューガーデン／ラウンジ／プールサイドバーベキュー／バンケットルーム／テニスコート／グランドゴルフ場／ショップ／他
IN/OUT 15:00／11:00 P 50台
MAP P.81イーフビーチ周辺拡大図

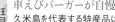

注目ポイント 車えびバーガーが自慢!

久米島を代表する特産品は車えび! ホテル内レストラン『アカバナ』では「車えびバーガーセット／スープ付き」が人気!
1,100円 ランチ営業時間11:30〜14:30

 久米島　自然に寄り添い心を解き放つ休日。

サイプレスリゾート久米島

https://www.cypresshotels.jp/kumejima／

☎098-985-3700　1泊朝食付ツイン ¥16,000〜

プレミアオーシャンフロント 全客室がオーシャンビュー

久米島の美しい海と手つかずの自然に囲まれた中で、心身共にリフレッシュ。ホテル目の前はシンリ浜。部屋で寛ぎながら青い海と水平線に沈む夕日を望める、久米島で唯一の立地。静かな時間に癒され、ゆっくりと過ごせる大人のためのリゾートホテル。

住 久米島町大原803-1 交 空港より車約3分 室84室／レストラン「瓜-カルム-」／カフェ「渚-ラ・プラージュ-」／インフィニティプール／大浴場／エステ／ショップ／ファンクションルーム、他
IN/OUT 15:00／11:00
P 80台 MAP P.81A2

注目ポイント 久米島スローフードを和洋創作料理で味わう

地元食材をふんだんに使った和とフランス料理の技を活かした料理が楽しめる。

生搾りのフルーツジュースやオリジナルのバターは絶品。

石垣島

最高のホスピタリティで、優雅に過ごす
OKINAWA KARIYUSHI RESORT
EXES ISHIGAKI
沖縄かりゆしリゾート EXES 石垣
☎0980-86-8001　https://kariyushi-ishigaki.jp

美しい南国の海を望む眺望抜群の高台に建つ。客室は全室南向きオーシャンビュー、ゆとりの58㎡、贅沢なスイートタイプで、バルコニー付。石垣島に精通したコンシェルジュが、シュノーケリングやカヤックなどの自然ツアーや文化体験など、島を楽しむ多彩なオプショナルもエスコート。

🏠 石垣市宮良923-1　🚗 新石垣空港より車10分　🛏 50室　創作ダイニングアマンダ／ガーデンレストラン（季節営業）／バー タイラ／宴会場／セレクトショップ／エステティックサロン／トレーニングジム（宿泊者無料）
IN/OUT 15:00/11:00
MAP P.118B4

デラックスルーム

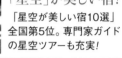
「星空」が美しい宿！
「星空が美しい宿10選」全国第5位。専門家ガイドの星空ツアーも充実！

石垣島

沖縄料理も食べられる朝食が好評！
アートホテル石垣島
☎0980-83-3311　1泊朝食付ツイン¥20,800～

市街地にあり、どこに行くにも便利なロケーション。大浴場やガーデンプール（季節営業）、眺望のよい天空カフェ、ギャラリーショップなど充実の施設・サービスで快適なホテル。

🏠 石垣市大川559　🚗 石垣空港まで車25分、離島ターミナルまで車8分　🛏 245室／レストラン／スカイバー／ウォータースライダー付プール（屋外）／大浴場／スパ・サロン／ショップ《フサキビーチ無料シャトルバスあり》
IN/OUT 15:00/11:00　MAP P.119C3

種類豊富な朝食ビュッフェ

毎晩開催！島唄ライブ

注目ポイント
広々とした大浴場「あい湯」は、超軟水を使用した柔らかい湯が特徴。サウナも完備で、島の人も集う癒やしのスポット。

石垣島

底地ビーチに向かって建つ絶景のリゾート
石垣シーサイドホテル
☎0980-88-2421　1泊朝食付ツイン¥26,400～

景勝地川平湾からすぐ、底地ビーチが目の前に広がり、ビーチ、プールまで徒歩0分！ ポリネシアンスタイル1棟1室のコテージと、ホテル館が選べる。海辺のダイニングでランチ、ディナー、BBQも。また、沖縄を代表するマンタポイントまで5分という地の利を生かした特別ツアーも楽しめる。

🏠 石垣市川平154-12　🚗 石垣空港より車40分　🛏 108室　屋外プール／マリンハウス／ツアーデスク／BBQプールサイドテラス（夏季限定）／宴会場／お土産品売店／大浴場／コインランドリー
IN/OUT 15:00/11:00　P 80台
MAP P.118A2

てぃーだ館スーペリアルーム

ホテル前のビーチ

注目ポイント
ポイントまで5分！ シュノーケルツアーで、マンタとウミガメに逢いにいこう！

*宿泊料金…消費税10%込、ツインは特に記載のない場合2名分の料金を表示しています

フサキビーチリゾート ホテル＆ヴィラズ

石垣島

豊かな自然の中、充実した施設でリゾートを満喫

☎0980-88-7000　1泊朝食付一室税込 ¥34,100〜

住 石垣市新川1625　交 空港より車35分、港まで車15分
室 398室　レストラン/プールサイドバー/屋外プール/屋内プール/ビーチステーション/露天風呂付き大浴場/スパ/ショップ/ツアーデスク/託児所/宴会場/コインランドリー　IN/OUT 15:00／11:00
P 299台　MAP P.118A4　HP https://www.fusaki.com

亜熱帯の自然に囲まれたリゾートホテル

　1kmに渡ってビーチに隣接する広大な敷地のリゾート。マリンスポーツを楽しんだり、屋内外のプール、スパ、大浴場など充実した施設で1日中、1年中楽しめる。キッズプログラムやヨガ、星空観察など体験メニューも充実。地元の生産者による選りすぐりのアイテムが日替わりで並ぶマルシェやアート企画など、季節ごとに展開されるイベントも充実。

石垣島最大級のプール

プールすぐそばのビーチでは、1年中様々なアクティビティが楽しめる

フサキビーチはサンセットの名所

注目ポイント　休日充実アクアガーデン！

グラスボートやSUP、シュノーケリングツアーなど様々な海遊びが楽しめる「フサキビーチ」と石垣島最大級のプールエリア「アクアガーデン」でフサキを堪能！

Aqua Garden Cafe

THE STAR BAR

フォレストスイート ヴィラ

子どもも大人も楽しめる「スプラッシュパーク」（季節営業）

常時約80品のメニューを提供するブッフェ会場、琉球料理の源流を感じる新感覚のフュージョンレストラン、プールサイドバーなど多彩なグルメシーンが充実

亜熱帯の緑が美しいトリートメントルームのスパ

小浜島

サンゴ礁と満天の星に抱かれた 南十字星という名のリゾート

はいむるぶし Kohamajima

☎0980-85-3111　オーシャンビュースイート1泊朝食付ツイン ¥181,200円～

　石垣島からサンゴ礁クルーズを楽しみながら約30分。八重山ブルーの海に浮かぶ小浜島に日本最南端のビーチリゾートがある。約40万㎡の敷地すべてが国立公園内にあり、「ぬちぐすい（命の薬）リゾート」をコンセプトに進化し続ける南海の楽園。日中は国内最大の豊かなサンゴ礁を楽しみ、夜は世界有数の美しい星空に癒される優雅な離島の島時間をお過ごしいただけます。

はいむるぶし
YouTube
チャンネル

🏠 八重山郡竹富町小浜2930
🚢 石垣島より高速船で約30分／送迎バスあり
¥ 1泊朝食付 スタンダード 34,400円～（2名利用時の2名料金）
　　　　　　オーシャンビューラグジュアリー 114,800円～（〃）
🛏 客室148室（47㎡～60㎡）バリアフリールーム1室有
ビーチテラス／カンファレンスルーム／野外プール／レストラン3軒／オープンカフェ&バー／海Café／ホテルショップ／展望大浴場／ぬちぐすいスパ／ビーチプレイ／ヨガプログラム／フィッシング／乗馬／カヤックツアー／スタンドアップパドルツアー／バギーツアー／スノーケル／ダイビング／星空ツアー／観光ツアー／ゴルフ場隣接
HP https://www.haimurubushi.co.jp/

IN/OUT 15:00／11:00
P 10台
MAP P.137

沖縄本島から、さらに南西へ400km。
国内最大のサンゴ礁の海と世界有数の美しい星空に抱かれた小浜島。

海上からの絶景を楽しめる
SUPツアー

美しい自然の中で朝食を楽しめるピクニックブレックファスト

沖縄の伝統木造船
サバニツアー

美しいサンゴ礁の海を
満喫できるスノーケルツアー

オーシャンビュースイート
（60㎡＋ハンモックがあるテラス付き）

心身ともにリラックスできる
プライベートヨガ

小浜島をバギーで巡るフォトハンティングツアー

星空を眺めながら寛げる
海Café

海辺でも乗馬を体験できる園内周遊コース

＊宿泊料金…消費税10%込、ツインは特に記載のない場合2名分の料金を表示しています

小浜島

海と浜辺の美しさを体感するビーチリゾート

星野リゾート
リゾナーレ小浜島

住 沖縄県八重山郡竹富町小浜2954　**交** 石垣島より高速船で約30分、小浜港より送迎バス有　**室** 60室（ロイヤルスイート、アンバサダースイート、デラックススイート、スーペリアスイートの4タイプ）／ブッフェレストラン「Ooli Ooli（オーリオーリ）」／ビーチプール（通年）・ラグーンプール（遊泳可能期間3/1～12/31）／バレルサウナ／SPA／BOOKS&CAFE／小浜島カントリークラブ　**IN/OUT** 15:00／11:00　**MAP** P.137
HP https://risonare.com/kohamajima/

☎ **050-3134-8093**（リゾナーレ予約センター）1泊朝食付¥24,000～（2名利用時1名料金）

海と白砂のビーチに囲まれた約36万坪のビーチリゾート。ヴィラタイプの客室は、間近に自然を感じ風が吹き抜ける、ゆったりとした広さ。朝焼けのビーチでコーヒーを飲みながらゆっくりと過ごしたり、夜はハンモックに横たわり満天の星を望む。季節毎の様々なイベントやアクティビティで一年中、充実したリゾートステイを満喫できる。

アイコン：ビーチ／プール／大浴場／SPA／バー／バリアフリールーム／コインランドリー／シャワートイレ／Wi-Fi（全館）

小浜島カントリークラブ併設
日本で最南最西に位置するゴルフコース

海を臨む「ビーチプール」／冬季温水で通年利用可能

ロイヤルスイート／プール付きのスイートルーム

世界有数の珊瑚礁と白砂のビーチに囲まれた、ビーチリゾート

お部屋からそのままビーチへ／早朝、昼、夜、何度も行きたくなる

注目ポイント　絶景！　美しい海を眺めながらバレルサウナを楽しむ

ティンガーラ（天の川）ナイトディナー

南国の珍しい野菜やスイーツが並ぶブッフェ

BOOKS&CAFE／海辺で本を読む至福の時間

電動キックボード（無料貸出）で、ビーチまで気軽に行き来（送迎カートもあり）

ホテル隣接のビーチ発着でシュノーケリングや各種マリンスポーツ！

沖縄の天然素材を用いたスパ

ホテルに隣接するビーチで、昇る朝日を眺めながら「フレッシュエアストレッチ」を

竹富島 歴史と伝統が息づく美しい島に生まれたもうひとつの集落

星のや竹富島

☎050-3134-8091　　1泊ルームチャージ ¥112,000〜（通常予約は2泊より）

住 八重山郡竹富町竹富　交 石垣島より高速船約10分。竹富港より送迎あり
客室48室（ガジョーニ、ズーキ、キャンギの3タイプ）／24時間利用可能なプール／ダイニング／スパトリートメント／ゆんたくラウンジ

HP https://www.hoshinoresorts.com/ja/hotels/hoshinoyataketomijima/
IN/OUT 15:00/12:00　MAP P.131

hoshinoya

hoshinoya taketomijima

　竹富島は石垣島から高速船で約10分、一致協力を意味する「うつぐみ」の精神により集落の姿や伝統文化が守られている、世界でもかけがえのない場所。「星のや竹富島」は、約2万坪の敷地に、島内の家々と同じ伝統を尊重して建てた戸建ての客室、白砂の路地、プール、見晴台などで、ひとつの集落を構成しています。

星のや竹富島の敷地内に並ぶ48棟の客室は全て、竹富島の伝統建築を踏襲した木造平屋造りです。客室の庭には真っ白な珊瑚の砂が敷き詰められ、琉球赤瓦の屋根の上からは1棟1棟異なった表情のシーサーが見守ります

A.B.　客室は心地よい南風を取り入れるため、大きな窓は南側に位置しています
C.　風を感じられる開放的なオープンバス
D.　＜ゆんたくラウンジ＞滞在中いつでも利用できるラウンジ。本や、島のおやつ、飲み物などが楽しめます

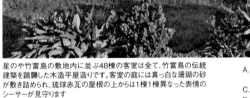

24時間いつでも利用できる、開放的なプール。冬季は温水に。

＜島テロワール＞食材が育つ土地の環境特性「テロワール」を大切にし、八重山の島々にある特徴的な食材をフレンチで。島の天・地・人が織りなすディナーコース。

＜よんなー深呼吸＞日の出が見られるアイヤル浜まで歩き朝の爽やかな風を感じながら行うストレッチ（宿泊者無料）。

竹富島の歴史文化感じられる伝統的な木造船「サバニ」の体験。島人から竹富の昔話などを聞きながらゆっくりとした時間を

＜島の九品朝食＞活力が湧く朝ごはん。4種類から選べ、年末年始や種子取祭の期間には限定の朝食も楽しめます。

竹富島の文化と自然を取り入れたウェルネスプログラム「島時間養生」

圧倒的非日常を提供する滞在型リゾート「星のや竹富島」では、様々な滞在プランを用意。中でも「島時間養生」は、現代人に合せ、医師による監修のもと、3泊4日の滞在を通してマインドフルネスになるプログラム。

竹富島の文化や自然を活かした多彩な体験の中から、気の向くまま、夢中になるものに向かいます。たとえば、機織り、集落をめぐるガイドウォーク、庭散策と生け花、塩づくり、麺打ち体験、海辺で波音を聞く、深呼吸とストレッチ、スパ・トリートメントなど。

横倉恒雄博士監修による〈健幸を把握するチェックリスト〉をチェックイン・アウトの時に作成し、心身の変化を客観的に知る。

「島時間養生」概要
（通年開催）
料金：1名187,500円（税・サービス料込、宿泊費別）
時間：3泊4日　含まれるもの：チェックリストの実施、スパトリートメント3回、朝食3回、昼食1回（もずく麺とアーサー麺もしくはゆし豆腐）、夕食3回（ダイニング「島テロワール」2回、インルームダイニング「海鮮しゃぶしゃぶ御膳」1回）、島の自然や文化を活かした体験、客室の飲み物とおやつ（グアバ茶、ミシャク、黒糖玄米など）

〈島時間スパ〉到着翌日から毎日スパトリートメントを受けられます
身体の状態に合わせてメニューを選び、心身の緊張を和らげます

〈命草（ぬちぐさ）塩づくり〉施設内の畑で摘んだハーブを使って塩づくり。自分でつくった命草塩を食事の時に味わうことも

星野リゾート 西表島ホテル

世界自然遺産の島、日本初のエコツーリズムリゾート
いりおもてじま 西表島

☎050-3134-8094　スーペリアツイン1泊朝食付¥14,000〜（2名利用時1名料金）※宿泊は2泊以上より

住 八重山郡竹富町上原2-2　交 石垣島より高速船で上原港まで約45分、上原港より車10分（無料送迎有）　室 139室（スーペリアツイン127室、デラックスツイン6室、スーペリアロフト6室）
屋外プール／レストラン／ジャングル Kichi／SPA／ショップ／アクティビティデスク／シャワールーム　IN/OUT 15:00／11:00
HP https://iriomotehotel.com　MAP P.145E

2021年7月、世界自然遺産登録された西表島、島最大規模のリゾートホテル。珊瑚礁の海に囲まれ、90％をジャングルに覆われた「日本最後の秘境」の島で、その大自然を満喫できるアウトドアアクティビティやこの島だけの絶景・希少な生態系・島の文化に触れるツアーなどを通じて、西表島の魅力を満喫できる滞在を。

ホテルの前の月ヶ浜は砂が細かく美しく、夕日の名所！

注目ポイント
●イリオモテヤマネコの学校（イリオモテヤマネコの生態をわかりやすくレクチャー）
●世界遺産の学校
※日替わりで開催！
無料参加のプログラムが充実！

●イリオモテガイドウォーク／気軽に歩いて行ける大自然をガイド付きで。ジャングルとマングローブコースあり。

ジャングル Kichi／読書をしながら、のんびりくつろげる　　ダイニングレストラン／西表島で親しまれている食材を日替わりで

夕暮れマングローブカヤック　　　　　　　ナーラの滝

●おめざめマングローブストレッチ／ホテル前の月ヶ浜で、浦内川河口のマングローブ林を望みながら素足で早朝ストレッチ！大自然のエナジーを体内にとりこみます。

沖縄そば を追求する！

その8

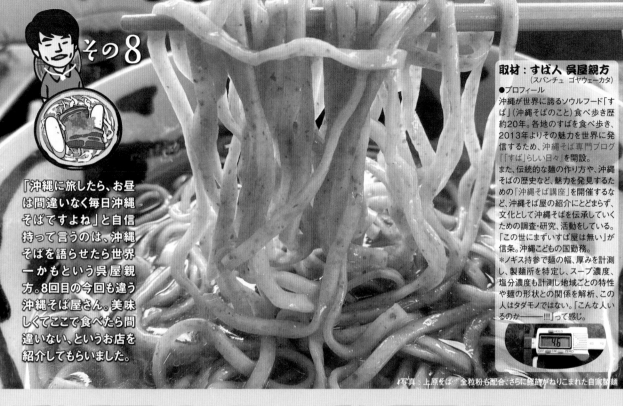

「沖縄に旅したら、お昼は間違いなく毎日沖縄そばですよね」と自信持って言うのは、沖縄そばを語らせたら世界一かもという呉屋親方。8回目の今回も違う沖縄そば屋さん。美味しくてここで食べたら間違いない、というお店を紹介してもらいました。

取材：すば人 呉屋親方
（スパンチュ ゴヤウェーカタ）
●プロフィール
沖縄が世界に誇るソウルフード「すば」（沖縄そばのこと）食べ歩き歴約20年。各地のすばを食べ歩き、2013年よりその魅力を世界に発信するため、沖縄そば専門ブログ「「すば」らしい日々」を開設。
また、伝統的な麺の作り方や、沖縄そばの歴史など、魅力を発見するための「沖縄そば講座」を開催するなど、沖縄そば屋の紹介にとどまらず、文化として沖縄そばを伝承していくための調査・研究、活動をしている。「この世にまずいすば屋は無い」が信条。沖縄こどもの国勤務。
＊ノギス持参で麺の幅、厚みを計測し、製麺所を特定し、スープ濃度、塩分濃度も計測し地域ごとの特性や麺の形状との関係を解析、この人はタダモノではない。「こんな人いるのか―――!!!」って感じ。

STAND EIBUN
那覇市
基本を守りつつ進化し続ける革命的沖縄そば！

沖縄そば 950円
じゅーしー（M）300円

今や沖縄を代表する人気店となっている「EIBUN」の2号店として2022年12月にOPEN。EIBUNとは徒歩でハシゴ可能な距離にあるが、連日大行列の人気店なので時間には余裕を持って来店しよう。店主の独創的発想による革命的で斬新な創作そばを次々と提供する一方、定番の沖縄そばは、基本に忠実な伝統的沖縄そば。変えてはいけない本質的なものを守りつつ、新たな価値を創造し続けている。マカイ（器）の鮮やかな青に浮かぶ美しいスープは、豚骨を長時間じっくり煮込み一晩寝かせ、鰹節と昆布の一番出汁を合わせる無化調スープ。上品なスープに合せる細麺は、特注のオリジナル麺。トッピングも豊富で何度訪れても新たな喜びを提供してくれる。

【データ】STAND EIBUN ☎080-7178-1187 ㊤水曜日
🕚11:00〜16:00 沖縄県那覇市壺屋1-1-18 【地図P.49C2】

首里ほりかわ
那覇市 首里
首里城近く、自慢の自家製生麺

とうふ・ソーキ・そば 1,200円

首里城の城下に2005年にOPENし、今では言わずと知れた超人気店となっている。落ち着いた雰囲気のオシャレな店内にはJAZZミュージックがながれる。やや白濁したなかにも見惚れるほど美しいスープ。やんばる島豚の背骨を長時間かけてじっくりと煮出し、そこに鰹節を加え、化学調味料は一切使用しないという。化学調味料を使用せずとも充分すぎる程のうま味。自慢の自家製麺は、店内の製麺室で毎日製麺している。なんと、豆腐も自家製で、大豆の香り豊かでふくよかな甘みがあり超おすすめ。首里城から徒歩数分に位置し、玉御殿や金城町の石畳など観光を兼ねての利用もおすすめ。

【データ】首里ほりかわ ☎098-886-3032 ㊤木曜、第三水曜（＋不定休）
🕚11:00〜売切次第終了 那覇市首里真和志町1-27【地図P.50首里】

南城市　花鳥風月を感じていただくヴィーガンそば
山の茶屋 楽水

窓からの眺め

さちばるそば 1,575円

　木陰のなかそよ吹く風を感じ、四季折々の植物をみながら100段の階段を登ると、自然の中にひっそりと佇んでいる。中に入ると、天然の琉球石灰岩の岩壁がそびえたつ。山の中にありながら目の前に広がるのは海。店内には、沖縄を愛した画家「野津唯市」が描いた『懐かしい未来　沖縄』の原画が展示されている。海ぶどうが色鮮やかに映える澄んだスープは、魚肉を一切使用せず、昆布、椎茸、野菜のうま味たっぷりの優しい、優しい、優しいスープ。具には小麦粉で作ったグルテンミートを使用したヴィーガン且つオーガニックそば。顔馴染みの地域の農家が育てた野菜を使用し、麺は自社畑で無農薬栽培した小麦（粉）を混合したオリジナル麺。石窯で焼いたピザや芋くじアンダギー（880円）も絶品。

【データ】山の茶屋 楽水　☎098-948-1227　㊡水曜・木曜　＊要予約
㊈11:00～16:00　沖縄県南城市玉城玉城19-1　【地図P.43D3】

浦添市　見た目にも美しい、芸術的そば！
つきしろそば

ニライカナイそば　900円

　ゆいレール前田駅近くの好立地。和食やイタリアンなど料理人歴30年以上の経験をもつ店主が提供する沖縄そばは、豚出汁に野菜のうま味と甘みが加わり、塩がそれぞれの素材のおいしさを最大限に引き立てている。特にニライカナイそばは美しいマカイ（器）の柄に野菜の緑や赤、出汁巻き卵の黄色が映え、見た目にも非常に鮮やか。細くて長くて弾力があって人気のある亀浜麺にスープが良く絡み相性は抜群。非常に手間暇のかかるという自家製オリジナルのシークヮーサー胡椒はコーレーグースに勝るとも劣らない最強の味変。トッピングも豊富で、月替わりの数量限定スペシャルそばも要チェック。

シークヮーサー胡椒

【データ】つきしろそば　☎098-988-8649　㊡年中無休
㊈10:00～16:00　沖縄県浦添市前田1-3-1　【地図P.42C1】

沖縄市　沖縄そば×フレンチ＝∞ 海を見渡せる絶景！
沖縄SobaとPanの店 シラノ

そばセット 1,300円

　沖縄市高原の高台にあり、西洋風の高級感あふれる建物は、一面がガラス張りとなっており、遠くに中城湾を見晴らすことができる絶景。店主は元フランス料理店のオーナーシェフで、その歴はなんと30年以上。培ったフレンチの経験を活かし超本格沖縄そばを提供している。こだわりの自家製麺は、数日間熟成させ、麺の中央にスリットを入れる事でスープの絡みを良くさせている。弾力もあり個性的な麺だが、琥珀色の絶品スープがしっかりと際立っている。イチオシのセットにはこれまた珍しい中華まんが付いており、絶品スープをかけて完成、デザートのプリンも絶品。テイクアウト可能なパンも含めすべてが超本格派。

【データ】沖縄SobaとPanの店 シラノ　☎098-989-9919
㊡水曜日　㊈11:00～20:00　沖縄市高原1-4-29　【地図P.44C4】

嘉手納町　羅臼昆布と枕崎鰹が織りなすうま味たっぷりの美らすば
自家製麺沖縄そば みよ家

本ソーキそば 900円
ジューシー 200円

　住みたいまちランキング九州・沖縄版2023年度1位に輝いた嘉手納町で15周年を迎える人気店。嘉手納基地を一望できる「道の駅かでな」近くにある。黄金に輝く、透明度の高いスープは、豚や鶏などの動物系出汁を使用せず、羅臼産の昆布と枕崎産鰹節で仕上げた、極めて上品な絶品スープ。化学調味料を一切使用せずとも、器からあふれださんばかりのうま味。店内に製麺室を構えており、自慢の自家製麺はコシの強い生麺と、伝統的な茹で麺から選ぶことが出来る。ジューシーも絶品で、地域特産の野國芋をたっぷり使用した野國いもぜんざいもおすすめ。

【データ】自家製麺沖縄そば みよ家　☎098-957-3434　㊡不定休 ※SNS要確認
㊈11:00～14:30（ラストオーダー）　中頭郡嘉手納町嘉手納463-13【地図P.44B3】

うるま市 住宅街に佇む風情ある古民家
マルヨ製麺塩屋店

よくばりそば(中) 900円／ジューシー 250円

沖縄市に本店があり、塩屋店は2023年8月にOPEN。住宅街の中にひときわ風情のある、築50年以上の古民家はここだけ時が止まったかのような異空間となっている。動物系出汁に、5種類の魚介をそれぞれの適温で時間をかけて煮出しブレンドした重厚感のある琥珀色のスープ。本店で製麺している自家製麺は、希少な沖縄県産小麦の全粒粉が混合されていて、ツルツルでプリッとした食感と、力強い弾力が特徴。この存在感のある麺にスープがまったく負けていない。よくばりそばは、本ソーキと、とろっとろの軟骨ソーキ、三枚肉がのっておすすめ。

【データ】マルヨ製麺塩屋店 ☎098-989-8879 ㊡無休
⏰10:00～16:00 沖縄県うるま市塩屋349 【地図P.44C3】

屋我地島 屋我地島の豊かな自然に囲まれた店
沖縄そばと地魚料理 上原そば

上原そばセット 1,400円

人気観光地である古宇利島の手前の島。屋我地島の自然に囲まれた場所にあり、明るく清潔感のあるオシャレな店内からは美しい海を見渡すことができる。イチオシの上原そばセットは、三枚肉そばに、沖縄近海の新鮮な刺身とジューシー、小鉢とデザート、飲物までついていてお得。麺は、自家製麺で栄養価の高い全粒粉が配合されている他、なんと鰹節が練りこまれており、小麦の香りと鰹節の風味を同時に堪能することができ、麺だけ食べても美味しい、唯一無二のオリジナル麺。豚、鶏、鰹出汁を使用しているというスープは個性抜群の麺としっかりと調和している。そば以外に、新鮮な地魚料理やデザートやドリンクメニューも豊富。

【データ】沖縄そばと地魚料理 上原そば ☎0980-43-9944 ㊡木曜日
⏰11:00～16:00 沖縄県名護市饒平名498-3 2F 【地図P.46C3】

本部町 大自然の中で心も身体もリフレッシュ
農芸茶屋 四季の彩

四季の彩定食セット 1,500円

そばのまち本部町伊豆味の山の中にひっそりと佇む店舗は、店主自らが3年がかりで手掛けた木造の建物。今年で創業20周年を迎える。窓の外には見渡す限り大自然が拡がる。鳥の囀り、風の音、木々や花々の香り、深呼吸をするだけで日頃の疲れがリセットされ、とても贅沢な時間がながれる。まさに心のデトックス。沖縄そばをメインとした「四季の彩定食」は、店名の通り彩りが豊か。ロケーションとも相まってその華やかさに心おどる。「出汁をふんだんに使っている」という自慢のスープは鰹風味豊かな上品な味で店の雰囲気とマッチ。料理には自家栽培の野菜や果物を使用。味良し、見た目良し、ロケーション良し、健康的で心にも身体にもよい。一石五鳥以上のおすすめ店。

【データ】農芸茶屋 四季の彩 ☎0980-47-5882 ⏰11:00～15:00
㊡月曜、火曜 沖縄県国頭郡本部町字伊豆味371-1【地図P.46B3】

国頭村奥 世界自然遺産のなかで、沖縄そばと天ぷらと刺身
天ぷらとさしみの家 サツキ丸

沖縄そばセット 900円

世界自然遺産に登録された「やんばる」にある本島最北端の村。目の前には清流の奥川が流れ、ノスタルジックな風景の残る奥集落にある。「沖縄そばは出汁が命」というスープは、地域特産で希少且つ高価なイノブタ出汁と、国頭のソウルフードであるハイケイ、鰹節を使用した贅沢な出汁。そばと並んで名物の天ぷらは、ハイビスカスやオオタニワタリなど季節の野菜や野草を使用、しかもすべて自家栽培。海人(うみんちゅ)の家族が捕った新鮮な近海魚の刺身もすべてが魅力。

【データ】天ぷらとさしみの家 サツキ丸 ☎090-3792-0432 ㊡月曜、祝日
⏰12:00～17:00※売切れ次第終了 国頭郡国頭村奥121【地図P.47F1】

日本最大級の
巨大ガジュマル

大海原を一望できる
展望台ステージ

自然の息吹を
感じながら散策

やんばるの自然を満喫

貴重な地形、亜熱帯の動植物、神話や拝所など
大自然の迫力と神秘を感じるネイチャートレッキング

奇岩巨石がつくり出す
ダイナミックな世界

北から南まで
ディープな沖縄体験。

地底に広がる神秘
玉泉洞

沖縄をまるごと体感

鍾乳洞・玉泉洞をはじめ、琉球王国城下町や
スーパーエイサーショーなど、沖縄の
自然・文化・歴史が凝縮されたテーマパーク

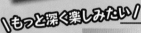
\もっと深く楽しみたい/

専門ガイドと歩く
予約制
ガイドツアーが
おすすめ。
※詳しくはWebへ!

やんばる国立公園
大石林山

☎ 0980-41-8117
営 9:30〜17:30(最終受付16:30)
料 大人1,200円/小人600円/シニア1,140円

那覇空港

おきなわワールド

☎ 098-949-7421
営 9:00〜17:30(最終受付16:00)
料 大人2,000円/小人1,000円

動物取扱業について　●㈱南都 代表取締役社長 大城宗直
●展示・販売・貸出・保管　●沖動展・販・貸・保 第285号
●2022年3月15日〜2027年3月14日　●伊勢田泰義

グルメやショッピング
いろんな体験も
楽しめる

琉球王国城下町で
時空旅行

迫力の演舞
スーパーエイサーショー

沖縄本島

橋を渡って行ける瀬底島・アンチ浜で、ハートを作って記念写真を撮りまくってる民がおった。それ、いいね。

沖縄本島の最北端・大石林山で／なんと沖縄本島で初めてアオカナヘビ(トカゲ的な美し〜〜いやつ)見て、大変嬉しい気持ちになる。20秒くらい見られたかな。

沖縄美ら海水族館があり、豊かな自然が残る北部。海の色も美しい。沖縄そば屋やカフェめぐりも。

アリモリソウ(大石林山にて)
植物好きな方は、特に冬の沖縄がおすすめでございます。暑すぎない冬は、もっとも花が多い時期で、いろんな花を見て回れます。

沖縄そば(恩納村・金月そば／県産・国産小麦の麺、自家製粉のスゴイお店)
本誌では、沖縄滞在期間中のお昼は「沖縄そば」を強く推奨しておりまぁす。沖縄本島なら美味しいお店ばかり、毎日食べ歩くことも不可能ではない!

美しい海に面した西海岸リゾートホテル地帯や、基地周辺のアメリカンな街にテンションアップ!

P.46·47 MAP

国頭村
古宇利島
今帰仁村
屋我地島
大宜味村
水納島
本部町
東村
瀬底島
名護市
名護十字路
名護湾
有銘湾
許田
許田I.C.
大浦湾

P.44·45 MAP

宜野座村
恩納村
宜野座I.C.
金武町
屋嘉I.C.
金武I.C.
石川I.C.
読谷村
沖縄自動車道
嘉手納町
沖縄北I.C.
宮城島
伊計島
沖縄市
平安座島
沖縄南I.C.
北中城村
北谷町
うるま市
浜比嘉島
北中城I.C.
宜野湾市
浦添市
中城村
津堅島
那覇空港
西原町
那覇市
那覇I.C.
名嘉地I.C.
南風原町
与那原町
豊見城東I.C.
コマカ島
久高島
豊見城市
南城市
糸満市
八重瀬町

P.42·43 MAP

AQUASENSE HOTEL & RESORT(恩納村)
この客室のテラスにジェットバスがついてるのに異様にテンションが上がった。非日常の極致。

今回、生まれて初めて那覇と伊平屋島でカメノテを食べた。生まれてからだいぶ経つのに、沖縄に来ると必ず「初体験」できるのが嬉しいね。

リュウキュウアブラゼミ／沖縄では鳴き声から「な〜びかちかち〜」と呼ばれるらしい。鍋をカチカチ言わせってわけ。琉球人センスあるね。アブラゼミも「リュウキュウ」がつくだけで得した気分になるわよ。セミ一個とっても沖縄はワクワクするね。(うるま市／ビオスの丘にて)

市場がおもしろい那覇、琉球の面影を残す首里、戦跡群やテーマパークの南部、楽しみ方いろいろ!

那覇市第一牧志公設市場／建て替えが完成して、2023年3月19日新装オープン!!ド定番だけど、ここで赤や黄色や青の魚とか沖縄食材の全てを見るだけで、テンション上がるよ。

沖縄本島のテーマパークを楽しむ！

夏も冬も一年中、テーマパークなら元気で華やかな沖縄を味わえる！南国の自然も豊かで、珍しい植物や昆虫や生き物も独特な景観も安全に見られたり、沖縄文化・芸能も堪能！食事・デザート・お土産も充実！体験メニューにも挑戦！初めての旅でも満足でき、のんびり旅にもお勧め！

玉泉洞

ビオスの丘／南国の自然を楽しむコースがいっぱい。広くって大人も子供にも人気。植物のおみやげもある。

大石林山
沖縄美ら海水族館　古宇利オーシャンタワー
沖縄フルーツらんど　ネオパークオキナワ
琉球村　ビオスの丘
むら咲むら　東南植物楽園
那覇空港　那覇市
　おきなわワールド
　ガンガラーの谷
琉球ガラス村

那覇市内からレンタカーやタクシーで最短（高速も使う）で移動した場合の所要時間
テーマパークまでの行き方（BTはバスターミナル）

大石林山
神秘のエネルギーを感じる所。ツアーや音声ガイドでスピリチャル体験。

おきなわワールド
すごーい鍾乳洞見学した後、熱帯フルーツ園を散策。体験メニューも色々。見て、味わって、お土産も充実。ゆっくり楽しめる。

スーパーエイサーショーの開催時間を確認してから見て回ろう。絶対見たい！

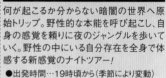

緑あふれる沖縄の自然楽園
ビオスの丘

☎098-965-3400 🚗那覇から約1時間

大龍池（うふたちぐむい）という川の様な池が園の中心にあり、湖水観賞舟によるジャングルクルーズの自然観察が一番人気。風情たっぷりのエコロジーな舟で、池のほとりに咲く蘭や、様々な生き物を船頭さんが楽しく解説してくれる。美しい花や、可愛いヤギやアグー豚、野鳥などを見ながら広い園内をのんびり散策や水牛車に乗って回るのもおすすめ。たくさんの遊具もある。また、親子で工作も人気。

＊子供も大人もゆっくり楽しめる♪遊具、施設もいっぱい♪風景や植物の写生にも最適♪

🏠うるま市石川嘉手苅961-30 🈺不定休（開園カレンダー参照／右QR） 🈺9:00～17:30（入園は16:15まで）
🈹入園料（湖水観賞舟付き）大人（中学生以上）2,200円、小人（4歳～小学生）1,100円／☆貸しカヌー大人1,980円、小人990円／☆SUP（中学生以上のみ）3,300円／☆水牛車大人2,200円、小人1,100円／☆その他体験コース有（☆印入園料別途必要）
🚗〈車〉沖縄自動車道石川I.C.より15分〈バス〉那覇BTから20・120番で仲泊下車、所要約70分、仲泊からはタクシーで約10分 【地図P.44B2】

亜熱帯の森で こころ育む自然体験 のんびりリフレッシュ
遊ぶ！学ぶ！
体を使って遊ぶ！ 体験する！

動植物と触れあう！

森の呼吸を感じる広大な園内を散策しながら沖縄の自然を体験しよう。小さな子供も、大人も、バリアフリーなので年配の方も安心して楽しめます。

南三天御廻で自然を楽しむ！

花と自然を楽しむ！

自然ふれあい体験
（要予約、前日17:00まで）＊入園料込

◆道三天御廻（みちみてぃんうまーい）
ビオスのスタッフとカヌーを使った自然探検に出発！約2時間のエコツアー（飲み物付）
◎中学生以上7,700円、4歳～小学生4,950円

◆南三天御廻（ふぇーみてぃんうまーい）
ビオスの丘職員（自然解説員）と共に季節毎の動植物を紹介する。約90分の定員8名の限定ツアー1日2回 10:00・14:00
＊ホームページより前日までに要予約
◎中学生以上4,400円、4歳～小学生3,300円
＊4歳未満の方は保護者同伴でもご利用いただけません

沖縄原風景 bios ビオスの丘
https://www.bios-hill.co.jp/
〒904-1114 沖縄県うるま市石川嘉手苅961-30
TEL.098-965-3400
沖動展第439号／動物取扱責任者：安慶名 勉

●入園料（湖水観賞舟付き）
中学生以上2,200円
4歳～小学生1,100円、4才未満無料

〈貸しカヌー〉4才未満の方はご利用いただけません
＊中学生以上1,980円、4歳～小学生990円
〈平舟（SUP）〉＊中学生以上のみ3,300円
〈水牛車にゆられて園内をゆったり散策〉
＊中学生以上2,200円、小人1,100円

入園料別途必要

39

多彩な体験メニュー
琉球ガラス村

☎098-997-4784 🚗那覇から約25分

室内工房で快適ものづくり体験

＊職人たちの製作現場がLIVEで見られる
オープンスタイルのRGCファクトリー

作って触れて学べる県内最大のガラスのテーマパーク。入場無料で、暑い日も雨の日でも、おひとり様、ご家族、どなたでも一日中楽しめる。

エントランスのドーム天井など映えるフォトスポットがいっぱい!

🏠糸満市字福地169 🈳無休 🕘9:30〜17:30 ※最新情報はHP参照 🈺無料 🚌那覇BTから89番で糸満BT→82番・108番に乗換えて琉球ガラス村下車徒歩1分【地図P.42B4】https://www.ryukyu-glass.co.jp

美らヤシパークオキナワ
東南植物楽園

☎098-939-2555 🚗那覇から約50分

日本最大級の屋外植物園。約1300種以上の植物、約50種の動物と自然の中でふれあえる。

天空に向かって一斉に伸びるヤシ並木をウォーキング♪

人懐っこいカピバラ、リスザルとの動物ふれあい体験できる
●場所: 水上楽園エリア内 動物ふれあい
●入場料 300円(小学生以上)
●ふれあい時間…平日12:00〜12:30、16:00〜16:30 土日祝12:00〜12:30、14:00〜14:30、16:00〜16:30

🏠沖縄市知花2146 🕘9:30〜18:00(最終受付17:30)イルミネーション期間は夜22:00迄(最終受付21:30)時期により変更有 🈳無休 🈺昼の部大人1,540円、13〜17歳1,050円、4〜12歳600円、3歳以下無料※5月下旬より入園料改定有 🚙沖縄自動車道・沖縄北IC下車【地図P.44C3】※詳しくはHPより https://www.southeast-botanical.jp/

伝統工芸から海遊びまでできる体験王国
体験王国 むら咲むら

☎098-958-1111 🚗那覇から約60分

人生は体験だ!子どもから大人までみんなで楽しむ沖縄体験テーマパーク。琉球王朝の町並を再現した園内にはホテルも隣接され1日ゆっくり楽しめる。

子どもも楽しめるシーサー色付け体験

🏠読谷村高志保1020-1 🈳無休 🕘9:00〜18:00(入園17:30)🈺大人600円、中高生500円、小学生400円 🚌那覇BTから28番大当、徒歩約15分【地図P.44A3】

むかしの沖縄を体験
琉球村

☎098-965-1234 🚗那覇から約60分

＊シーサーの絵付けも人気

旧島袋家住宅主屋

赤瓦の家が建ち並び、昔の沖縄を体験できる。シーサーの絵付け・クラフト体験など体験が盛りだくさん。毎日開催のエイサーも必見。

※休み・営業時間の詳細は https://www.ryukyumura.co.jp

🏠恩納村山田1130 🈳不定休 🕘10:00〜16:00(最終入園15:00)🈺大人2,000円、高校生(学生証提示)1,500円、小人(6〜15歳)800円 🚌那覇BTから20・120番で琉球村前下車【地図P.44B2】

パイナップルの魅力が集合
ナゴパイナップルパーク

☎0980-53-3659 🚗那覇から約80分

食用・観賞用パインと亜熱帯植物が広がる園内をカートに乗って見学。メガアニマルガーデンもパイナップルSLに乗って一周できる。様々なフォトスポットとパイングルメで思い出作りを!

＊お土産が買えるショップには焼きたてスイーツも

蒸留酒の製造と販売、飲食もできるラ・ピーニャ ディスティラリー

＊パイナップルグルメでひとやすみ

🏠名護市字為又1195 🈳無休 🕘10:00〜18:00(最終受付17:30)※最新情報は公式HPよりご確認を。🈺大人(16歳以上)1,200円、小人(4〜15歳)600円 ※4歳未満は無料 🚙〈車〉沖縄道許田ICから約20分〈バス〉名護BT→70・76番で約18分、名桜大学入口下車、徒歩約3分【地図P.46C4】https://www.nagopine.com/

秘密を解き明かす冒険の旅へ
OKINAWA フルーツらんど

☎0980-52-1568 🚗那覇から約80分

30種類以上の亜熱帯植物が生息

亜熱帯果樹に包まれた園内で「トロピカル王国物語」という絵本の世界を冒険するテーマパーク。魔法の地図を手掛かりに、様々な仕掛けをクリアしながらフルーツにまつわる謎解き探険を楽しもう! フルーツスイーツが味わえるカフェもオススメ!

南国の鳥たちとふれあう

＊トロピカルスイーツを満喫

＊トロピカル王国物語を体験

🏠名護市字為又1220-71 🈳無休 🕘施設公式サイトでご確認を。🈺大人1,200円、4歳〜中学生600円 🚙〈車〉沖縄自動車道許田I.C.より20分〈バス〉那覇空港・那覇BTから高速バス111番で名護BTへ。70・76番に乗換えて名桜大学前下車【地図P.46C3】https://www.okinawa-fruitsland.jp/

沖縄の海を再現した水族館
国営沖縄記念公園（海洋博公園）
沖縄美ら海水族館

☎0980-48-3748　🚗那覇から約2時間
（高速道路使用）

*海底にいるような感覚で楽しめる「アクアルーム」

ジンベエザメやマンタが泳ぐ「黒潮の海」

沖縄の人気スポット。魚類最大のジンベエザメやマンタが悠々と泳ぐ様子は圧巻！ その他、多種多様な生き物が展示されている水槽をじっくり見だしたら、一日でも足りないくらい。

🏠本部町石川424 海洋博公園内
🈺HPをご確認ください。営【通常期】8:30～18:30（入館締切17:30）繁忙期については公式HP参照　🈯大人2,180円、高校生1,440円、小中学生710円、6歳未満無料
※園内遊覧車が無料などの特典付き年間パスポートも有　🚗〈車〉沖縄自動車道許田I.C.より約50分〈バス〉空港からやんばる急行バスで「記念公園前」まで140分、片道2,000円、他路線バス等も有
【地図P.46B3】https://churaumi.okinawa

無料で観覧できる「マナティー館」

イルカたちの楽しいショーが無料で見られます

★イルカショーの会場「オキちゃん劇場」が改修中の為、当面の間は「イルカラグーン」で開催。詳しい開催場所・時間など詳細は沖縄美ら海水族館HPを参照。

沖縄本島

みて、ふれて、ワクワク探検
名護自然動植物公園
ネオパークオキナワ

☎0980-52-6348　🚗那覇から約90分

東京ドーム約5個分の多彩な植物も育つ環境の中で、100種類もの様々な動物や鳥が半放し飼い状態で飼われている。自然に近い姿を見ることができ、餌やり体験も楽しい。園内を走る3/4スケールに復元した沖縄軽便鉄道も人気。

*バードパフォーマンスショー
▲毎日2回（11:00、14:30）開催

*沖縄軽便鉄道全長1.2Km

▲乗車料：大人700円、4才～小学生500円

*ゾウガメ（ふれあい広場）にて
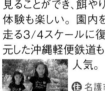

🏠名護市名護4607-41　🈺無休営9:30～17:30（入園17:00）　🈯大人1,300円、小人（4才～小学生）700円　🚗〈車〉沖縄自動車道許田I.C.より20分〈バス〉那覇BTから20・120番、那覇空港から111番で名護BTへ。タクシー5分【地図P.46C4】

パワースポット古宇利島の名所
古宇利オーシャンタワー

☎0980-56-1616　🚗那覇から約2時間

全長約2kmの古宇利大橋を渡って行ける観光施設。海抜82mの展望タワーや眺望最高のレストラン「オーシャンブルー」、シェルミュージアムなど。南国庭園をかわいい自動カートで巡ろう。

*絶景を見ながらランチが楽しめる

シェルミュージアム

*タワー最上階、オーシャンデッキの「幸せの鐘」

🏠国頭郡今帰仁村古宇利538　🈺無休　営10:00～18:00（最終入園17:30）　🈯入園料（カート乗車・シェルミュージアム・展望タワー）大人1,000円、小人500円、小学生未満無料　🚗〈車〉許田I.C.から約40分【地図P.46C3】

琉球神話の杜を歩く
やんばる国立公園
大石林山 だいせきりんざん

☎0980-41-8117　🚗那覇から約2時間15分

本島最北端の辺戸岬近く。2億5千万年の時が創りあげた奇岩巨石が林立する絶景。聖地アシムイにある大石林山は、約60箇所の拝所がある沖縄最高峰のパワースポット。散策コースで大自然を満喫することができる。バリアフリーコースもあるので、お子様や車イスの方も安心。魅力をもっと体感したい方は、専門ガイドと歩く予約制ガイドツアーもおすすめ。

●ネイチャーガイドツアー
やんばるの大自然を深く知ることができる。大人3,500円、小人2,500円（120分・入山料込）
●スピリチュアルガイドツアー
奥深い沖縄の自然崇拝を体感できる。大人4,500円、小人3,500円（150分・入山料込）
※大人は15歳以上、小人は4～14歳　※ガイドツアーは前日17:00までに要予約

【ヒンプンガジュマル】巨大ガジュマル「ガジュマル森林コース」には多数の巨木が。日本最大級の巨大ガジュマル。

沖縄石の文化博物館
「沖縄の石」をテーマにした博物館。沖縄県内の岩石のほか、昔の石製民具も展示。（無料エリア）

🏠国頭村字宜名真1241　🈺無休
営9:30～17:30（16:30最終受付）
🈯大人1,200円、小人600円、シニア1,140円　🚗〈車〉許田I.C.から約60分【地図P.47F1】

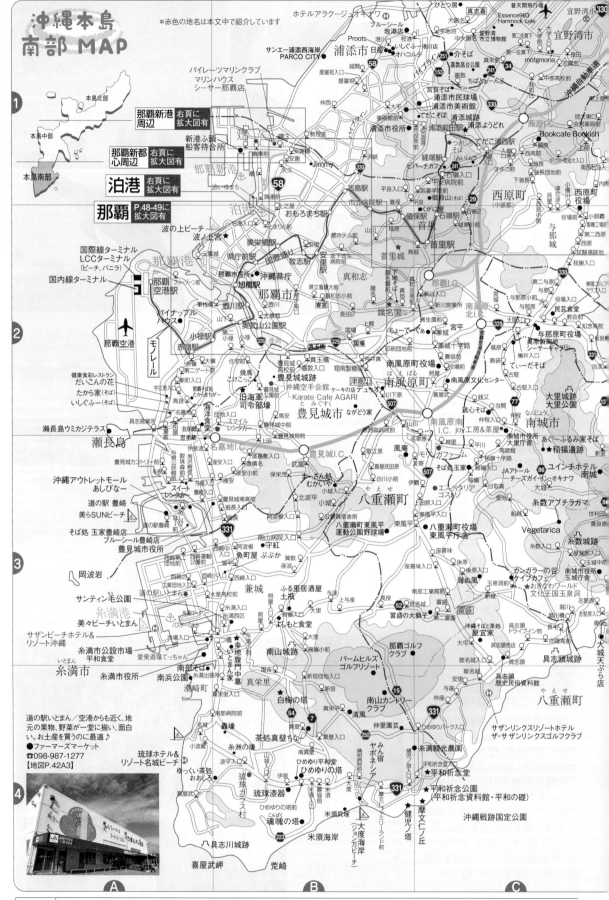

沖縄本島 南部MAP

*赤色の地名は本文中で紹介しています

道の駅いとまん／空港からも近く、地元の果物、野菜が一堂に揃い、面白い。お土産を買うのに最適♪
●ファーマーズマーケット
☎098-987-1277
【地図P.42A3】

〈泊いゆまち〉那覇中心からもほど近い市場でおすすめ。広い無料駐車場もあるので、レンタカー派に最適。マグロ専門店やモズク専門店など、水産物仲卸業者24店舗が軒を連ね、その日水揚げされた海産物が早朝から並べられ、一般客も気軽に買うことができる。寿司や弁当なども数多く売られるので、朝食や昼食用に買うのもいいね。泊いゆまち 098-868-1096 那覇市港町1-1-18【地図P.42B1】休旧盆のあとの1日と正月 営7:00～17:00

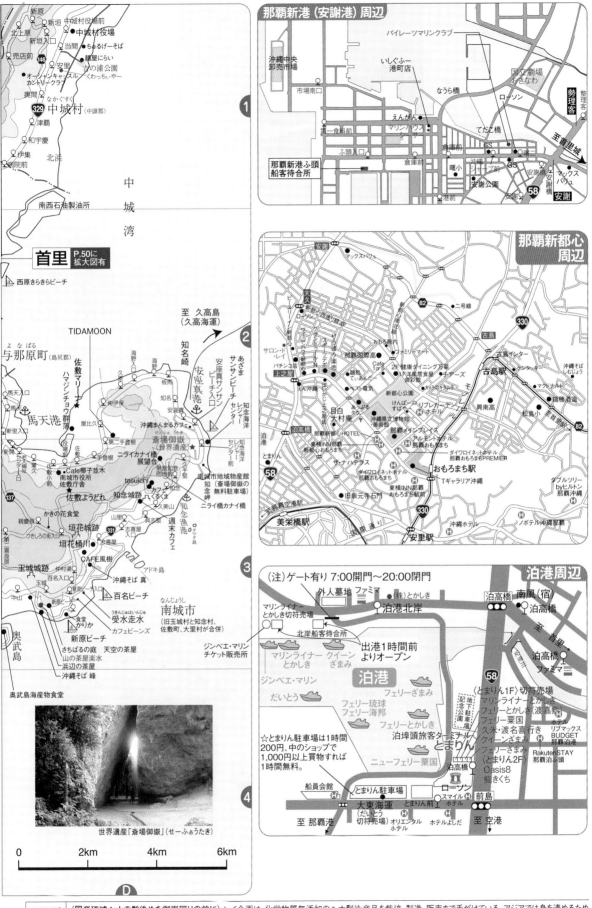

那覇新港（安謝港）周辺

那覇新都心周辺

泊港周辺

新原
新垣
北上原 新垣上
売店前 当間 ちるるげーそば
146 吉の浦公園
安里 わっちゃいやー
オーシャンキャッスル
カントリークラブ
興間 なかぐすく
329 中城村（中頭郡）
津覇
和宇慶
伊集 北浜
病院前

中城村役場前
中城村役場
慈屋にらい

中城湾

南西石油製油所

中城湾

首里 P.50に拡大図有

西原きらきらビーチ

TIDAMOON

与那原町（島尻郡）
佐敷マリーナ
ハマジンチョウ群落
馬天入口
馬天港
新開入口
兼久 第二手登根
第三手登根
佐敷小学校
佐敷庁舎
137 かきの花食堂
観音堂
きしざきの街うみ
垣花城跡
垣花樋川
玉城城跡
玉城
山中

奥武島
奥武島海産物食堂

知名崎
安座真港
サンサンビーチ入口
安座真サンサン
ビーチセンター
板馬入
海野
あざま
沖伊保
板馬
屋比久
知名
安座間
沖縄まんまるカフェ
斎場御嶽
世界遺産
南城海洋文化館
ニライカナイ橋展望台
tasuichi
知名城跡
くくるま
志喜屋
週末カフェ
CAFE風樹
アドキ島
沖縄そば 真
百名入口
新原
百名ビーチ
新原ビーチ
さちばるの庭
山の茶屋楽水
浜辺の茶屋
沖縄そば 峰

至 久高島
（久高運）

南城市
（旧玉城村と知念村、
佐敷町、大里村が合併）
受水走水
カフェビーンズ
天空の茶屋

世界遺産「斎場御嶽」（せーふぁうたき）

| 0 | 2km | 4km | 6km |

D

ひとくちメモ
〈国産琉球ヘナの髪染めを御嶽回りの前に〉レイ企画は、化学物質無添加のヘナ髪染商品を栽培、製造、販売まで手がけている。アジアでは身を清めるためにも使われているヘナ。御嶽巡りの前にヘナ染めで浄化をするお客様がサロンには多いという。びっくり!! サロン・ド・レイ／那覇市天久1068-7-2F【地図P.43新都心周辺】 0120-678-601 ㊡日・月 ☎9:00〜18:00 オーガニック琉球ヘナ（1回塗り）¥6,000〜、他コースあり

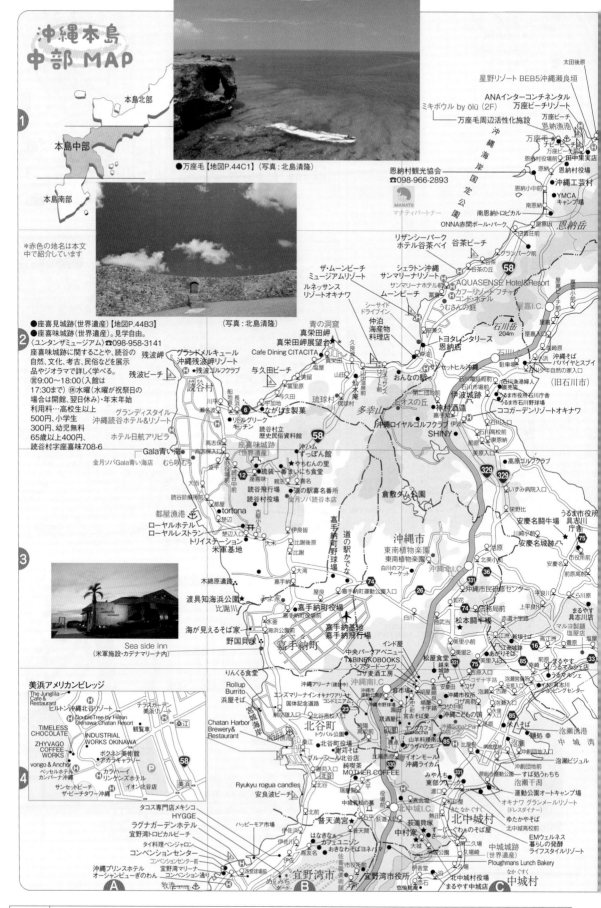

沖縄本島
中部 MAP

本島北部

本島中部

本島南部

*赤色の地名は本文
中で紹介しています

●万座毛【地図P.44C1】（写真：北島清隆）

恩納村観光協会
☎098-966-2893

●座喜味城跡（世界遺産）【地図P.44B3】
●座喜味城跡（世界遺産）。見学自由。
〈ユンタンザミュージアム〉☎098-958-3141
座喜味城跡に関することや、読谷の
自然、文化、考古、民俗などを展示
品やジオラマで詳しく学べる。
🕘9:00～18:00（入館は
17:30まで）🈺水曜（水曜が祝祭日の
場合は開館、翌日休み）・年末年始
利用料…高校生以上
500円、小学生
300円、幼児無料
65歳以上400円、
読谷村字座喜味708-6

（写真：北島清隆）

Sea side inn
（米軍施設・カデナマリーナ内）

美浜アメリカンビレッジ

〈佐喜眞（さきま）美術館〉丸木位里さん・俊さんが描いた「沖縄戦の図」を常設展示する美術館として開館した。ルオーなどのコレクションを中心に戦争と平和
をモチーフとした独自の企画展・イベントを開催。☎098-893-5737 🈺火曜と年末年始・旧盆　開館/9:30～17:00　入館料/大人900円、中高生700
円、小学生300円、大学生と70歳以上800円。（20名以上団体割引あり）　宜野湾市上原358【地図P.46B4】

●勝連城跡(世界遺産)【地図P.47D4】(写真提供:うるま市)
〈勝連城跡あまわりパーク〉☎098-978-2033
勝連城跡やうるま市の歴史・文化を学べる歴史文化施設や、公園、飲食・物販の商業施設、観光案内所がある。／9:00～18:00(最終券売は閉館30分前まで)／無休／大人(高校生以上)600円、小人(中学生以下)400円 ※勝連城跡見学、常設展入場含む／うるま市勝連南風原3807-2

〈海中道路〉うるま市の勝連半島と平安座島をむすぶ海を渡る道路。名前のイメージから「海底トンネル」を想像する人も多いが、広大な干潟に盛り土をして道路を造ったスタイルで、見るとなるほどと思うネーミング。途中に「海の駅あやはし館」があり、平安座島から浜比嘉島、宮城島、伊計島とすべて車で渡ることができる。海中道路の両側の海は、ウィンドサーフィンや干潮の時潮干狩りする人も多く見られる。格好の景勝ドライブコース。

(写真：カベルナリア吉田)

●中城城跡(世界遺産)【地図P.46C4】
8:30～17:00(閲覧16:30まで)
大人400円、中高生300円、小学生200円
☎098-935-5719 中頭郡中城村泊128

0　　2km　　4km　　6km

〈シーサイドドライブイン〉1967年創業のアメリカンレストラン。バイクなど年代物のディスプレイがすごい。地元の家族連れにも人気。お店の人もフレンドリーで全員ベテランスタッフな感じでいい！☎098-964-2272 恩納村仲泊885【地図P.44C2】☎8:00～21:00(20:00L.O.)テイクアウトは24時間営業 ㊡水曜(祝日の場合はオープンして休日振替) すべてのメニューテイクアウト可！

45

＊赤色の地名は本文中で紹介しています

本島北部MAP

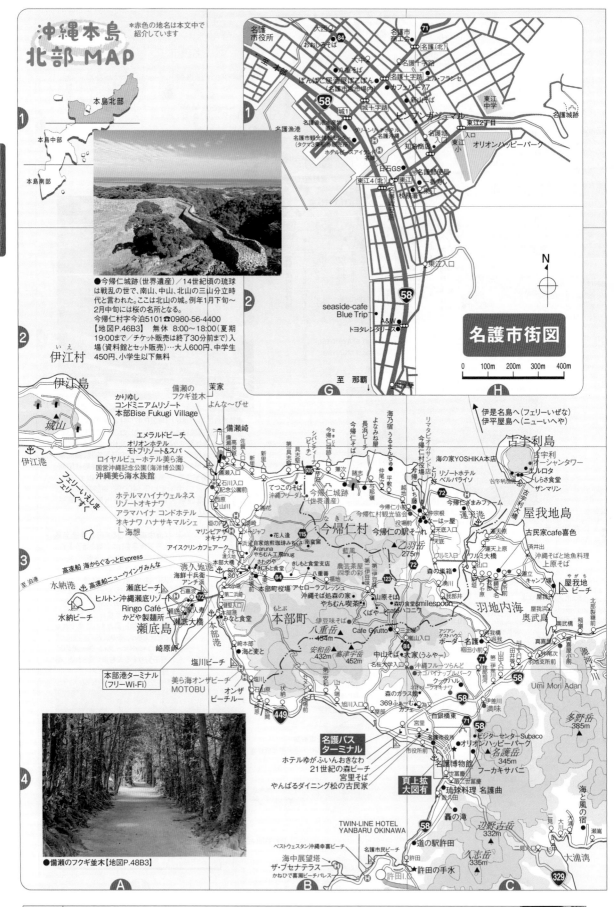

●今帰仁城跡（世界遺産）／14世紀頃の琉球は戦乱の世で、南山、中山、北山の三山分立時代と言われた。ここは北山の城。例年1月下旬～2月中旬には桜の名所となる。
今帰仁村字今泊5101 ☎0980-56-4400
【地図P.46B3】　無休　8:00～18:00（夏期19:00まで／チケット販売は終了30分前まで）入場（資料館とセット販売）…大人600円、中学生450円、小学生以下無料

本島北部

本島中部

本島南部

伊江村

伊江島

伊江港

フェリーいえしま
フェリーぐすく

城山

名護市街図

0　100m　200m　300m　400m

seaside-cafe Blue Trip
A&W
トヨタレンタリース

●備瀬のフクギ並木【地図P.48B3】

ひとくちメモ
〈よんな～びせ〉備瀬のフクギ並木の中にある素敵な空間でいいひと時を。【ポンサオ】営業時間11:00～17:00／「本部熟成麺」を使った沖縄そばや沖縄素材を使ったシェイク（080-8578-3040）　【備瀬のあそびばアンテナ】「ふくぎ染」や「シーサーの色付け体験」等楽しいワークショップ（予約制）（080-3040-9543）　【宇宙で3番目に美味しい揚げたて「マラサダドーナツ」】のマラサダアイスが大人気。

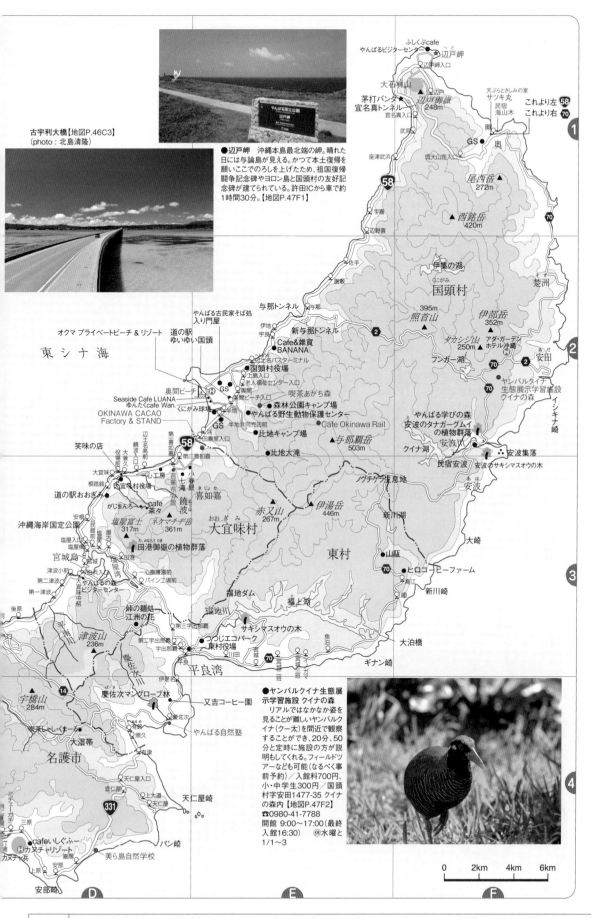

古宇利大橋【地図P.46C3】
(photo：北島清隆)

●辺戸岬　沖縄本島最北端の岬。晴れた日には与論島が見える。かつて本土復帰を願いここでのろしを上げたため、祖国復帰闘争記念碑やヨロン島と国頭村の友好記念碑が建てられている。許田ICから車で約1時間30分。【地図P.47F1】

ふしくぶcafe
やんばるビジターセンター　辺戸
辺戸岬　辺戸岬入口
大石林山
茅打バンタ★　宜名真トンネル　辺戸御嶽　248m
宜名真入口
武田
座津武浜
天ぷらとさしみの家　サツキ丸
民宿　海山木
これより左 58
これより右 70

GS　奥
奥
琉大山荘入口
尾西岳　272m
宇嘉
辺野喜
西銘岳　420m

佐手
謝敷
伊集の湖
国頭村
楚洲
照首山　395m
伊部岳　352m
タカシジ山　250m
アダ・ガーデン
ホテル沖縄
安田

与那トンネル　与那
新与那トンネル
伊地
宇良

Cafe&雑貨 BANANA
辺土名バスターミナル
国頭村役場
上島入口
老人福祉センター入口
奥間
奥間ビーチ入口
喫茶あがち森
森林公園キャンプ場
やんばる野生動物保護センター
半地共同売店前
比地キャンプ場
比地大滝
与那覇岳　503m
Cafe Okinawa Rail

フンガー湖
ヤンバルクイナ生態展示学習施設クイナの森
イシキナ崎

やんばる学びの森
安波のタナガーグムイの植物群落
安波
安波集落
民宿安波　安波のサキシマスオウの木
安波
クイナ湖

オクマ プライベートビーチ & リゾート
道の駅　ゆいゆい国頭
やんばる古民家そば処　入り門屋

Seaside Cafe LUANA
ゆんたくcafe Wan.
OKINAWA CACAO Factory & STAND
くにがみ球場

笑味の店
大宜味村役場
大宜味
根路銘
道の駅おおぎみ
心工房
cafe 茶々
がじまんろー
七福　喜如嘉
饒波
塩屋富士　317m
ネクマチヂ岳　361m
田港御嶽の植物群落
大宜味村

東シナ海

宇嘉　辺野喜
辺戸名入口
第二喜如嘉
第三喜如嘉

ノグチゲラ生息地
赤又山　267m
伊湯岳　446m
新川湖
大崎
山臥
ヒロコーヒーファーム
新川崎

東村

福地ダム
福地川
福上湖
大泊橋
ギニャン崎

沖縄海岸国定公園
宮城島
塩屋入口
塩屋橋
安根
屋古
津波小前
第二津波
天んばるビジターセンター
第一津波
後原
津波山　236m
慶佐次川
蜂の麺処　江州の花
第三宇出那覇
宇出那覇
平良
第二宇出那覇
つつじエコパーク
サキシマスオウの木
東村役場
川田

平良湾

宇橋山　284m
14
慶佐次マングローブ林
又吉コーヒー園
やんばる自然塾
大湿帯
喫茶としくぶまーる
名護市
cafeいしぐふー
カヌチャリゾート
カヌチャ浜
美ら島自然学校
天仁屋入口
庭口
上大道
天仁屋
天仁屋崎
パン処
331
三原
安部
カヌチャ浜
上原
安田
安部崎

●ヤンバルクイナ生態展示学習施設 クイナの森
リアルではなかなか姿を見ることが難しいヤンバルクイナ(クー太)を間近で観察することができ、20分、50分と定時に施設の方が説明もしてくれる。フィールドツアーなども可能(なるべく事前予約)／入館料700円、小・中学生300円／国頭村字安田1477-35 クイナの森内【地図P.47F2】
☎0980-41-7788
開館 9:00～17:00(最終入館16:30)　(休)水曜と1/1～3

0　2km　4km　6km

D　E　F

〈対馬丸（つしままる）記念館〉 昭和19年、沖縄から疎開者1,800名を乗せた対馬丸は、米軍の魚雷攻撃を受け沈められた。これにより学童775名を含む1,418名が犠牲となった（疎開船のうち最大）。その悲しい歴史を伝えるため建設された。☎098-941-3515【地図P.48B1】㊡木曜と12/31〜1/3 ⊙9:00〜17:00（16:30最終入館）入館料一般500円 那覇市若狭1-25-37

那覇MAP

ひとくちメモ 〈旧崇元寺石門/きゅうそうげんじせきもん〉国際通りから徒歩数分、こんな町中に! と思うような車道沿いに500年近く前の重厚な石門が佇んでいる。現在と過去の歴史が混ざり合う様を見てみよう。崇元寺は臨済宗の寺で、1527年創建と推測される。琉球歴代王の霊を祀る国廟で、奇跡的に戦火の中を残った石門は、国の重要文化財に指定されている。【地図P.49C1】

沖縄本島

首里、国際通り、マチグヮー、いろんな顔を持つ

那覇 なは

2023年リニューアルオープンした那覇市第一牧志公設市場

那覇は沖縄の旅の出発点。本土からの飛行機や船が那覇空港や港に到着する。歴史ある首里地区、世界遺産の首里城、識名園など見所も多く、現代と歴史が交差する、沖縄県最大の都市。

NAHA MAP

沖縄本島

那覇

●那覇市人口315,131人（男152,577人、女162,554人、女が多い！ 世帯数159,627人）（令和6年2月末現在）昨年同期より1,648人減少
●那覇市観光案内所 ☎098-868-4887（那覇市牧志3-2-10てんぶす那覇1階、9:00〜19:00）

首里城公園　見る

琉球王朝の城「首里城」は琉球のシンボル、世界遺産「琉球王国のグスク及び関連遺産群」の中心的存在。2019年10月、火災により正殿その他が消失したが、復興計画が立てられ再建中。2026年完成予定。

☎098-886-2020（首里城公園管理センター）
那覇市首里金城町1-2
■開園時間 ＊有料区域（奉神門・世誇殿・東のアザ）4〜6月・10〜11月8:30〜19:00、7〜9月20:00まで、12〜3月18:00まで（入場締切閉園30分前）＊無料区域（歓会門、木曳門、久慶門、継世門）4〜6月・10〜11月8:00〜19:30、7〜9月20:30まで、12〜3月18:30まで／首里城公園施設の一部休日：7月の第1水曜とその翌日／大人400円、高校生300円、小・中学生160円、6歳未満無料 ＊有料区域では毎日8:25〜8:30御開門式（うけーじょー）の儀式が行なわれている。
●首里杜館（スイムイかん）公園や周辺地域の情報センター。首里城の案内を映像で。
●首里城正殿 首里城の中心的建物。国の重要な政治や儀式が行われた。2019年の火災で焼失
●玉陵（たまうどぅん）世界遺産、国宝。第2尚氏王朝時代に作られた王家の墓陵で、沖縄最大の墓。当時の石造りの芸術を見られる。無料 入場9:00〜18:00（最終入場17:30）入場大人300円、小人150円（墓と資料館）☎098-885-2861

守礼門

園比屋武御嶽石門（世界遺産）

●守礼門（しゅれいもん）中国の影響を受け、独自の技法を駆使して作られた首里城城門のひとつ。戦火で焼失し、現在の門は昭和33年に復元されたもの。2千円札の図柄になっている。
●園比屋武御嶽石門（そのひゃんうたきいしもん）世界遺産。沖縄を代表する石造り建築。1519年の築造、竹富島出身の名石工・西塘（にしとう）の作とされる。国王達が城外へ出る際、安全を祈願する御嶽として儀礼が行なわれた。現在も拝所として訪れる人は多い。
●西（イリ）のアザナ 城の西端に築かれた物見台。標高130m、ケラマ諸島まで見渡せる。

首里map

珈琲屋台ひばり屋　カフェ

緑に囲まれた空間が美しすぎてテンションがあがる

街のど真ん中に、こんな植物がいきいきとした場所を作るなんて！ 素敵すぎる奇跡の店！ 自然とともにある心地よい緊張感（雨降ってきたらクローズするよ）。超おすすめ。そんな中で最高の珈琲を。グランドオリオン通り「ゆうばんまんじゃーぶし」ノ角入ル。営業状況はツイッターで確認。

☎090-8355-7883【地図P.53D3】牧志3-9-26 ㊡悪天候お休み&不定休 ㊂10:30〜19:00

ひとくちメモ

〈首里琉染（りゅうせん）〉紅型（びんがた）は琉球王朝時代より作られてきた染め物。製作工程の見学や、作品を買うことができ、さんご染めが体験できる。大人3,300円、子供2,750円。持ち帰り可能。 年中無休 ㊂9:00〜18:00（体験は1日5回開催、9:30、11:00、12:30、14:00、15:30から各50分）首里山川町1-54 ☎098-886-1131【地図P.50首里map】

トックリキワタ珈琲店 カフェ

おとなしい店長ボスが隅っこにいてかわいい

店名を聞いただけで、行ってみたくなる店ってあるね。スタイリッシュな店内なのに、ほんとにリラックスできる。犬が店長なのもたまらない。美味しい珈琲と手作りのスイーツと優しい言葉のいい時が過ごせる。Wi-Fiあり。営業日・時間等Facebookで確認を。

牧志1-2-11【地図P.52C2】㊡水・木曜 ☎11:00〜18:00 カード・PayPay・d払い使用可

Close up! 自家製豆腐ように感動

内地の高級料亭で十数年修行の後、故郷の沖縄に戻って和食の店を開店。自家製の豆腐よう（720円）は相当美味かったー。自家製なんてあるのね! 白い色（よく見るピンクのと麹菌の違いとのこと）のも初めてね。これ仕込んでから

なんと! 1年半だって! なんという貴重なものーーー！
（取材：窪田）

自家製豆腐よう

県産まぐろの揚げ物タルタルソースと冷やし茶碗蒸し。おまかせ3品（1,430円）の中の2品。

【データ】和きっちん九　那覇市東町27-17【地図P.48B2】☎098-866-4871　㊡日曜＋不定休（月に1〜2日程度）☎17:30〜23:00 カード支払可

Close up! 浮島通りのしびれるカフェプラヌラ

プラヌラって言う不思議な名前は、クラゲの赤ちゃん（幼生）のこと。クラゲ大好きな店主・戌亥近江さんのカフェ。
元沖縄病重症患者で、移住しちゃった店主の作る絶品お菓子と美味しいお茶をゆっくり楽しめるお店です。一番人気の

クラゲのオブジェがあふれる店内

ジンジャーエール550円、昔プリン430円

純生のロールケーキ500円（ドリンクとセット50円引）

厚切りロールケーキや季節ごとの和菓子も楽しみ。ティーマイスターで茶葉販売もしている店主のいれてくれる紅茶をいただきながら、ホッと一息つけるオアシス的存在。

【データ】Cafeプラヌラ ☎098-943-4343　那覇市壺屋1-7-20【地図P.53C3】㊡火・水曜 ☎13:00〜20:00（L.O.）

食堂 faidama 食べる

2週替わりのfaidama定食　1760円

ファイダマは、八重山の言葉で「食いしんぼう」のこと。店主の高江洲さんのお父様が丹精込めて育てたお野菜をたっぷり使った、幸せな気持ちになれるお昼ごはん。faidama定食は、マグロに乗ってるいんげんとか、パパイヤとか細部まで緻密に美味しかった。

☎098-953-2616　松尾2-12-14【地図P.52C3】㊡月火水 ☎11:00〜15:00（売り切れ仕舞い）

かき氷専門店 浮雲 カフェ

浮雲（うきぐも）

レアチーズ紅芋880円とマンゴー　グルトココナッツミルク780円

美しくてふわっふわの浮雲のようなかき氷。練乳もシロップも手作りで超いいね。頭にキーンとこなくてこんなの食べたことないっす、というと、「ふわふわは癒しですから」とオーナー。

☎098-894-8522 牧志1-2-12【地図P.52C2】
㊡木曜 ☎12:00〜17:00（営業日・時間はWEBで確認のこと）

Close up! 南大東島が味わえる居酒屋

南大東島の人がやっている、南大東ファンははずせない店。那覇でお店をはじめて30年。毎年冬に行って泡盛の熱燗をたのむため、女将さんに「熱燗の人」と覚えてもらい、嬉しかった。
ここのいいところは、感じ良いおかみ

魚汁

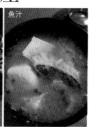
トビイカスミいため

さんがホール係で必ず丁寧な対応をしてくれ、色々話しかけてくれるところ。なかなかそういう店貴重だよね。
トビイカスミいため（800円〜）、魚汁（400円〜）もいいメニューね。

大東島名物のボロジノ漬寿司1,000円（大東寿司とも言うけどこの名前もいいね）

【データ】小料理居酒屋栄喜 ☎098-867-8277　那覇市久米1-2-9【地図P.48B2】不定休 ☎17:30〜状況による（要電話確認）おきなわ食材の店

ひとくちメモ

〈世界遺産・識名園〉琉球王家の保養や外国の客人接待に利用された。面積約7,000坪、池の周りを歩き景色を楽しむ「迴遊式庭園」も見所。㊡水曜（水曜休日の時は開園、翌日休）6/23 （4/1〜9/30）9:00〜18:00（最終入園17:30）（10/1〜3/31）9:00〜17:30（最終入園17:00まで）入園料大人400円、小中学生200円、那覇市真地421-7【地図P.49D3】管理事務所☎098-855-5936

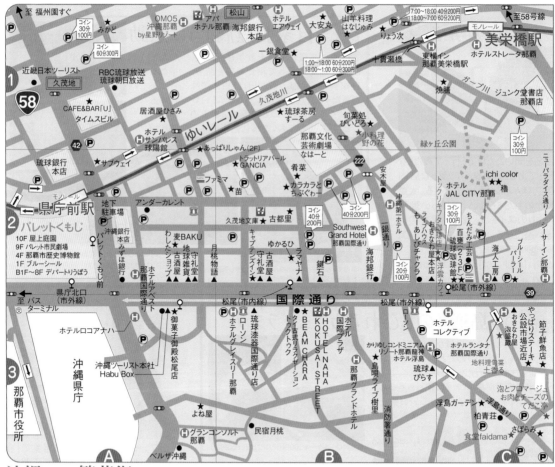

沖縄一の繁華街

国際通り
こくさいどおり

お土産品店、飲食店、ライブハウスとあらゆる店が集中している。端から端まで歩いて20～30分。公設市場も新装オープン。

★国際通りをレンタカーで通る場合、平日朝夕はバスレーン規制で片側しか通れないので注意（下図参照）。

国際通りのバスレーン規制	パレットくもじ	（夕方）17:30～19:30の間 バスレーン規制 一般車両通行不可 ✕	至泊港 安里三差路
		国際通り →	
	県庁	✕ （朝）7:00～9:00の間 バスレーン規制 一般車両通行不可	至首里

※土日曜、祝日・1月2、3日はバスレーン規制なし。

〈国際通り周辺は終日禁煙！〉那覇市では「路上喫煙防止条例」があり禁止地区での喫煙、自転車・バイクに乗りながらの喫煙も禁止。違反者は2,000円の過料を科される場合があります。禁止地区は国際通り全域（安里三叉路～那覇市役所前）、モノレール県庁前駅から国際通りまで、そして、沖映通り（むつみ橋交差点～美栄橋駅前広場）。喫煙はルールを守ってどうぞ。てんぶす那覇前広場に指定喫煙場所設置あり。詳しくは那覇市役所観光課☎098-862-3276

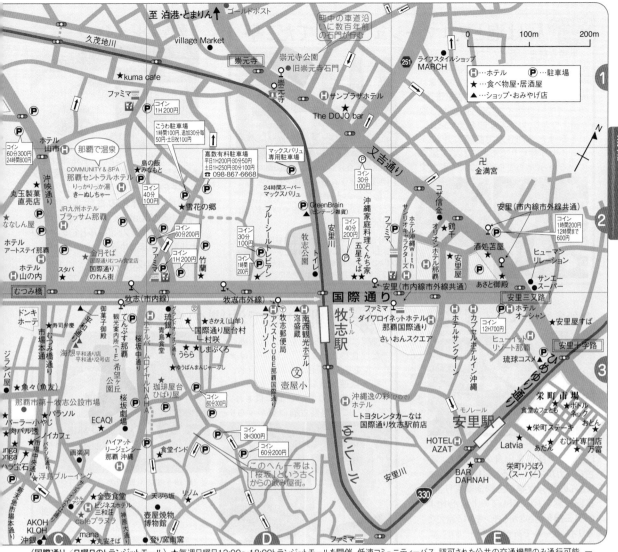

至 泊港・とまりん↑　ゴールドポスト

町中の車道沿いに数百年前の石門が佇む

久茂地川
village Market
崇元寺
崇元寺公園
旧崇元寺石門
ライフスタイルショップ MARCH
251

★kuma cafe
ファミマ
崇元寺
サンプラザホテル
The DOJO bar

こうわ駐車場
1時間100円、追加30分毎50円・土日祝100円

嘉数有料駐車場
平日1H200円30分50円
土日1H250円30分100円
☎098-867-6668

マックスバリュ専用駐車場

又吉通り
卍金満宮
N

コイン
1H 200円
コイン
40分
100円

那覇で温泉
COMMUNITY & SPA
那覇セントラルホテル
きーぬしちゃー

コイン
60分300円
24時間800円

ホテル
山市

24時間スーパー
マックスバリュ

GreenBrain（ビンテージ雑貨）

沖縄家庭料理くんち家
五苗そば

安里（市内線市外線共通）

コイン
1時間200円
12時間まで600円

沖映通り
丸玉製菓直売所
島の飯みなもと

★雪花の郷

ブルーシールパーラー

牧志公園
安里川

コザ信金
オリオンキャラクターズ

ホテル沖縄with
サンライズキャラクターズ

鶴千
酒処苦屋

ヒューマンリレーション

ななしん屋
JR九州ホテル
ブラッサム那覇

コイン
60分200円

コイン
40分
100円

安里屋

サンエースーパー

ホテルアートステイ那覇
金月そば
国際通りむつみ食堂店

コイン
30分
100円

竹蘭
国際通りのれん街
ファミマ

コイン
1H 200円

コイン
1時間200円

ファミマ

トイレ

あさと御殿

安里三叉路

ホテル山の内
スタバ

国際通り
牧志駅
モノレール

安里（市内線市外線共通）

安里屋すば

安里十字路

ドンキホーテ
むつみ橋
市場本通り

牧志（市内線）
牧志市外線

御菓子御殿
観光案内所（1F）
てんぶす那覇

琉銀
青島食堂
★さかえ（山羊）
★国際通り屋台村
★村咲
しまぶくろ

牧志郵便局
フリーゾーン

アベストCUBE那覇国際通り
南西観光ホテル
泡盛蔵

ダイワロイネットホテル那覇国際通り
さいおんスクエア

ホテルサンクイン

カプセルホテルダーリン沖縄

ホテルオーシャン

コイン
12H700円

琉球コスメ

ジランバ屋
★魚々（魚友）

桜坂中通り
ホテルロイヤルオリオン

観光案内所2号店
平和通り

御菓子御殿
希望ヶ丘公園

ゆうばんまんじゅまーじ

珈琲屋台ひばり屋

壺屋小
文

安里駅

栄町市場
食堂カフェとも
ボトルネック
おどん

那覇市第一牧志公設市場
パラソル
★むつみ食堂

ECAQI

コイン
60分300円

沖縄逸の彩（ひので）ホテル
トヨタレンタカーなは
国際通り牧志駅前店

★栄町ステーキ
Latvia
むじ沖専門店
万富

パーラー小やじ
肉バル透
ノイカフェ

ハイアットリージェンシー那覇沖縄

食堂インド

コイン
3H300円

コイン
60分200円

栄町りうぼう（スーパー）
あだん

浮島ブルーイング

画楽洞

このへん一帯は、「桜坂」という古くからの飲み屋街。

HOTEL AZAT

BAR DAHNAH

330

★金壺食堂
ビジネスホテル三和荘
cafeプラヌラ
mana
★丸米そば

天ぷら坂
リジム

壺屋焼物博物館
登り窯南窯

ファミマ

AKOH KLOH
沖銀

0　100m　200m

凡例：
Ｐ…ホテル　Ｐ…駐車場
★…食べ物屋・居酒屋
▲…ショップ・おみやげ店

那覇

〈国際通り／日曜日のトランジットモール〉★毎週日曜日12:00～18:00トランジットモールを開催。低速コミュニティーバス、認可された公共の交通機関のみ通行可能。一般車両は通行できない。歩行者のためにオープンカフェや、ストリートパフォーマンスが多く出て、普段とは違う楽しさがある。レンタカーの人は国際通り周辺の駐車場を利用しよう。（地図内 ⟷ トランジットモール区間）

Close up! 海想で 海がテーマのオリジナルグッズを!

「海想」は、沖縄に棲む生物や海の文化をモチーフに作られたオリジナルグッズのお店。Tシャツを始め、自社デザインのアクセサリー、無添加石鹸、手拭いなどなどの小物が揃う。Tシャツは全て、肌触りの良さと着心地良さ抜群な100%オーガニックコットンにこだわる。

■注染め手ぬぐい「マーニ」
■天然ゴムのビーチサンダル
■マグボトル「R-8」

●ウェブストア　kaisouokinawa.com
●海想 ハナサキマルシェ店 ☎0980-48-2555
【地図P.46B3】㊡無休 営10:00～21:00
●海想 平和通り店 ☎098-862-9228
【地図P.53C3】㊡無休 営10:00～20:00
●海想 平和通り店2号店 ☎098-862-9750
【地図P.53C3】㊡無休 営10:00～19:00

■オーガニックコットンパーカー「R-8」
■オリジナルシャツ「首里城絵巻」
■オーガニックコットンTシャツ「Yanbaru」

ひとくちメモ

〈那覇市泊（とまり）のゴールドポスト〉2021年、東京五輪の空手男子形で金メダルを獲得した喜友名諒選手（沖縄県）をたたえるため、金色の郵便ポスト「ゴールドポスト」が2022年2月4日、那覇市泊にある空手・古武道用品専門店の守礼堂前に設置された。沖縄では、ここのほかに石垣島の八重山郵便局前にも設置されている。【地図P.53D1】（写真提供：スマートコンド泊）

53

昼は泡とフロマージュ、夜はてだこ亭

県産食材をふんだんに使った肉料理が食べられる「お肉とチーズのてだこ亭」。昼間は沖縄初の県産チーズ量り売り＆県産クラフトビールの店を併設！チーズは一口サイズ200円前後から取り揃えており、いろんな味をチャレンジできる。また県内各地で話題のクラフトビールも月替わりであれこれ取り揃えているから、あちこち回らなくても大丈

夫！伊江島産ラム酒も各種とりそろえていて、珍しいお土産が見つかるかも。

てだこ亭は、ひと晩2組までの予約制。前日までに予約を！

【データ】泡とフロマージュ 木金土日昼間から夕方まで（毎日インスタで時間告知）／お肉とチーズのてだこ亭 ☎098-860-0150 夜5時から予約にて営業 松尾2-11-4【地図P.52C3】

浮島ブルーイング

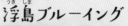

浮島ビアテイスティングセット1260円とエビとクレソンのチャプチャー

公設市場にほど近い浮島通りにあるクラフトビールの店。久高島産ハダカムギを使った「久高島ヴァイツェン」や稲作の発祥地の古代米を使った「仲村渠Wheat X」など、那覇で醸造した魅惑のクラフトビールと旬のオリジナル料理が楽しめる。【地図P.53C3】

☎098-894-2636 那覇市牧志3-3-1,3F

㊡水曜 ㊂17:00〜23:00（L.O.22:00）

呑処食処ななしん屋
飲食

国際通り・本裏、ニューパラダイス通り。目の前で唄三線が聞ける

カウンター5〜6席でひっそりと営業している伊良部島出身のママさん。宮古ローカルネタを振ると盛り上がる。ママさんの気分次第で三線演奏有り。伊良部民謡をリクエストしてみよう。心地よい唄三線を聴きながらキンキンに冷えたオリオンビールであっり乾杯〜（取材:yuji）

☎090-9472-9990【地図P.53C2】㊡不定 ㊂19:00〜0:00 那覇市牧志1-3-21

沖縄の器で沖縄の食と酒を

ンジャナバーのスーネ、アカジンミーバイ手毬寿司、アーサー入り卵焼き、自然薯のムカゴ

沖縄に行ったら、欲を言えば沖縄のものだけ食べたいよね。「土香る」はテロワールをイメージさせる素敵な店名。

極力県産の食材しか出さない、すべてが県内作家の美しい器で供され、カウンターには泡盛古酒の甕がずらりと

チンヌク唐揚げ（ハーフサイズ）と豚飯（650円）

並び、椅子までも県産の木の椅子というこだわりようがしびれる。

うまい泡盛をちびちび舐めながら、沖縄色に染まってみよう。

【データ】地料理・旬菜 土香る 那覇市松尾2丁目6-24 B1F【地図P.52C3】☎098-943-9460

㊡水曜 ㊂17:00〜23:00 ＊予約がおすすめ

「那覇ゆんたく市場さんぽ」で2023年オープンした公設市場へ

体験してみまし

那覇市の「OMO5沖縄那覇by星野リゾート」は、宿泊者を無料であちこちガイドしてくれるのがすごすぎるホテル（有料プランもあり）。

今回宿泊するのは3回目で、リニューアルしたての注目スポット「公設市場」をガイドしてくれる「那覇ゆんたく市場さんぽ」に参加してみた（宿泊者無料）。

手作りのパネルを使った説明がわかりやすい！

那覇市牧志第一公設市場

〈OMO5沖縄那覇 by 星野リゾート宿泊者むけ無料プログラムの体験〉

ホテルから歩いて、国際通りも通り、市場へ。市場内では、かまぼこ屋さんやタケノコと昆布の専門店、肉店など、何軒か話を聞いてまわり、お昼前、市場内で解散。あとはお土産を買ったり二階の食堂に行くなり自由行動。

特に印象に残ったのは、沖縄最古のジーマミー豆腐専門店という「はま食

品」さん。今まで料亭などに卸す専門だったが、初の店舗展開とのこと。沖縄の食文化の話もできて、朝作りたてのジーマミー豆腐の試食がめちゃ美味しくて購入した。

OMOレンジャーさんが昔の写真のパネルで国際通りや市場の歴史の話もしてくれ、市場の方とナチュラルにゆんたく（話）ができて実にいいツアーだった。（取材：窪田）

ひとくちメモ

〈小料理 野の花〉開店より30余年、鰹節、昆布の天然だしにこだわった料理をだしてくれる。すり身から作るちきあぎがうまくて、また食べたい。すり身は冷凍すると味が落ちるから予約したほうがいい。サービスで出してくれた宮古の黒大豆から作った羊羹も旨かった。

☎098-864-0439 那覇市牧志1-12-19【地図P.52B1】㊡日曜 ㊂17:00〜23:00 　右写真は一番人気のもずく素麺→

Close up! 扉を開けると、そこは地球の反対側

子供連れ家族のお客さんと、ブラジル銀行の人とお店の人が全員ブラジル語でしゃべり、テレビではブラジルの人気歌手のステージ映像が流れてた。

県系ブラジル2世の比嘉さんご夫婦が2022年にオープン。一番人気「ビーフカツチーズトマトソース」1,320円をいた

だく（写真右）。うまし。八重瀬町産のキャッサバを用いた料理、コシンヤ、パステルなど、未知なるブラジル家庭料理が味わえる。異世界体験はいかが。

【データ】Gostoso Espetaria（エスペタリアゴストゾブラジルレストラン）八重瀬町屋宜原190-1【地図P.42C3】☎070-1584-8049 ㉨月・火曜 ㉜11:00～22:00(日・水・木)、11:00～23:00(金・土)

さし草屋 joy工房＆茶屋 カフェ
〈沖縄県食材の店〉

さし草汁そば600円、さし草デザートとのセット800円

沖縄の雑草さし草(タチアワユキセンダングサの沖縄名)専門の驚きの店。沖縄の隅々まで生えているさし草を、契約農家に作付依頼して買取り、様々なさし草商品を製造販売している。カフェではさし草料理も味わえる。さし草商品は優良県産品にも選ばれている。

☎098-988-1209 ㉨土曜 ㉜10:00～18:00 南城市大里仲間937【地図P.42C2】

モリンガファームさんご園芸 買う

毎月各地で自然栽培の講演会・講習会も精力的に行う赤嶺さん

農薬も肥料も使わない自然栽培でモリンガ始め多種の作物を作っている赤嶺さんが経営する直売所。自家の作物他、数十軒の県内農家の果物・野菜を販売。豊作凶作に関係なく一定値段で売れる農業を目指す。厳しい品質審査をしている。

☎098-889-5562 南風原町神里496-2【地図P.42C3】㉨旧盆と年末年始 ㉜9:00～18:30

Close up! 愛のある、活気ある居酒屋

白身魚(この日はビタロー)の焦がしバター焼き1,800円

大型リゾートも建ち、街全体が活気づいている糸満市。そんな中にある愛衆酒場てっちゃんは地元客や観光客に楽しいお酒の席を用意してくれるお店。

予約した当日に確認の連絡を頂いたり入店時もとても丁寧に案内され、お客

様ファーストが感じられた。店内に入ると厨房を囲むようにキッチンが配置され忙しそうに動き回る料理人たちが観察できたり、店全体が明るく楽しい。漁業の街糸満ならではの旨い魚を食べにリピートしたい。(取材：笹原陽一)

鮮魚の盛合せ2～3人前2,300円。一度も冷凍されず生で提供される沖縄ならではの近海まぐろが最高でした

【データ】愛衆酒場てっちゃん 糸満市糸満989-57【地図P.42A3】☎098-927-5795 ㉨火曜 ㉜17:00～24:00 電話予約可能

Close up! 感動するおむすび

めぇみちのおむすびご飯1,650円（おむすび2個、デザート付）おむすびの具を選べる（具材により＋α料金あり）、おにぎり1個セットは1,300円

過去に、佐藤初女さんに教わったというおむすびで、何これ！ と衝撃を受けたことがあり、ここでまたそれ以上の感動があったので今年も再訪。目の前で丁寧にご飯を結んでいる姿を見るだけで、有難い気持ちになる。

有機玄米に、渡名喜島のオーガニックもちきび、ペルー産オーガニックキヌア、

アメリカ産オーガニックレンズ豆などの雑穀と麻炭を混ぜて炊き、手塩には浜比嘉島高江州製塩所のあら塩を使い、掌(たなごころ)で結ぶ。一口一口大切に味わって戴く、特別な時間が過ごせる。(取材：窪田)

【データ】めぇみち ㉨月・火曜 ㉜11:30～16:00（ご飯が無くなり次第終了）☎090-8292-7168 宜野湾市大山2-6-5【地図P.44B4】駐車場有

カフェビーンズ カフェ

自家栽培のエディブルフラワーがむちゃくちゃかわいい

妖精が棲んでいそうな、庭のガジュマルの木がとてもいい雰囲気で癒される。3人姉妹が食用花や野菜を育てて、それを使ったケーキや料理を出してくれる。フーチバーのクリームパスタ800円（飲物セット1,100円、プラス200円でケーキ付に）、スープ300円。

☎090-7585-8867 南城市玉城百名986-2【地図P.43D3】㉨日・月・火 ㉜11:00～17:30

ひとくちメモ 〈Karate Cafe AGARI〉沖縄空手会館内のカフェ。自家製麺で鰹と昆布の出汁の沖縄そばはかなりレベルが高い！ 沖縄空手資料館で空手発祥の地沖縄の伝統空手のすごさを見てみよう（入館料400円が今ならカフェ利用者は100円）。空手そば（中）700円 豊見城市豊見城854-1【地図P.42B2】☎098-851-1025 ㉨水曜（祝日の場合営業して、振替休日）㉜11:00～14:30L.O.

Close up! 海のものにこだわる、海をのむそば

宮城島の入口、桃原集落にあるオンリーワンな沖縄そば店。代表の森田さんが、島の海ぶどう養殖業者さんの後を引き継ぐことから始まったプロジェクトで、出汁は海のもののみで取り、具は沖縄三大海藻(もずく、アーサ、海ぶどう)

を贅沢にトッピングするというこだわりが、今までになく面白い。「沖縄そばはやっぱり豚を使わないと」、と時々言われるらしいけど、そんなの関係なく突っ走ってほしい。(取材:窪田)

海をのむそば850円、海じゅーしー150円。この日の具の魚は伊良部島産カツオのなまりぶし

【データ】うるまの島そば海をのむ うるま市与那城桃原125(宮城島) 【地図P.45E3】 営金土日&祝日の11:00～15:00 ＊浜比嘉島で姉妹店「波風コーヒー」も運営。

金月そば読谷本店 食べ

金月そば(並)1000円。宝物のそば。最高に美味しい。

県産小麦「かなさん」の栽培にも自ら携わり、県産小麦と国産小麦のみで、しかも自家製粉して麺を打つという、沖縄でも唯一無二のすごい店。化学調味料不使用。恩納店、国際通りむつみ食堂店、Gala青い海店とあるので、食べに行ってみよう。

☎098-958-5896 【地図P.44B3】 読谷村喜名201 不定休 営11:00～16:00

沖縄炭火料理店 うむさんの庭 飲食

＊夜は炭火焼メニューだけでなく、沖縄料理が多数あり楽しめる

カフーリゾートフチャクコンドホテル隣。ホテルから徒歩すぐのお店。昼は「沖縄そば」、夜は「沖縄居酒屋」。ディナータイムには3回ライブがあり、唄三線が聞けて楽しかった。 ＊ライブチャージはお通し込みで300円 ＊BBQも可能 ＊ディナータイム近隣ホテル往復無料送迎有

☎098-964-6601 【地図P.44C2】 恩納村冨着256 無休、営11:30～15:00、18:00～23:00

Close up! 伊計島産小麦の小麦コーヒーが新しい

小麦コーヒーは、香ばしい穀物の香りがグーで、ノンカフェインがうれしい。この新メニューはこちらの名物「本気の麦茶」で、焙煎しすぎてしまった麦からヒントを得て生まれたそう。伊計島で農薬・化学肥料不使用で栽培された小麦「島麦かなさん」を使用。

レトロで懐かしい店内

親戚のお家に招かれたような、居心地の良いお店で、地域愛溢れる眞榮里さんのお話を聞きながらゆっくり過ごすのが オススメ。デザートやフードメニューも魅力的です。(H・Yマリン比嘉陽子)

小麦コーヒー560円

【データ】宿＆喫茶アガリメージョー ☎090-1710-4106 うるま市勝連平敷屋3661 【地図P.45D4】 休土・日曜 営11:30～16:00 Wi-Fiあり カード、PayPay、d払い可

Close up! 伝統飲料「みき」をすべての人に

沖縄の伝統飲料「みき」を、フローズンにして、その上にフルーツソースをかけ、南国フルーツをのせたもの。「みき」の原材料は島米(石垣島産)、米麹、乳酸菌のお米の粒がわかるくらいの粒々感、やわらかさ。発酵感はわずかしか感

OKI-DOKI(ドラゴンソースかけ・ゴールドパッションのせSサイズ)1021円

じられない提供温度が絶妙で、万人向けに考えられているのが特筆。外国人に訴求する「Traditional Fermented Super Food」などの表現、琉球の古い書物からみきの紹介文、参考書籍も置かれて実によく考えてある。(取材:窪田)

【データ】ミキボウル by ōlū 恩納村恩納2767-2F 万座毛周辺活性化施設内2F 【地図P.44C1】 ☎050-3595-5060 休不定 営10:00～17:00

守良屋 食べ

大切な食べ物という感じの守良屋そば950円

名護の静かな集落にある自家製手ごね手打ち生麺の店。女性店長が一人で麺棒で延ばすのは大変な作業で前日12時1時まで準備にかかるという。緑に囲まれたお座敷で貴重な一杯を。無化調で、素材の味をじっくり噛みしめる味わいが素晴らしい。【地図P.45E1】

☎090-7927-2554 名護市許田380 休木曜 ＊臨時休業有 営11:00～14:30L.O.(麺がなくなり次第終了)

うるやまメモ

〈Sea side inn〉嘉手納マリーナにある米軍施設だけど、普通に日本人も入れるので時々行く。問い合わせると入れない時もあるらしいが。ロケーション最高のテラスは食事のお客さんのみ。お茶だけはバーカウンターで。そっちもそれなり海景色よく、テレビで大リーグ戦を映していた。エアベースむけの英語放送なので、アメリカに来たみたい。【地図P.44B3】嘉手納町

Umi Mori Adan 買う 体験

アダンの葉で編んだ帽子や小物がいっぱい

小社で出版した「アダンの葉で編む琉球パナマ帽の作り方」の著者木村麗子先生の教え子柿沼泉さんのアダン帽子のお店。手間暇かけて作られた繊細なアダン帽子が並び素敵な雰囲気。アダン帽子教室アムラボ名護校の会場にもなる。

☎050-1139-5912 名護市真喜屋499
【地図P.46C3】不定休 営13:00～18:00

Close up! 「やんばる島豚」を堪能できるお店

古民家のような内装、リラックスできるカジュアルな雰囲気で「やんばる島豚」を最高に美味しくいただけるお店。

しゃぶしゃぶコースは塩だけでも美味しい、豚の脂の甘みが感じられる。自家製つくねがまた絶品。また、お料理が隅々まで気を使ってあり、シメの雑炊ま

しゃぶしゃぶコース1人前5,980円（2名より）

で飽きさせません。焼きテビチや、大根ホタテサラダは見た目にもインパクトあり。店長の満名さんは地域の伝承文化に詳しく、昔ながらの生活の知恵の話を聞けて楽しいお店。(H・Yマリン比嘉陽子)

コース料理の一部
この他に2～3品とデザートもつく。

【データ】島豚七輪焼満味（まんみ）名護市伊差川251【地図P.46C4】休日月曜 営17:00～22:00 ☎0980-53-5383（予約は電話のみ／受付15:00～17:00）

Close up! 金武タームあんベーグルを食べてみた

朝日が美しい東海岸、金武町にある。国産小麦で作った7種類のベーグルと好みの具を選びオーダーする。香ばしく表面はカリッ、中はずっしりむっちりとした食べごたえあるベーグルに地域らしさを取り入れた具材を挟んだベーグルサンドはめちゃくちゃ美味しかった。

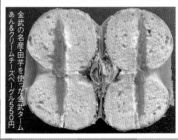
金武の名産田芋を使った金武タームあん＆クリームチーズベーグル550円

伊是名島にルーツがあるという店主の仲田元紀さんと恵己さんご夫妻

早朝からの営業時間にもポリシーがあり面白い。店名のa(エイ)には多様性の意味があり、居合わせた方が自然と会話をしたくなるようなアットホームなあたたかいお店でした。(H・Yマリン比嘉陽子)

【データ】a bagel oKINawa（エイベーグルオキナワ）金武町金武10686-2【地図P.45E2】休火水曜 営6:00～11:30（インスタで要確認）、カード使用可

To go Cafe nil+（にるぷらす） カフェ

サーターアンダギーとパインフローズン450円

見つけたら嬉しくなるような、いい雰囲気のテイクアウトの小さなお店。タコライス400円、とり丼400円、サーターアンダギー100円と、どれもリーズナブル。ずいぶん安いのでお店の方にお伺うと目の前にある宜野座高校の生徒のためとのこと。いいね。(取材：ささやん)

☎090-6856-5283 宜野座村宜野座31-2
【地図P.45E1】休土・日・祝 営8:00～17:00

Close up! ハナサキマルシェに行ってみよう

沖縄県もとぶ町、美ら海水族館、備瀬のフクギ並木など、沖縄最大の人気エリアにあるグルメ・ショッピング・体験・アクティビティが揃うリゾート市場。

【データ】オキナワ ハナサキマルシェ
本部町山川1421-5
【地図P.46B3】
https://hanasaki-marche.com/contact/

海人料理 海邦丸

BLUE SEAL オキナワハナサキマルシェ店

ポーたま 沖縄 本部町店

和牛焼肉専門店 BURIBUSHI

スターバックス

ゴンチャ オキナワ ハナサキマルシェ店

おきなわ食堂 琉球

World Kitchen

やんばるジェラート

ラーメン・ハイサイ・マハロ

Cafe & diningbar SurMer

海想 ハナサキマルシェ店

SuiSavon 首里石鹸

Laboratorio 43pottery

海風マーケット もとぶ店

ひとくちメモ

〈フーカキサバニ〉フーカキサバニとは「帆かけサバニ」のこと。沖縄の気候風土に適した伝統的な木造帆船。ここでは体験サバニやサバニキャンプなどで、「帆かけサバニ」にのって沖縄の海を楽しめます。サバニピクニック 12:00～15:00（約3時間）料金1名11,000円（6名利用時）サバニ乗船料、ランチ代、保険込（時間、6名以下の場合のアレンジ可能）　問合せ：フーカキサバニ ☎090-2585-6087　名護市東江2-8-47

Close up! 藍を育てる、山の中の美しい一軒家

本部町伊豆味の山中は、沖縄の中でも数少ない琉球藍が育つ地域。藍は、山間の特別な環境でないと育たないものらしい。この先に本当に家があるのだろうかという坂を上ると、ドラマティックに工房とカフェが出現。

藍作品を見て買えるshop＆cafeの

緑に囲まれた山の上の、超スタイリッシュなcafe

周りには蝶が驚くほど乱舞していて天国のよう。外界と隔絶された夢のようなカフェ。(窪田)

【データ】琉球藍＆cafe 藍風 ☎12:00〜16:00 (休)火・水曜　☎0980-47-5583　本部町伊豆味3417-6【地図P.46B3】　藍染体験も可能(要予約)1時間3,000円〜(手ぬぐい、ストール等)、Organic100%コーヒー500円、他

伊豆味そば 【食べる】

桜で有名な八重岳の山の中に佇む古民家。四方を木々に囲まれるすごいロケーション。順番を待つ間も飽きることない大自然が感じられる。麺はこだわりの自家製麺、鰹出汁がきいた極上のスープの沖縄そばが素晴らしい一品。国頭郡本部町伊豆味1480【地図P.46B3】

☎0980-47-7847 (休)土・日・祝
☎11:00〜15:00(売り切れ次第終了)

OKINAWA CACAO FACTORY & CAFE 【カフェ】

やんばるでカカオ栽培とチョコレートで「地域づくり」を行うお店。店内の工場でチョコレートを製造する様子も見られ、カフェスペースではやんばるの特産品カラギやシークヮーサー、泡盛などと合わせた自家焙煎チョコレートや季節のドリンクやスイーツを味わえる。

☎050-5241-8152 大宜味村田嘉里555
【地図P.47E2】 (休)火・水曜 ☎9:00〜18:00

リマタピオカサンド店 【食べる】

自分でキャッサバを育て、その芋を利用したfoodを提供するお店。ブラジル人のリマさんのお国の味。タピは生地、オカは家、インディオの言葉だそうだ。リマさんのキャッサバを育てる苦労話が超おもしろい。さあ、あなたも味わってみて。今帰仁村謝名179-1

☎098-043-7114【地図P.46C3】
☎金11:30〜17:00、土日8:30〜17:30

芭蕉布会館 【見学】

文部科学大臣指定重要無形文化財「喜如嘉の芭蕉布」の後継者育成事業などを、国・沖縄県・大宜味村の補助を受けて行っている。展示室では、芭蕉布製品の展示、販売や芭蕉布の製造工程のビデオ上映も。大宜味村喜如嘉454

☎0980-44-3033【地図P.47D3】 (休)日曜、旧盆、年末年始(12/29〜1/3) ☎10:00〜17:00

Close up! ヤンバルクイナの森の喫茶店

あがちとは「ヤンバルクイナ」のこと。その名前の通り毎日鳴き声が聞こえてくるそう。そんな貴重なやんばるの自然のの中に建てられた可愛らしいカフェ。テラス席に座ると、深い緑と眼下に青い海の絶景。風が心地よい静かな環境で

ケーキセット(きび糖チーズケーキ)850円

す。オーナーがこだわって探した土地に、DIYで手を加えていった建物。店内はとても落ち着ける空間。これからまだまだ進化させていきたいとのこと。それぞれの季節に訪れて、沖縄の四季を感じてみたい店です。(取材：笹原陽一)

【データ】あがち森(むい) 国頭村字奥間2040-6
【地図P.46E2】 ☎0980-41-2858 (休)火水曜
☎10:00〜17:00

BookCafé Okinawa Rail 【カフェ】

林道をひたすら登り、忽然と姿を現すコンクリートの建物。中は一面の本棚と、対面はガラスの壁で中庭が見える美しい作り。全ての電気を太陽エネルギーでまかない、排水も自然の熱で敷地内で蒸発させる徹底ぶりがすごい。国頭村奥間大保謝原2040-107

☎080-8350-5524【地図P.47E2】
(休)月・火曜 ☎12:00〜18:30(17:00L.O)

沖縄本島交通情報

🚝 モノレール（ゆいレール）

●問合せ先：沖縄都市モノレール株式会社
☎098-859-2630
https://www.yui-rail.co.jp

沖縄都市モノレール「ゆいレール」は、那覇空港駅から首里駅を経由し、2019年10月より浦添市「てだこ浦西駅」まで延長。片道約37分で走る。観光としては空港直結の空港駅から、各宿への足の他、国際通り（県庁前駅、美栄橋駅、牧志駅）や首里（首里駅）、栄市場（安里駅）、そして県立博物館、美術館などがある新都心（おもろまち駅）に行くのに便利。

〈ゆいレール所要時間〉 ※駅間の分数は平均の所要時間です。混み合う時間帯はもう少し時間がかかります。

下り→　4分　1分　2分　2分　2分　2分　2分　2分　1分　2分　2分　2分　2分　3分　2分　3分　←上り

那覇空港駅／赤嶺駅／小禄駅／奥武山公園駅／壺川駅／旭橋駅／県庁前駅／美栄橋駅／牧志駅／安里駅／おもろまち駅／古島駅／市立病院前駅／儀保駅／首里駅／石嶺駅／経塚駅／浦添前田駅／てだこ浦西駅

国際通り／国際通り／DFSギャラリア沖縄／沖縄県立博物館美術館／首里城

〈ゆいレール運賃表〉

那覇空港駅発 下り↘	
平日・休日 始発 06:00	
平日・休日 最終 23:30	

●ゆいレールフリー乗車券

	1日乗車券 発行時〜24時間有効	2日乗車券 発行時〜48時間有効
大人	800円	1,400円
小児	400円	700円

※利用有効期間のみ乗車券提示で各種割引や特典有（右のメモ参照）

●バスモノパス（那覇バス&ゆいレール）
1日共通1dayパスポート

那覇市内の那覇バスとゆいレールが使用当日1日中乗り放題のチケット	
大人（中学生以上）	1,000円
小児（小学生以上）	500円

★ゆいレールは時間帯によるが、大体8分〜12分間隔で出ている。平日と休日は、時間が変わり、主に通勤通学時間など本数が少なくなる。

★首里城までは首里駅から徒歩15分ほどかかるので、首里駅から「首里城下町線」バスの利用が便利。また首里駅にはコインロッカーがあるので、荷物を駅に置いて観光することも可能。

★「ゆいレールフリー乗車券」の提示により、有効期間内であれば、那覇市内・那覇近郊の世界遺産や文化施設入場料の割引をしてくれる（首里城や識名園、沖縄県立博物館・美術館など）。また、提携店で各種サービスも受けられる。 ※詳細は駅で配布している〈ゆいレールNAVIGATOR〉かホームページを参照

ゆいレール運賃表（各駅間）

那覇空港駅																		
230円	赤嶺駅																	
230円	230円	小禄駅																
270円	230円	230円	奥武山公園駅															
270円	270円	230円	230円	壺川駅														
270円	270円	270円	230円	230円	旭橋駅													
270円	270円	270円	270円	230円	230円	県庁前駅												
300円	270円	270円	270円	270円	230円	230円	美栄橋駅											
300円	300円	270円	270円	270円	270円	230円	230円	牧志駅										
300円	300円	300円	270円	270円	270円	270円	230円	230円	安里駅									
300円	300円	300円	300円	270円	270円	270円	270円	230円	230円	おもろまち駅								
340円	300円	300円	300円	300円	270円	270円	270円	270円	230円	230円	古島駅							
340円	340円	300円	300円	300円	300円	270円	270円	270円	270円	230円	230円	市立病院前駅						
340円	340円	340円	300円	300円	300円	300円	270円	270円	270円	270円	230円	230円	儀保駅					
340円	340円	340円	340円	300円	300円	300円	300円	300円	270円	270円	270円	230円	230円	首里駅				
370円	340円	340円	340円	340円	300円	300円	300円	300円	300円	270円	270円	270円	230円	230円	石嶺駅			
370円	370円	340円	340円	340円	340円	300円	300円	300円	300円	300円	270円	270円	270円	230円	230円	経塚駅		
370円	370円	370円	340円	340円	340円	340円	300円	300円	300円	300円	300円	270円	270円	270円	230円	230円	浦添前田駅	
370円	370円	370円	370円	340円	340円	340円	340円	340円	300円	300円	300円	300円	270円	270円	270円	230円	230円	てだこ浦西駅

↖首里駅発 上り
平日・休日 始発 05:28
平日・休日 最終 23:38

首里駅発 下り↘
平日・休日 始発 06:27
平日・休日 最終 23:57

↖てだこ浦西駅発 上り
平日・休日 始発 05:20
平日・休日 最終 23:30

●6歳以上12歳未満の小児料金…大人（12歳以上）の半額。（※ただし10円未満の端数は10円に切上げ。230円→120円、270円→140円、300円→150円、340円→170円）●6歳未満の幼児を同伴の場合は2人まで無料、3人目からは要小人運賃●65歳以上で免許返納者…運転履歴証明書の提示で運賃半額（※）●障害者割引…障害者手帳及びMIRAIRO ID提示で本人及び介護者1名運賃半額（※）
●団体割引有（乗車1か月前までにホームページにある申込用紙に記入 沖縄都市モノレール株式会社 営業サービス課 FAX：098-859-2689にて）
【使用可能な交通系ICカード】OKICA（オキカ／沖縄都市モノレールと沖縄本島内の路線バスで使用可／定期観光バス、リムジンバス除く）
Suica、Kitaca、PASMO、manaca、TOICA、PiTaPa、ICOCA、はやかけん、nimoca、SUGOCA も使用できる。

🚌 路線バス

沖縄本島のバスは那覇の市内線と市外線があり、市外線も那覇市内を走っていて複雑です。乗る時はまず宿や地元の人に聞いてみよう。その目的地へ行くのに、何通りもの行き方があったり、かなり遠回りをする便もあるので、注意。
●バスの乗り方…(1)行き先のバス停を確認／(2)出発地からそこまでの系統番号（系統番号が20番未満が市内線、20番以上が市外線）をチェックする。バス会社が違っても系統番号は共通です。但し、経由が異なる場合があるので確認が必要です。／(3)バス停で乗る場合は、系統番号を確認して乗ろう。乗り込む時にも、運転手さんに目的地まで行くか必ず確認しよう。

〈バス連絡先〉（一社）沖縄県バス協会☎098-867-2316
〒900-0015那覇市久茂地1-2-28よなみねビル3F

沖縄本島路線 バス&ゆいレール総合案内システム
のりものNAVI okinawa が便利です
https://www.busnavi-okinawa.com/top

★各港までのバスでの行き方

港	航路	バス系統番号	バス起点	停留所	備考
那覇新港	大東諸島便の一部	101	具志バスターミナル	埠頭入口	停留所から1分
那覇港	奄美・鹿児島	1・2・3・5・15	新川バスターミナル	那覇港前	停留所から1分
		45	具志バスターミナル		
泊港	渡嘉敷島	7・20・21・23・24・32・43	那覇バスターミナル	泊高橋	空港から約30分 停留所から1分
	座間味島	47・63・87・92・110・385	バスターミナル		
	阿嘉島	27・52・80・777	屋慶名バスターミナル		
	久米島	28・29	読谷バスターミナル		
	渡名喜島	200・235・334	糸満バスターミナル		
	大東諸島航路	77・120	名護バスターミナル		
		99・23	那覇空港		
平敷屋港	津堅島	27・127・777	那覇バスターミナル	平敷屋	那覇から約2時間 停留所から15分
		93・227	屋慶名バスターミナル		
安座真港	久高島	38・338	那覇バスターミナル	安座真サンサンビーチ入口	那覇から約1時間 停留所から3分
運天港 ※下記	伊平屋島 伊是名島	やんばる急行バス	那覇空港	運天港	空港から約2時間35分
渡久地港 ※下記	水納島	65・70・76	名護バスターミナル	谷茶	停留所から2、3分
		やんばる急行バス	那覇空港	本部博物館	停留所から7、8分
本部港 ※下記	伊江島	65・66	名護バスターミナル	本部	停留所から2分
		117（高速・やんばる急行バス）	那覇空港		

※運天港、本部港は、那覇から直行する「やんばる急行バス」が、船便に接続しやすいような時刻に出ていて安くて、早くて便利。（下記参照）

〈路線バス・周遊バス〉短期で沖縄観光をする沖縄県外在住者のみ利用できる。（利用者本人の沖縄県外在住を証明する書類、帰りの航空券等の提示）／国内線・国際線那覇空港観光案内所、那覇バス、琉球バス交通、那覇市観光案内所、沖縄バス、名護バスターミナルなどで買える。★路線バス周遊1日パス大人2,500円、3日パス5,000円／★路線バスとゆいレールで周遊1日パス3,000円、3日パス5,500円各小児半額／詳細はhttps://www.okinawapass.com

★観光で使いやすいおすすめのバス

やんばる急行バス

那覇空港から、泊港、おもろまちなどを経由して北部の本部港、美ら海水族館、今帰仁城跡、運天港に直行する画期的なバス。
しかも瀬底島〜今帰仁城跡〜古宇利島を結ぶ『四島線』も運行しているので、バスで観光をしたい人にはとても便利!

●那覇空港よりの運賃
名護市役所前 1,600円 本部港 1,850円 本部博物館前 1,900円 ホテルマハイナウェルネスリゾートオキナワ 1,950円 ロイヤルビューホテル美ら海(沖縄美ら海水族館) 2,000円 運天港 2,000円 (小・中学生は大人料金の半額、膝にのせた幼児は無料)
*乗車券は予約制ではなく、運賃は車内で精算できる。
*運賃の支払いには、各種交通系ICカードやQRペイ、電子マネー、クレジットカードが利用できる。
*やんばる急行バス空港線(本部港〜運天港間)と四島線(全区間)に使用できるフリー乗車券、1日券(1,000円)〜5日券(3,000円)まである。詳しくはホームページ参照。

●やんばる急行バス時刻表 (主なバス停のみ) 那覇空港〜沖縄自動車道〜美ら海水族館〜運天港 ※毎日運行

【経由停車所名】
▼ 那覇空港国内線
▼ 那覇空港国際線
▼ 県庁北口
▼ 泊高橋(泊港)
▼ 合同庁舎前
▼ おもろまち1丁目
▼ おもろまち駅前 Don'tStop
▼ 古島駅前
▼ 大平
▼ 嘉数
▼ 琉大入口〈高速〉
▼ 中城〈高速〉
▼ 喜舎場〈高速〉
▼ 山里〈高速〉
▼ 池武当〈高速〉
伊芸SA〈高速〉5〜10分休憩
▼ 道の駅許田
▼ 世冨慶
▼ 名護市役所前
▼ 名護バスターミナル前
▼ 北部会館
▼ ホテルリゾネックス名護
▼ 本部港
▼ 本部博物館前
▼ 本部高校入口
▼ ホテルマハイナウェルネスリゾートオキナワ
▼ 記念公園前
▼ ロイヤルビューホテル美ら海
▼ ホテルオリオンモトブ
▼ 今帰仁城跡
▼ 今帰仁城跡入口
▼ 仲尾次(北山高校)
▼ 今帰仁村役場
▼ リゾートホテルベルパライソ
終点 運天港

那覇→運天港	1便	3便	5便	7便	9便	13便	15便	17便	19便	21便	23便
那覇空港国内線	—	—	10:10	11:30	12:30	14:10	16:30	17:30	18:40	19:40	20:30
県庁北口	06:45	08:40	10:20	11:40	12:40	14:20	16:40	17:40	18:50	19:50	20:40
泊高橋(泊港)	06:51	08:46	10:26	11:46	12:46	14:26	16:47	17:47	18:57	19:56	20:46
おもろまち1丁目	06:58	08:53	10:33	11:53	12:53	14:33	16:56	17:56	19:06	20:03	20:53
本部港	08:35	10:30	12:10	13:30	14:30	16:15	18:35	19:35	20:45	21:40	↓
本部博物館前	08:40	10:35	12:15	13:35	14:35	16:20	18:40	19:40	20:50	21:45	↓
ホテルマハイナウェルネス	08:46	10:41	12:21	13:41	14:41	16:26	18:46	19:46	20:56	21:51	↓
記念公園前	08:50	10:45	12:25	13:45	14:45	16:30	18:50	19:50	21:00	21:55	↓
ロイヤルビューホテル	08:52	10:47	12:27	13:47	14:47	16:32	18:52	19:52	21:02	21:57	↓
今帰仁城跡	09:03	10:58	12:38	13:58	14:58	16:43	↓	↓	↓	↓	↓
今帰仁村役場	09:15	11:10	12:50	14:10	15:10	16:55	19:10	20:10	21:20	22:15	22:40
運天港	09:26	—	—	14:20	—	—	—	—	—	—	—

運天港→那覇	202便	2便	4便	6便	8便	12便	14便	16便	18便	20便	22便
運天港	—	—	—	—	—	10:25	—	14:40	—	—	—
今帰仁村役場	04:30	05:00	06:20	07:55	08:55	10:35	12:50	13:50	14:50	15:50	16:50
今帰仁城跡	↓	↓	↓	↓	↓	13:01	14:01	15:01	16:01	17:01
ロイヤルビューホテル	↓	05:17	06:37	08:13	09:13	10:53	13:13	14:13	15:13	16:13	17:13
記念公園前	↓	05:19	06:39	08:15	09:15	13:15	14:15	15:15	16:15	17:15
ホテルマハイナウェルネス	↓	05:21	06:41	08:19	09:19	10:59	13:19	14:19	15:19	16:19	17:19
本部博物館前	↓	05:28	06:48	08:28	09:28	11:08	13:28	14:28	15:28	16:28	17:28
本部港	↓	05:32	06:52	08:35	09:35	11:15	13:35	14:35	15:35	16:35	17:35
おもろまち1丁目	↓	07:17	08:37	10:17	11:17	12:57	15:17	16:17	17:17	18:19	19:18
泊高橋(泊港)	↓	07:24	08:44	10:24	11:24	13:04	15:24	16:24	17:24	18:26	19:24
県庁北口	↓	07:30	08:50	10:30	11:30	13:10	15:30	16:30	17:30	18:32	19:30
那覇空港国内線	06:10	07:45	09:15	10:45	11:45	13:25	15:45	16:45	17:50	18:50	19:45

四島線
ヒルトン沖縄瀬底リゾート
↕
古宇利島物産センター

▼ ヒルトン沖縄瀬底リゾート
▼ 本部博物館前
▼ 渡久地(とぐち)港
▼ 本部高校入口
▼ ホテルマハイナウェルネスリゾートオキナワ
▼ 記念公園前
▼ ロイヤルビューホテル美ら海
▼ ホテルオリオンモトブリゾート&スパ
▼ 今帰仁城跡
▼ 今帰仁城跡入口
▼ 赤墓・長浜ビーチ
▼ 崎山公民館
▼ 今帰仁村役場
▼ 仲宗根
▼ 天底(あめそこ)公民館
▼ DRIVE IN リカリカワルミ
▼ 古宇利島物産センター
▼ トケイ浜・ハートロック
▼ 古宇利オーシャンタワー
▼ 古宇利島物産センター

※本線と四島線は [　] のバス停の乗り換えが最適です。
※渋滞等の遅延運行により、空港線と四島線が乗り継げない場合もあることは承知しておこう。

●四島線時刻表(主なバス停のみ)
瀬底島〜古宇利島 ※毎日運行

瀬底島→古宇利島							主なバス停	古宇利島→瀬底島					
---	9:30	---	---	13:40	---	17:20	ヒルトン沖縄瀬底リゾート	9:20	---	12:40	---	---	17:00
---	9:40	---	---	13:50	---	17:30	本部博物館前	9:10	---	12:30	---	---	16:50
---	9:42	---	---	13:52	---	17:32	渡久地港	9:07	---	12:27	---	---	16:47
---	9:55	---	---	14:05	---	17:45	記念公園前	8:54	---	12:14	---	---	16:34
---	10:10	11:20	---	14:20	15:20	18:00	今帰仁城跡	8:40	10:40	12:00	---	15:00	16:20
9:25	10:25	11:35	13:05	14:35	15:35	18:15	今帰仁村役場	---	10:25	11:45	12:45	14:45	16:05	16:45
9:55	10:55	12:05	13:35	15:05	16:05	---	古宇利島物産センター	---	10:10	11:30	12:30	14:30	15:50	16:30

●ヒルトン沖縄瀬底リゾートからの運賃
本部博物館 200円 渡久地港 200円
記念公園前 400円 今帰仁城跡 500円
今帰仁村役場 700円 古宇利物産センター 800円

〈運賃や運行予定に関する問合せ先〉
やんばる急行バス
☎0980-56-5760
(9:00〜12:00 13:00〜17:00／土日祝休)
〒905-0403
国頭郡今帰仁村運天1番地

▼最新情報
https://yanbaru-expressbus.com/

やんばる急行バス

〈やんばる急行バス〉本部港、運天港などに船便に合わせて行ける画期的なこのバス。乗り換え検索サービス『ジョルダン』のモバイルチケットなら、往復割引券(5%引き)や沖縄美ら海水族館の入館券とのセット券も購入できるので事前にアプリをダウンロードしておくといい。また、スーツケースなどの大きな荷物は自分でバスの横腹の収納場所に入れるので覚えておこう。

沖縄エアポートシャトル

那覇空港から、恩納村経由で美ら海水族館方面まで乗継なしで観光できるバス

● 那覇空港よりの運賃
サンマリーナビーチ前 1,400円
かりゆしビーチ前 1,600円
本部港 1,800円
沖縄美ら海水族館(記念公園前) 2,000円

*WEB事前購入で予約可能(クレジットカード決済のみ)か直接乗車の場合は現金以外にクレジットカード、電子マネー、2次元コード決済にて支払う。

● 全区間2回乗車できるお得な『2回乗車券』2,600円、3,200円がある。(2名で利用してもよい)

● 期間中何度でも自由に乗り降りできる『乗り放題パス』(3日間4,800円、5日間5,800円)がある。
※ホームページにお得に使う方法や販売所が掲載されているので要確認。

〈運賃や運行予定に関する問合せ先〉
沖縄エアポートシャトル
☎098-996-3539
〒901-0142 那覇市字鏡水150番地
(10:00〜17:00/土日祝休)
https://www.okinawa-shuttle.co.jp

● 沖縄エアポート シャトル時刻表 (主なバス停の予定時間) 毎日運行

那覇空港⇒恩納村経由美ら海水族館方面行き ※ 3、7、11、15便は特急便の為、停車しないバス停あり

停留所名	1	3	5	7	9	11	13	15	17	19	21
那覇空港国内線	−	−	09:00	10:20	11:00	11:30	12:30	13:45	14:40	15:30	17:00
県庁北口	−	08:15	09:14	10:34	11:14	11:44	12:44	13:59	14:55	15:45	17:15
サンマリーナビーチ前	08:09	↓↓	10:23	↓↓	12:23	↓↓	13:53	↓↓	16:04	16:45	18:24
かりゆしビーチ前	08:42	↓↓	11:06	↓↓	13:06	↓↓	14:36	↓↓	16:48	17:38	19:07
本部港	09:25	↓↓	11:49	↓↓	13:49	↓↓	15:19	↓↓	↓↓	↓↓	−
ハナサキマルシェ前	09:37	09:55	12:01	12:14	14:01	13:24	15:31	15:39	17:35	18:25	−
沖縄美ら海水族館	09:38	09:56	12:02	12:15	14:02	13:25	15:32	15:40	17:36	18:26	−
備瀬フクギ並木入口	09:40	09:58	12:04	12:17	14:04	13:27	15:34	15:42	17:38	18:28	−

美ら海水族館⇒恩納村・那覇空港方面行き ※ 4、16便は特急便の為、停車しないバス停あり

停留所名	2	4	6	8	10	12	14	16	18	20	22
備瀬フクギ並木入口	−	07:56	08:56	10:26	11:26	13:26	14:56	15:26	15:55	16:55	17:55
沖縄美ら海水族館	−	08:00	09:00	10:30	11:30	13:30	15:00	15:30	16:00	17:00	18:00
ハナサキマルシェ前	−	08:03	09:03	10:33	11:33	13:33	15:03	15:33	16:03	17:03	18:03
本部港	−	↓↓	09:15	10:45	11:45	13:45	15:15	↓↓	16:15	17:15	18:15
かりゆしビーチ前	07:45	↓↓	09:58	11:28	12:28	14:28	15:58	↓↓	16:58	17:58	18:58
サンマリーナビーチ前	08:26	↓↓	10:39	12:09	13:09	15:09	16:39	↓↓	17:39	18:39	19:39
旭橋駅・那覇バスターミナル前	09:35	09:47	11:47	13:18	14:18	16:18	17:18	17:18	18:48	19:48	20:48
那覇空港国内線	09:45	09:57	11:58	13:28	14:28	16:28	17:58	17:28	18:58	−	−

※運行ダイヤは2024年2月末現在。利用の際には必ずホームページで最新情報を確認しよう。

【オキナワ エアポート シャトル停留所】

那覇空港国内線 → 那覇空港国際線 → 県庁北口 → 旭橋駅・那覇バスターミナル前 → 〜なかゆくい市場〜おんなの駅 → タイガービーチ前 → サンマリーナ前 → ナビーチ前 → ハレクラニ沖縄前 → かりゆしビーチ前 → 名護市役所前 → 本部港 → ハマサキマルシェ前 → 沖縄美ら海水族館(記念公園前) → ホテルオリオンモトブリゾート&スパ → リゾート&スパ前 → エメラルドビーチ前 → 備瀬フクギ並木入口

那覇空港⇔沖縄美ら海水族館方面行きは『旭橋駅・那覇バスターミナル前、ホテルオリオンモトブリゾート&スパ』には停車しません。備瀬フクギ並木入口〜那覇空港方面行きは『エメラルドビーチ前、県庁北口』には停車しません。

※1 那覇空港→乗車専用となり、美ら海水族館→降車専用となります
※2 美ら海水族館→乗車専用となり、那覇空港→降車専用となります
※3 トイレ休憩があります
特急便は経由しない停留所もあるので、詳しくはホームページなどで確認しよう!

カリー観光

● 那覇空港から、とまりんを経由してアメリカンビレッジなどがある人気エリアの北谷方面を結ぶ北谷ライナーを運行。北谷の主要ホテルに停まるので便利。

〈運賃や運行予定に関する問合せ先〉
カリー観光 ☎098-856-8955 (9:00〜19:00/土日祝休)
〒901-0232 沖縄県豊見城市伊良波146-1
https://www.karrykanko.com

北谷ライナー	那覇空港から、主要なスポットを経由して北谷方面まで乗継なしで観光できる

北谷ライナー 空港発北谷行き	1便	2便
那覇空港国内線	11:10	15:12
県庁北口	11:23	15:25
とまりん前	11:29	15:31
沖縄プリンスホテル	11:48	15:50
アメリカンビレッジ前	12:09	16:11
ベッセルホテルカンパーナ	12:11	16:13
ヒルトン沖縄 北谷リゾート	12:17	16:19
レクー沖縄北谷スパ&リゾート	12:18	16:20
ダブルツリー by ヒルトン沖縄北谷	12:19	16:21

北谷ライナー 北谷発空港行き	3便	4便	5便
ヒルトン沖縄 北谷リゾート	9:43	12:40	16:57
レクー沖縄北谷スパ&リゾート	9:44	12:41	16:58
ダブルツリー by ヒルトン沖縄谷	9:45	12:42	16:59
ベッセルホテルカンパーナ	9:52	12:49	17:06
アメリカンビレッジ前	9:54	12:51	17:08
沖縄プリンスホテル	10:09	13:06	17:23
とまりん前	10:30	13:27	17:44
旭橋 (降車専用)	10:35	13:32	17:49
那覇空港国内線	10:50	13:47	18:30

運賃

北谷ライナー
● 主な停留所を表記しています。詳しくはホームページで要確認。
● 小人料金は( )内、3歳以上12歳未満(小学生以下)
● 利用の際は事前にホームページなどで最新情報を確認しよ

那覇空港 210 (110)	県庁北口 旭橋※ 300 (150)	とまりん (泊高橋) 160 (80)			
600 (300)	500 (250)	480 (240)	沖縄プリンスホテル		
900 (450)	730 (370)	700 (350)	370 (190)	アメリカンヴィレッジ前 ベッセルホテルカンパーナ	
960 (480)	760 (380)	750 (380)			ヒルトン沖縄北谷リゾート レクー沖縄北谷スパ&リゾート ダブルツリー by ヒルトン沖縄北谷リゾート

🚌 観光バス

名称(問合せ先)	コース・内容	料金
ラド観光 ☎098-951-0012 *完全予約制前日17:00までに申込 ★南部半日コースなど、多数ツアー有	◆日帰り観光バスツアー(ラド美ら海号)南西観光ホテル・牧志駅前バス停(8:00出発)那覇市内各指定ホテル〜北谷町・恩納村各指定ホテル→万座毛(25分)→ナゴパイナップルパーク(60分、入園料付、カート代要別途)→古宇利島(35分)→ワルミ大橋(車窓)→美ら海水族館(150分、入館券付)→御菓子御殿名護店→名護・恩納村・北谷町の各指定ホテル→那覇市内各指定ホテル帰着(17:45〜19:40頃)	大人7,300円(高校生以上)、小中学生6,100円、幼児(4才以上)5,400円*昼食は各自、好きなタイミングで摂る
那覇バス ☎098-868-3750 ※那覇バス定期観光事務所にて沖縄美ら海水族館10%off入館券、琉球村大人前売り券1,500円→1,350円を販売	◆A.首里城・おきなわワールドコース 那覇BT(9:00発)→国際通り→首里城公園(50分)→おきなわワールド(見学昼食150分)→平和の礎(30分)→ひめゆりの塔(30分)→道の駅いとまん(30分)→那覇空港経由→那覇BT(16:00着)	大人6,500円、小人(6〜11歳)3,300円 ※おきなわワールド入場料・昼食込
	◆B.古宇利島・今帰仁城跡・美ら海コース 那覇BT(8:30発)→国際通り→沖縄自動車道西原IC→伊芸サービスエリア休憩(10分)→沖縄自動車道許田IC→古宇利島・古宇利ビーチ/古宇利物産センター(見学40分)→ワルミ大橋(車窓)→今帰仁城跡(70分)→沖縄美ら海水族館(180分)→沖縄自動車道許田IC→伊芸サービスエリア休憩(10分)→沖縄自動車道那覇IC→国際通り→那覇BT(18:00着)	大人7,000円、小人(6〜11歳)3,500円 ※全て施設入場料・別、昼食ビュッフェ付
沖縄バス ☎098-861-0083 ★指定ホテルお迎えサービス有 当日でも空きがあれば乗車可能	◆おきなわワールドと戦跡めぐり 定期観光バスのりば(8:30出発 所要約7時間30分) おきなわワールド(120分、入場料含)／平和祈念公園・資料館(60分、入館料別)／ひめゆりの塔・資料館(40分、入館料別)／優美堂(昼食40分)／イーアス沖縄豊崎	大人4,900円、小人3,000円 ※幼児1名無料(食事・入園は必要)
	◆海洋博公園(沖縄美ら海水族館)と今帰仁城跡 定期観光バスのりば(8:30出発 所要約10時間) 万座毛(40分、入場料含)／オリオンホテルモトブリゾート&スパ(昼食含)／海洋博公園・沖縄美ら海水族館等(160分、入館料別)／今帰仁城跡(50分、入場料含)	大人7,300円、小人3,800円 ※幼児1名無料(食事・入園は必要)
	◆中部いいとこ巡り 定期観光バスのりば(8:45出発 所要約7時間) 東南植物楽園(入園料含)／世界遺産 勝連城／あまわりパーク(入場料含)／海中道路(車窓)／イオンモール沖縄ライカム(100分、自由昼食) ※4/1〜9/30の期間限定プラン(最小催行人員5名)	大人5,000円、小人4,500円 ※幼児1名無料(入園料は必要)

 〈nearMe〉相乗りタクシーのアプリ。那覇空港から市内ホテルまで一律大人(12歳以上)1人980円、子供(11歳以下)半額なので、タクシーひとり利用よりかなりおトク(国際通り近辺まで通常1,500円前後)。スーツケースは1人1個まで無料。2個目からは要追加料金。https://nearme.jp/スマホでアプリをダウンロードして登録し、事前に予約する。予約時間から48時間前まではキャンセル料無料。それ以降はキャンセル料がかかります。

🚌 空港リムジンバス

● 問合せ:空港リムジンバス ☎098-869-3301

● 那覇空港と中北部のリゾートホテルを直結していて、ホテル宿泊者以外も利用できる。(沖縄バス)
※現金では乗れないので、事前に乗車券を空港到着ロビー内の空港リムジンバス、那覇バスターミナル、各立ち寄り先ホテル等で購入のこと。 ※予約制ではないが、事前に予約・購入もできる(インターネット、全国のコンビニで可能)。 ※バス乗場で順番に乗車(座席定員制)

【那覇空港〜各ホテル 大人片道料金】

★Aコース(宜野湾・北谷) 那覇空港→
沖縄プリンスホテル600円、ムーンオーシャン宜野湾600円、ラグナガーデンホテル610円、ザ・ビーチタワー沖縄810円、ベッセルホテルカンパーナ沖縄810円、ラ・ジェントホテル沖縄北谷810円、ヒルトン沖縄北谷リゾート810円、レクー沖縄北谷スパ&リゾート810円、ダブルツリーbyヒルトン810円

★Bコース(読谷・恩納村) 那覇空港→
ルネッサンスリゾートオキナワ1,530円、ベストウエスタン恩納1,530円、ロイヤルホテル沖縄残波岬1,530円、ホテル日航アリビラ1,530円、星のや沖縄1,530円、読谷バスターミナル1,530円

★Cコース(西海岸南) 那覇空港→
ザ・ムーンビーチミュージアムリゾート1,530円、ホテルモントレ沖縄スパ&リゾート1,530円、カフーリゾートフチャクコンドホテル1,630円、シェラトン沖縄サンマリーナリゾート1,630円、リザンシーパークホテル谷茶ベイ1,630円、ANAインターコンチネンタル万座ビーチリゾート1,730円

★CD.MIXコース 那覇空港→
ザ・ムーンビーチミュージアムリゾート1,530円、ホテルモントレ沖縄スパ&リゾート1,530円、カフーリゾートフチャクコンドホテル1,630円、シェラトン沖縄サンマリーナリゾート1,630円、リザンシーパークホテル谷茶ベイ1,630円、ANAインターコンチネンタル万座ビーチリゾート1,730円、星野リゾートBEB5 1,730円、ハイアットリージェンシー瀬良垣アイランド1,730円、ハレクラニ沖縄2,040円、沖縄かりゆしビーチリゾート・オーシャンスパ2,040円、ザ・ブセナテラス2,040円、オリエンタルホテル沖縄リゾート&スパ2,140円、ザ・リッツカールトン沖縄2,140円、かねひで喜瀬ビーチパレス2,240円

★Dコース(西海岸北) 那覇空港→
ANAインターコンチネンタル万座ビーチリゾート1,730円、星野リゾートBEB5 1,730円、ハイアットリージェンシー瀬良垣アイランド1,730円、ハレクラニ沖縄2,040円、沖縄かりゆしビーチリゾート・オーシャンスパ2,040円、ザ・ブセナテラスビーチリゾート&スパ2,140円、オリエンタルホテル沖縄リゾート&スパ2,140円、ザ・リッツ・カールトン沖縄2,140円、かねひで喜瀬ビーチパレス2,240円

★DE..MIXコース 那覇空港→
ANAインターコンチネンタル万座ビーチリゾート1,730円、星野リゾートBEB5 1,730円、ハイアットリージェンシー瀬良垣アイランド1,730円、沖縄かりゆしビーチリゾート・オーシャンスパ2,040円、ザ・ブセナテラスビーチリゾート2,040円、オリエンタルホテル沖縄リゾート&スパ2,140円、ザ・リッツ・カールトン沖縄2,140円、かねひで喜瀬ビーチパレス2,240円、名護バスターミナル2,240円、記念公園前2,550円、ロイヤルビューホテル美ら海2,550円、ホテルオリオンモトブリゾート&スパ2,550円

🚕 タクシー

● 初乗りが600円〜と安い。

● 問合せ先:沖縄県ハイヤー・タクシー協会 ☎098-831-9007
沖縄県個人タクシー事業協同組合 ☎098-850-7677

● **観光タクシー**
「ちゅら島沖縄観光タクシー」は観光ガイドの専門家として認定を受けた乗務員が、ガイドしながらフリーコースで回る観光タクシー。所要時間やリクエストに応じて、親切に案内してくれる。〈普通車参考料金〉フリープラン3時間12,100円、フリープラン5時間18,400円、フリープラン7時間24,700円 ※30分ごとに延長2,250円

🚙 レンタカー

広い本島を自由に回りたいという人にはレンタカーが一番。一般的には空港まで迎えに来てくれ、営業所まで行って手続きし車を借りるが、会社によっては、港やホテルでも送迎してくれるところもある。

レンタカー事業所名	所在地	電話	最低料金(消費税込)	無料送迎	チャイルドシート	営業時間	保有台数	カード決済	ネット予約
スマイルレンタカーおきなわ	豊見城市我那覇656	☎0120-65-6060	ミニバン7人乗り6,380円〜(保険込、免責補償料別)	空港	1日550円	9:00〜18:00	80(福祉車両保有の為)	○	○
ガリバーレンタカー那覇壺川駅前店	那覇市壺川3-3-19	098-851-4500	ホームページ参照 https://www.gulliver-rentacar.com/	−	1日500円	8:00〜21:00	150	○	○
スイートレンタカー那覇空港店	豊見城市与根490-14	098-894-6772	ホームページ参照 https://car-rental.jp/sweet/	空港	1日1,100円	9:00〜19:00	250	○	○
トヨタレンタリース沖縄	那覇市赤嶺2-15-11	098-857-0100(代)	6時間7,260円〜/24時間9,680円〜(保険・免責補償込)	空港	3日まで550円	8:00〜20:00	4,000	○	○
日産レンタカー那覇空港第2店	那覇市赤嶺2-13-13	予約センター098-996-3923	軽 6時間6,600円〜/コンパクトカー 6時間6,710円〜(保険別)	空港	1日550円	8:00〜20:00	600	○	○
ABCレンタカー	那覇市田原1-17-9	098-859-5555	軽 当日6,600円〜/Sクラス 7,150円〜(免責補償料込)	無料	空港・最寄駅	8:00〜20:00	350	○	○
沖縄ツーリストOTSレンタカー臨空豊崎営業所	豊見城市豊崎3-37	098-856-8877 ☎0120-343-732	軽 24時間9,900円〜/コンパクトカー 11,000円〜(保険・免責補償料込)	空港	1回1,100円	8:00〜19:00	700	○	○
アクアレンタカー那覇本店	那覇市具志3-27-9	098-859-1222	軽 1日3,800円〜(保険・免責補償料込)	空港・赤嶺駅(19時まで)	無料	9:00〜20:00	73	−	○

本島・交通情報

 ひとくちメモ

〈タクシーアプリDiDi〉P.61メモのnearMeと違って、近くを走っているタクシーが那覇中心部ならあっという間に来てくれる超便利なアプリ。スマホでアプリをダウンロードして登録し、行き先の住所を入力すれば、今自分がいる位置に数分でタクシーが来る。また向かっているタクシーの車種や色、ナンバーも表示されわかりやすい。初めて利用する人なら、那覇に行く直前に登録すれば、10回初乗り料金無料などのキャンペーンをやっていることも。

レンタカー事業所名	所在地	電話	最低料金(消費税込)	無料送迎	チャイルドシート	営業時間	保有台数	カード決済	ネット予約
ニッポンレンタカー 那覇空港波の上営業所	那覇市西3-15-48	予約センター 098-833-0919	軽 6時間6,050円～／コンパクトカー 6時間6,490円～(保険込、免責別)	空港	1回1,100円	8:00～19:00	1,600(繁忙期)	○	○
カーネル・レンタ沖縄	那覇市山下町4-20	098-857-5157	軽 24時間4,950円～／コンパクトカー 24時間6,600円～(保険込、免責別)	市内・空港・港	無料	7:00～23:00	30	○	○
オキナワレンタカー	那覇市金城4-2-1	098-859-2015	軽 24時間6,300円～／コンパクトカー 24時間7,300円～(保険・免責補償込)	空港・小禄駅	無料	8:00～20:00	50	○	○
セレクトレンタカー	那覇市奥武山町26-24 奥武山マンション1F	098-851-9878	ミニクロスオーバー、アウディA3 当日10,000円～	空港	1台目無料、あんしん補償2,200円～	8:00～20:00	46	○	○
スカイレンタカー 那覇空港店	那覇市具志1-23-8	予約センター 0570-077-180	軽 当日4,000円～／普 Sクラス 当日4,400円～(保険込、免責・ワイド補償込)	空港	事前予約無料	8:00～20:00	1,000以上	○	○
グッドスピードレンタカー 那覇空港豊見城店	豊見城市田頭170-1	0120-40-4092	軽 当日3,500円～ コンパクト 当日4,500円～(保険込・免責補償1,650円別)	空港	1,000円	9:00～20:30	―	○	○
ダイハツレンタカー豊見城店	豊見城市座安331	0120-847-552	軽 当日7,700円～(免責補償別)	空港・赤嶺駅	550円	9:00～18:00	200	○	○
フジレンタカー	那覇市奥武山町26-7	0120-439-022	6時間3,200円～、24時間7,600円～(保険・免責補償料込)	空港	1回1,100円	8:00～20:00	600	○	○
ヒートスポーツレンタカー 那覇空港店	那覇市赤嶺1-11-14アリエッタ1F	0120-34-0088 098-894-6887	ミニクーパー 当日11,000円～(あんしん補償込)	空港・最寄り駅・那覇市内ホテル	無料	8:00～20:00	50	○	○
セレブレンタカー	那覇市山下町1-11	0120-859-337	フォルクスワーゲン ザ・ビートル 12H13,600円～(保険2,000円～)別	那覇市内・空港	無料(要予約)	8:00～20:00	76	○	○
空港レンタカー	那覇市赤嶺2-4-11	0120-229-517	コンパクトカー 6H6,800円～(保険・免責補償料込)	空港	無料	8:00～20:00	70	○	○
GRACE OKINAWA	那覇市金城3-8-14	098-859-9014	ジムニー 8H7,700円～(保険・免責補償料込)	空港	無料	8:00～19:00	―	○	○
スマイルリゾートレンタカー	那覇市泊1-1-3	050-1807-6007	外車セダン・SUV 当日9,800円～、オープンカー 13,200円～(保険込・免責補償料別)	空港からタクシー	無料	9:00～19:00	―	○	○

●レンタカー利用上の注意

〈その1〉那覇市は30万都市。交通量が多く、ある程度の運転慣れが必要。また、市内にはバスレーン(バス専用通行帯とバス専用道路)規制が朝夕の時間帯にあるので、気をつけなければならない(右図参照)。バスレーンを走っていてつかまると、罰金6,000円～7,000円と減点1点～2点。レンタカーも容赦なくつかまる。バスレーンは路面にも規制時間がペイントされている。

〈その2〉国際通り、国道58号線、首里、糸満→空港(331号線)など渋滞が多いので、時間は多めに見積もっておいた方が無難。特に最終日はたっぷり時間の余裕を持って運転しよう。

バスレーン規制図

★土・日・祝日、1月2～3日はバスレーン規制なし

バスレーン規制時刻
(矢印の方向のみ)
━━━ 07:30～09:00
━━━ 17:30～19:00
○＝交差点

(注1)国際通りは規制時間内(上図)の車線はバス専用になり、一般車両は通行不可。

(注2)朝の規制時間内の山川→松川への車線はバス専用になり、一般車両は通行不可。

(注3)朝の規制時間内の与儀→開南→那覇高校への車線はバス専用になり、一般車両は通行不可。また夜の規制時間内の開南→与儀への車線もバス専用になり、一般車両は通行不可。

※その他の道路は2車線以上あるのでバス専用レーン以外通行可。

Close up! Check it up! 美ら島自然学校

　NHK連ドラ「ちむどんどん」で「やんばる高校」の舞台となったのは、目の前に絶景ビーチが広がる「美ら島自然学校」。2009年に閉校した旧名護市立嘉陽小学校の跡地を活かし、(一財)沖縄美ら島財団が2015年から運営している(見学無料)。

　沖縄の動植物や文化の魅力を伝える活動をしており、校内では、海洋博公園で生まれた赤ちゃんウミガメを飼育している。飼育施設や生物写真等の展示室の見学が無料。一般向けの学習会なども行われるのでHPやブログなどの情報をチェック!

【データ】一般財団法人 沖縄美ら島財団　美ら島自然学校
休月曜、1月2日、3日※ただし、月曜が祝日の場合は開校、翌平日休校
営10:00～17:30　☎0980-55-9045 名護市嘉陽41【地図P.47D4】

ひとくちメモ

〈シェアサイクルHelloCycling〉那覇市内でちょっとした移動に便利なのが、電動アシスト自転車を15分単位で借りられるシェアサイクル。Hi!CyclingもしくはCYCY(サイサイ)というサイトからHelloCyclingアプリ(全国版)をダウンロードして、事前に登録する。カード決済(PayPayも使用可)。自転車を借りたり返却できるPORTをMAPで確認して利用してみよう。料金は15分100円、12時間1,800円。このほかに「ちゅらチャリ」もあり。次ページ参照

那覇～本部 高速船

海からぐるっとExpress

那覇から名護・本部まで渋滞のない海上をジンベエザメデザインの高速船『ジンベエ・マリン』で結ぶ交通サービス！

発着は那覇・泊港北岸、名護、名護漁港、本部・渡久地港 ●乗船券はホームページより予約し、乗船券販売所で決済、発券をする。●那覇の乗船場所は、とまりんから徒歩5分の泊埠頭北岸に乗船券販売所と待合所がある。●沖縄の景勝地「残波岬」では、海況によって海から見学や撮影ができるように減速航行をしてくれる嬉しいサービスもある。●フリーWiFi、お絵描きコーナーも有。

第一マリンサービス株式会社
☎098-860-0152 ＜営業時間＞8:30～17:00
https://daiichi-marine.com

定期航路 運航時刻表

運航ダイヤ

	出港地	出港時刻	帰港地 寄港地	寄港時刻 出港時刻	帰港地	帰港時刻
1便	那覇 泊埠頭北岸	8:30	名護 名護漁港	9:45 10:05	本部 渡久地港	10:30
2便	本部 渡久地港	10:50	—	—	那覇 泊埠頭北岸	12:05
3便	那覇 泊埠頭北岸	14:25	—	—	本部 渡久地港	15:40
4便	本部 渡久地港	16:00	名護 名護漁港	16:25 16:45	那覇 泊埠頭北岸	18:00

■運賃

那覇 泊埠頭北岸 →	名護 名護漁港 本部 渡久地港	名護 名護漁港 →	本部 渡久地港
大人料金	1,000円	大人料金	500円
小人料金（6～12才）	500円	小人料金（6～12才）	500円

※障がい者割引、学生割引、高齢者割引（65歳以上 500円）、免許返納者割引、各全区間対応割引有、詳しくはホームページ参照。

渡久地港に着いたら

①やんばる急行バスでホテルに行く
②渡久地港から『もとぶかりゆしレンタカー』を借りる

もとぶかりゆしレンタカー

渡久地港に営業所開設！配車料金不要で便利になった。軽自動車当日5,500～、コンパクトカー（小型5人乗）当日6,600円～他、（保険料込）全車ナビ付、ETC対応、禁煙。チャイルドシート有（要予約、2台まで）

もとぶかりゆしレンタカー
（北部港運株式会社）
☎080-6484-9778
営業時間 8:30～17:00
渡久地営業所の他に本部港営業所、運天港営業所、那覇営業所がある

沖縄本島遊び情報

カヌー・シーカヤック

沖縄本島にも慶佐次川のマングローブ林等天然記念物に指定された貴重な自然が残っている。カヌー（カヤック）は周りの緑や生き物を身近に感じ、自然と一体化した気持ちになって癒される。

名称（問合せ先）	内容
やんばる自然塾 ☎0980-43-2571 国頭郡東村慶佐次82 （特徴）このエリアの草分け。自然体験はもちろんのこと歴史、文化、旬やローカルな情報も紹介してくれる。	●慶佐次川マングローブカヌー体験（所要3時間）大人7,000円、小人5,500円 ●マングローブ＆太平洋（所要5時間）大人11,000円、小人8,000円 ●マングローブカヌープチコース（所要2時間）大人5,500円、小人4,500円 ●やんばるの森トレッキング（所要4時間）大人9,000円、小人7,000円 ●マングローブカヌー＆やんばるの森トレッキング（所要8時間 開催時期9月～6月）昼食付 大人15,000円、小人12,000円
なきじん海辺の自然学校 ☎0980-56-5881 国頭郡今帰仁村仲宗根992 （特徴）美ら海水族館に近いマングローブカヤックツアー	●マングローブカヤックツアー（2時間30分）6,480円、小学生5,480円、小人（5才～）4,480円 ●マングローブカヤックツアー（1時間45分）5,480円、小学生4,480円、小人（3才～）3,480円 ●トワイライトカヤック（2時間30分）6,480円、小学生5,480円 ●ナイトカヤック（2時間）6,480円 中学生以上 ※画像DVD-Rプレゼント（1グループにつき1枚）

無人島ツアー＆クルーズツアー

青い海に浮かぶ白砂の無人島でのんびり夢のようなバカンスやケラマの海のクルージングを。

名称（問合せ先）	出発地	コース名・料金	特徴
パイレーツマリンクラブ ☎098-861-3325 那覇市曙3-8-1 カド	南城市	●無人島コカマ島上陸ツアー4,000円（南城市集合・解散）●無人島コカマ島上陸＋スノーケリングツアー8,500円（南城市集合・解散）無人島でマリンスポーツ：バナナボート2,500円、スーパーマーブル2,500円など。	何もない無人島でのんびり過ごし、30分に1便の定期船で好きな時間に帰ることができる。
（株）とかしき ☎098-860-5860 那覇市泊3-14-2 カド※ナガンヌ島では不可	那覇 泊港	●ナガンヌ島日帰り海水浴プラン 12歳以上6,300円～、4～11歳5,300円～、0～3歳は通年500円 ※全てのプランにトップシーズン料金が有、4月～11月開催。●シュノーケル、ドラゴンボート、パラセーリング、BBQ（要予約）などのオプション有。	ケラマ諸島・ナガンヌ島に上陸。トイレ・シャワー完備。フード・ドリンクの販売も有。監視員付きの遊泳区域が設けられ、子供連れでも安心！

見学してみまし 国立劇場おきなわで、組踊を見てみた

ユネスコの世界無形文化遺産「組踊」や、国の重要無形文化財「琉球舞踊」など沖縄の伝統芸能を広く一般の人々が鑑賞できる施設として開館し、今年で20周年を迎える国立劇場おきなわ。

ほぼ毎週末に組踊や琉球舞踊、三線等の公演が開かれている。

300年前に誕生し、沖縄独自に発展した歌舞劇の「組踊」は、セリフと音楽

舞台奥の紅型の幕の後ろで、正装で地謡（じうてー）が全ての生演奏をするのがうっすらと見える。最後まで裏方なのだが、舞台構成の重要な要素となっている。

玉城朝薫作の組踊「執心鐘入」の一場面

632席の大劇場と255席の小劇場があるこの建物は、数々の建築賞を受賞していて、圧倒的な存在感がある。

と踊りによって構成され、特徴ある音階とリズムのセリフ回しや、法則に則った所作と踊りは初めて見て聞いてもその磨き上げられた美しさがわかる。

かつて琉球国で海外の客人を歓待す

るため作られた伝統芸能の、言葉の壁を超える芸術に感銘を受けた。（取材：川口聖加）

【データ】国立劇場おきなわ／浦添市勢理客4-14-1［地図P.43那覇新港周辺］
☎098-871-3311 公演スケジュール▶

ひとくちメモ 〈シェアサイクル「ちゅらチャリ」〉ドコモ・バイクシェアがやっているシェアサイクル。若干PORTが少なめなので、ホテルなどで借りて同じ場所に返す使い方がメインか。30分220円、1日パス1,650円（23:59まで）。『バイクシェアサービス』アプリをダウンロードするか、ホテルなどの有人窓口で1日パスを購入すれば利用出来る。分からないことを電話で現地の窓口に問い合わせできるのは安心感あり。☎050-3531-6108（24時間営業）

グラスボート・水中観光船

年齢問わず、泳げない人でも気軽に沖縄の海の中を体感できて人気。かわいい魚に会えるよ。

名称(問合せ先)	内容	特徴
リーフリゾートかりゆし ☎0980-52-4093(8:30～17:30) 名護市喜瀬1996	●かりゆしビーチグラスボート 所要約20分(毎時00分・30分出航)、開催時期通年、大人1,650円、小人830円 ボートは40名乗りが2隻と、35名乗りが1隻有る。 各船に船長付き、ライフジャケットも完備で安心。	1980年より運航。 船の底がガラス張りになっていて、海中の熱帯魚やサンゴ礁が見られる。
ブセナ海中公園 ☎0980-52-3379 名護市喜瀬1744-1	●海中展望塔 大人1,050円、小人530円●グラスボート 大人1,560円、小人780円●セット料金 大人2,100円、小人1,050円	(特徴)海中展望塔は、水深5mにある丸窓から沖縄の海を間近に観察できる。クジラ型グラスボートは子供に大人気。
株式会社マリン観光開発 ☎098-869-2241 那覇市泊3-14-5-203	●半潜水式水中観光船マリンスター 所要約60分、開催時期通年、大人3,000円、小人(3～11才)1,500円、幼児無料●高速水中船ハーモニー 所要約2時間半、開催時期12月下旬～4月上旬、ホエールウォッチング&水中観光、開催時期や料金は要問合せ	(特徴) ブルーカーボンクルーズを体験出来る。 *全便予約制 出発地、那覇(泊港北岸) http://www.marinenetwork.co.jp

シュノーケリング・ダイビング

体験ダイビングはライセンスがなくても水着1枚で誰もが透明度抜群の沖縄の海を体験できる。インストラクターがしっかりついてくれるので安心! ライセンスを取得すれば、いろいろな魅力ポイントにも行けて楽しさ倍増!

名称(問合せ先)	内容	特徴
パイレーツマリンクラブ ☎098-861-3325 那覇市曙3-8-1 http://www.8102.co.jp	●慶良間諸島チービシスノーケリングツアー6,800円 ●体験スキンダイビング9,800円 ●ケラマ体験ダイビング12,800円 ●ケラマファンダイビング17,000円	<新企画のスキンダイバースクール>プロの指導で今大人気のスキンダイバーのライセンスを取得
ロコブロス ☎098-861-3359 那覇市曙3-8-1 2F http://www.l-bros.com	● ダイビングスクール(2日間)34,800円(申請料別途7,200円) ●慶良間スノーケリングツアー6,800円 ●慶良間体験ダイビングツアー12,800円	2日間でダイバーに! 学科はインターネット学習なので、沖縄では海洋実習のみ。
マリンハウスシーサー 那覇店 ☎0120-10-2743 那覇市港町2-3-13	●ケラマ日帰りファンダイビング 2ボート16,500円～ ●ケラマ日帰り体験ダイビング&スノーケリング(弁当込)13,500円～ ●ケラマ日帰りスノーケリング&クルージング(弁当込)大人13歳～10,500円～、子ども6～12歳9,500円～ ※那覇市内送迎(要予約)	4隻のダイビングボートで初心者から中上級者まで様々なリクエストに対応。ベストダイビングサービス21年連続ベスト3入賞店。
海潜隊沖縄 ☎098-869-8177 那覇市辻2-20-30-1F	●ケラマ体験ダイビング+スノーケリング13,000円 ●ケラマ2ボート13,000円、2ビーチ10,000円 ●PADIオープンウォーターダイバーコース39,000円 ●ケラマボートシュノーケリング9,000円	初心者からシニアまで安心の少人数制。慶良間から青の洞窟も那覇市内から無料送迎付。
アイランドメッセージ ☎098-936-8292 北谷町宮城3-134	●ケラマ日帰り体験ダイビング&スノーケリングツアー13,000円 ●ケラマ日帰りスノーケリングツアー9,500円	沖縄周辺離島のケラマ体験ダイビング等、1人からでも安心して楽しく海を満喫できる。
Coffee Boat ☎090-4469-7207	●ビーチエントリーでシュノーケルツアー 半日ツアー(2カ所3時間)7,500円、1日ツアー13,500円(1名開催の場合+1,000円)、レンタル機材無料 https://coffee-boat.com	ビーチエントリーでカラフルな珊瑚礁と魚たちを見る事が出来る。水中写真無料サービス。
ルネッサンス リゾート オキナワ OMRC 国頭郡恩納村山田3425-2 ☎098-965-0707	●イルカと遊びながら学べるドルフィンエンカウンターS (スイムプラス)」(約50分)小さな子供でも参加可能(未就学児は大人同伴)16,000円 ●1頭のイルカを1グループだけに対応するファミリードルフィンS(スイムプラス)」(約50分)1グループ100,000円(5名まで)	宿泊者は事前予約可。ビジターは当日来館の上、空きがあれば可

photo:5点パイレーツマリンクラブ

ホエールウォッチング

毎年1～3月頃になると、ザトウクジラが出産のために沖縄にやってくる。那覇から出発してクジラたちの豪快なパフォーマンスを見てみよう。感動間違いなし! 冬の海はしけている時も多いので、船酔いには注意!

	パイレーツマリンクラブ	マリンクラブベリー 那覇店
名称	☎098-861-3325 那覇市曙3-8-1 http://www.8102.co.jp	☎0120-10-5578 那覇市港町2-3-13
内容	●クジラガイドと行くホエールウォッチング 1日2便 午前便 9:00～12:00、午後便 13:00～16:00 料金1名／12歳以上6,800円、3～11歳4,800円、0～2歳2,000円(乗船料、ガイド料、ライフジャケット、レインコートレンタル、施設使用料、船酔い防止あめ玉込、オリジナル缶バッチプレゼント) ●ホエールスイム 冬季限定21,000円	●クジラガイドと行くホエールウォッチング 1日2便 午前便 8:00～12:00、午後便 13:00～16:00 料金お一人様 5,800円、6～12才 4,800円、0～5才無料(乗船料、ガイド料、ライフジャケット、レインコート) 那覇市内送迎サービス有(要予約)
特徴	定員60名のホエールウォッチング専用クルーザーでザトウクジラのウォッチングのベテラン船長と行く、一味違った冬期限定のツアー。	子供も大人も家族で満足!クジラガイドが案内するので、初めての方でも安心して楽しめる。

※注意…ホエールウォッチングはクジラが繁殖の為に帰ってくる1月～3月ごろ限定のツアーです。掲載の内容は2024年のツアーですので、2025年度はツアースケジュールや料金が変わる可能性があります。必ず各ショップに確認してください。

 〈バリアフリーダイビング〉NPO法人日本バリアフリーダイビング協会では、障害を持つ人のダイビングのために専門知識のあるインストラクターを紹介してくれる。料金は体験ダイビング19,440円～、ファンダイブ19,440円、Cカード取得78,750円～122,850円。申込み・問合せ／NPO法人日本バリアフリーダイビング協会☎098-869-4957

本島周辺の島々

沖縄本島から船又は飛行機で行く島々（ヨロン島 及び 本島と橋でつながっている島々も含む）

久米島／渡名喜島／粟国島／平安座島・浜比嘉島・宮城島・伊計島
久高島／津堅島／水納島／瀬底島／伊江島／古宇利島・屋我地島
伊是名島／伊平屋島・野甫島

ケラマ諸島の島々
渡嘉敷島／座間味島／阿嘉島・慶留間島

大東諸島 南大東島／北大東島

鹿児島県の島 ヨロン島

◀**ホエールウォッチング**
※慶良間諸島では、ウォッチング船も出る。
※1月〜4月始めは、本島の周辺からヨロンや奄美方面まで見られる。

兼母(カネボ)ビーチ
プリシアリゾートの目の前のビーチでマリンスポーツも充実している。

ザトウクジラの親子（座間味島にて 写真：加藤朋成）

那覇からのフェリーざまみから撮影した安慶名敷島と奥に嘉比島（写真：北島清隆）

座間味港に入港前は、展望デッキから
無人島を眺めるのがおすすめです。

野甫大橋周辺の海は
バツグンにきれい！

琉球王朝第二尚氏
の始まり尚円王の生
まれた歴史ある島

見所いっぱい。
とんがり帽子のタッチューに
登ってみよう！

伊平屋島
沖縄の最北端の島

ヨロン島(鹿児島県)

沖縄のどの島に
もまけない真っ白
なビーチ！百合ヶ浜
の美しさといったら!!

古宇利大橋一帯
の海の色は
すばらしい！

古宇利島

屋我地島
奥武島

沖縄本島

野甫島
具志川島
仲田港
前泊港

伊是名島
屋那覇島

伊江島
伊江港

運天港

渡久地港
本部港

渡久地港
みんな
水納島
水納港

瀬底島

見所もたくさん、遠浅のイーフビーチ。
ロケ地としても有名な真っ白な
ハテの浜には必ず行こう！

久米島
羽田（夏期のみ）
ハテの浜
オーハ島
奥武島
兼城港

渡名喜島
渡名喜港

重要伝統的建造物保存
地区の家並みが美しい！
渡名喜島

粟国島ソテツの島！
粟国港

沖縄本島周辺の島々
航路・航空路図

✈航空路
━━沖縄〜本土航路
┈┈航路

伊計島
平安座島
宮城島
浜比嘉島
薮地島
浮原島
平敷屋港

大東諸島は、本島より
約360km離れています。

北大東島
西港

ダイビングの島。
シュノーケリングでも。
ウミガメが高確率で見られる！

座間味島
座間味港

儀志布島
前島

泊港
那覇空港

津堅島
津堅港

大東諸島
南大東島
西港

ケラマ諸島

慶留間島
外地島

阿嘉島
阿嘉港

渡嘉敷島
阿波連港

安室真謝
徳仁港

久高島

衝撃的な海の色に
吸い込まれそう！
ここだけの動植物にも驚き！

ダイビングで行くか、
ニシバマでのんびり
シュノーケルするか

美しい阿波連ビーチ&とかしくビーチが
宿から歩いてすぐ！こんな島は他にはない！

慶良間諸島国立公園 とかしき島

ダイビング・海水浴・ホエールウォッチング

◆宿泊・マリンレジャー・島内交通の案内
渡嘉敷村観光協会
☎098-987-2332

◆島への定期船の案内・予約
那覇連絡事務所
☎098-868-7541
http://www.vill.tokashiki.okinawa.jp

KERAMA SHOTO, TOKASHIKI JAPAN'S 31ST NATIONAL PARK
Tokashiki.vill Since 2014.3.5
Kuroshima / Maejima / Tokashiki / Keise

Activities
渡嘉敷島で楽しみたいアクティビティ

DIVING / SNORKELING
ダイビング / シュノーケリング

STAND UP PADDLEBOARD (SUP)
サップ

NATURE WALKS
ネイチャー ウォーク

RUNNING
ランニング

ISLAND CYCLING
アイランド サイクリング

WHALE WATCHING
ホエール ウォッチング

阿波連ビーチ

1月～3月 ホエールウォッチング

2月第1週土曜日 とかしきマラソン

4月中旬 海開き

旧暦5月4日 阿波連ハーリー

旧暦6月25日 大綱引き

とかしき祭り

フェリーとかしき（片道70分）

高速船 マリンライナーとかしき（片道40分）

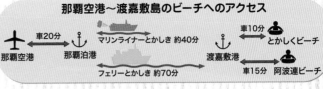
那覇空港～渡嘉敷島のビーチへのアクセス

那覇空港 —車20分→ 那覇泊港 —マリンライナーとかしき 約40分→ 渡嘉敷港 —車10分→ とかしくビーチ

那覇泊港 —フェリーとかしき 約70分→ 渡嘉敷港

渡嘉敷港 —車15分→ 阿波連ビーチ

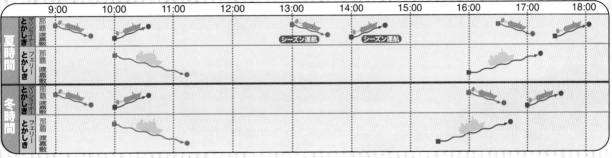

			9:00	10:00	11:00	12:00	13:00	14:00	15:00	16:00	17:00	18:00
夏時間	マリンライナー	那覇→渡嘉敷						シーズン運航	シーズン運航			
	フェリー	那覇→渡嘉敷										
冬時間	マリンライナー	那覇→渡嘉敷										
	フェリー	那覇→渡嘉敷										

●お問い合わせ先
渡嘉敷村観光産業課 ☎098-987-2333
〒901-3592 渡嘉敷村字渡嘉敷183
http://www.vill.tokashiki.okinawa.jp
✉ kerakera@vill.tokashiki.okinawa.jp

渡嘉敷村公式Facebookページで最新情報GET!

渡嘉敷島の船予約サイト

宿から白砂のビーチまで歩いてすぐ！

渡嘉敷島
（とかしき）

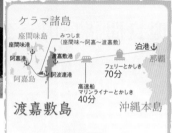
フェリーとかしき

ケラマ諸島
座間味島
座間味港
みつしま
（座間味～阿嘉～渡嘉敷）
阿嘉港　渡嘉敷港
阿嘉島　　阿波連港
阿波連島

泊港
那覇

フェリー・とかしき 70分

高速船
マリンライナーとかしき
40分

渡嘉敷島　　　　沖縄本島

TOKASHIKI MAP

ダイバー憧れのケラマ諸島・渡嘉敷島。夏は海水浴で賑わう。美しいとかしくビーチと阿波連ビーチがあり、ほとんどの宿がビーチに歩いて行ける集落にあるのが大きな魅力。慶良間諸島国立公園に指定されている。

- ●面積15.8km² ●周囲約25km
（渡嘉敷村の無人島を含める総面積19.18km²）
- ●人口674人（令和6年1月末現在）
- ●渡嘉敷村役場 ☎098-987-2321（代表）
　渡嘉敷村観光協会 ☎098-987-2332
- ●宿泊情報 P.203

●とかしくビーチ

サンゴ礁に囲まれた美しい浜が半円に約800m続く。人が少なくのんびり過ごせる。

※日帰りでもビーチに面したホテル（とかしくマリンビレッジ）のシャワー・更衣室が利用でき（500円）、公衆のトイレ・シャワー（5分300円）もある。

●阿波連ビーチ

渡嘉敷港から車で15分。集落に沿って白砂の浜が約800m続く。ビーチの端に岩のトンネルがあり、クバンダキ展望台もある。また、阿波連ビーチ沖には離島（はなれじま／無人島）があり。周辺は白砂が広がるダイビングポイント。

※阿波連ビーチからすぐの集落に民宿、ダイビングショップ、食事処が集中していてとっても便利。公衆のトイレ・シャワー（5分300円）有。

とかしくビーチ

阿波連ビーチ

ひとくちメモ

〈阿波連園地〉渡嘉敷島の最南端にある広場。朝日も夕日もきれいに見えるビューポイント。無人島のウン島が目の前に見え、駐車場から階段を降りるとヒナクシ海岸に出る。流れが早く遊泳区域ではないので注意しよう。

阿波連ビーチ前の離島、左に阿波連漁港
阿波連・座間味島と結ぶ「みつしま」は
ここから発着

トカシクビーチや阿波連ビーチで、
ウミガメもよく見られる。

渡嘉敷島 MAP

野崎

儀志布島

●西展望台(北山)／赤間山の頂き付近にある展望台。外地島、慶留間島、久場島、阿嘉島、安室島、屋嘉比島、座間味島が見渡せる。

スン岬

戦跡碑　東展望台
赤間山
227.3m
西展望台
(北山)
▲史跡ヒータティヤー
国立沖縄青少年交流の家

渡嘉敷
地区

白玉の塔
渡嘉敷診療所
GS
JAショップとかしき
渡嘉敷村役場
ウニギラマ伝説
うふな一橋の碑
大谷辻の歌碑

儀津崎
城島
☀渡嘉敷港
至 那覇泊港
マリンライナーとかしき
フェリーとかしき

渡嘉敷港周辺
拡大図 右▶

惑涯岬

我喜屋商店
渡嘉志久
地区
とかしくマリンビレッジ
とかしくビーチ
蘇鉄岬
森林公園
トカシキゲストハウス
青少年旅行村
キャンプ場
ビジイシビーチ
(遊泳禁止、流れ早い)
クバンダキ展望台
(夕日がきれいです)

渡嘉敷港
旅客待合所
港の見える丘展望台
アラン展望台(くじらが見えることも)
渡嘉敷林道ハイキングコース
久比里林道
渡嘉志久海岸公園
国立沖縄青少年交流の家
海洋研修場

照山展望台
170m
▲戦跡碑
▲阿良利山211m

0

N

1km

2km

*赤文字の地名・店名は
本文中で紹介しています

至 阿嘉港
座間味港
みつしま
(慶良間諸島内海路)

阿波連地区

見花原遊歩道

阿波連ビーチ
阿波連漁港

阿波連地区
拡大図 右▶

前岳林道

裏ヶ丘展望台

野喜良崎

離島
無人島シブガキ島
(シブガキ像が一応ある)

阿波連園地横の浜(ヒナクシ海岸
の反対側)／どちらも遊泳は危険!
渡嘉敷の浜はどこも美しい。

阿波連園地
ヒナクシ海岸
阿波連園地展望台
ウン島
阿波連崎灯台

渡嘉敷港周辺

↑那覇泊港
マリンボックス
GS
カリゆしレンタカー
マリンレンタカー

渡嘉敷港
フェリーとかしき
高速船
マリンライナーとかしき

民宿かりゆし
渡嘉敷港旅客待合所
(船舶課・チケット売場)
あぐん舎商店
2F ちゅるおかや
1F チップチップ
渡嘉敷漁協
直売所

🏠民宿
🚗レンタカー
☕カフェ
🍴飲食店
🍶居酒屋
🎁おみやげ店
🛒売店

渡嘉敷小・中学校
幼稚園
旅館村まる
Sunny Coral
(渡嘉敷自然塾)

新浜湯
アロワレンタカー企画
STAY IN ALOHA

診療所

島あじし
漁師屋台
かならみ
JAショップとかしき
渡嘉敷村役場
郵便局

居酒屋
リバーサイド
月の水の彩色
漁師食堂
ジョイフル
ちんぐし

根元家石垣
(村指定文化財)
ケラマバックパッカーズ

メルスイ

0 100m 200m

阿波連地区

阿波連神社
BAR NI'BUI
居酒屋サマースノー
民宿サンキュー
カメカメハウス
マリンクラブシーカム
あいらんず
居酒屋丸一

至 渡嘉敷地区

民宿ゆうなぎ荘
(渡嘉敷自然塾)

リラックスアイランド
ダック
ビブジョー
ウォーターキッズ

GANCHAN

K'マリンクラブ
マリンハウス
阿波連
新垣商店
(7:00～21:00)
ニライカナイ
民宿けらま荘
かりゆしレンタサービス
ペンション
シーフレンド

ケラマテラス
レストランabisso

Half Time
P.リーフイン国吉
ハベルキッチン
トミーバーラー
アイランズトリップ

貧堂さち
民宿平田
民宿とみ乃
民宿シーフレンド
café 島むん+
米浜交通
海鮮居食屋
シーフレンド

ホテル
サンフラワー
この辺に沖縄特有の
亀甲墓がある。

一体
海の家ハワリ
ビーチフロント
バス停

青少年旅行村管理棟
青少年旅行村
キャンプ場

阿波連小学校

至 阿波連漁港

☕カフェ
🍴飲食店
🍶居酒屋
🎁おみやげ
🛒売店

N

阿波連ビーチ

クバンダキ展望台
トンネル岩

0 100m 200m

島への行き方

🚢船　那覇泊港から船で行く
（船舶情報はP.70～71に続く）

（船舶情報はP.70～71に続く）

【案内・予約】(夏シーズンは混み合うので必ず予約しよう)

●那覇連絡事務所 ☎098-868-7541
●渡嘉敷村船舶課 ☎098-987-2537
（渡嘉敷港待合所内）Fax.987-2556
※天候等により変更する場合有。必ず事前確認を!

●ネット予約可能
（決済はネットでは不可、
泊港もしくは渡嘉敷港
で行う・カード決済可）
※次ページにQRコード有

★フェリーとかしき
那覇 泊港南岸～渡嘉敷港 1日1往復
定員450名／乗用車約24台／499t
所要時間…約70分 船内Wi-Fi あり

★高速船マリンライナーとかしき
那覇 泊港北岸～渡嘉敷港 1日2～3往復
定員200名 所要時間…約40分
船内Wi-Fi あり

高速船 マリンライナーとかしき

那覇泊港南岸発

●夏時間運航(3/1～9/30)

船名	泊南岸発	渡嘉敷着	渡嘉敷発	泊南岸着
フェリーとかしき	10:00	11:10	16:00	17:10

●冬時間運航(10/1～2月末日)

船名	泊南岸発	渡嘉敷着	渡嘉敷発	泊南岸着
フェリーとかしき	10:00	11:10	15:30	16:40

〈フェリーとかしきの運賃〉

旅客運賃	片道	往復	15名以上団体往復
大人(中学生以上)	1,690円	3,210円	3,040円
小人(小学生以下)	850円	1,610円	1,520円

車両運賃(片道)	
●自転車330円 ●原付(125cc以下)650円 ●自動二輪(126cc～)1,030円 ●自動車(3m～4m未満)6,670円〈4m～5m未満〉8,890円～	

※車両予約は那覇事務所のみです。
●旅客、車両の予約は2ヶ月前より受付
●乗船料とは別に環境協力税100円が徴収されます。
（中学生以下、障害者は非課税なので徴収なし）

那覇泊港北岸発

●GW／7月～8月／9月の金・土・日

船名	泊北岸発	渡嘉敷着	渡嘉敷発	泊北岸着
マリンライナーとかしき	09:00	09:40	10:00	10:40
	13:00	13:40	14:00	14:40
	16:30	17:10	17:30	18:10

●夏時間運航(3/1～9/30) ※上記運航日除く

船名	泊北岸発	渡嘉敷着	渡嘉敷発	泊北岸着
マリンライナーとかしき	09:00	09:40	10:00	10:40
	16:30	17:10	17:30	18:10

●冬時間運航(10/1～2月末日)

船名	泊北岸発	渡嘉敷着	渡嘉敷発	泊北岸着
マリンライナーとかしき	09:00	09:40	10:00	10:40
	16:00	16:40	17:00	17:40

〈マリンライナーとかしきの運賃〉

旅客運賃	片道	往復	15名以上団体往復
大人(中学生以上)	2,530円	4,810円	4,560円
小人(小学生以下)	1,270円	2,410円	2,280円

ひとくち
メモ
〈見花原(みはなばる)遊歩道〉全長約1.2kmの遊歩道です。歩道沿いには、立派な琉球松や色々な植物を見ることができ、2ヶ所の東屋からは天気が良ければ沖縄本島を一望できます。終点には眼下に誰もいない海岸も。
※道が舗装されていないため、女性はヒールなどでの散策はお薦めしません。日陰がないので水分補給にも注意。

渡嘉敷島

●座間味島・阿嘉島への連絡船

◆みつしま　渡嘉敷島(阿波連港)～座間味島・阿嘉島

定員12名／所要時間20～35分／片道800円〈乗船料700円＋環境協力税〈美ら島税〉100円〉
※美ら島税は中学生以下、障がい者手帳をお持ちの方は免除です。

※1ヶ月前～前日17:00までの予約制。予約のない場合は運航しないので注意。

※自転車の積込は不可(折りたたみ可)。現金決済のみ。

座間味港発	阿嘉港着発	阿波連港着発	阿嘉港着発	座間味港着
8:30	8:45	9:05	9:25	9:40
15:30	15:45	16:05	16:25	16:40

〈予約先〉
座間味村船舶観光課
☎098-987-2614(8:30～17:00)

2024年4月1日より定員30名の新しい「みつしま」が就航
(写真：加藤朋成)

🚢 島内の交通

🚌 バス

●船の発着に合わせて乗合バスが運行している。
予約・問合せ：とかしき観光バス ☎098-987-2232

★港～阿波連ビーチ地区(所要15分)片道料金…大人400円、小人200円　※港からは船が着いて15～20分後、阿波連ビーチ地区からは船の出港1時間前にバスが出発。マリンスポーツ予約の人は、送迎がついている場合も多いので事前にチェックしよう。

🚕 タクシー

米浜交通 ☎090-3078-5895　＊ワゴン車2台
料金…1.2kmまで560円、302m毎80円(港～阿波連ビーチまで約1,760円、港～とかしくビーチまで約1,280円、相乗り9名まで可能)

★貸切、ガイド付島内観光…1時間6,400円(定員9名まで)
※海の家、マリングッズ貸出、レンタカーもあり、問合せを。

🚢 海上タクシー

★乗り合い海上タクシー(定員10名)
かりゆしマリンサービス ☎090-7456-3796
〈運行時間〉8:00～16:00最終出航
●那覇～渡嘉敷島　所要約1時間

人数	料金(1名料金)	
	片道	往復
1名	40,000円	70,000円
2名	20,000円	35,000円
3名	13,500円	23,500円
4名	10,000円	17,500円
5名	8,000円	14,000円
6名～	7,000円	12,000円

●渡嘉敷島～阿嘉島・座間味島　所要約30分／1名片道7,500円・往復15,000円、2名以上1名片道3,500円・往復6,500円

💳…クレジットカード利用可
Ｐ…PayPay 利用可

🚗 レンタカー　🏍 レンタバイク　🚲 レンタサイクル

名称(問合せ先)	内容／料金(消費税込) H＝時間
くじらレンタカー 💳Ｐ ☎098-987-2836	●レンタカー…軽自動車1H 3,300円、2H 4,950円、3H 6,600円、4H 7,700円、当日返車(18:00まで)8,800円(保険補償・ガソリン代込)／24H 9,900円、1泊2日11,000円、以降1日につき8,800円(保険補償1日1,100円・ガソリン代別)　＊阿波連ビーチ地区のシーフレンド内と渡嘉敷港ターミナル近くに受付有
かりゆしレンタサービス ☎098-987-3311	●レンタカー…1H 3,300円～、当日返車7,700円 ●レンタバイク…50cc 1H 2,200円～、当日返車4,400円／100cc 1H 2,750円～、当日返車4,950円 ※燃料代別 ●自転車…1H 1,100円～、当日返車1,980円 ※当日返車は17:00まで乗り放題。前日までの予約で10%OFF
アロハレンタ企画 💳Ｐ ☎090-6866-8666	●レンタカー(5台)…1H 3,000円、3H 4,000円、6H 5,500円(ガソリン代・保険別) ●レンタバイク…50cc 1H 1,000円、2H 1,500円、3H 2,000円、6H 2,600円、24H 3,600円、1泊4,700円(朝から翌日の夕方までOK)　110ccは50ccの値段＋500円　※17:00～翌日9:00までのナイトパック／レンタカー7,000円、50ccバイク3,000円

💳…クレジットカード利用可
Ｐ…PayPay 利用可

🐠 島あそび　🐟 ダイビング　🦈 マリンスポーツ　🐦 釣り、その他の遊び

名称(問合せ先)	内容／料金(消費税込)
シーフレンド 💳Ｐ ☎098-987-2836 https://www.seafriend.jp/ ＊4～10月は 阿波連ビーチにてマリンスポーツ営業中。	●体験ダイビング(要予約)11,000円～(ボート代、器材一式込) ●ダイビングスクール44,000円～(Cカード申請料別) ●2ボートダイブ(要予約)12,100円～(タンク、ガイド、ウエイト付) ●器材レンタル3点セット・レギュレーター・BCD・スーツ各1,320円 ●シュノーケリングツアー(要予約)5,500円～(ボート代、レンタル器材込、子供OK) ●シーカヤック(2人乗り)1時間2,000円
Vibgyor(ビブジョー) 💳Ｐ ☎090-3053-3517	●ファンダイブ3ボート22,000円、2ボート14,850円、1ボート7,700円 ●1ビーチダイブ6,600円
マリンサービス WATER KID'S 💳Ｐ ☎098-987-2206 http://www.kerama-tokashiki.jp/ ＊シーズン中は阿波連ビーチにてマリンスポーツ営業中。	●体験ダイビング15,000円～(ボート、器材一式、講習、保険込) ●ファンダイブ 1ボート7,700円～、2ボート13,200円～、3ボート19,800円～ ナイト11,000円～(ガイド・ボート・保険込) ●PADIオープンウォーター講習66,000円～(申請料込) ●スノーケリングツアー5,500円～ ●器材レンタル、スノーケリングセット1,100円 ●グラスボート、ウェイクボード、マリンジェット、バナナボート、Uチューブ等マリンアクティビティについては問合せを。
かりゆしマリンサービス ☎098-987-3311・2511 hhttps://www.kariyushi-kerama.com/	●ケラマ3島(阿嘉島、慶留間島、座間味島)遊覧クルージング3～4時間15,000円～ ●海底観光ガラスボート35分大人4,000円～、小人2,000円～ ●レンタル用品：ライフジャケット500円、サマーベッド500円、竿1,000円、竿・餌・仕掛け・バケツ・手袋セット1,500円 ●無人島(ギシップ島・前島)渡船あり ●磯釣沖釣り2時間10,000円～
島あしび　＊d払い、auPAY使用可 ☎090-4306-8050 https://www.shima-ashibi.com/	●ファンダイビング 2ボート13,000円(ガイド料・乗船料・ウエイト・保険込) ●体験ダイビング13,000円～ ●シュノーケツアー 1ボート5,500円～(講習料・乗船料・レンタル器材込) ●沖釣ツアー 半日(3時間)8,500円～(講習料・乗船料・釣り道具一式込) ●無人島上陸冒険7,000円 ●半日チャーター満喫コース35,000円
リラックスアイランド ☎090-7986-6124 https://relax-island.com/	●ファンダイブ 2ボート15,000円 ●体験ダイビング14,000円 ●1ビーチダイビング(ナイト)7,000円 ●シュノーケル7,000円(講習料・レンタル器材・ボート・保険込)
渡嘉敷自然塾/金城肇 ☎090-8290-6505	●阿波連集落散策ツアー／所要：約1時間半、1人2,500円(前日までの予約制、渡嘉敷集落も可能)
Acoustic Life(アコースティックライフ) ☎080-2795-9967 http://acousticlife-tokashiki.com/	●とかしくビーチでSUP＋シュノーケル 大人(12歳以上)9,350円、子ども(12歳未満)6,600円 ●サンセットSUP6,600円 ●SUP体験・レッスン6,600円 ●SUPクルージング8,800円 ●SUP1日ツアー22,000円 ●親子SUP体験 親子(1艇の料金)7,700円 ●トレッキングツアー16,500円 ※オプション タッパー(上半身ウェットスーツ)＋1,100円、GoPro＋2,750円

⛺ キャンプ

青少年旅行村キャンプ場(阿波連地区) ☎098-987-2208 (9:00～18:00、オフシーズンや船欠航時は不定休)／使用料…1泊大人500円、小人250円／温水シャワー(5分)300円／貸出…テント1名用2,400円・2、3名用3,300円・4、5名用5,500円・6、7名用6,600円、プロパンガス・グリル(2時間)3,000円、炭火グリル大2,750円・小1,500円、キッチン小物8点セット550円、他レンタル有／管理棟のみWi-Fiあり

〈ヘリタクシー〉那覇空港と渡嘉敷村をつなぐヘリコプターのチャーター。料金片道132,000円(税込)、所要時間約15分、定員最大5名(体重制限により5名全員乗れないこともあり)。★天候不良等により定期船(那覇～渡嘉敷村)が欠航、時間変更した場合に限り、補助金制度が適用される場合があります。詳細は問い合わせを。問合せ：エクセル航空株式会社 ☎098-857-7563

阿波連ビーチでダイビングライセンス取得の講習中!
(ショップ:シーフレンド/体験者:古谷ルカト/写真:古谷千佳子)

ハナレビーチ前

阿波連ビーチ沖の無人島"ハナレ"島。周辺には明るい砂地が広がり、水深4〜8m程の浅瀬を潜る。点在するサンゴの根には、キンメモドキが棲みつき、デバスズメダイなどの群れも見られ魚影が濃い。
●移動時間:3分

灯台下

クレバスやアーチ、ホール、ケープなどの地形に光が射し込むと、暗闇に光のシャワーができてきれい! ケープの中にはアカマツカサやリュウキュウハタンポの群れがたたずみ、亀裂にはウコンハネガイやイセエビが隠れている。
●移動時間:8分

渡嘉敷島の
ダイビングポイント

バリエーション豊富!!

海人

海底に沈められた魚礁ブロックがアカククリやヨスジフエダイ、ハナダイ類の絶好の棲みかになっている。スカシテンジクダイやキンメモドキの群れもきれい! 周囲の砂地にはトウアカクマノミのコロニーがあり、初夏は産卵や抱卵シーンが見られる。●移動時間:10分

三本根

アオウミガメに高確率で出会えるポイント。ハナゴイやキホシスズメダイの群れ、ネムリブカ、ロウニンアジの大物が見られることも! エビ、カニの甲殻類も豊富でマクロも楽しめる。
●移動時間:15分

野崎●

アリガー南

渡嘉敷島

三本根 ★
海人 ★

トカシクビーチ

ハナレビーチ前
アーファーの根
魚の捕食も見られる。

阿波連ビーチ
シーフレンド

ハナレ島

中頭(なかちぶる)
クマノミ、ウミウシ
好きにおススメ。

レック'92
沈船スポット。

灯台下

渡嘉敷島の海にオフシーズンはありません! カラフルな魚に、白い砂地、サンゴ礁、ダイナミックな地形など、ビギナーからベテランダイバーまで楽しめるポイントがいっぱい。リクエスト重視のマリンサービスシーフレンドに、とっておきのポイントを教えてもらいました。

渡嘉敷島

ひとくちメモ

〈渡嘉敷島でマナティプロジェクト(500円でごみ拾い)ができるところ〉サニーコーラル(お弁当とツアーの店☎090-3632-9329)、アロハレンタ企画(レンタル店☎098-987-2272)、アイランズトリップ(ダイビング店☎098-896-4522)、ケラマバックパッカーズ(宿☎070-5277-4522)、わらびや(山村留学☎098-987-2668 坂田竜二さん)

MANATII

Close up! 超おすすめなキッチンカーbonvoyage

目の前は美しい砂浜ビーチ。最高の雰囲気の本格的お店

とかしくビーチのここを観察しながら車で素通りしようとしたら、座っていたお客さんが「通り過ぎるな、入れ入れ」と大げさなジェスチャーで呼び込みをするので、なんか面白そうと思ってUターンして入店した。すると、想像だにしなかった素敵な女性がやっていた。手作りのキューバサンドがうまい。渡嘉敷産のマヒマヒも絶対食べてみたい。アイスコーヒーも1杯1杯ドリップで落としてる。キッチンカー＝ジャンクと思ってた私がバカでした。島の情報も聞けて、かなり価値がある。リピート確実。(取材：窪田)
【データ】parlor bonvoyage　とかしくビーチメイン　㊡悪天の時+不定休　㊢気の向くまま。問い合わせはインスタDMで→

作りたてのキューバサンド800円がうまいのなんの。自家製ほうじ茶豆乳オレ500円もいいね。

カフェ 島むんプラス　飲食

阿波連集落にある素敵なカフェ。店長のお父さんが魚介類や猪などをとってくるので、渡嘉敷産の超レアな島むん(島のもの)の料理があることも。ワインの種類も豊富。島産イカのイカスミチャーハンもうまかった！(900円)。水着の人は外席で。
☎080-6497-1392【地図P.69】㊡木曜
㊢12:00〜14:00、17:00〜21:00、㊨OK

居酒屋 丸二　まるに　飲食

マグロ丼と島らっきょの一夜漬け

南の島っぽくてなおかつ都会的でおしゃれな店内がグループで利用するのにぴったり。カウンター席もあるので少人数もOK。島の素材や県産素材を使った料理が魅力的。マグロ丼(800円)、島らっきょの一夜漬け(450円)、他。阿波連86　＊メニュー価格変動します
☎090-6771-7958【地図P.69】㊡月・火曜、㊢17:30〜22:00(Food L.O.21:00)

Close up! 渡嘉敷初、多彩なアジアン料理店

カオマンガイ1,100円

2023年8月に阿波連ビーチ入口の最高の場所に多国籍料理店がオープン。タイ、ベトナム、中華、韓国、インドネシア、日本などのすごい品数のアジアンメニューが選べる。

オーナーは現在、那覇で同名の飲食店含め4店舗を経営。オープンエアのテラス席とアジアンムードの店内で楽しい島時間がすごせる。Wi-Fiあり。

ランチは、チキンフォー、ナシゴレン、ビビンバセット各1,100円、海南チキンライス1,320円など各国料理から選べる。
【データ】HARVEL KITCHEN　阿波連182-5　予約☎098-996-7133　㊡月曜のランチとディナー、火曜のランチ　㊢11:30〜14:30、17:30〜22:00　カード使用可

Close up! ケラマブルーにたたずむ「秘密基地」

ケラマ諸島を代表するビーチ阿波連ビーチ徒歩1分という最高の場所に、2棟だけのグランピング施設Tatazumi@渡嘉敷島が2023年10月OPEN。

ドーム型室内ではプラネタリウム体験ができたり、プロジェクターにスマホを繋いで、壁一面をホームシアターにしたり、天体望遠鏡(客室に常設)で夜空を楽しんだり、ここだけの夜の楽しみも。
【DATA】Tatazumi@渡嘉敷島　バス・トイレ共同　宿泊料金：朝食付2名1室21,940円〜(4〜10月＊2024年3月現在　季節に応じたアクティビティ特典あり)
【問合せ先】シーフレンド　渡嘉敷村阿波連155 ☎098-987-2836
予約は公式HPより→

白いマシュマロのようなフォルムは思わず写真を撮りたくなるかわいさ。ココ

ホテルケラマテラス　泊まる

海から上がった後はガーデンテラスのシャワジーを

大人のためのラグジュアリーホテル。落ち着いた雰囲気の客室はアロマの香り漂うくつろぎの空間。レストランでは、こだわりの島食材を使ったカジュアルフレンチの本格コースディナーが楽しめ、アロマオイルを使ったスパメニューでは心身共に更にリフレッシュできる。
☎098-987-3477【地図P.69】
☆多彩なマリンスポーツメニュー有

ひとくちメモ
〈漁協の直売店〉お魚を色々売ってる。お土産にまぐろジャーキーや水産加工品いくつか。まぐろジャーキーは、きれはしのオトク袋とかも売ってるわよ。土日曜休　月〜金曜9:00〜17:30　TEL 098-987-2400　渡嘉敷352(渡嘉敷港ターミナル近く)　支払いは現金のみ。通販サイトもあり。港ターミナル内にも売店あり(船の発着時のみ/土日も営業)

座間味島

世界が恋する海、ケラマブルーの世界へ

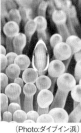
（Photo:ダイブイン浜）

ケラマ諸島
座間味島

ZAMAMI MAP

座間味島といえば、ダイビングで有名。真っ白な美しいビーチや無人島でシュノーケリングやSUPなど、多彩な海遊びも楽しめる。那覇からの日帰りもOK。春先はザトウクジラもやってくる。

● 面積6.70㎢ ● 周囲約23.2km
● 人口582人（令和6年1月末現在）
阿嘉島・慶留間島を含む座間味村全体は870人
● 座間味村観光協会☎098-987-2277
● 宿泊情報 P.204、205

● 古座間味（ふるざまみ）ビーチ　座間味島のメインビーチ。シーズン中はマリンスポーツ、パラソル等のレンタル、パーラーがあり、ライフセーバーもいる。
＊パーラーの営業は4〜11月末。シャワー300円。酒類の販売なし。
＊目の前の安室島（あむろじま）は、無人島の中で一番大きく、座間味港から渡し船で約10〜20分で行ける。（Photo:KIRARI・加藤朋成）

● 阿真（あま）ビーチ／白砂のビーチが続く、遠浅で小さなお子さんにもおすすめのビーチ。ウミガメに会えることも。目の前の白砂のビーチが広がる島が嘉比島。左は、安慶名敷島。その奥の島が阿嘉島。（Photo:KIRARI・加藤朋成）

〈座間味村アイランダーズネットワーク〉メンバーに加入すると「ネット村民」として、特典あり。☆特典●「クイーンざまみ」「フェリーざまみ」の船舶のWEB予約が2カ月+1週間前から24時間OK!●お店やホテルの割引いろいろ有●イベントでのサービス券●メルマガ配信等。入会金500円、年会費1000円。座間味村アイランダーズネットワーク・メンバーズデスク☎098-896-4070 FAX098-987-2278【e-mail】zin@kankouvill.zamami.okinawa.jp

73

座間味島 MAP

0 1km 2km N

*赤文字の地名・店名は
本文中で紹介しています。

マリリン像／阿嘉島から海を泳いでやってくるシロを待っている。映画「マリリンに逢いたい」に出演した犬マリリンの像。

●神の浜展望台／ケラマブルーの海と周辺の島々を満喫するのにもってこい。2020年6月施設一新、Wi-Fiあり。（Photo:加藤朋成）

チシ展望台
中岳 ▲126
大岳 ▲160.7
黒前崎

稲崎の崎
稲崎展望台
ユヒナ
ウハマ
体験滞在型交流施設

阿佐集落
阿佐港

女瀬の崎
女瀬(うなじ)の崎展望台
ニタ展望台
座間味島
安護の浦
唐馬

神の浜展望台
白城の崎
青少年旅行村キャンプ場
高月山 ▲131
留加比の鼻

阿真集落
高月山展望台
座間味集落
阿真ビーチ
座間味港
古座間味ビーチ
牧治の鼻

マリリン像
宇論(うろん)の崎
牛ノ島
北平瀬

座間味島より阿佐に向かう道より安護の浦を望む

高月山山頂の展望台まで座間味集落から歩いて約30分。ケラマ諸島の島々や、粟国島、渡嘉敷島、久米島まで見渡せる。

嘉比島 (無人島)
(がひ)

安慶名敷島 (無人島)
(あげなしく)

安室島 (無人島)
(あむろ)

阿嘉島
(あか)

★慶良間諸島の陸と海が一体となった雄大で美しい景観は、国立公園に指定されている。

阿真集落

←神の浜展望台・女瀬の崎展望台
児童生徒交流センター
コテージ
くじらの里ふれあい広場
・キャンプ場受付
・コテージ受付
・共同炊事場
・シャワー室
・トイレ
38Miyahira
阿真ビーチ
パーラー・コテージ海の茶屋

稲崎展望台→
パティオハウスリーフ
民宿やどかり
プチギャラリーうみまーる
民宿鱚便科
エスポアールあま
ペンションはまゆう
おきレンタル
阿真公民館
阿真漁港
座間味中心部へ

阿佐集落 (あさ)

至ユヒナ
リトルマーメイドビレッジ
至チシ展望台
Kerama Blue Resort
オスカミントケラマ真珠
村指定文化財
阿佐船頭殿の石垣
琉球古民家coco
民宿大川
阿佐公民館
SEASTEP DIVERS
サバニの宿喜江洲
self cafe kucha (民宿Homestay Kucha)
阿佐桟橋
カイトマリンスポーツ
座間味中心部へ

座間味集落

【座間味港 港ターミナル】
●フェリーざまみ・クイーンざまみ・みつしま
乗船切符売場 ☎098-987-2614
（営8:15～17:30
※フェリーざまみ・クイーンざまみの予約は那覇事務所のみ

●座間味村ホエールウォッチング協会
☎098-851-4346
（1月～3月末 8:00～17:00）

宿ナトゥーラ
レストランまるみ屋
たこやき寅次郎
マリンロッジ海小屋
ジョイジョイ
てぃーだマリン
ネイチャーランドカヤックス
民宿浜田
高月山展望台（徒歩30分）

エンズマリーナイン座間味コンドミニアム
診療所
DRIFTER
カーヌスバザマミ
レストランあか樹
ペンション高月＆ダイブセンターノーイ

コーラルダイバーズ
えりせら
いよん家
ダイブハウスやどかり
ケラマカヤックセンター
Cafe&Bar303
島宿あかばなー
105ストアー
座間味幼・小・中学校

青の海
ステージふうなが
ダイビングサービス コナン
家庭料理のぎく

ZAMAMIA INTERNATIONAL GUEST HOUSE
座間味村役場
ヘルシー食彩たんぽぽ
民宿ぽかぽか
古民家でぃーらアイランドパワー

サマーハウス遊遊
Bar Karii
レストハウスあさぎ(民宿)
ザマミシーリング
ダイビングチームあなたの清

ダイビングチーム潮
民宿&ダイブサービスぶるーまりん
ハートランド
島のアトリエ KIRARI
海の宿みなみ
オセアナポートヴィレッジ座間味

民宿
座間味荘
ラ・トゥーク(2F)・風凪(1F)
民宿みやむら
居酒屋三楽
LITTLE KITCHEN

Amulet Zamami
シンヤ食堂
ペンション星砂
レンタル石川

レンタル宮村
民宿中村屋
ケラマアイランズクラブ

サンメール座間味
G.S.
駐在所
座間味売店
大衆酒場中村水産
小嶺商店
宅急便
民宿みすまるの家
レンタバイクかにく

←阿真ビーチキャンプ場
阿真集落へ（徒歩20分）
海岸線沿い1.6km

慶良間諸島国立公園ビジターセンター青のゆくる館
ダイブイン浜
ペンション&カフェチャーヴィラ
マリンショップアイリー座間味

（座間味ツアーオペレーション/第三安清丸）
無人島渡し船乗場
船舶切符売場
おーぷんはうす
座間味村漁協直売店
(2F)商工会
Gypsy Court Zamami
コンドミニアム かにく（改装中）
ぼくの店 おじさん

座間味村ホエールウォッチング協会
村営バス乗り場
呑処Keiko
ざまみレンタカー
和山海雲もずくそば

クイーンざまみ発着
みつしま(村内航路)発着
ざまみむん市場
座間味港
フェリーざまみ3発着

【港～古座間味ビーチ】
オセアナポートヴィレッジ
●徒歩20分
●レンタカー、レンタバイクで5分
●レンタサイクルで10分位

飲食店
飲食店
古座間味ビーチ (ふるざまみ)

村指定文化財・阿佐船頭殿の石垣
琉球王朝時代の交易船の船頭屋敷跡

●座間味郵便局
☎098-987-2221
貯金窓口（平日のみ）
9:00～16:00
郵便窓口（平日のみ）
9:00～17:00
ATM 平日8:45～17:30
土日祝9:00～17:00

慶良間諸島国立公園ビジターセンター青のゆくる館

座間味村観光協会が観光案内をしている。ゆくるカフェもあり、2階に、港の眺望が楽しめる席もある。

プロジェクトマナティ(500円)でごみ拾いができるプロジェクト)の受付も有

村内バスの乗車券券売機もあり

⊙ 9:00～17:00／年中無休（但し臨時休業あり）
座間味村字座間味95 フリー Wi-Fi 有り
☎098-987-2277（座間味村観光協会）
FAX.098-987-2278

2階席は、眺めが良くてゆっくりするのに最高!

*ゆくる…とは沖縄方言で「休む」「くつろぐ」の意味。

🚢 安慶名敷島・嘉比島・安室島
無人島渡しの船

*無人島周辺はダイビングやシュノーケルスポットがあり、色々な魚や珊瑚がみられる。

●安慶名敷島、嘉比島
往復1名大人1,500円、小学生1,000円
●安室島
往復1名大人2,500円、小学生1,500円
【問合せ】★2名以上での申し込み
アイランドパワー☎098-987-3255
座間味ツアーオペレーション☎080-1766-6745
第三安清丸☎090-3795-8467

ひとくちメモ 〈エンズマリーナイン座間味コンドミニアム〉 コンドミニアムタイプの宿泊施設。全室バス・トイレ・アメニティ付はもちろん、洗濯機、キッチン、冷蔵庫、調理器具等完備で、長期滞在も可能な充実設備。1部屋4ベッドあるので、ファミリー、グループに最適。好きな場所で食べられるお弁当タイプの朝食も人気。☎098-996-3380【地図P.74】 ☆レンタサイクル・シュノーケルグッズ等宿泊者無料貸出有。 看板犬エン子→

座間味港に停泊するフェリーざまみ3

クイーンざまみ(写真:加藤朋成)

※船舶運航予定の正式決定は2ヵ月前となります。下記は年間の基本スケジュールです。天候等により変更されることがあります。必ず確認してください。

★フェリーざまみ3　那覇 泊港南岸〜座間味・阿嘉港 1日1往復
定員400名／乗用車10台(大型3台) 所要時間…約120分(泊港〜阿嘉港約90分／阿嘉港〜座間味港約15分) ☆船内Wi-Fi完備

月別 運航表 (毎日運航)	泊南岸	阿嘉港		座間味港		阿嘉港		泊南岸
	発	着	発	着	発	着	発	着
1/1〜4/2、4/25〜26、10/1〜12/31	10:00	11:30	11:45	12:00	14:00	14:15	14:30	16:00
5/7〜6/30、9/1〜9/30	10:00	11:30	11:45	12:00	15:00	15:15	15:30	17:00
4/27〜5/6、7/1〜8/31	10:00	11:30	11:45	12:00	16:00	16:15	16:30	18:00

※4/3〜4/24はドックの為運休。代船運航日あり(4/9、12、16、19、23)。

★クイーンざまみ　那覇 泊港北岸〜座間味・阿嘉港 1日2〜3往復
定員220名　所要時間…約50分(阿嘉港先行の便は約70分)

月別 運航表 (毎日運航)	便名	泊北岸	阿嘉港		座間味港		阿嘉港		泊北岸
		発	着	発	着	発	着	発	着
1/1〜3/31、10/1〜12/31	1	9:00	—	—	9:50	10:00	10:10	10:20	11:10
	2	15:00	15:50	16:00	16:10	16:20	—	—	17:10
4/1〜12、4/14〜26、5/7〜6/30、9/1〜9/30	1	9:00	—	—	9:50	10:00	10:10	10:20	11:10
	2	16:00	16:50	17:00	17:10	17:20	—	—	18:10
4/13	1	9:00	9:50	10:00	10:10	10:20	—	—	11:10
	2	16:00	—	—	16:50	17:00	17:10	17:20	18:10
4/27〜5/6、7/1〜8/31	1	9:00	—	—	9:50	10:00	10:10	10:20	11:10
	2	13:00	13:50	14:00	14:10	14:20	—	—	15:10
	3	16:00	—	—	16:50	17:00	17:10	17:20	18:10

※今年度のドック日は調整中。6月頃の予定。ドッグ日は運休になる。

● フェリーざまみ3、クイーンざまみの予約受付は、電話が出港日の1ヶ月前から、ネット予約が出港日の55日前から可能。(アイランダーズネットワークに申し込むと2ヵ月+7日前からネット予約可能)　●出港10分前までに乗船。
● 座間味島〜阿嘉島はフェリーざまみ3(200円)、クイーンざまみ(310円)も利用できる。
● 乗船料とは別に環境協力税〈美ら島税〉100円が徴収されます。(中学生以下、障がい者は免除)

◆みつしま
●村内航路　座間味港〜阿嘉港
所要時間15分、片道大人300円、小人150円
※障害者手帳提示の方半額。75歳以上の方無料。チケットは各港ターミナルの乗船切符売場で購入。

●ケラマ航路
座間味島・阿嘉港〜渡嘉敷島(阿波連港)
所要時間20〜35分、片道800円
(乗船料700円+環境協力税〈美ら島税〉100円)
※ケラマ航路は1ヶ月前〜前日17:00までの予約制。予約のない場合は運航しないので注意してください。
※料金は2024年3月末時点のものです。

●みつしま村内航路・ケラマ航路運航表

便	座間味港発	阿嘉港着発	阿波連港着発	阿嘉港着発	座間味港着
1便	7:45	8:00	寄港なし→	→	8:15
2便	8:30	8:45	9:05	9:25	9:40
3便	11:45	12:00着	寄港なし→	12:15発	12:30
4便	14:30	14:45	寄港なし→	→	15:00
5便	15:30	15:45	16:05	16:25	16:40
6便	17:30	17:45	寄港なし→	→	18:00
	*17:20	*17:35	寄港なし→	→	*17:50

〈予約先〉
座間味村船舶観光課
(8:30〜17:00)
☎098-987-2614

※6便*の時刻は11月〜2月の運航時刻です。
※2便、5便は〈座間味・阿嘉⇔渡嘉敷(阿波連港)〉のケラマ航路です。予約がある時のみ運航します。
※〈座間味⇔阿嘉〉で2便、5便を利用の際は運航があるかどうか確認してください。2便、5便での〈座間味⇔阿嘉〉の予約はできません。　※自転車の積込は不可(折りたたみは可)。

【乗船申込・問合せ先】
座間味村役場那覇出張所
(とまりん1F／受付10:00〜17:00)
☎098-868-4567 (FAX.0630)
座間味村公式HP：
http://www.vill.zamami.okinawa.jp

フェリーざまみ3(泊南岸〜座間味港・阿嘉港)運賃

旅客片道(往復)		
	通常	1/1〜3/31 *
大人	2,150円(4,090円)	1,720円(3,270円)
小人	1,080円(2,060円)	860円(1,640円)
15名以上団体片道(往復)		
大人	1,940円(3,880円)	1,550円(3,100円)
小人	980円(1,960円)	780円(1,560円)

車両運賃(片道)
自転車390円、原付790円、自動二輪1,580円、自動車9,320円〜

クイーンざまみ (泊北岸〜座間味港・阿嘉港)運賃

旅客片道(往復)		
	通常	1/1〜3/31 *
大人	3,200円(6,080円)	2,560円(4,860円)
小人	1,600円(3,040円)	1,280円(2,430円)
15名以上団体片道(往復)		
大人	2,880円(5,760円)	2,300円(4,600円)
小人	1,440円(2,880円)	1,150円(2,300円)

* 2025年までの冬季期間、那覇発の運賃を低化する実証実験が行われる為、割引になる。

座間味島

島内の交通

バス

● 村営バスがフェリーざまみ3、クイーンざまみの発着時間にあわせて運行。

★料金…大人300円、小人(小学生以下)150円
※障害者手帳提示の方半額。75歳以上の方無料。小学生未満は大人1人につき1人無料。時刻、運行経路はHPで確認してください。
http://www.vill.zamami.okinawa.jp
〈問合せ〉
座間味村船舶観光課
(8:30〜17:00)
☎098-987-2614

🚗 レンタカー　🏍 レンタバイク　🚲 レンタサイクル

🆑…クレジットカード利用可
Ⓟ…PayPay 利用可

名称(問合せ先)	内容／料金(税込)
レンタルかにく ☎098-987-2334 🆑Ⓟ	●レンタカー…1時間3,000円、3時間4,500円、6時間6,000円(燃料代一律1,000円) ●レンタバイク…50cc1時間1,500円、3時間2,500円、6時間3,500円／110cc1時間2,500円、3時間3,500円、6時間4,500円(2人乗りOK)／250cc1時間3,500円、3時間4,500円、6時間5,500円
あさぎレンタカー ☎098-896-4135 Ⓟ	●レンタカー…1時間3,300円、3時間4,730円、6時間6,600円、24時間8,800円 ●レンタバイク…50cc1時間1,540円、3時間2,750円、6時間3,740円、12時間5,170円 ※燃料・保険込
ざまみレンタカー ☎098-987-3250	●レンタカー…1時間3,300円、3時間5,000円、24時間9,000円*保険800円別 ●レンタバイク…50cc1時間1,700円、3時間2,700円、6時間3,700円、9時間4,700円／110cc1時間2,700円、3時間3,700円、6時間4,700円、9時間5,700円 *保険込　※超過料金30分毎500円
おき・レンタル ☎098-896-4060	●レンタカー…1時間4,000円〜、3時間5,250円〜、24時間10,500円〜 *燃料・保険込 ●レンタバイク…50cc1時間1,500円、3時間2,500円、6時間3,500円、12時間4,000円／110cc…1時間2,500円、3時間3,500円、6時間4,500円、12時間5,000円 *燃料・保険込 ●自転車…1時間400円、3時間750円、6時間1,000円、12時間1,300円
レンタル石川 ☎090-9650-1015 ☎098-987-2202	●レンタバイク…50cc1時間1,700円、3時間2,700円、6時間3,700円／100cc1時間2,700円、3時間3,700円、6時間4,700円 *燃料・保険込 ●自転車…1時間500円、3時間1,000円、6時間1,500円 ●電動自転車1時間800円、3時間1,800円、6時間2,800円
海風(うみかじ) ☎098-987-2005	●自転車…2時間500円、4時間1,000円、6時間1,500円、8時間2,000円
オセアナ ポートヴィレッジ座間味 ☎098-962-1999 🆑	●2人乗り電動自動車…2時間4,300円、追加1時間ごと+1,000円、最長12時間12,500円 *任意保険850円　※宿泊者割引有

ひとくちメモ

〈阿真ビーチキャンプ場〉青少年旅行村内。通年利用可(年末年始休みの時有)。中学生以上510円、子供250円／貸出…寝袋510円、テント小1,020円、中2,040円、大2,550円、BBQセット2,040円、コテージ専用調理器具セット500円(要予約)／設備…シャワー、トイレ、水道、貸コテージ(6棟、1棟10名まで可、21,420円)オートキャンプ車1台1区画3,570円+キャンプ場利用料　※すべて料金は1日分。問合せ☎098-987-3259(9:00〜17:00)

座間味のメインSt.に漁師の店出現

メインストリートにオープン。民宿中村屋の建物と道路までの隙間を店にしてある、入りやすい! 立ち止まったらもう君は入店している‥みたいな。

自称ショートスリーパー中村恵太が民宿もやり、漁師もやり居酒屋もランチもやる。寝なくても平気とのこと。すごっ

カジキユッケ丼800円

カジキユッケ丼に対して「まだカジキは釣ったことがない、しかし将来は自分で釣ったカジキを出したい」とキラキラした瞳でコメントする中村さんに期待。

【DATA】大衆酒場中村水産 座間味99
☎098-987-2147 ㊡火曜 ㊞11:00～14:00、16:00～20:00 *居酒屋メニューは月替わり

島のアトリエ＊KIRARI＊ 買う

＊加藤朋成はドローン撮影の仕事もやってます（P.204参照）

港から徒歩3分、島のメインストリートにあるかわいいお店。とっても感じのいい店主加藤朋成くんが、アーティスト大江ゆいさんのイラスト作品をメインにオリジナルTシャツ、アクセサリーなどを製作、販売。イラストレーターなるみさんの「ざまみ島 似顔絵」も大好評♪

☎090-4142-7213 座間味82 不定休
㊞11:00～19:00 ㊙ ▶PayPay使用OK

和山もずく 食べる

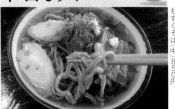
もずくそば（中）850円

もずく漁師の和山さんの店。座間味産のもずくを練り込んだ麺は、歯ごたえがいい。もずくごはんのセット+300円、ざるもずく（もずくをそばのようにつけ汁につけて食べる）650円、三枚肉丼950円（もずくスープ付）、もずくとセーイカのソーセージ、他。*4月～料金改定予定

☎098-987-2069 座間味123【地図P.74】
不定休 ㊞11:00～14:00 ㊙使用OK

阿佐集落の、素敵なselfカフェ

座間味ファンでも阿佐には行ったことがないという方も多いのでは? 民宿の女将が、自分のルーツであり、魅力ある阿佐をみんなに知ってもらいたいという気持ちでオープンしたカフェ。

夏場は500円でズラッと並んだジュースがなんと飲み放題! しかも座間味のヤマモモや山苺、パパイヤ・マンゴ

ー・シークヮーサーなどの手作り。特に写真右のヤマモモは女将さんが猿のように木に登って採るとのこと。カフェのすぐ裏は雰囲気のあるフクギ並木や歴史ある史跡船頭殿。素敵なカフェを目指して阿佐を訪れてみて♪

【DATA】self café kucha（民宿Homestay Kucha併設）☎098-996-4781 座間味村阿佐23地図P.74阿佐集落 ㊡不定 ㊞11:00～16:00

ダイブイン浜　潜る　泊まる

7〜9月の僅かな間だけ逢える 貴重なインドカエルウオの幼魚

座間味港目の前、徒歩1分のダイビングショップ＆ダイバー専用民宿。お母さんの作る民宿の食事もとてもおいしい! 3食付にもできるので、繁忙期でも食事の心配なくのんびりダイビング♪ 全室Wi-Fi! インスタ、FaceBookは日々更新♪

☎098-987-2013　☆2ボートダイビング14,300円(税込)　㏿・P PayPayOK

マリンショップ アイリー座間味　遊ぶ

かなり高い確率でウミガメと出合えるボートシュノーケリング。その日の海況を見て最高のポイントに連れて行ってくれ、感動間違いなし。那覇から船で50分移動しただけでこんな海があるなんて! 船の時間に合せて送迎もしてくれるので、那覇から日帰りも可能。

☎098-987-2545　☆ボートシュノーケルツアー9,000円　㏿・P OK

アイランドパワー　古民家てぃーら　釣る　泊まる

併設古民家宿てぃーらに泊まって 釣果をBBQで食べるぞ！

座間味島は、釣りポイントが港から近く(10分程度で到着)絶好のロケーション。島に囲まれた内海で穏やかなので初心者の方にもおすすめ! その他ここだけの「月夜の無人島渡し(大人3,000円)」等魅力的な遊び色々!

DATA
☎098-987-3255 座間味54／●ボートフィッシング3時間7,000円(2名より催行) ※釣り具レンタル、餌代込み

座間味島

🐚島あそび　　🐋ダイビング　　🐋マリンレジャー・島あるき

マリンショップ名称			内容／料金(基本的に消費税込で記載／例外あり)
ダイブイン浜　㏿P ☎098-987-2013 FAX2657 https://diveinnhama.jp			●2ボートダイブ14,300円(ボート・タンク2本・ウエイト・ガイド込) ●器材レンタル レギュレター・BCD各2,200円 ●PADI体験ダイビングコース16,500円 ●PADIオープンウォーターダイバーズコース88,000円 ＊以上の各コースはダイビングに必要なものは全て含まれる。水着のみ用意、ステップアップコース有
マリンショップ IRIE(アイリー)座間味　㏿P ☎&FAX098-987-2545 http://www.irie-zamami.com/			●ボートシュノーケルツアー3時間大人9,000円(1名参加10,000円)、小学生以下6,000円、3才以下の乗船のみ4,000円 ツアースタート10:00〜、13:00〜　●サンセットボートシュノーケルツアー大人8,000円(1名参加9,000円)、小学生以下6,000円、3歳以下の乗船のみ4,000円、17:00〜　＊送迎・器材レンタル・ガイド・保険料・シャワー・消費税込み
アイランドパワー ☎098-987-3255(大城) https://www.island-power.jp			●ウォーキングツアー(座間味集落・高月山展望台・林道周遊の3コース有り)人数相談1,500円〜 ●ボートスノーケル2時間5,500円、4時間10,000円 ●無人島渡し1,500円〜2,500円(2名〜) ●サンセットクルーズ2,000円(2名〜8名) ●ボートフィッシング3時間7,000円(2名〜) ●座間味内海遊覧船5,000円(所要60分)
ダイブセンターノーイ(ペンション高月)　P ☎098-987-3262			●ファンダイビング1ダイブ7,150円、2ダイブ13,200円、3ダイブ18,700円 ●体験ダイビング(ボート)14,300円 ●ホエールウォッチング約2時間5,500円(1〜3月) ●器材レンタル フル5,000円 http://kerama-zamami.com/
DRIFTER　☎070-5488-4378　㏿P http://www.drifter.okinawa.jp			●1DAYツアー大人13,750円、子ども(11歳以下)10,300円／シーカヤック、スタンドアップパドル、シュノーケル、昼食、飲物、送迎、保険、ライフジャケット付 ●半日ツアー大人8,000円、子ども(11歳以下)6,000円／シーカヤック、シュノーケル、飲物、送迎、保険付
ダイビングチーム あなたの清　㏿ ☎&FAX098-987-3023 http://www.anatano-kiyoshi.okinawa/			●ホエールウォッチング2時間半6,600円(12月下旬〜4月上旬) ●1DAY ホエールウオッチング(5時間半)16,500円 ●早朝orサンセットホエールウォッチング(2時間)7,700円 ●体験ダイビング(2時間)15,400円 ●ボートシュノーケリング(1時間半)大人6,600円・子供4,950円
ダイビングチーム潮(うしお)　㏿ ☎&FAX098-987-3533			●ボートシュノーケリング(2時間)7,700円 ●ボート体験ダイビング(2時間)14,300円 ●ファンダイビング(1ダイブ)8,800円、(2ダイブ)14,300円、(3ダイブ)19,800円 ●ホエールウォッチング6,600円 http://www.divingteam-ushio.jp

座間味で最上級のシュノーケリング!

ツアースタート
午前 10:00〜
午後 13:00〜
サンセット17:00頃〜

Marine Shop
IRIE zamami

〒901-3402 座間味村字座間味1910-1
TEL.098-987-2545
http://www.irie-zamami.com

〈ボートシュノーケリング〉
3時間 (2名以上) **9,000円**／(1名参加) **10,000円**
小学生以下 6,000円／ウェットスーツレンタル1,000円
※器材レンタル・ガイド・保険料・シャワー・消費税込 ☆カード使用可 ※無料送迎
☆貸切チャーター船ご希望の方はお問合せください

阿嘉島（あか）・慶留間島（けるま）

ゆったりとした島時間を感じる自然豊かな島。

慶留間小中学校　Photo:北島清隆

ケラマ諸島 / AKA MAP

座間味港 みつしま（座間味〜阿嘉〜渡嘉敷）
阿嘉港
阿波連港
渡嘉敷島
フェリーざまみ3　90分　那覇
泊港
沖縄本島
外地島
慶留間島
阿嘉島
高速船クイーンざまみ
直行50分
座間味経由70分

※阿嘉島から橋を渡って慶留間島、外地島に行けます

島の半分が森林原野。那覇から近く、海水浴、シュノーケリングに最適。無料のテラスがあるニシバマで1日のんびりしよう。阿嘉島、慶留間島、外地島（ふかじしま）が大橋でつながっており、のんびり島めぐりもおすすめ。

●阿嘉島 ●面積3.80㎢ ●人口237人
●慶留間島 ●面積1.15㎢ ●人口51人
（令和6年1月末現在）
●座間味村観光協会☎098-987-2277
●宿泊情報 P.205

ニシバマテラスからの眺めも最高！

●北浜（ニシバマ）ビーチ
白砂の浜が1km程続くシュノーケリングに最適のビーチ。4月末〜11月末のシーズン中はライフセイバーもいて、飲食店、レンタル店もオープン。港から徒歩約20分、自転車約10分、車で約5分。
※ニシバマテラスは、無料／Wi-Fiも有。

🐚 島への行き方 🚢 船 那覇泊港から船で行く
（時刻表・料金は 座間味P.75を参照）

★**フェリーざまみ3** 那覇泊港・南岸〜阿嘉港 1日1往復
所要時間 約90分／大人往復4,090円＋環境協力税（美ら島税）100円

★**クイーンざまみ（新船）** 那覇泊港・北岸〜阿嘉港 1日2〜3往復
所要時間 約50分（1便と3便は約70分）
大人往復6,080円＋環境協力税（美ら島税）100円（※冬季割引有詳細はP.75参照）

【乗船申込・問合せ先】座間味村役場那覇出張所☎098-868-4567
＊フェリーざまみ3 と クイーンざまみ で座間味島に渡ることもできる。

◆**みつしま 村内航路** 阿嘉島〜座間味島 1日4〜6便
所要時間15分／片道大人300円、小人150円

◆**みつしま ケラマ航路** 座間味港・阿嘉島〜渡嘉敷島（阿波連港）
1ヶ月前〜前日17:00までの予約制／予約のない場合は運航しないので注意
所要時間20〜35分／大人・小人片道700円＋環境協力税100円

【予約・問合せ先】座間味村船舶観光課 ☎098-987-2614
＊みつしま／自転車の積込は不可（折りたたみ可）
※ 座間味島と阿嘉島では、各港ターミナルの乗船切符売場でチケット購入
※ 環境協力税（美ら島税）は中学生以下と、障がい者手帳をお持ちの方は免除です

阿嘉島・慶留間島 MAP

黒崎
伊釈加釈島（いじゃかじゃ）
阿嘉島（あか）
儀名崎
クシバル海岸
タキバル展望台
ケラマ諸島がよく見える。
アグ
拡大MAP P.79
阿嘉集落
真謝ビーチ
端崎
さんごゆんたく館
ヒズシ海岸
前浜
阿嘉大橋
阿嘉港
天城展望台
慶留間島（げるま）
サクバル奇岩群
島のイタリアン ゲルマニヨン（予約制）
垣尻
サクバルの鼻
慶留間港
ペンションゲルマ
マリンサービスゲルマ
県指定重要文化財高良家
慶留間小・中学校
慶留間橋
外地展望台
外地島（ふかじ）（無人島）
ケラマ空港

ニシバマ（北浜）ビーチ
阿嘉ニシバマビーチ公園 展望台あり
売店・ビーチハウス（シーズン中）

0 1km 2km N

●高良家（たからけ）　慶留間島にある国指定重要文化財の旧家。19世紀後半の建築といわれ、炊事場が母屋の中にあり、離島の民家としては古い建築様式に。大人310円、高大生260円、小中生170円／月曜・年末年始休み／9:00〜17:00／問合せ 座間味村教育委員会☎098-987-2153

※赤文字の地名・店名は本文中で紹介しています

 ひとくちメモ 〈ヘリタクシー〉那覇空港と座間味村をつなぐヘリコプターのチャーター。料金片道132,000円（税込）、所要時間約15分、定員最大5名（体重制限により5名全員乗れないことも有）。★天候不良等により定期船（那覇〜座間味村）が欠航、時間変更した場合に限り、補助金制度が適用される場合があります。詳細は問い合わせを。問合せ：エクセル航空株式会社☎098-857-7563

◀シロの像
メス犬マリンにあうために座間味まで海を泳いで渡った。港前に立つ、像でも可愛い！

◀ケラマジカ／国指定天然記念物。日本最小の鹿。集落内でも普通に見られる。

▲前浜（メーヌハマ）港横、集落の前の浜

島内の交通

🚲レンタバイク　🚲レンタサイクル

●スーパー&民宿 辰登城
☎098-987-3557
レンタサイクル…1時間300円
5時間以上（19:00まで）1,000円
電動キックボード…1時間1,500円

●レンタルショップしょう
☎090-1179-2839
レンタサイクル（台数35台）
…1時間300円、24時間1,500円
レンタバイク…3時間2,500円
（燃料・保険込）※二人乗りも有
※ビーチセット（シュノーケル3点セット等）貸出有、シャワー有

●はぁなcafé
☎098-987-2104（9:00～18:00）
レンタサイクル（10台）…1時間300円、3時間900円、4時間以上1,000円

●阿嘉郵便局 ☎098-987-2101
貯金窓口（平日のみ）9:00～16:00
郵便窓口（平日のみ）9:00～17:00
ATM　平日 8:45～17:30
　　　土曜 9:00～17:00

島あそび　🍴ダイビング　🐟遊ぶマリンレジャー

名称・問合せ先	内容／料金（税込）
マリンハウス シーサー阿嘉島店 ☎0120-10-2737 ☎098-987-2973 FAX 2820 https://www.seasir.com/aka ※クレジットカード／PayPay／クイックペイ／ID決済／楽天Edy等も使用可	●体験ダイビング 1日1ダイブ11,000円（レンタル器材込）インストラクター1名に対して2名までの少人数制 ●満60歳まで ●ファンボートダイビング 1日2ダイブ16,500円（ボート乗船・ウエイト・タンク2本・ガイド・ドリンク込）1人でも参加可 ●スノーケル 1回6,600円、2回9,900円 ※6歳～65歳まで参加可 ●デジカメレンタル2,200円／日（SDカード別）※安全対策優良店・優良ガイド在籍店
マリンリンクフォーダイバーズ ☎098-987-2580（=FAX） https://m-link99.com ※クレジットカード／PayPay使用可	●体験ボートダイビング（器材含む）12,500円 ※2名で参加の方参500円OFF！ ●PADIオープンウォーター取得講習60,000円（申請料・ボート代等全て含む） ●ファンダイビング2ボート12,800円（ボート・ウエイト・タンク・ドリンク含む） ●器材フルレンタル4,000円

阿嘉島・慶留間島

阿嘉集落MAP

〈阿嘉島内の商店〉
●スーパー辰登城（島唯一のコンビニ/食品、雑貨など）
☎098-987-3557 ⏰8:00～20:00
●垣花商店（食品、雑貨、酒など）
☎098-987-2089 ⏰8:00～20:00（冬期8:30～19:00）

至 クシバル海岸
至 ヒズシ海岸
至 天城展望台 1Km

臨海研究所
阿嘉小中学校
至 ニシハマビーチ
パーラーひびき
民宿TETSU
Lagoon315
レンタルショップしょう
アトリエドコイ
フェリーざまみ クィーンざまみ みつしま 乗り場
さんごゆんたく館
御殿の木（村指定文化財）
Dive gobies
スーパー・民宿 辰登城（たつのじょう）
至 阿嘉大橋慶留間島
阿嘉港
マリンハウスシーサー
WEST COAST
民宿春海
民宿川道
垣花商店
民宿さくばる
民宿すまいる
阿嘉港旅客待合所 ⏰8:30～17:30 Wi-Fiあり、有料シャワーあり コインロッカーあり
Barヨナミネハウス
民宿ミーカージョー
阿嘉診療所 ☎098-987-2002
民宿あかさ 民宿名平良
サンサンビューむとうち
保健センター
民宿宝生
民宿 吉田屋
中村商店
民宿トゥーラウ
マリンリンク
ブルースイーツ・ハナムロ
はぁなcafe
あかじまのカフェとごはん guuguu
GS
民宿Kawai Diving
前浜（メーヌハマ）
民宿あかじま
ハナムロイン
総合センター
座間味村漁協の直売店。海鮮丼など食べられる。不定休 10:00～14:00 ☎098-987-2109
座間味村漁協阿嘉直売店
シロの像

さんごゆんたく館　見学
慶良間諸島国立公園ビジターセンター

かわいい外観

※座間味マナティ（500円で拾い）の受付もあり。

港近くの素敵な建物。海の恵み、サンゴ礁の恵みや阿嘉島の伝統行事や文化についてなど展示パネルや映像で見られる。阿嘉島を散策する人は、その時期の生物・植物などについて聞いてみよう。カフェコーナーではコーヒー、ブルーシールアイスなどを提供。

☎098-987-3535 阿嘉936-2 無休
⏰4～10月9:00～17:00、11～3月16:00まで

Close up! このカフェ目指して阿嘉島に行きたい

チキンソテーのワンブーは、自家製塩糀で漬け込み、しっとりやわらかいチキンと、5分づき玄米ごはんが最高！

カフェタイム（14:00～18:00）のホットコーヒー（500円）は、好きなカップを選ばせてくれ、ノンシュガー甘酒アイスクリーム（450円、発酵あんこのせ+50円）は、ココナッツミルクと自家製甘酒のや

チキンソテーのワンブー 1250円

さしい甘さで素晴らしい一品。ここを目指して島に行きたくなるね。

【データ】あかじまのカフェとごはん guu guu
休木曜 ⏰月火金土日11:00～18:00、水11:00～14:30

ひとくちメモ

〈はぁなcafé〉豆乳ベースのアサイースムージーやフルーツスムージーなどが売り物。他にも島の素材を使ったピザやパスタなどナチュラルメニューを気持ちの良いテラス席で！ ふーちばー（よもぎ）ピザ1,450円、ストレートスムージー450円、島豆乳スムージー500円など。 休不定 ⏰11:30～17:00 問合せ☎098-987-2104【地図P.79】

ハテの浜　Photo：北島清隆

見所いっぱい！　ハテの浜は絶対行くべし！

久米島
（く）（め）

KUMEJIMA MAP

●面積63.21km²　●周囲約47.6km
●人口7,276人（奥武島30人、オーハ島9人）
（令和6年1月末現在）久米島町役場町民課☎098-985-7123
●久米島町観光協会☎098-851-7973
（一部写真提供：久米島町観光協会）
●宿泊情報 P.206　＊久米島への行き方P.82

沖縄本島周辺の離島の中では一番大きな島。琉球王国時代には日本と中国、東南アジア諸国、朝鮮との中継貿易の寄港地として栄えた。見所も多く、白砂の美しいビーチでマリンスポーツも様々に楽しめる。

●ハテの浜　久米島の東沖合3km付近から、東に約7kmに渡って砂州が細長く続いている。沖縄で一度は行ってみたい場所の一つ。グラスボートなどでオールシーズン行くことができる。【地図P.81C2】Photo：北島清隆

●イーフビーチ　真っ白な美しい砂浜が2kmも続く、久米島のメインビーチ。「日本の渚百選」にも選ばれている。【地図P.81C2】

●畳石　久米島と橋でつながっている奥武島（おうじま）にある。亀の甲羅のような奇岩群、国の天然記念物。溶岩が冷え固まる時にできる現象で、五角形や六角形の岩が敷きつめられたように並んでいる。【地図P.81拡大図1】

ひとくちメモ

〈久米島のゆるキャラ「くーみん」〉明るい性格のホタルの女の子♡クメクレナイ（久米島固有の椿）の髪飾りと久米島紬の洋服。五枝の松の周辺で、クメジマボタル（4月中旬〜下旬）、クロイワボタル（4月下旬〜5月上旬）、オキナワスジボタル（4月下旬〜6月下旬／8月下旬〜10月下旬）観察が人気。島に滞在して、鑑賞ルールを守って神秘的な体験をしてみよう！

久米島MAP

＊赤文字の地名・店名は本文中で紹介しています。

（H）……宿泊施設

ミーフガー 岩を拝むと子宝に恵まれるという。穴の下まで歩いていける。【地図B1】

球美の水・球美の塩製造所（見学・試飲可）【地図B1】

タチジャミ
天宮城
タチジャミ自然公園

熱帯魚の家

宇江城
比屋定
太陽石

0　1km　2km　N

具志川城跡
城の下はすぐ海で眺めが最高。久米島には城跡が10ヶ所以上もある。【地図P.81B1】

具志川城跡
赤嶺パイン園
古民家ゲストハウス想生
仲村渠
おばけ坂
具志川

宇江城岳309.8m
宇江城
大岳の久米仙
比屋定バンタドライブイン（軽食、売店）
比屋定バンタ
阿嘉の湧き水
上阿嘉
黒石の森
阿嘉のヒゲ水
下阿嘉

車えび養殖場

比屋定バンタ（ひやじょう）断崖絶壁が2kmも続く景勝地。はての浜まで望める。【地図P.81B1】

1F 久米島町観光協会
久米島空港
オリックスレンタカー
本永商店前
車えび養殖場
北原海岸の石切場
西銘崎
一着島

大岳202.6m
君南風殿内（ちんべーどぅんち）
山里ゆんたく市場
上江洲ダム
白瀬第二号ダム
白瀬第一号ダム
てぃーだ橋・つむぎ橋
眺めがよくはての浜を見渡せる
242
くめじま〜るCafe

至自衛隊基地
宇江城城跡

眺めがよくはての浜

シンリ浜海浜公園
大原
サイプレスリゾート久米島
シンリ浜
久米島球場
五枝の松
西銘
89
イーストレンタカー
清水小前
久米島紬
じんじんロード周辺 拡大図/左下

君南風殿内（ちんべーどぅんち）【地図P.81B1】下記メモ参照

上江洲家住宅
役場具志川庁舎
ファミリーマート
久米島観光協会
ネプチューンダイバーズ
久米島ホタル館

だるま山202.6m
白瀬川

フサキナ山219.9m
仲里間切蔵元跡
天后宮
真謝の古民家・久米原家（島ぐらしコンシェルジュ）
登武那覇園地
宇根の大ソテツ

久米島海洋深層水開発海洋温泉差発電実証試験
ポイントビュー
真謝のチュラフクギ
真謝
くみマルシェ
宇根
泊
真謝港
久米島海洋レジャー（泊フィッシャリーナ）

真謝港

車エビ養殖場
奥武島　オーハ島
バーデハウス前

仲里間切蔵元跡

宇江城（うえぐすく）城跡 標高309.8m、久米島全体が一望できる島で一番高い場所。【地図P.81B1】

南西荘
民宿久米島（別館）
兼城港前
ほんのもり
ガラサー山

伊敷索城跡
公立久米島病院
久米島博物館
久米島高前
嘉手刈
助六
儀間
交番
久米島局
交番
久米島シーサイドパークゴルフ場

山城
真謝
真我里
やちむん土炎房

Cercle
GS
仲里店
久米紅
仲里つるみ
比嘉
仲里野球場
町営バス営業所
EUリゾート 久米島イーフビーチホテル
イーフビーチ
イーフ民宿村
イーフビーチ周辺 拡大図/右下
リゾートホテル久米アイランド

太陽石（うてぃだいし）暦の無い時代、この石で日の出を観測し、日の出の位置の変化により季節を知り、農漁業に役立てていたそう。【地図P.81B1】

アーラ浜
アーラ岳287m
島尻

＊奥武島には、奥武橋を渡って行ける。【拡大図1】
イーズダイビング
シールガチ橋
民宿あみもと
奥武島
オーハ島
奥武橋
バーデハウス前
久米島ウミガメ館
畳石
奥武島キャンプ場

シールガチ橋 なんと海のど真ん中に橋が！干潮時に行くとなぜかわかるよ。【地図P.81拡大図1】

銭田西
民泊まったん人
銭田東
銭田森林公園
風の帰る森
Backshore Ranch
245
245
鳥島

青少年旅行村
トクジム自然公園
鳥の口
鯨の見える丘
島尻崎

シンリ浜 空港から近く、沖にサンゴ礁があるので、波も穏やか。白砂と岩礁の間で海の生物観察も楽しめ家族連れにも人気。【地図P.81A2】

★久米島には、ハブが生息しています。草むらや夜間は、特に注意しよう。

仲里間切蔵元跡（なかざとまぎりくらもとあと）琉球王朝時代の役所跡。美しく積み上げた門だけが残る。【地図P.81C2】

久米島

至ハテの浜

じんじんロード周辺

＊「じんじん」は久米島の言葉で蛍のこと

山里ゆんたく市場
大岳小学校
山里
だるま山遊歩道
だるま山公園へ
五枝の松
上江洲家住宅
西銘
イーストレンタカー
久米島西中学校
久米島ホタル館
ゆくい処笑島
久米島西中学校前
FMくめじま
クラブハウスネプチューン
Brewery Tumugi
あじま〜館
ちゃっと処福屋
仲泊
グリーンビュー久米
レストラン竜
米島酒造
89
南西荘
そば処やん！
干田郵便局
大衆焼肉桐野
海の庭むる星
新生ホテル前
YUNAMI FACTORY
大田
鳥島漁港
お食事処ゆき
民宿あさと
民宿久米島別館
ホテルガーデン
ホテルガーデンヒルズ前
琉球銀行
ドミトリー球美
ガラサー山
フェリー乗り場
兼城
兼城港

じんじんロードの部分…

（H）……宿泊施設

イーフビーチ周辺

仲里石油商会
89
比嘉
久米島町役場仲里庁舎前
マキノコーヒー本店
ドラッグストアモリ
JAおきなわAコープ
仲里郵便局
ひらまつ
山里商店前
久米島スーパー前
K's Garden 朝ごはん屋さん
謝名堂
泊
島ぬま おかえり
奥武島へ
ベアーズステイ久米島イーフビーチ
悠々（yuku）
レストラン波路
ファミリーマート
O2ハッピー
民宿なんくんいさぁ
シマバルようじ
スリーピース
久一韓
イーフ民宿村
南美花
バス営業所
仲里総合グランド前
ふくぎ荘
B&G前
久米島海洋レジャー（泊フィッシャリーナ）
リゾートホテル久米アイランド
久米アイランドホテル
たか家
シーサイドハウスジュゴン
なーんちゃって居酒屋銀太郎
リゾートハウスみなみ
民宿黒潮
ドミトリー球美
ラッキーゲイト
グリル居酒屋きよせ
イーフ情報プラザ
久米島町観光協会
ENリゾート 久米島イーフビーチホテル
ビーチハウス宮崎
南島食楽園
イーフビーチ

0m　100m　200m

（H）……宿泊施設

〈君南風殿内（ちんべーどぅんち／きみはえどぅんち）〉リゾートホテル久米アイランド売店の中山さんに「久米島に行って最初に挨拶したほうがいい島の神様は？」と尋ねて教えられたのはここ。かつて琉球王府の聞得大君の配下で久米島中の神女やノロを統率した久米島最高神女君南風（ちんべー）の殿内（邸宅）。現在まで代々受け継がれ、6月ウマチーなど様々な重要行事を行う、島で最も格式の高い拝所であるという。／久米島町仲地1【地図P.81B1】

81

島への行き方

久米島空港

✈ 飛行機

●那覇空港〜久米島空港
JTA・LAC・JAL便が1日6〜7往復
所要35分／片道5,630円〜

●羽田空港〜久米島空港 ※JAL直行便が
7月12日〜8月31日のみ運航）
所要2時間35分／片道16,430円〜
※久米島からの便は那覇で給油のため一旦降機

🚢 船 那覇泊港から船で行く

★フェリー琉球 ★フェリー海邦 （時刻表右）
※久米島直行便と渡名喜島経由便がある

●那覇（泊港南岸）〜久米島（兼城港）
直行便 所要時間 約3時間

●那覇（泊港南岸）〜渡名喜港
経由便 所要時間 約1時間55分

●渡名喜港〜久米島（兼城港）
経由便 所要時間 約1時間20分

★高速船就航予定 2024年夏頃!
●那覇（那覇港）〜久米島（兼城港）
所要時間 約60分
●問合せ先 久米島オーシャンジェット（株）
☎098-896-7890（久米島町字兼城32-3）

■フェリー琉球／フェリー海邦の時刻・料金表

定員350名／乗用車約51台

●那覇（泊港南岸）→渡名喜島→久米島（兼城港）
※フェリー琉球・フェリー海邦の2隻のうちどちらかが泊港を出港します。

※通常月曜日は那覇発 午前の便（9:00発）のみの運航

期間	便名	那覇泊発	渡名喜着	渡名喜発	久米島着
1/1〜12/31	1便	9:00	10:55	11:10	12:30
	2便（月曜日休）	14:00	—	—	17:00

●久米島（兼城港）→渡名喜島→那覇（泊港南岸）
※フェリー琉球・フェリー海邦の2隻のうちどちらかが兼城港を出港します。

※通常月曜日は久米島発 午前の便（9:00発）のみの運航

期間	便名	久米島発	渡名喜着	渡名喜発	那覇泊着
1/1〜3/31、11/1〜12/31	1便	9:00	10:20	10:35	12:30
	2便（月曜日運休）	14:00	—	—	17:00
4/1〜10/31	1便	9:00	10:20	10:35	12:30
	2便（月・金を除く）	14:00	—	—	17:00
	2便（金曜日のみ）	14:00	15:20	15:35	17:30

※天候、ドック入り、その他の状況によりスケジュールに変更がある場合があります。

◆旅客運賃 ※フェリー琉球とフェリー海邦の旅客・車両運賃・手荷物運賃は同じ

区間		運賃	片道	往復
那覇〜久米島	大人（中学生以上）		3,450円	6,560円
	小人（小学生）		1,730円	—
那覇〜渡名喜島	大人（中学生以上）		2,750円	5,230円
	小人（小学生）		1,380円	—
渡名喜島〜久米島	大人（中学生以上）		1,160円	2,210円
	小人（小学生）		580円	—

◆車両運賃（片道／運転手込）
●3〜4m未満〈泊〜久米島〉15,250円
　　　　　　〈泊〜渡名喜島〉10,100円

◆手荷物運賃（片道）
●自転車 〈泊〜久米島〉 1,210円
　　　　 〈泊〜渡名喜島〉 830円
●オートバイ（50cc以下）
　　　　 〈泊〜久米島〉 2,400円
　　　　 〈泊〜渡名喜島〉 1,570円

●問合せ先　久米島商船株式会社　http://www.kumeline.com/
那覇本社☎098-868-2686（FAX）866-5855）〒900-0016 那覇市前島3-16-9
久米島支店☎098-985-3057／渡名喜支店☎098-989-2479

島内の交通

🚌 バス ※運行時刻は、飛行機の発着時刻に合わせ変わるので要確認（遅延対応してない／*1参照）

久米島町営バス ☎&FAX.098-985-8260
久米島町役場商工観光課☎098-985-7131
FAX.098-985-7080

系統名	運行系統	始発	終発	間隔時刻
空港線 営業所発空港行	営業所→イーフビーチホテル→久米アイランドホテル→西奥武（バーデハウス前）→謝名堂→真我里→儀間→仲泊→サイプレスリゾート久米島→空港	7:30	17:55	便にあわせて運行 *1
空港線 空港発営業所行	空港→サイプレスリゾート久米島→仲泊→儀間→イーフビーチホテル→久米アイランドホテル→西奥武→真謝→謝名堂→営業所	8:45	19:10	便にあわせて運行 *1
右廻り一周線（所要45分）	真謝公民館（始発のみ）→営業所（始発は通過）→比嘉→儀間→仲泊→比屋定→泊→営業所	8:00	18:30	1日5本
左廻り一周線（所要45分）	営業所→泊→真謝→比屋定→仲泊→儀間→比嘉→営業所	7:30	17:20	1日5本
島尻線	営業所→役場前*2→真我里*2→島尻→真我里→役場前→営業所 *2 →真謝公民館（始発のみ）	7:30	16:30	1日3本 *3

*1 飛行機の便にあわせて運行しているが、飛行機の定刻到着時刻の25分後に出発。飛行機の遅延等には対応していない
*2 ※始発は通過
*3 中学校統合により運行している為、球美中学校が休校時は島尻線は1日2本

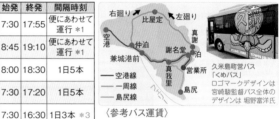

右廻り 比屋定 左廻り
真謝
空港 泊
仲泊 謝名堂
兼城港 真我里
営業所 儀間
比嘉 島尻
— 空港線
— 一周線
— 島尻線

久米島町営バス「くめバス」ロゴマークデザインは宮崎駿監督作品全体のデザインは堀野富洋氏

〈参考バス運賃〉
●兼城港〜イーフビーチホテル 200円
●空港〜イーフビーチホテル 390円

■久米島交通バスチャーター ☎098-985-8137

大型（45人乗り）、中型（33人乗り）、マイクロバス（21人乗り）がある。時間・料金等の詳細は問い合わせを

🚗 レンタカー 久米島巡りは、レンタカーが便利! 🅹 クレジットカード利用可 Ⓟ PayPay利用可

名称	電話／住所（島尻郡）	レンタル料金（税込・ガソリン代別）	チャイルドシート
イーストレンタカー 8:00〜19:00 🅹Ⓟ	☎098-896-7766 久米島町字西銘1346	軽自動車 6時間4,290円〜、24時間5,500円〜 ※本誌持参の方全車20%オフ（免責補償加入者に限る）	1回 1,100円
オリックスレンタカー久米島 空港店 8:00〜19:00 🅹Ⓟ	☎098-985-5151 久米島町北原603-1	軽自動車 6時間6,160円〜、24時間8,250円〜 免責補償1,100円別 ※本誌持参の方Sクラス以上基本料金から20%オフ	1回 1,100円
マングローブレンタカー 8:30〜19:00	☎098-985-4680 久米島町儀間164	軽自動車 6時間4,180円〜、10時間4,950円〜、24時間6,050円〜、免責補償1回1,100円別	24時間 550円
レンタルユウショウ 9:00〜19:00 🅹Ⓟ	☎080-9851-3215 久米島町謝名堂548-13	全て1人乗り／ネクストクルーザー 1時間2,500円、4時間6,500円、8時間9,800円	╱

🛵 レンタバイク 🚲 レンタサイクル 🛴 電動キックボード

名称	電話	レンタル料金（税込・ガソリン代別）
ヨンナーサイクル久米島 ☎080-6485-0265		●電動アシスト自転車〈前日までの予約〉半日4時間1,600円、1日9時間3,200円
民宿ふくぎ荘 ☎098-985-8622		●自転車 1時間300円〜 ●スクーター50cc 1時間800円〜、4時間1,800円、6時間2,500円 ●125ccバイク 1時間1,200円〜、4時間3,500円、6時間4,500円
ドミトリー球美（くみ） ☎090-4986-8899		●スクーター50cc 5時間（3〜5時間）2,000円
レンタルユウショウ ☎080-9851-3215		●電動キックボード 1時間1,200円、4時間3,900円、8時間7,500円 ※要許付免許、ヘルメット／9:00〜19:00の間での貸出

TAXI タクシー

■共栄タクシー☎098-985-2634
■久米島相互タクシー
☎098-985-2095 FAX 985-4630
●基本料金…1.167kmまで500円
●加算料金…336m毎に100円増
●観光タクシー
　2時間コース…8,800円
　※以降30分毎に＋2,200円
　3時間半コース…15,400円
　4時間コース…17,600円
　5時間コース…22,000円

代行 運転代行

■あじさい☎090-6862-8480
（不定休／時間不定）
●基本料金…3kmまで1,000円
　以降1km毎に＋200円

10ヶ所以上もの案内板に沿っていくと…［地図 P.81B1］
天然の水族館、的な「熱帯魚の家」ぜひ行こう♪

♪久米島は、観光案内の道路標識がすこぶる徹底している。これほどの島は他にない。案内表示に沿って迷わず名所見所に行くことができる。1日やそこらではとても回れないくらい。美しい海の眺めも最高!!

 ひとくちメモ 〈久米島博物館〉自然・歴史・民俗・文化を紹介する総合的な文化施設。観光の前や後に訪れれば、マニアックなスポットから島の神事のことまで詳細に知ることができる。㊡月曜／⏰9:00〜17:00*入館料200円、高校・大学生150円、小・中学生100円☎098-896-7181（久米島町嘉手苅542）【地図P.81B2】

久米島

久米島

●五枝(ごえ)の松／樹齢約250年余の琉球松。国の天然記念物。高さ6m位だが、枝が上へは伸びずに地面を這って見事。クメジマボタル(5月に乱舞)の生息地でもある。駐車場、トイレ、売店あり。【地図P.81A2】

●真謝のチュラフクギ／真謝(まじゃ)集落内の県道の中央に40m続く美しい(チュラ)フクギ並木。【地図P.81C2】

●タチジャミ自然公園／北部海岸にそそり立つ流紋岩の奇岩。立ち神の意味を持つ高さ40m、幅70m、厚さ5mの屏風のようで、パワースポットとしても人気。崖からの滝や海岸植物も観察できる。駐車場、トイレもある。(岩場なので足元注意)【地図P.81B1】

●おばけ坂／下り坂のように見えて実は登り坂という不思議？な体験ができる。【地図P.81B1】

Photo：北島清隆

●宇根の大ソテツ／県の天然記念物、高さ6mと4mの2つの株は見事。樹齢も250～300年。【地図P.81C2】

島あそび ダイビング マリンスポーツ マリンレジャー

クレジットカード利用可
PayPay利用可

名 称 (問合せ先)	内 容／料金 (消費税込)
久米島海洋レジャー ☎・fax.098-985-8779 携帯080-6483-6703 ☎8:00～18:00	●はての浜ツアー〈半日(2～3時間)コース〉大人3,500円、小人2,500円 〈1日コース〉大人4,500円、小人3,500円(弁当付)／*団体割引有(15名～) ●はての浜&シュノーケルツアー〈サンゴコース〉(器材レンタル全てサービス、ライフジャケットも含む)大人6,500円、小人5,500円
ブルーフィールド ☎080-9850-4423 https://www.bluefield-kumejima.com	●パラグライダーコース 15分15,000円 ●はての浜SUP&スノーケルツアー 4時間15,000円 ●スノーケリング・スキンダイブツアー 2時間10,000円
e's(イーズ)ダイビング ☎098-985-8465 http://www2.odn.ne.jp/es-kume/	●体験ダイビング12,100円～ ●ファンダイビング 1ボート9,900円、2ボート15,400円、3ボート21,450円(ガイド付) ●NAUI、PADI、SSIスクール(4日間)77,000円
シュノーケリングショップ YUKU ☎070-8359-6802 https://yukusince2020.wixsite.com/website	●ビーチシュノーケリング5,500円、6～11歳3,300円 ●ボートシュノーケル8,800円～(約1.5時間～) ●ウミガメボートシュノーケル11,000円、6～11歳5,500円(半日)※4名以上で催行、夏季のみ ●もずくツアー9,900円(半日)※2月～5月の期間限定 ※全てガイド・保険・器材レンタル・乗船代込
アイランドエキスパート (リゾートホテル久米アイランド) ☎・fax.098-985-7746 http://ie-kumejima.com/	●夏季限定プレミアムプライベートビーチ奥の浜ツアー(約4時間)大人6,600円、小人5,500円 ●奥の浜へ行くわくわくスノーケルプラン(約4時間)大人12,000円、小人10,000円 (器材レンタル、スノーケル講習、はての浜沖へ行くボートスノーケル、パラソルセット、久米島産天然水付) ※以上のプラン参加の方に限り、ダイビングポイントへ行く外海ボートスノーケル6,600円→5,000円へ割引

ひとくちメモ 〈久米島のキャンプ〉 ●奥武(おう)島キャンプ場…畳石近く。テントサイト1区画(24時間)2,000円、デイサイト大人500円・学生250円、温水シャワー10分200円有(問合せ・予約 ☎098-985-8600)【地図P.81拡大図1】 ●シンリ浜では、シンリ浜にある管理棟に申請書を出せばキャンプができる(無料)。シャワー(水)・トイレ完備、飲食店有。久米島町シンリ浜海浜公園(☎098-985-7126 久米島町役場環境保全課)【地図P.81A2】

久米島海洋深層水で浄化した牡蠣とか

Close up!

「あたらない」という久米島の海洋深層水で浄化した真牡蠣を食べられるお店と聞いて行ったが、想定を超えて他もいろいろ良かったのでお勧めしたい。

初めて見たむじいりちゃー（写真右、500円）というメニュー。久米島での「むじ（田芋の茎）」も初めて。とにかく手間がかかるからとのこと。貴重なものね。

銀太郎寿司は大東寿司仕様の漬け寿司（まぐろまたはサワラ）。店主のたえこさんが北大東出身なので出しているとのこと。いいね。

【データ】なーんちゃって居酒屋銀太郎 久米島町謝名堂548-13【地図P.81イーフビーチ周辺】☎098-894-6536 ㊡日曜 ⏰18:00〜24:00 支払いは現金、カード、PayPay使用可

アタラナイ真牡蠣1個500円（3個1,350円）、久米島産車海老チビエビ素揚げ1,100円

シマバル ようじ 飲食

イーフビーチにある、やちむん土炎房の次男ようじさんを中心に兄妹3人が営む人気のバル。久米島の赤土100%を利用した土炎房の陶器を使用、兄妹協力して、一家団結ってところがめちゃいいね。本日のオススメ県産セーイカの昆布〆580円も旨かった

☎090-9780-0281 比嘉160-90【地図P.81イーフビーチ周辺】㊡水曜 ⏰18:00〜23:30

やん小〜 食べ

赤瓦屋根が目印の人気沖縄そば店。麺は自家製で海洋深層水入り。スープは久米島地鶏と豚骨を使った上品な味。久米島産、シャキシャキの「惣慶もやし」ののったもやしそば900円、久米島味噌を使ったピリ辛味噌もやしそば1,020円がおすすめ。仲泊509

☎080-3226-3130【地図P.81じんじんロード周辺】㊡日曜 ⏰11:30〜13:30L.O.

大注目！久米島初のクラフトビール

Close up!

令和5年オープン、久米島で初めてのクラフトビール醸造所。黒糖やフルーツ、月桃など、島の素材を活かしたビールを作っている。瓶で購入や、併設のバーでは出来たてのビールを。久米島産の赤鶏や車海老、味噌など、島の素材が使われたおつまみメニューも充実。島に行ったらぜひ訪ねてみよう。

この日は5種類あった中の「黒糖ポーター」「ベルジャンゴールデンエール」「ゆんたくIPA」をいただいてみました

クラフトビールはグラス600円〜。3種類の飲み比べセットは1,200円。落ち着いた雰囲気で、1杯軽く飲むのにも気軽に利用できる。

自家製ポークジャーキー 600円めちゃウマイ。チビ久米島車えびのピザ1,000円もいいね。

【データ】Brewery Tumugi（ツムギ） 久米島町字仲泊1087-6【地図P.81じんじんロード周辺】☎080-5489-0201 ⏰金土のみ18:00〜24:00

海洋深層水仕込みのビールとソフト！

Close up!

ブルーを基調にしたハテノ浜カラーのビールとソフトクリームを味わえる店。

このブルーは、なんと久米島海洋深層水で培養する「スピルリナ」から取り出した色素フィコシアニン。ちなみにスピルリナは、栄養素のかたまりの藻で、青色色素としてのほか、健康食品にも。カフェに隣接する場所にこのスピルリナ培養施設がある。大注目のカフェ

HATENO BLUE SOFTCREAMとHATENO BLUEソーダ

【データ】くめじま〜るCafé ☎098-987-1108 久米島町真謝500-7【地図P.83C1】㊡水曜（繁忙期は水曜も営業する場合あり／HPにて営業日表示）⏰11:00〜16:00 ＊トルティーヤ、タコライスなど各種軽食もあり

ゆくい処 笑島 食べ

看板メニューの車海老そば（1,350円）は、久米島産素材にこだわり、希少な脱皮したての海老や、湧水で育てられた惣慶もやし、久米島の味噌が使われ素晴らしい味のバランス。窓際席は海が見えいい雰囲気。カードOK。【地図P.81じんじんロード周辺】

☎090-3790-4518 西銘1372-1 ㊡木曜 ⏰11:00〜14:00（夜は8名以上1組限定予約制）

Close up! 久米島産コーヒーの飲めるコーヒー店

自家焙煎珈琲豆 マキノコーヒーでは久米島産コーヒーが通年飲めるようになった。これはすごい！

2022年、焙煎人牧野さんと、2,500本ものコーヒーを栽培する「しらせコーヒー園」さんらが協力して、久米島産コーヒーが世界で一番栽培標高の低いスペシャルティ認証を取得。日本では二

本店外観

久米島産コーヒー1500円。冷めた方が味がわかる、と、今年は湯呑みで提供、通常の100倍の真剣さで味わった。

番目。驚くべき快挙!! 今後は栽培の仲間を増やし、久米島をコーヒーアイランドにする計画に燃えている。久米島が一気におもしろくなってきたね！

【データ】自家焙煎珈琲豆マキノコーヒー本店
㊡月・火曜 ☺13:30～17:30 謝名堂906-39
【地図P.81イーフビーチ周辺】

スリーピース 🍴食べる

三枚肉そば、久米島のもずくトッピングとミルクぜんざい450円

オープンテラス席なので海で遊んだ後も気軽に寄れる、イーフビーチの食堂。ラフな見かけに反して、ちゃんと手作りで美味しいものが食べられる。だから人気なのよね。おすすめは県産味噌使用のピリ辛味噌そば（850円）。ぜんざい、かき氷もグー。PayPayOK。

☎098-985-7037 ㊡悪天の時のみ ☺11:00～15:00 比嘉160-3【地図P.81イーフビーチ周辺】

レストラン・居酒屋 波路（なみじ） 🍴飲食

ランチタイム限定のすみ汁660円

ウフゲー（マグロの胃袋）、自家製かまぼこ、血イリチャーなど地産メニューが楽しめる。お通しがないのもいいね。丼や定食メニューもあって、夜飲まない人でも気軽に利用出来て嬉しい。なかなかこういう店って貴重。持ち帰りOK。
謝名堂548-32【地図P.81イーフビーチ周辺】

☎098-985-7046 ㊡水曜・日曜 ☺11:00～14:00、17:00～23:00（21:30L.0)

海の店・むる星（ぶし） 🍴飲食

惣菜もやしを使ったもやし坦々そば800円

鳥島漁港の目の前、島人に愛される店。女性オーナーの笑顔が魅力的で、カウンター席もあり女性一人でも安心。こちらの先祖は徳之島から硫黄鳥島に渡り、久米島の鳥島地区に島丸ごと移住して120年経つという数奇な歴史の話を生で聞いて萌え。カード可

☎090-6862-5051 鳥島387-2-2F ㊡不定、ランチは日曜のみ不定営業 ☺18:00～23:00

K's Garden（夜）朝ごはん屋さん（朝） 🍴食べる

朝ごはん屋さんの例。グルクン味噌汁と畑から摘みたて野菜など

1日1組限定、素敵なお庭でいただくディナー（1名3,080円）。ご主人が釣った魚の刺身、唐揚げ、味噌汁や自家産フルーツなど島の物が満載。「朝ごはん屋さん」もオープン。自分で畑から好きな野菜を収穫する体験付950円（前日14:00までに予約）。

☎080-3908-7101 宇根1899-3【地図P.81イーフビーチ周辺】ディナーは当日14時までの要予約

Close up! 久米島で琉球古武道を体験する

琉球古武道とは、棒、ヌンチャク、二丁鎌などを使って型を修練する、沖縄古来の武器術。

実際に道着を着て武器を使用し、琉球古武道の第一人者から学べるツアーで、要望があれば久米島の景勝地で体験可能な事も！（基本は道場で体験）

体験前には700年以上前からの琉球

組手ではなく、型を学ぶので、女性でも安心して参加可能

古武道の歴史や武器についての説明、レクチャーがあるので、沖縄や琉球古武道の歴史を知り、実際に体を動かして歴史に触れることができる。

【データ】久米島町文化協会 久米島町大田584-1
☎098-985-5221 ✉kumebunka@gmail.com
所要1時間半、料金1名7,000円（定員5名まで）。電話かメールで早めにお問い合わせを。

久米島海洋レジャー 🚤遊ぶ

*直前予約もOK！気軽に問い合わせを！

久米島の海を知り尽くした海人・仲村さんがグラスボートで、カワイイ生き物がいっぱいの海を紹介しながら、はての浜まで案内してくれる。泊フィッシャリーナを出発して片道20分程度なので船に弱い人でもほぼ大丈夫。はての浜＆シュノーケルツアーも人気。

☎098-985-8779【地図P.81イーフビーチ周辺】携帯080-6483-6703 年中無休

ひとくちメモ

〈久米島紬の里ユイマール館〉久米島の伝統工芸品、国の重要無形文化財である「久米島紬」に関する展示、体験、販売を行う工房。蚕繭（さんけん）から取り紡いだ糸を草木や泥で染色し、手織りで織り上げる。㊡年末年始、旧1月16日、6月23日、旧盆、町産業まつり ☺9:00～17:00（入館16:30迄）／入館料…大人200円、小中学生100円／体験コースター作り…大人2,200円 ☎098-985-8333 久米島町字真謝1878-1【地図P.81C2】

伊江島城山（タッチュー）中腹展望台より

タッチュー（城山）がシンボルの豊かな島

伊江島（いえ）

北側は断崖の絶景、南側は白い砂浜のビーチと両極の景色。島唯一の山、城山（ぐすくやま）はどこにいても見ることができ、島の守り神とされている。ダイビング、釣り等のマリンレジャーも楽しめる。

IE MAP
伊江島

伊江港 30分 本部港 沖縄本島 名護

●面積 22.76㎢　●周囲約23km
●人口4,300人（令和6年1月末現在）
●伊江村役場 ☎0980-49-2001
●伊江島観光協会 ☎0980-49-3519
●伊江島の宿の情報…P.203

一番人気の伊江ビーチ

●城山／標高172mの岩山。中腹展望台の登山口の急な階段を約10分位で頂上まで登ることができる。360度の眺めがすばらしい。
※沖縄の方言で垂直に尖っているの意から島外の人からは、「伊江島タッチュー」の名で親しまれている。本島北部からも良く見える。

湧出（わじー）を崖の上から見る

●湧出（わじー）／伊江島の景勝地。波打ち際には真水が湧き出している。湧き出る真水と海水が混ざる水の色にも感動！崖の下まで道路が舗装されているので、降りていくこともできる。神秘的な雰囲気。崖の上に駐車場とトイレもある。

リリーフィールド公園

●リリーフィールド公園／海岸沿いの4.5haの土地に20万株ものテッポウユリが一面に咲く。4月中旬からゴールデンウィークにかけて見頃となり、毎年「ゆり祭り」が盛大に開催される。海の眺めもいい。
＊問合せ：伊江村商工観光課 ☎0980-49-2906

GIビーチ

●伊江ビーチ／遠浅の美しいビーチ。写真映えするスポットもいろいろ。ビーチ沿いに広がる林の中には、各種設備の整った青少年旅行村（キャンプも可）がある。
★ビーチ入場料…大人100円、小人50円　★キャンプ場使用料…大人300円、小人200円（1日目のみ施設清掃管理料大人100円、小人50円が必要）／お湯シャワー200円　★夏期は売店、ビーチパラソルレンタル、レンタサイクル等も有。
＊問合せ：伊江村商工観光課 ☎0980-49-2906
管理棟 ☎0980-49-5247

●GIビーチ／沖縄が米軍の占領下の時、米軍将校専用のビーチ。白砂のきれいな天然のビーチ。

ひとくちメモ 〈伊江島のキャラクタータッちゅん〉伊江島のシンボル「伊江島タッチュー」の大きな帽子がチャームポイント。ピーナツのパンツに、背中に島ラッキョウ、帽子にフェリーとテッポウユリの花など 島の特産、名産満載！もちろん、伊江島にはまだまだ特産品いっぱいだー。くるっと一周見所もたくさんあるし、海もキレイだし、お花もあちこちで咲いていて、伊江牛も食べたいし、のどかだし…。 ＊タッちゅんの所属：伊江村役場 商工観光課

伊江島

伊江島MAP

＊赤文字の地名・店名は本文中で紹介しています。
＊ハブが生息しています。

N
0 500m 1km 1.5km

（地図内の地名・店名）
ハダ植物群落
伊村柄節の碑
鹿の化石跡
リリーフィールド公園
湧出海岸
湧出展望台
伊江村E&Cセンター
こてい節の碑 ★ 塩の駅
すいせんの里
モクマオウ並木
訓練場
第502特設警備工兵隊出撃之地碑
アハシャガマ
伊江島カントリークラブ
伊江島灯台
団結道場
ゴヘズ洞穴
伊江島空港
富里節の碑
城山（タッチュー）
カーサービエント
城山東登山口
子どもの森公園
村民レク広場
ハイビスカス園
米軍補助飛行場
城山中腹展望台
打чい節の碑
城山南登山口
上地太郎顕彰碑
cafe E-SABI
伊タリアン TagGarden
伊江村畜産センター
ニーバンガズィマール
島村屋観光園
公益質屋跡
農村環境改善センター
ハーブ100%
山山民具資料館
芳魂之塔
東江前の碑・山城賢正顕彰碑
伊江島ビーチサイド
ホースパーク
浜崎貝塚
寺前溜池
権現堂
照太寺
居酒屋やまた
伊江中学校
ロッジ江之島
伊江小学校
ふばがさ
ましゅん節の碑
ラメール
ミンカザントゥ
ミーシィ公園
大公
黒糖の里
アーニーパイル記念碑
エースバーガー
ファミ
南島
居酒屋とどろ
伊江村青少年旅行村
ネフェラカタラの湯
土の椿
にんすい
CAFE Lovers Rock
民宿LOFT
JA
すずらん食堂
マルコポーロ
伊江島ゲストハウス
マリンハウスIEアイランド
伊江節の碑
ホワイトハウス
はとば食堂上地
かりゆし食堂
みなと
阿良御嶽
伊江ビーチ
TM.planning
こころ
亀公園
YYY CLUB iE RESORT
西崎漁港
GIビーチ
大口港
伊江港
砂節の碑
古民家味処結
こころハウス
伊江農産物加エセンター
伊江島蒸留所
伊江ものCafe
ニャティヤ洞
伊江島物産センター
伊江島観光協会
郷土資料館
具志漁港
伊江島
伊江港

伊江港

🚢 島への行き方

船 伊江島 — 沖縄本島
伊江港〜本部港
（本部港の位置は、地図p.46B3）

★**フェリーいえしま**（フリーWiFi／定員626名／乗用車41台）
★**フェリーぐすく**（フリーWiFi／定員700名／乗用車43台）
●本部港〜伊江港1日4往復（夏期・繁忙期は増便）／所要時間…30分

◆毎日（右の期間は増便）

便名	伊江発	本部発
1	08:00	09:00
2	10:00	11:00
3	13:00	15:00
4	16:00	17:00

※ゆり祭りとゴールデンウィーク、旧盆、年末年始、伊江島一周マラソンの期間中は、船の時刻が変わります。詳しくは問い合せを。
※天候により変更する場合があります。必ず事前に確認を。

◆7/21〜8/31

便名	伊江発	本部発
1	08:00	09:00
2	10:00	11:00
3	12:00	13:30
4	14:30	15:30
5	16:30	17:30

◆12/31〜1/3、旧盆

便名	伊江発	本部発
1	08:00	09:00
2	09:00	10:00
3	10:00	11:00
4	11:00	13:00
5	13:00	14:00
6	14:00	15:00
7	15:00	16:00
8	16:00	17:00

旅客運賃

	片道	往復	15名以上団体往復
大人	730円	1,390円	1,320円
小人	370円	710円	670円

車両運賃 （自転車、原付往復割引なし）

種別	片道運賃（往復）
自転車	600円 （ー）
原付（50cc未満）	780円 （ー）
原付（50〜125cc未満）	1,020円 （ー）
自動二輪（125cc以上）	1,260円（2,520円）
自動車3m〜4m未満	3,150円（5,990円）
自動車4m〜5m未満	3,990円（7,590円）

★クレジットカード、電子マネー（Suica・Edy・WAON）での決済も可能
★車を載せる際には予約が必要早めに予約しよう。
★車両航送はネット予約（出港前日16:55まで）できます。 予約QR➡

【注意】出港30分前までに車検証持参で窓口に行くこと（30分前を過ぎるとキャンセルになる）

●申込・問合せ先
伊江村公営企業課
☎0980-49-2255（Fax.49-2339）

🚌 島内の交通

●伊江港と営業所前起点に運行

（地図：伊江村 バス路線図）

🚌 バス 〈路線バス〉

◆伊江港or営業所前出発時刻

便	平日・土日・祝日	夏季
1	＊08:35	＊08:35
2	09:34	09:34
3	11:34	11:34
4	＊13:36	＊14:05
5	15:34	16:04
6	17:34	18:04

※印は営業所前始発便

●路線バス料金 150円〜250円

●伊江島観光バス ☎0980-49-2053
Fax.0980-49-2082 携帯090-1942-7579

🚕 タクシー 伊江タクシー ☎0980-49-3855
営業時間7:00〜26:00（夜中2:00）

●料金…初乗り500円〜、463m毎100円増 【案内もしてくれる】
●貸切…1時間4,400円、2時間8,800円、30分毎2,200円

🚗 レンタカー 🛵 レンタバイク 🚲 レンタサイクル

名称（問合せ先）	レンタル料金（税込）
TM.Planning ☎0980-49-5208 fax.0980-49-5211 （8:30〜17:30）無休 ●ネット予約 https://airrsv.net/iejima/calendar	●電気軽自動車…6時間以内4,500円〜、24時間以内6,700円〜 ※充電料込 ●8名乗り普通車…6時間以内7,000円 ※免責補償料込、ガソリン満タン返し ●原付バイク…1時間850円、4時間〜24時間3,500円 ※ガソリン代込、追加分は自己負担 ●レンタサイクル…1時間450円、24時間1,100円 ●BIGフォース（電気ミニカー）3時間3,500円
伊江島観光バス ☎0980-49-2053 iebus@woody.ocn.ne.jp https://iejima-bus.com	●レンタカー…6時間3,000円〜（4〜8月3時間3,000円〜）、24時間5,000円〜（保険込、ガソリン代別）

🎁 島のおみやげ

伊江島の農産・畜産・海産物を利用オリジナルの特産品がたくさん。ピーナッツ商品おすすめ！

●むぎの粉&小麦粉
伊江島では小麦を作っていて、その全粒粉。ポストハーベストの心配のない国産小麦は嬉しい。

●ケックン 全粒粉の伊江島産小麦を使ったチップス。黒糖&シナモン、塩味、スパイシー味の3種。食べ出したら止まらない!! 450円税込

●伊江島産ジーマミ
沖縄県産ジーマミ（落花生）は貴重。ジーマミ商品もいろいろ。

●IESODA XXX（イエソーダトリプルエックス）

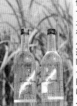

ブラックケインコーラ、ホワイトソーダ、ピンクドラゴン、グリーンマースの4本箱入りで1,270円税込

●イエラム・サンタマリア
伊江島産サトウキビでつくられるラム酒。お土産に最高。爽やかな甘い香りのクリスタル（720ml/2,750円税込/37度）とオーク樽でじっくりと熟成させたゴールド（720ml/2,970円税込/37度）の2種に加えて、高アルコールのスプリム（750ml/4,400円税込/50度）も。

ひとくちメモ

〈民泊体験〉全国から注目される伊江島の民泊事業。修学旅行生や研修生が一般家庭に宿泊し、農作業などを手伝いながら伊江島の暮らしを味わう。大らかに受け入れ、普通に接するのが伊江島流。成人した子ども達が再び島を訪れることも多い。人とふれあい何かを見つける旅の形がここにある。問合せ：伊江島観光協会☎0980-49-3519 ／民泊体験事業専用ダイヤル☎0980-49-3539・3555

感動！ 伊江島の民泊体験

大自然の中で島人がおりなす暮らしを体験できる、伊江島。

伊江島は沖縄本島北部、本部半島の北西約9kmの洋上に浮かぶエメラルドブルーの豊かな海に囲まれた島。さとうきび、花き、畜産、漁業をはじめとする様々な産業を中心に人々の暮らしが営まれています。島の人は昔から自然の恩恵を受けながら、自然とともに生きてきました。今、伊江島では長い歴史の中で培われた島ならではの暮らしや文化を通して、強く逞しく生きてきた島人とふれあう、民家体験（泊）による家業体験プランをご用意しています。共に働き、語らい、ふれあいを通して、伊江島を後にする時は少しだけ変わった自分に気づくはずです。

三線体験

農業体験

問合せ先／一般社団法人**伊江島観光協会** 民家体験（泊）事業部
〒905-0503 沖縄県国頭郡伊江村字川平519-3　TEL：0980-49-3539・3555　FAX：0980-49-5668　E-MAIL ie.kankou.ieisland@gmail.com

---

Close up! 自家栽培の小麦で作る伊江島の味

今回見つけたかなりすごいお店。なんと、自家栽培の小麦を自家製粉したお菓子などを提供する。こういうお店が出来てくると、ここを目指して伊江島に行ってみたくなるよね。

小麦の麦天ぷらは、揚げたてが美味しいからと言って、作り置きしないで提

高台にあり、見渡す海の色も最高

供していた。カフェのすぐ横が小麦畑。小麦畑を眺めながら、これを味わうことも時期により可能。島のおやつのほかにも自家産小麦のそばも！ 三枚肉そば800円、伊江島牛そば1,000円など。

揚げたての麦天ぷら1個100円、麦黒糖アンダギー50円、グアバの酵素ドリンク500円（自家製）もうまい。無料で出している、バタフライピーのお茶もきれいで、超いいね。

【データ】caffe E-SABI　伊江村東江上170
☎090-8293-6094　㊡月・木曜　㊉11:00〜18:00

古民家味処 結（ゆい）　飲食

海を眺めながら食事のできる絶景 古民家、こころハウスの朝食会場

こころハウスの隣、瓦屋根の古民家をリノベーションした素敵な食事処。開放的なウッドデッキのテラス席は海が見渡せ、最高の雰囲気。ランチも楽しめ、夜は居酒屋に。島らっきょう、じーまみ、マーナ、イエラムなど伊江島の味を楽しめる。予約すればBBQやお弁当も

☎0980-49-5455　東江前639【地図P.89】
不定休　㊉11:00〜14:00、17:00〜22:00

伊江ビーチ 味の店 にしんすに　食べる

縁起物のとろとろ結び昆布も絶品のソーキそば

伊江ビーチにあるおいしいお店。話すとほっこりする優しい内間洋子さんが3種類の豚骨と鰹節で作るやさしい出汁に、ダイナミックなソーキがのっかる名物ソーキそばがおすすめ。ビーチで風を感じながら伊江牛バーベキューも楽しめます。東江前2438 ☆夜は要予約
☎0980-49-2976　不定休　㊉10:00〜
18:00※要伊江ビーチ入場料（大人100円小人50円）

Close up! 伊江島の小麦や地豆をイタリアンで

スパゲティに入ってた伊江島産のじーまみは、ほぼ島でしか食べられないからこういうメニューは貴重〜

オーナーが子供の頃、煙草の乾燥庫だった建物を3年かけて自分で改装したという。それがめちゃオシャレなのよ。

マーナのスパゲティ850円（伊江島産じーまみ入り）、最高のメニューね。一番驚いたのは、スイーツ盛合せ550円（島桃のシャーベット、島バナナの薄焼きパイ、ティラミス、マンゴー／季節により内容と価格変わる）。

スイーツ盛り合わせと素敵な外観

そんな値段あり得る？と思って聞くと、桃も島バナナも庭に生えてるし、マンゴーはもらいものだから、と。超いいね。

「伊江島の小麦を活かしたお店をしたい」とオープンしたとのことなので次は伊江島小麦を使ったピザを食べよう。

【データ】イタリアン Tag Garden　伊江村字東江前2620　☎090-6856-8666　不定休
㊉11:30〜14:30、ディナー：18:00〜22:00

ひとくちメモ

〈ニャティヤ洞（がま）〉戦中は防空壕として利用され、多くの人を収容したことから「千人洞（がま）」とも呼ばれている。洞窟の中には子宝の石「力石」があり、持ち上げて軽いと感じたら女児、重いと感じたら男児が授かるといわれ、五臓六腑の神様が現れるという言い伝えもあり、厳かな空気が漂う。島の拝所（聖地）。

カフェハーブ100% 〔カフェ〕

伊江島の牛乳で作られた伊江島産ジェラート500円

にゃんこがいる庭とおしゃれな店内。こんな店が一軒あるだけでこの島に行きたくなる。伊江島の土地に合うハーブを栽培し、フレッシュなものを届けたいというお店。自家産沖縄ハーブ、自家ブレンドのフレッシュハーブオキナワブレンドも素晴らしい一品（400円）。

☎090-9781-9275 東江前2541[地図P.89]
休火曜 営12:00～17:00 カード🆔🅿 使用可

伊江島物産センター 〔やみやげ〕

島の元気なスタッフたちが伊江島産の野菜や特色ある特産品を販売する。地方発送も可能。特産の地豆商品の数々や、この売店と蒸留所でしか買えないイエラムサンタマリア「伊江島蒸留所限定1」（63度、500ml、4,200円）など要チェック。

☎0980-49-5555 港ターミナルビル1F
休船の欠航時のみ 営7:00～16:00

串料理・オードブル・マーナそば ふばがさ 〔飲食〕

マイの刺身600円、超珍しい！

こだわり料理人の大将喜納さんの工夫料理が楽しめる。昼は自ら食材を採取しに行く。看板メニューはオリジナル開発の手打ちまーなそば650円（まーなは伊江島に自生する菜の花の一種）。夏季限定シークヮーサーそば650円、グリーンカレー700円、他。

☎090-1944-6319 伊江島東江前355
休水曜（水曜開けてる時もあり） 営18:00～24:00

マツモトツヨシの I RUM YOU ♡

たくさんの沖縄ラム（協力：酒のスマイル小禄店）

長期樽熟成ビンテージラム

ラムの人気カクテルといえばモヒート (mojito)

沖縄のラムをたのしもう

ざわわ、ざわわと風に揺れるサトウキビ。こんな沖縄の原風景の中で生まれる蒸留酒、ラム酒を飲んだことはありますか？

サトウキビの搾り汁、搾り汁を濃縮したシロップ、また、黒糖をとかして、ここ沖縄でもラムがどんどん広がっています。そもそもサトウキビが沖縄で栽培されるようになって約400年。こんな昔から育てられているのにラムがなかったのは逆に不思議。

沖縄ラムの歴史は1961年ヘリオスラム（名護市）に始まり、2004年コルコル（南大東島）、

2011年イエラム（伊江島）とつながり、近年では沖縄本島、石垣島、宮古島などの泡盛メーカーからも個性的なラムが続々と生まれています。

居酒屋やバー、リゾートホテルでも気軽に楽しめるようになってきました。青い海と太陽の下、カクテルで沖縄ラムを楽しむお客様も増えてきました。

サトウキビの甘い香りとすっきりした味わいのホワイトラムで作るカクテル、ミントでさっぱりとモヒート、シークヮーサーと黒糖

で作るダイキリなどおいしいカクテルも豊富。琥珀色のゴールドラムですっきりハイボールの爽やかさを楽しむのもいいですし、ゆっくりと一口ずつ深い樽の香りを味わいながら楽しむ長期樽熟成のダークラムも揃ってきました。

メーカーによっては蒸留所の見学や試飲コーナーもありますので、離島情報片手にその島のラム作りを肌で味わっていただけたら嬉しいです。太陽が一番似合う酒、沖縄ラムを楽しんでくださいね。

松本社（マツモトツヨシ）　イエラム・サンタマリアのブランディングをはじめ、沖縄県内の特産品を企画・プロデュース。現在PINE MUSIC FACTORY代表。

伊江島でゆったり、リフレッシュ！

美ら海水族館から見える島、本部港から船30分！

ナチュラルで低刺激なカラダにやさしいアメニティ。
一棟貸切型コテージ。　全館Wi-Fi完備！

伊江島ホテル＆コテージ
こころハウス
Tel.0980-49-5005
http://www.kokoro-house.com
〒905-0502 沖縄県国頭郡伊江島東江前640
1泊朝食付シングル7,700円、W14,300円（税込）
★うちなんちゅ価格や連泊価格もあり

古民家味処　伊江島の味が楽しめる「古民家味処結」併設！
結 yui

🐚島あそび　🤿ダイビング　🦈マリンスポーツ

名称（問合せ先）	内容（税込）
YYY CLUB iE RESORT ☎0980-50-6171 FAX 50-6180 ☎0980-49-5011（夜）	●ファンダイブ2ダイブ16,830円（タンク、ウエイト、ガイド付） ●体験ダイビング17,050円（同日2本目から30%オフ/器材全て含む） ●スノーケリングツアー、シーカヤック、ドラゴンボート、沖釣り、他
伊江島ダイビングサービス ☎0980-49-2168 diving@iejima.com	●ファンダイブ1ボート7,700円、2ボート13,200円（タンク、ウエイト、ガイド、ドリンク付）●体験ダイビング16,500円 ●サンセットダイブ8,800円 ●リフレッシュ・コース13,200円
マリンハウスIEアイランド ☎0980-49-2569 FAX 49-2500	●ファンダイブ2ボート13,200円（タンク、ウエイト、ガイド、ドリンク付）●体験ダイビング16,500円 ●ボートシュノーケリング5,500円 *カード可
シーモンキーズ ☎0980-49-2375 sea-monkys@poem.ocn.ne.jp	●ファンダイブ2ボート13,200円（タンク、ウエイト、ガイド、食事付）●体験ダイビング16,500円（器材全て含む）●ボートシュノーケリング5,500円
TAIYO MARINE ☎0980-49-2033	●ファンダイブ2ボート13,000円（タンク、ウエイト、ガイド込）●体験ダイビング15,000円（器材全て含む）●オープンウォータースクール66,000円（器材レンタル、教材、保険込）●セミナイト9,000円
B×B（ビービー） ☎0980-49-2388（＝FAX） diving@bestblue.jp	●ファンダイブ2ボート13,200円（タンク、ウエイト、ガイド、ドリンク付）●体験ダイビング15,000円（器材全て含む）●オープンウォータースクール63,800円（器材レンタル、教材込）
伊江島Mariner ☎0980-59-4581	●ファンダイブ2ボート15,000円（ガイド、ドリンク付、器材別）●体験ダイビング1本15,000円、2本19,000円（器材全て含む）●オープンウォーターダイバーコース55,000円（器材レンタル、教材込）

ひとくちメモ

〈伊江島カントリークラブ〉マリンブルーの大パノラマを眺めながら、誰でも気軽に利用できる。基本料金…ショートコース（パー58）男性40～69歳以下平日3,500円、土日・祝祭日4,050円／女性・男性70歳以上39歳以下平日2,400円、土日祝祭日2,950円／第1・第3日曜、第2・第4土曜日のみロングコース（パー36、ハーフロングの2回り）有／すべて要カート代250円　休水曜 営8:00～18:45 レストラン（2F、休水曜）有。☎0980-50-6969

尚円王の生まれた島

伊是名島
（いぜなじま）

しらさぎ展望台より伊是名城山（ぐすくやま）を望む／写真：加藤祐子

- ●面積15.41k㎡（屋那覇島0.74k㎡、具志川島0.47k㎡、降神島0.07k㎡含む）●周囲16.7km
- ●人口1,272人（令和6年1月末現在）
- ●伊是名村役場商工観光課☎0980-45-2534
- ●いぜな島観光協会　☎0980-45-2435
- ●宿泊情報 P.207

沖縄本島の北方に位置し、運天港から船で約55分。琉球王朝第二尚氏王統の始祖尚円王の出生地であるため、それにまつわる文化財がたくさんある。著名な版画家名嘉睦稔の出身島。

伊是名島への行き方

🚢 船　今帰仁村・運天港から船で行く

●フェリーいぜな尚円
（定員350名／乗用車40台）所要時間…約55分
運天港（今帰仁村）〜仲田港（伊是名島）1日2往復

仲田港 発	運天港 着	運天港 発	仲田港 着
9:00	9:55	10:30	11:25
13:30	14:25	15:30	16:25

運賃	片道	往復
大人（中学生以上）	1,840円	3,500円
小人（小学生〜11歳）	920円	1,750円
車両（片道）	自転車710円／原付1,400円／自動二輪2,250円　自動車3〜4m未満6,850円、4〜5m未満8,480円　（自動車航送は予約制）	

※運賃とは別に環境協力税100円が必要

【フェリーいぜな尚円 予約申込】
仲田港ターミナル☎0980-45-2002
運天港連絡事務所☎0980-56-5084
【その他連絡先】
伊是名村商工観光課☎0980-45-2534（FAX. 45-2823）

●伊是名島〜伊平屋島間 渡し船・海上タクシー
伊是名島⇄伊平屋島（仲田港〜前泊港、他）／定員10名
料金（片道）…1名8,000円、2名10,000円、3名12,000円、4名以上は1人につき3,000円
※運賃とは別に環境協力税100円が必要
【申込・問合せ】H・Yマリン☎090-3414-5071

島内の交通

●伊是名レンタカー ☎0980-45-2394
レンタカー…（軽）2時間2,200円、8時間3,200円
　　　　　　1日3,850円（※燃料代別・保険込）
レンタバイク…2時間1,700円、1日2,400円
　　　　　　（※燃料代別・保険込）
レンタサイクル…2時間660円、1日1,100円
　　　　　　電動アシスト24時間1,800円
※バーベキューセットのレンタルも有…1日2,200円

伊是名島 MAP

*伊是名島にハブは生息していません

島あそび　マリンレジャー、その他の遊び

マリンショップ名称	内容／料金（税込）
H・Yマリン　☎090-3414-5071　HP…伊是名島 H・Yマリンで検索　*プロジェクトマナティパートナー店	●クルージング（サンセット・サンライズ、60分）1グループ（6名まで）の貸切16,500円　●船チャーター半日（3〜4時間）33,000円、1日（5〜7時間）66,000円　●島内案内（約60分最大10名まで）1〜3名3,300円、4〜7名4,400円　●グラスボート（1組貸切制最大9名まで）約40分16,500円　●民具作り体験3,300円〜　※体験利用者はイゼナビーチハウス宿泊可能
イゼナマリンサービスグイン　☎0980-43-9984　カード／PayPay可	●2ボートダイブ14,300円　●3ボートダイブ19,800円　●ボートシュノーケル（約3時間）2名以上1名8,800円、1名での場合13,200円　guin@izenaguin.com／https://izenaguin.com

伊是名城山（ぐすくやま）を背に美しい海岸線をサイクリング

●伊是名城跡（城山 ぐすくやま）島のシンボルとも言える海断崖絶壁の三角がフェリーからも特徴的に目を引く。グスク時代に、尚巴志王の祖父の佐銘川大主が築城。東側には山頂への道がある。

やってみましたクバ細工クラフト体験

（体験してみました）

　昔ながらの集落にある、イゼナビーチハウスのタイムスリップしたような空間で、クバの葉っぱを使った簡単なカゴ作り体験をやってみました。無心になれる楽しい時間を過ごせました。（取材／加藤祐子）

【データ】所要1時間／作品1人一つ（2名以上の開催）1名3,300円、（1名での開催）4,400円 ＊オリジナルブレンドハーブティー付／※他にクバの扇や鍋敷き等も選択可能
申込先：H・Yマリン ☎090-3414-5071

ひとくちメモ

〈偉大なる尚円王〉伊是名島には尚円王関連史跡がたくさんある。尚円王のへその緒が埋められているといわれる「みほそ所（尚円王生誕地）」、金丸像が建立されている「尚円王御庭公園」等々。写真の尚円王通水節公園内にある「尚円王乗馬像」は、彼女との逢瀬の後、まだ離れがたく、思わず振り返らずにはいられない光景だとか。

伊平屋島
野甫島
※伊平屋島と野甫島は野甫大橋で繋がっている

伊是名島

伊江島

沖縄本島

前泊港 80分 → ヨロン島（鹿児島県）

仲田港 55分

運天港（今帰仁村）

IZENA・NOHO IHEYA MAP

●面積／伊平屋島20.66km²、野甫島1.08km²
●人口／1,186人（野甫島87人含／令和6年1月末現在）●宿泊情報P.207
●伊平屋島観光協会 ☎0980-46-2526

沖縄の最北端に位置する島

伊平屋島・野甫島

運天港から船で80分。琉球松「念頭平松」（樹齢約300年）は県の天然記念物。琉球王朝第一尚氏王統ゆかりの地。野甫島とは橋でつながっている。きれいな海と独特の景観は、是非見てほしい。

クマヤ洞窟（下記メモ参照）

伊平屋島への行き方

🚢 船 今帰仁村・運天港から船で行く

●フェリーいへやⅢ

（定員300名／乗用車38台）所要…約1時間20分
運天港（今帰仁村）〜前泊港（伊平屋島）1日2往復

前泊港 発	運天港 着	運天港 発	前泊港 着
9:00	10:20	11:00	12:20
13:00	14:20	15:00	16:20

運賃※	片道	運天港発往復	島発往復
大人	2,480円	4,720円	4,220円
小人	1,240円	2,360円	2,110円
車両（片道）	自転車1,030円／原付2,060円 自動二輪4,150円／自動車6,930円〜		

※運賃とは別に環境協力税100円が必要
※自動車航送には、出発港で要予約

【フェリーいへやⅢ 問合せ先】
伊平屋村観光交通課 ☎0980-46-2177（FAX.46-2091）
運天港連絡事務所 ☎0980-56-4265（FAX.56-5454）
伊平屋村きっぷ売場 ☎0980-46-2255

●野甫島〜伊是名島間のチャーター渡船

野甫港⇄内花港（伊是名）／最大定員12名
料金（片道税込）…1名7,900円、2名9,600円、3名12,000円、3名以降1名4,000円
※運賃とは別に環境協力税100円が必要
【問合せ】MIUマリン（ミウマリン）☎090-1942-5160
★伊平屋近海の遊漁船もやっている。

島内の交通

●レンタル伊平屋 ☎0980-43-6021

レンタカー…（軽）1時間2,200円、6時間4,400円、24時間5,500円／（ミニバン）1時間3,300円、6時間5,500円、24時間7,700円
（※燃料代別 往復1日2,200円）
レンタバイク…1時間1,100円、24時間3,850円
レンタサイクル…1時間550円、24時間2,200円

●そよ風レンタカー ☎080-6499-0566

レンタカー…（軽）1時間2,000円、5時間4,000円、24時間5,500円（※燃料代別、保険込）
電動アシスト自転車…5時間2,000円、24時間3,000円

●念頭平松／幹周4.5m、樹高約8m、枝張り東西約28m、南北約24mの美しいリュウキュウマツで島民のシンボル。公園になっていて、トイレ、駐車場有。

●潮下浜（スーガハマ）一帯が岩と砂と磯溜まり独特の見事な景観。

伊平屋島
＊伊平屋島はハブが生息しています。（夜、草むらに注意！）

野甫島
＊野甫島にハブは生息していません

野甫大橋／橋の長さ320m
周辺の海は、本当に美しい

伊平屋島・野甫島 MAP

0 1km 2km

N

（地図内地名）
ヤヘ岩、無蔵水、潮下浜、久葉山灯台、クマヤ洞窟、クマヤ海水浴場（キャンプ場）、伊平屋天岩戸神社、念頭平松（公園・トイレ・P.）、田名漁港、田名、田名神社、売店、前泊、民宿内間荘、久里原貝塚、売店、虎頭岩、ホテルにしえ、伊平屋村役場、片隈神社、我喜屋祖アサギ、伊平屋観光ホテル、伊平屋村歴史民俗資料館、前泊港、我喜屋、売店、松金ホテル、運天港（所要80分）、島尻、屋蔵墓、みらい荘、島尻の神アサギ、売店、伊平屋漁港、シューマ海岸、後ぬ井泉、塩工場、野甫大橋、前田の浜、売店、いへや愛ランドよねざき（キャンプ場）、倶楽部野甫の塩、野甫港、野甫、米崎ビーチ、御産土井戸

●屋蔵墓／琉球王朝、第一尚氏の先祖、屋蔵大主の墓。海に面した自然の洞穴に石積みの墓。県指定文化財。

前泊港と虎頭岩（右＞虎の頭のような大きな岩）フェリーより

●御産土井戸（うふぬゆー）伊平屋島から海底ケーブルで水が引かれるまでの水場。神聖な場所。

倶楽部 野甫の塩

世界中の塩や写真、資料展示から、塩作りの情熱が伝わってくる。コーヒーショップにもなっており、島風も心地よくゆっくりできる。㊡火・水、年末年始
🕐13:00〜18:00（日曜8:00〜13:00）☎0980-46-2180
太陽と風の恵みだけで作る、手もみ完全天日塩「塩夢寿美（えんむすび）」200g610円、400g1080円、他

島あそび

★キャンプをしながら色々な海遊びができるキャンプ場

●いへや愛ランドよねざき ☎0980-46-2570

入場料…（ごみ持ち帰り）200円
（キャンプ場でごみ処理）500円
フリーテントサイト1,600円／オートキャンプサイト3,800円
※遊びメニュー 及び BBQセットなどレンタルの詳細・料金は
http://www.iheya-island-yonezaki.net

米崎の浜より野甫大橋を望む（photo：北島清隆）

91

自然環境の面白さは群を抜く。

南大東島
みなみ　だい　とう

世界でも珍しい隆起環礁の島。独自の生態系があり、この島にしかいない貴重な動植物が生息している。面白く、豊かな自然環境を生かした観光地として注目されている。

●面積 30.52km²
●人口1,226人（令和6年2月末現在）　●南大東村観光協会 ☎09802-2-2815
●南大東村役場産業課 ☎09802-2-2037　●南大東村商工会 ☎09802-2-2184
●宿泊情報 P.207

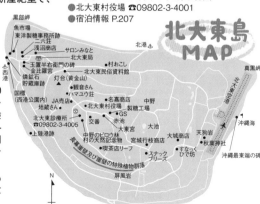

DAITOU MAP　南大東島

※大東諸島は沖縄本島より360km離れています
（地図の位置関係より実際はもっと離れています）

沖縄本島　北大東島
那覇新港・泊港　北大東空港
那覇空港　60分　60分　20分
15時間　南大東空港

🚢 島への行き方

那覇から飛行機で行く
★RAC便（39人乗り）※P.221参照
●那覇～南大東間の直行便が1日1～2便（2024年8/1～は1日2便）／所要1時間／片道13,330円～ ●那覇～北大東経由が週3～4便 ●南大東～北大東が週3～4便／所要約20分／片道6,490円～ ※北大東経由の便と南大東～北大東間の便は2024年8/1から運休。

那覇から船で行く
★だいとう（貨客船）泊発:定員55名／那覇新港発:定員25名 ●那覇～南大東・北大東〈週1便〉／所要約15時間／大人往復11,010円 ●北大東～南大東／所要約60分／大人片道870円

◆ だいとう（貨客船）運行時刻表 ※那覇の発着は泊港南岸ですが、那覇新港出港の場合もあります。

先行	北大東島先行	那覇	北大東		南大東		北大東		南大東		那覇
	南大東島先行	那覇	南大東		北大東		南大東		北大東		那覇
時刻表	日程	出港	入港	出港	入港	出港	入港	出港	入港	出港	入港
	1日目	17:00									
	2日目		08:00	09:00	10:00	16:00	17:00				
	3日目							14:00	15:00	16:00	
	4日目										07:00

◆ 那覇～大東島の旅客運賃

旅客運賃	片道	往復
大人	5,790円	11,010円
小人	2,900円	5,510円
学割	4,640円	—

◆ 北大東島～南大東島の旅客運賃
片道 大人 870円、小人 440円
●車両運賃はお問い合せ下さい。
■那覇発貨物受付:大共港運 ☎098-868-3966

※先行は交互に運航します。
※天候及び港湾諸事情により予告なく先行便、発着時刻を変更することがあり、着岸する港も異なります。
※島発の便は代理店への予約が必要です。
※南・北大東島相互間輸送については代理店への連絡が必要。〔代理店〕南大東村役場 港湾業務課 ☎09802-2-2003／北大東村役場 建設課港湾 ☎09802-3-6062

■乗船予約受付・問合せ
大東海運 ☎098-861-0515〔FAX〕862-3734

🚌 島内の交通

●レンタカーよしざと ☎09802-2-2511 レンタカー1時間1,100円、6時間（当日返却）6,600円（燃料代別・保険込）／レンタサイクル4時間まで500円、4時間（当日返却）1,000円 ●奥山モータース ☎09802-2-2101 レンタカー3時間3,850円、6時間5,280円、24時間6,600円／レンタバイク1日2,200円（レンタカー・バイク共に燃料代別・保険込、レンタカーは+1,100円で空港へ乗捨可）●ムーンピーチレンタカー ☎09802-2-2017 レンタカー24時間5,500円、レンタバイク24時間2,200円（料燃代・免責別）

🏖 島あそび

星野洞

●地底湖ツアー／ガイド付きの入洞ツアー。要予約。初級9,500円、中級12,000円（装備代込）。所要約3時間 ※1名～最大4名までの参加可。オフィスキーポイント（在和明）☎090-5082-4949 ●星野洞／島にある100以上の洞窟の中で最大級の鍾乳洞。長さ約400m。見学ができる。大人800円、子供350円（5歳以下無料）㊡無休 ⏰9:00～11:30、13:00～16:30 南大東村観光協会 ☎09802-2-2815 ●島内観光／ジャンボタクシーを貸切名所めぐり。定員9名まで。2名以上3名まで1名8,800円、3名以上1名6,600円（5時間コース、施設代・食事代別途）大東観光商事 ☎09802-2-4333

中心部拡大図

ボロジノアイランド（ダイビング）
プチホテルサザンクロス
小料理舞
割烹もく作
ホテルよしざと　一期一会
スーパーミナミ
ケンチャストアー
診療所
南大東村商工会
製糖工場
GS
ふるさと文化センター
Aコープ
南大東村役場

遥か東にある島、ウフアガリジマ。

北大東島
きた　だい　とう

沖縄本島から東方に約360キロ、珊瑚環礁が隆起してできた島。海岸線は断崖絶壁で、人も荷物もクレーンで積み降ろしする。魚の量が豊富で、釣り目的で行く人も多い。

●面積13.1km²（無人島の沖大東島1.19km²も含む）●人口558人（令和6年2月末現在）
●北大東村役場 ☎09802-3-4001
●宿泊情報 P.207

北大東島 MAP

黒部岬　魚市場
東洋製糖事務所跡　二六荘
浅沼商店　サロンみなと
西港　北大東局
玉置半右衛門の碑
金比羅宮
燐鉱石貯蔵庫跡
北大東村民俗資料館
村おこし
北大東村役場
製糖工場
観音さん
ハマユウ荘
名嘉商店
灯台（黄金山）
国標（西港公園内）JA売店
地蔵さん
北大東診療所
上陸港跡
中野のビロウ林
村の天然記念物
宮城枝商店
喫茶店リーフ
大池
スナックひで坊
すなっくシリーズ
沖縄最東端の碑
屏風岩
江崎港
真黒岬
北大東漁港
秋葉神社
天狗岩
沖縄島
中野
交番　赤池
GS
大城商店
北大東島長幸及び環礁の特殊植物群落
江崎港

🚢 島への行き方

那覇から飛行機で行く
★RAC便（39人乗り）※P.221参照
●那覇～北大東間の直行便が週3～4便（2024年8/1～は1日1便）／所要1時間／片道13,330円～ ●那覇～南大東経由が週3～4便 ●北大東～南大東が週3～4便／所要20分／片道6,490円～ ※南大東経由の便と北大東～南大東間の便は2024年8/1から運休。

那覇から船で行く
★だいとう（貨客船）の運行時刻表・運賃など、南大東島の船、上記表参照。

🚌 島内の交通

●うふあがりレンタカー ☎080-9851-4880 レンタカー（軽）6時間まで5,000円（料燃代・保険込）、24時間6,000円（料燃代別・保険込）●（一社）北大東島振興機構 ☎09802-3-4350 レンタサイクル（電動アシスト）5時間まで2,000円（以降時間に応じて。要問合せ）

※その他、ハマユウ荘 ☎09802-3-4880の宿泊者のみ利用可能なレンタカー・レンタバイク・レンタサイクルあり。

粟国島 （粟国村）
あぐにじま

映画「ナビィの恋」のロケ地。また希少な鳥類も観察できることでも知られている。
●面積7.65㎢／人口691人　●宿泊情報P.206
【島への行き方】●第一航空便／那覇→粟国 月・水・土のみ1往復（追加便も有）、片道飛行時間約25分、片道料金8,000円 問合せ:那覇営業所☎098-859-5531 ★那覇空港からヘリコプターをチャーターして行く（ヘリタクシー）。料金:片道貸切264,000円（税込）、片道飛行時間:約30分、定員:最大5名 ●問合せ:エクセル航空株式会社☎098-857-7563

渡名喜島 （渡名喜村）
となきじま

集落が「重要伝統的建造物群保存地区」に指定。砂地の道、道より低い敷地に建つ赤瓦屋根の家、見事なフクギの木が素晴らしい。
●面積3.58㎢／人口301人　●宿泊情報P.207
【島への行き方】フェリー琉球、フェリー海邦の久米島行の船が途中に経由。1日1～2便／所要約1時間55分　●那覇～渡名喜…大人2,750円、往復5,230円／小人1,380円　●渡名喜～久米…大人1,160

水納島 （本部町）
みんなじま

本部半島から高速船で15分。上空から見た島の形から、通称「クロワッサンアイランド」と呼ばれている。気軽に行ける離島で、夏は日帰りの海水浴客でにぎわう。島は手つかずの自然が残り、ビーチの砂浜は白く、海もきれい。
※宮古諸島にも同名の島有
●面積0.47㎢／人口19人　●宿泊情報P.208
【ビーチ】●水納ビーチ☎090-8669-4870／0980-47-5572 入場無料、シャワー100円、トイレ有、売店有（4～10月）。※海水浴に行く際は予約をしておくとレンタル品やマリンスポーツなどの割引を受ける事ができる。船の予約も可能。
http://www.minna-beach.com/

瀬底島 （本部町）
せそこじま

●面積2.99㎢／人口863人　●宿泊情報P.207【交通】車で那覇から約2時間
本島から瀬底大橋を通り、車で行ける。島全体が平らで、西海岸には美しい砂浜が広がる天然の瀬底ビーチがある。本島の中でも透明度抜群で、足下を泳ぐ熱帯魚が見られるほど。

古宇利島 （今帰仁村）
こうりじま

●面積3.11㎢／人口345人　●宿泊情報P.207【交通】車で那覇から約2時間10分
本島から古宇利大橋を渡ると海のきれいさに驚く。橋のたもとにはビーチがあり、海水浴と共に釣りも楽しめる。夏期は沖縄特産の「シラヒゲウニ」のウニ丼を目当てに訪れる人も多い。

津堅島 （うるま市）
つけんじま

周囲7km、平らで端から端まで見渡せる小さな島。中央部は人参畑が多く、キャロットアイランド（トマイ浜）と明度の高い海が広がり海水浴客や、釣り人にも人気。島には多くの拝所や御嶽などの聖地がある。
●面積1.88㎢／人口346人　●宿泊情報P.208
●キャロット愛ランドキャンプ場もある。

久高島 （南城市）
くだかじま

周囲約8kmの神の島として尊ばれる島。御嶽などの聖地が多く、入ることのできない所も多いので注意。
●面積1.36㎢／人口222人　●宿泊情報P.208
【島内の足】貸自転車たまき☎098-948-2291 レンタサイクル1時間300円、5時間1,000円
【食事処】●お食事処とくじん☎098-948-2889
㊡木曜　営11:00～15:00(L.O.14:00)、17:00～20:00(L.O.19:00) イラブー汁単品2,500円、定食3,000円、他。
＊食事処・喫茶はその他に3軒ほど有。

★ニューフェリーあぐに
（定員400名／乗用車23台）
所要時間…約2時間／那覇泊港南岸～粟国港

泊南岸発	粟国着	粟国発	泊南岸着
9:30	11:30	14:00	16:00

●旅客運賃…大人片道3,470円、往復4,620円／小人片道1,740円、往復2,320円
●車両運賃（片道）…自転車770円、原付790円、自動二輪1,320円、自動車3m未満11,100円～
●問合せ:粟国村役場・船舶課
☎098-988-2495（FAX 988-2512）

円、往復2,210円／小人580円（P.82に時刻・料金等詳細有）★那覇空港からヘリコプターをチャーターして行く（ヘリタクシー）。料金:片道貸切176,000円（税込）※船の運航状況により補助金が適用される場合もあります。問い合わせ。片道飛行時間:約20分、定員:最大5名。●問合せ:エクセル航空株式会社☎098-857-7563
【ビーチ】●あがり浜・島唯一の海水浴場。シャワー・トイレ施設有り。【宿泊・食事処】●赤瓦の宿ふくぎ屋☎090-4350-9222／築60年以上の民家を修復。設備は近代的。全室禁煙。宿の食事会場は築80年の

フクギに囲まれた集落とフットライト道路

座敷で食べる。夜は予約制の居酒屋になる。（3日前までに要予約）

★高速船ニューウィングみんなⅡ
（定員173名）所要時間…約15分／渡久地港（本部）～水納港

便	渡久地発	水納発		便	渡久地発	水納発		便	渡久地発	水納発		便	渡久地発	水納発
●1/1～3/31、11/1～12/31				●4/1～6/30、9/21～10/30				●7/1～19、9/1～9/20				●7/20～8/31		
1	9:00	9:30		1	9:00	9:30		1	9:00	9:30		1	8:30	9:00
2	13:00	13:30		2	10:00	10:30		2	10:00	10:30		2	9:30	10:00
3	16:00	16:30		3	13:00	13:30		3	11:00	11:30		3	10:30	11:00
				4	16:00	16:30		4	13:00	13:30		4	11:30	12:00
								5	15:00	15:30		5	13:00	13:30
								6	16:00	16:30		6	14:00	14:30
												7	15:00	15:30
												8	16:00	16:30

●情勢次第で随時変更されるので、利用の際は公式ホームページを確認すること。
http://www.7b.biglobe.ne.jp/~minna/

●運賃

	片道	往復
大人	910円	1,730円
小人	460円	880円
車両運賃（片道）	自転車370円～	
	原付600円	
	自動二輪730円	

※大人15名以上の団体は往復1,640円

●乗船申込・問合せ先:
（名）水納海運 渡久地連絡所 ☎0980-47-5179（＝FAX）

平安座島 宮城島 伊計島 浜比嘉島
へんざじま みやぎじま いけいじま はまひがじま
（うるま市）

平安座島までは沖縄本島から海中道路で結ばれていて、その先の3島も橋で渡ることができる。【交通】車で那覇から約1時間半
平安座島…●面積5.44㎢／人口1,156人 宮城島…●面積5.54㎢／人口590人／宮城島には塩工場ぬちまーすの観光製塩ファクトリーがある。☎098-923-0390 伊計島…●面積1.72㎢／人口226人 浜比嘉島…●面積2.09㎢／人口388人 ●宿泊情報P.208

★高速船ニューくがに
（定員150名）／所要時間…約15分／平敷屋港（うるま市勝連）～津堅港
★フェリーくがに
（定員168名）／所要時間…約30分

便	平敷屋発	津堅港発	船便
1	7:30	8:00	高速船
2	9:00	10:00	フェリー
3	11:00	12:00	フェリー
4	14:00	15:00	フェリー
5	17:00	17:30	高速船

運賃	フェリーくがに		高速船ニューくがに	
	片道	往復	片道	往復
大人	650円	1,240円	800円	1,530円
小人	330円	630円	410円	790円
車両（片道）	自転車200円、原付430円、自動二輪640円、自動車5,000円～			

※車両要予約。●気象状況やその他事由により変更になる場合あり。詳細は要問合せ。
●乗船申込・問合せ先:(有)神谷観光 平敷屋事務所 ☎098-978-1100（FAX 978-8166）
津堅事務所☎098-978-0702

●高速船ニューくだかⅢ
（定員80名）所要時間…約15分／安座真港～久高島（徳仁港）
●フェリーくだかⅢ
（定員96名）所要時間…約25分
※安座真港（南城市知念安座真）は、あざまサンサンビーチと同じ入口です。

便	船名	久高発	便	船名	安座真発
1	ニューくだかⅢ	8:30	1	フェリーくだか	8:00
2	フェリーくだか	10:00	2	ニューくだかⅢ	9:30
3	ニューくだかⅢ	12:00	3	フェリーくだか	11:00
4	フェリーくだか	14:00	4	ニューくだかⅢ	13:00
5	ニューくだかⅢ	16:00	5	フェリーくだか	15:00
6	フェリーくだか	17:00	6	ニューくだかⅢ	17:00

運賃	フェリーくだか	ニューくだかⅢ
大人	680円(往復1,300円)	770円(往復1,480円)
小人	340円(往復650円)	390円(往復750円)
車両	自動車4,710円～(往復8,950円～)	

●問合せ先
久高海運合名会社
安座真連絡所☎098-948-7785（＝FAX）
久高島連絡所☎098-948-2873（＝FAX）

☆ドック等で時刻・便数等変更の場合あり

60ものビーチに囲まれた癒しの島

ヨロン島

ヨロン島は、美しいリーフに囲まれている

YORON MAP

至 鹿児島空港
85～90分　ヨロン行きのみ　40分
名瀬港　宮古島
奄美空港　喜界島
奄美大島
徳之島
亀徳新港
〈鹿児島県〉
奄美群島　沖永良部島
和泊港
ヨロン島　与論空港
40分　与論港
本部港
沖縄本島
那覇港
那覇

〈フェリー航路〉
那覇～ヨロン　4時間50分
本部～ヨロン　2時間30分
奄美大島～ヨロン　8時間
鹿児島～ヨロン　20時間

鹿児島県の最南端にある山や川のない珊瑚礁
の島。ビーチはどこも真っ白。沖縄本島と23km
しか離れていないため文化圏はほとんど沖縄。
干潮時だけ現れる美しい砂州、百合ヶ浜は絶対に行ってみたい場所。

● 面積20.56㎢　● 周囲約23.7km
● 人口5,083人（令和6年1月末現在）
● ヨロン島観光協会　☎0997-97-5151
● 与論町役場商工観光課　☎0997-97-4902
● 宿泊情報 P.208～209

百合ヶ浜の出現日予測（ヨロン島観光協会）→
大金久海岸の沖合に、春から秋にかけて大潮の干潮時だけ現れる美し
い砂州。グラスボートで渡れるが、干潮の時間や最も砂州が現れる日にち等
は事前に確認してから行こう。【地図P.95C2】

● ウドノスビーチ　島の中心街に近く波が穏やかで人
気ビーチ。沖合いにサンゴの群生地もあり、シュノーケリ
ングも楽しめる。トイレ、足洗い場あり。【地図P.95A2】

● トゥマイビーチ　白いさらさらの砂浜で人気のビーチ。す
ぐ隣あわせてまったく雰囲気が違う寺崎海岸がある。二つ
の浜は干潮時、海側から行き来できる陸地が現れる。岩場
は滑りやすいが海の生き物観察もできる。【地図P.95C1】

● 大金久海岸（おおかねくかいがん）　遠浅の海が沖
合約2kmまで続く。マリンサービスやシャワー、トイ
レ、キャンプ場があり、露店も出る。【地図P.95C2】

〈ヨロン島（ヨロントウ）の読み方〉ヨロン島観光協会のホームページより／沖縄が日本復帰した昭和47年頃、他の島と差別化をしてイメージアップを図る為
に、カタカナ表記で「ヨロン島」読みを「ヨロントウ」としてプロモーションを行いました。このブランディングが功を奏しヨロンは人気観光地に。その頃から継続して
観光面ではカタカナ表記で「ヨロン島」読みを「ヨロントウ」として使用し、現在に至る。だから「与論島（よろんじま）が正式でしょう」というツッコミはなしよ。

ヨロン島 MAP

*赤文字の地名・店名は本文中で紹介しています。

[1]～[53] は位置標識　[トイレ] トイレ

▲与論城跡　サザンクロスセンターより与論城跡、沖縄本島を望む。与論城は1405〜1416年の間に琉球北山王の三男、王舅（オーシャン）によって築城されたといわれる。【地図P.95B3】

ウドノスビーチの夕景

シーマンズビーチ

茶花周辺MAP

島への行き方

✈ 飛行機（P.221参照）

与論空港とRACプロペラ機DHC-8-Q400CC

●沖縄本島から　那覇空港〜与論空港
RAC・JAC便が1日0〜3便運航
所要40分

●鹿児島から　鹿児島空港〜与論空港
JAC便が1日1便運航
所要1時間30〜40分

●奄美大島から　奄美空港➡与論空港
JAC便が1日1便運航／所要時間40分
※（注意）与論➡奄美大島 直行便はない

🚢 船（P.222〜223参照）

マリックスラインの新船「クイーンコーラルクロス」
鹿児島〜奄美大島〜徳之島〜ヨロン島〜沖縄本島

●沖縄本島から　那覇港・本部港〜与論港
マルエーフェリーとマリックスラインの船がほぼ毎日1便運航（0便の時も有）／所要:那覇から4時間50分、本部港から2時間30分／那覇から片道4,290円〜、本部港から2,930円〜

●本土・鹿児島から　鹿児島新港〜与論港
マルエーフェリーとマリックスラインの船がほぼ毎日1便運航（0便の時も有）／所要19時間40分／片道13,620円〜

〈船のチケット購入時注意点〉与論から船のチケットを買う時は予約をしてから当日港又はマルエーフリーは有村運送店、マリックスラインは龍野運送店で買う。

【奄美・沖縄交流割引】
2024年4月1日〜2025年3月31日まで
※この割引は、国及び関係自治体の2024年予算決定により実施
鹿児島県と沖縄県の連携事業により、沖縄本島〜与論間の大人運賃（特等、1等、2等運賃）が1,420円割引される。
〈2等運賃〉★那覇〜与論島…4,290円→2,870円
★本部〜与論島…2,930円→1,510円

〈サザンクロスセンター〉ヨロンの歴史、自然、民族、芸能、文化等を紹介する資料館。ここの5F展望台からの景色は抜群で、与論城跡を見下ろし、沖縄本島や伊平屋島、沖永良部島、徳之島など近隣の島々も360度見渡せる。映画「めがね」で実際使用された自転車でエントランスを一周試乗できる。／水曜休み 9:30〜17:30 入館料 大人400円・小中生200円（ヨロンパナウル王国パスポート提示で10%引き）PayPay使用可 ☎0997-97-3396【地図P.95B3】

島内の交通

バス

手をあげれば止まるフリーバス（一周43分）
※バス停以外で乗り降りできます。

南陸運バス ☎0997-97-3331 FAX 0997-97-3171

ヨロン空港

船倉海岸【地図P.95C2】

バス料金…大人200円、小学生以下100円
来島記念バス乗車券（発行日より2日間乗り降り自由）…大人500円、小人300円（3歳〜11歳）

北回り発車時刻表　＊主要バス停のみ掲載しています。

出発順	南バス前	茶花海岸前	品覇	古里	ゆりが浜入口	東区	石仁	役場前	与論病院	ホームセンター前	茶花海岸前	南バス前
1	7.30	7:32	7:34	7:45	7:49	7:50	7:54	8:01	8:05	8:07	8:10	8:13
3	9:30	9:32	9:34	9:45	9:49	9:50	9:54	10:01	10:05	10:07	10:10	10:13
4	10:30	10:32	10:34	10:45	10:49	10:50	10:54	11:01	11:05	11:07	11:10	11:13
7	14:30	14:32	14:34	14:45	14:49	14:50	14:54	15:01	15:05	15:07	15:10	15:13
8	15:30	15:32	15:34	15:45	15:49	15:50	15:54	16:01	16:05	16:07	16:10	16:13

南回り発車時刻表

出発順	南バス前	茶花海岸前	ホームセンター前	与論病院	役場前	石仁	東区	ゆりが浜入口	古里	品覇	茶花海岸前	南バス前
2	8:30	8:32	8:36	8:38	8:42	8:49	8:53	8:54	8:58	9:09	9:11	9:13
5	11:30	11:32	11:36	11:38	11:42	11:49	11:53	11:54	11:58	12:09	12:11	12:13
6	13:00	13:02	13:06	13:08	13:12	13:19	13:23	13:24	13:28	13:39	13:41	13:43
9	16:40	16:42	16:46	16:48	16:52	16:59	17:03	17:04	17:08	17:19	17:21	17:23

タクシー　運転代行

●南タクシー ☎0997-97-3331
料金（小型車のみ）…基本料金（1.3km以内）600円／加算料金（370m毎）100円／待料金（2分15秒毎）100円／時間制（30分毎）2,050円／深夜2割増（PM22:00〜）
●ヨロン運転代行グループ ☎0997-97-5004
1ヶ所なら島内一律2,000円（複数ヶ所回ると2,500円）

レンタカー　レンタバイク　レンタサイクル

名　称	☎0997	レンタカー（消費税・保険込、ガソリン代別）						レンタバイク・サイクル（1日）	車保有台数	カード決済	PayPay利用	HP
		3 時間		6 時間		24 時間						
		軽自動車	普通車	軽自動車	普通車	軽自動車	普通車					
コロレンタカー	97-2533	3,000円〜	5,000円〜	4,000円〜	7,000円〜	5,000円〜	8,000円〜	−	50台	−	−	○
相互レンタカー	97-4339	4,000円〜	−	軽自動車 6H 以降 5,000円〜				−	3台	−	−	−
ヨロンレンタカー	97-3633	3,500円〜	4,500円〜	4,000円〜	6,000円〜	5,000円〜	7,500円〜	バイク 50cc 3,000円、100cc 4,500円／サイクル 1,300円〜	9台	○	○	○
南国レンタカー	97-2141	−	−	3,300円〜	3,850円〜	3,850円〜	6,050円〜	バイク50cc 2,500円、90cc4,000円 サイクル1,000円、電動アシスト2,000円	18台	○	○	○
プリシアリゾートヨロン	97-5060	4,500円	5,500円	6,000円	7,000円	9,000円	10,000円	バイク 50cc 5,500円、100cc 6,500円／サイクル 1,800円（10時間）	12台	○	○	○
ヨロンオーシャンレンタカー	85-1666	3,300円〜	3,850円〜	3,850円〜	5,500円〜	4,400円〜	6,600円〜	50cc2,200円、125cc3,850円	27台	○	○	○

ひとくちメモ 〈与論島トゥクトゥクTOURS〉タイなどで走っている三輪自動車のタクシー「トゥクトゥク」をレンタルして運転できる。かわいくペイントされたトゥクトゥクで気分を上げて、海の風を感じながらの島巡りは気持ちいい！普通免許で運転可能。乗車定員4名／レンタル料金…3時間10,000円、6時間15,000円、8時間20,000円、24時間以上要相談、延長料金1時間毎4,000円（税込・保険込）／予約・問合せはwebから。https://aliado.jp/tuk-tuk／茶花1393

Close up! 聞いたことのない名前の魚を食べる

　魚屋さんが隣にカウンターの寿司屋を作りやってるというもの。ヨロン語で書いた聞いたことのない魚の木札メニューがずらっと並びテンションがあがる。片っ端から頼むのがめちゃ楽しい。

　赤ぼう（2貫で100円）とか安っ。その他れんこ鯛、つばめ鯛（各300円）などを

左が「あほうみ」2貫350円、右が「ちびき」2貫で250円

頼む。ここで一杯やるの最高！代行が島内一律2,000円なので利用するか、マラソンで帰るか。夕方までは、魚屋客やテイクアウト客にも大将がワンオペで対応してるものんびりしてまたよし。

【データ】大金久水産　与論町古里74-10【地図P.95C2】☎090-9702-7111　不定休　営17:00～22:00、テイクアウトは10:00～18:00

島の駅 くるまどう　買う・喫茶

くるまどうとはさとうきびや歯車のこと。言われであるある歯車も展示

　純黒糖の製造&販売、島の太陽パワー入りウコン（鬼塚ウコン）など自社生産品やヨロン島ならではの魅力商品がいろいろ。紅芋と与論産きび糖自家製シロップのかき氷紅芋ミルクがうまくておすすめ！(写真左は小700円）冬期限定のさとうきびジュース（600円）も。

☎0997-97-5124【地図P.95C3】麦屋679-7　休月・木曜　営9:00～17:00　P OK

与論民俗村　見る・体験

茅葺き屋や赤瓦葺き屋根の昔の建物も保存されている

　島の伝統民具などが集められ、体験メニューや解説で島の暮らしが分かる。村長の菊さんは与論語を残そうと、島言葉の本や方言辞典も出版している。郷土玩具作り1,650円（1時間）、草木染め体験2,200円～、他。入場料大人500円、小人300円。東区693-2

☎0997-97-2934【地図P.95C3】

休無休　営9:00～18:00　カード・P d払 OK

Close up! 毎日通えるカフェのある島、いいね

　なんと朝6時台から早朝大好きな島のおじさん達がお茶しに来ており、島人の憩いの場になっている。街中で旅人も入りやすく、いつも開いてるカフェって、島では非常に貴重な存在ね。

　オーナーのマキさんは、店の改装も全て自分でやり、大工以外に宿とシェア

オシャレな外観。7:30までに割引あり。裏手に駐車場有

ハウスも経営しており、街歩きガイドや町のサスティナブルコーディネータもやるスーパーウーマン。

　目指すのは島と旅人をつなげること。Wi-Fi、プリンタ、コピーなどワーケーション対応もあり。注目のスポット！

【データ】MEEDAFU'S YUI HOSTEL and COFFEE（メーダフズ　ユイ　ホステル　アンド　コーヒー）不定休　営6:00～17:00　☎0997-85-1711　茶花270【地図P.95茶花】カード・P 、d払等、可

Close up! 沖縄本島 那覇からヨロン島に船で行ってみた

ヨロン港にて、マリックスラインの船。超～おっきいね♪

　7:00那覇港発～11:50ヨロン島着、奄美・沖縄交流割引でこの時は二等船室3,430円（燃料油価格変動調整金含む/調整金は都度変化します）と、とてもリーズナブルなのだ。

　那覇港至近のパシフィックホテルに宿泊して、タクシー1メーターで30分前までに港に着き、乗船申込用紙を書き決済。

　この日はマリックスライン「コーラルプラス」の運航（マルエーフェリーと交互運航）。新船コーラルクロスに一度乗ってみたいのだが、日程を狙い撃ちしないと確率1/4で、まだ当たったことがない。

　二等船室は与論、亀徳、名瀬、鹿児島など行先別に分かれていて、そ

売店のおにぎりがにぎりたてで、あったかくてうまい

のほか二等寝台、一等、特等の部屋もある。港停泊の時開く売店では、おにぎりやお弁当も売ってる。レストランは昼食時、夕食時に営業。

　ヨロン滞在中もずっといい天気だったのに、5日後（7/27）に予約してあった船は、なんとでかい台風6号が7/28に発生という影響で見事に欠航して唖然とする。お天気はぜんぜんいいのに！　ということで、急遽飛行機便に変更して帰る。船旅は安くていいけど、たまにこういうリスクがあることを念頭に置いとかないとね。

レストランメニューはうどん、カレー、鶏飯、牛丼、生ビールなど券売機で食券を購入して利用。営業時間外は自由に席を使えるのもいい。

二等の船室内

Close up! ヨロン島の薬草を味わえるカフェ

ヨロン島で最も人が集まる大金久海岸入口。与論の薬草を愛す研究者山悦子さんの著書「与論島の山さん」の精神をリスペクトしたカフェ。島桑やセンダングサが使われたスムージーは、実においしくできていた。その他、ハ

長命草メンチカツバーガー＆ミニカレー
ほのかに長命草の香りがする。

フレッシュヨロン
ハーブスムージー600円

ーチーズナンカレー、オーガニックレモンソーダや島桑ラテ、山さんの薬草パンケーキなど、気になるメニューがいっぱい。テラス席もしくはテイクアウトで。ドリンク500円～、フード900円～

【DATA】薬草カフェ pique-nique 与論町古里79-1【地図P.95C2】☎0997-85-1000
休水・日曜 営11:00～16:00 P可 ＊カフェ閉店後、薬草ツアーやってます（事前予約制）

泰斗寿司 飲食

カツ丼850円

茶花海岸近くの地元のお寿司屋さん。寿司だけじゃなく、丼物・麺類・定食もありランチもやっているので観光客にも嬉しい店。2023年秋リニューアルオープンして、店内から海が見えていい雰囲気。地元の魚だけの「よろん寿司」（1,600円）がおすすめ。Wi-Fi有
☎0997-97-2198【地図P.95茶花】茶花241-7 不定休 営11:00～21:00 POK

蒼い珊瑚礁 食べる

窓の外にはパラダイスビーチの絶景が広がる

ヨロン空港近く。もずくそば、ヨロンの塩じねん、黄金酢など様々な島の味商品を作っている株式会社ヨロン島が運営する食堂。綺麗な海を眺めながら食事ができる。

もずくざるそば700円

☎0997-97-3599【地図P.95A2】立長637-1 休不定 営11:00～16:00（売切終了有）

くじらカフェ＆商店 カフェ

1～3月には、窓からくじらが見られることも…

庭がビーチ！という最高ロケーションでランチ（12:00～）や自家製スイーツ、ドリンクなどを。島の野菜やフルーツを使い、無添加・無化調を意識した美味しいメニューが魅力。ヨロンならではのシーズニングミックスやグラノーラなどオリジナル商品販売有。Wi-Fiあり。不定休
立長1622-3【地図P.95A3】営10:00～16:00 ＊営業日はFacebookで→

Yoron Seaside Garden ヨロンシーサイドガーデン カフェ

作家・森瑤子も愛した与論ブルーの海が目の前に

森瑤子の碑の奥に続く小径を行くと緑の芝生の庭越しに海の絶景が広がる！ありえないような色の海を眺めながらうっとりと風に吹かれてみよう。入場料500円（ドリンク付）。その他にハンバーガー、ホットドッグ、季節のスイーツがある。ガーデンウェディングも可能。
yseasidegarden@gmail.com 古里2019-3【地図P.95C2】休不定 営10:00～17:30

シャロン農園 見学

園内案内500円とその時のフルーツ試食（マンゴーとか）500円

しばらくの間フルーツ作りと販売だけをやっていたが、2023年農園見学を再開。色々な果樹の説明を聞きながら農園を見て回れる。去年TV番組の「ざわつく金曜日」で、ここの紅龍マンゴーがうまいって紹介されたって。それ食べてみたいね。【地図P.95B1】
☎0997-97-3544 茶花1994-1 休不定 営9:00～18:00、土曜のみ13:00～18:00

ユンヌ楽園 見る

楽園の入口。敷地内に山もあり。ヤギもいる

5000坪もある自宅の敷地に、様々な亜熱帯の草花や樹木が植えられ、自然の地形を活かした手作りの庭園がある。隆起したサンゴ岩の上に生い茂るガジュマルは大迫力。植物好きにはたまらない場所。入園料300円、見学所要時間20～30分。※一部整備中箇所有
☎0997-97-2105【地図P.95B2】茶花1393 休不定 営9:30～17:00

喫茶・お食事処 味咲 食べる

与論産フルーツの自家製シロップ「パッスモ」500円

何杯でも食べられてしまうふわふわのかき氷（200～650円）。与論産フルーツの自家製シロップのほか、「百合ヶ浜」「ひみつのアッコちゃん」「ねがね」「もんち」など、美味しく楽しい。その他、もずくたっぷりの「磯香そば」など食事も美味しくていつもお客さんがいっぱい。
☎0997-97-5117【地図P.95C3】休金曜＋不定休 営11:00～17:00（早く閉める時有）

ひとくちメモ 〈雨でも安心 認定ガイドと巡る観光ツアー〉奄美群島国立公園は、自然環境だけはなく、人と自然が深く関わり調和してきた関係そのものを、保護対象とした日本初の国立公園。その秘密について案内してくれます。与論島全体、景勝地3ヶ所を巡るツアーです。開催時間：15:30～約2時間 体験料2時間7000円、小学生まで半額。定員3名、1名～可能 3名まで無料送迎付き 案内人：佐藤伸幸さん ☎080-5412-7592

P …PayPay利用可　d …d払い利用可

楽園荘&ビーチボーイクラブ（らくえんそう）　泊まる遊ぶ

本園さんご一家のあったかい雰囲気の中、おいしい食事、食堂や中庭での語らいは、ヨロンに来た幸せを実感。百合ヶ浜やシュノーケリングツアーのビーチボーイクラブ併設。今回星のソムリエ本園秀幸さんによる星空ツアーを体験したが驚くほど本格的で超おすすめ！

☎0997-97-3574【地図P.95C2】
http://www.rakuensou.com/　P OK

民宿 星砂荘（ほしすなそう）　泊まる遊ぶ

オーナーの永井さんご夫妻

赤崎海岸に近く部屋からはさとうきび畑と天気の良い日は風車の向こうに辺戸岬が見える。島のことなら何でも知っている永井さんに色々相談してみよう。星空が美しい島ヨロン。今回星空案内人永井さんの「夜空ツアー」に参加したが、想像以上にすごかった！

☎0997-97-3710【地図P.95C3】
各種クレジットカード・P OK、全館Wi-Fi

BUKU² DIVERS（ブクブク ダイバーズ）　潜る

個性豊かな明るいスタッフが、ダイナミックな地形や巨大な沈船、マクロ生物から大物まで見られる魅力あるオリジナルポイントを案内。広くゆったりしたダイビング船は新艇導入で更に快適に。与論島イタリアンのお店「オステリア カキ」も併設して大人気♪

☎0997-97-4373【地図P.95A2】
☆水中撮影もOK（有料）、カード・P OK

🤿 ダイビング　🍺 その他の遊び

ヨロン島の海は透明度がなんと25〜30m。島の周りにはダイバーを魅了するポイントがたくさん！

㋕…クレジットカード利用可
P …PayPay利用可　d …d払い利用可

名　称（問合せ先）	内　容／料金（税込）
ビーチボーイクラブ（楽園荘）　P ☎090-7155-4052 http://www.rakuensou.com/	●百合ヶ浜ツアー 大人3,300円、子供2,200円 ●SUPツアー大人5,500円、子供4,400円（約90分／シュノーケル、ライフジャケット無料貸し出し）※＋百合ヶ浜コースは割引有 ●銀河星雲撮影＆天体観測ツアー大人5,500円、子供4,400円（90〜120分、無料送迎付）
タンディーマリン（TANDY MARINE）　P ☎090-3738-7286 ※百合ヶ浜ツアー＋各種メニューで500円割引	●百合ヶ浜ツアー3,300円 ●竜宮城シュノーケリング4,400円（シュノーケルセットレンタル込）●ウミガメと泳ぐ6,050円 ●赤崎サンゴの森シュノーケリングツアー6,050円（シュノーケルセット・ライフジャケット・ボート代込）●与論島の海のいいとこどりツアー16,500円 ●SUPレンタル4,400円 ●パラセイリング8,800円
島エンジョイ組（出発は皆田海岸より）　㋕ P ☎090-3196-2319　http://wind-ink.com/	●シュノーケリング（時間応相談）4,500円〜 ●百合ヶ浜ツアー 3,300円 ●百合ヶ浜＋シュノーケリング7,000円 ●クリアカヤック約60分4,000円※2人の場合6,000円 ●SUP約80分5,000円（2名以上割引有）●シュノーケルレンタル1,500円
プリシアリゾートヨロン　㋕ P ☎0997-97-5060　FAX 4982 https://www.pricia.co.jp	●シュノーケルツアー（90分）6,600円 ●SUPガイドツアー6,600円（13歳以上から）●サンセットクルーズ（60分）3,370円 ●ボートチャーター（シュノーケル）38,500円／1時間毎、定員2〜6名※夏季のみ、他 ●百合ヶ浜ツアー（グラスボートで百合ヶ浜へ、ホテルからの送迎付、2時間）大人4,950円、小人3,460円、幼児2,470円
BUKU2 DIVERS（ブクブク ダイバーズ）　P ☎&FAX0997-97-4373　http://buku2.com	●体験ボートダイビング13,200円（全費用込）●ファンダイビング（2ボート）13,200円 ●オープンウォーターダイバー取得コース（4日間）71,500円（全費用込）
民宿星砂荘　㋕ P ☎0997-97-3710（与論町麦屋616-3）	●早朝シーカヤック 約90分4,400円 ●夜空ツアー（詳細は星砂荘HPで検索を）●電動アシスト付自転車 1時間1,000円、3時間2,000円、6時間2,500円、9時間3,000円、24時間3,500円　●キャンプ設備あり（要問合せ）
トメ クルーズ　☎090-2967-0722（福留）　P 大金久（8:00〜17:00）	●大金久海岸から百合ヶ浜渡し3,300円 ●海中公園クルーズ3,300円 ●百合ヶ浜＆海中公園4,400円 ●シュノーケリングツアー5,500円 ●百合ヶ浜＆シュノーケリング7,700円〜　※3〜11歳半額、未就学児無料

ひとくちメモ

〈いっちゅう本館 最南端の大島紬織元〉高級布地の大島紬。紬織りは昔から与論島の重要な産業。島の多くの女性が各家で織っていた時代もあったが、今では織り子の数が減り、織元も少なくなっている。ここでは織り作業の工程が見学でき、織体験ができる。2,000円〜／時間、加工料300円（コースター）〜。小物や反物の販売有。㊡不定　⏰9:00〜18:00　☎090-4996-6947【地図P.95茶花周辺MAP】

宮古諸島

宮古島（みやこじま）／来間島（くりまじま）／池間島（いけまじま）／大神島（おおがみじま）／伊良部島・下地島（いらぶじま・しもじしま）
多良間島（たらまじま）／水納島（みんなじま）

宮古諸島の海の美しさは見るだけでも感動！

八重干瀬

八重干瀬（やびじ）
池間島

干潮時に池間島の沖合5～15kmの位置に大小100あまりのサンゴ礁群が海面に現れる。南北12km、東西8kmにわたって広がる日本最大級のサンゴ礁。

池間大橋の周辺の海の色はほんと最高！

いけま
池間島
池間大橋

おおがみ
大神島
大神漁港
島尻港

日本一の伊良部大橋で
伊良部・下地に行きやすくなった

おしゃれな空港
伊良部島
佐良浜港
みやこ下地島空港
2019年3月30日開港

平良港

しもじ
下地島
伊良部大橋

RAC・JTA・ANA 至那覇（50～55分）
SKY至那覇（約50分）
SKY至羽田（約160分）
GK至成田（約170分）
SKY至神戸（約130分）

ANA・JAL・JTA 至羽田（約155～170分）
ANA・JTA 至中部（約135～140分）
ANA・JTA 至関西（約125～135分）

宮古空港
宮古島

噂では沖縄一海がきれい…らしい。
一家族しか住んでいない島

みんな
水納島
水納港

たらま
多良間島
多良間空港
前泊港
普天間港

120分

RAC（25分）

20分

来間大橋
くりま
来間島

歩いて渡ってみよう！

宮古周辺の真っ白なビーチの美しさは沖縄一！

八月踊りは有名なお祭り
この時は石垣からも船で行く
ツアーがある

RAC 至石垣（30分）

宮古諸島航路
航空路図

【空港間の距離】
宮古～東京	2,040km
宮古～那覇	352km
宮古～石垣	183km
宮古～多良間	81km
宮古～台北（台湾）	380km

☆本島～宮古、宮古～石垣の琉球海運の船（2006年9月）有村産業の船（2008年5月）に廃止になっています。

★宮古諸島の空路の情報はP.220、221
海路の情報はP.102、P.109を参照

宮古島と来間島、池間島、伊良部島は橋でつながっています。
伊良部島と下地島はいくつもの橋でつながっていて、一つの島のよう。

前浜漁港から来間大橋と天の川

宮古島

宮古諸島の玄関口。宮古ブルーと白砂の浜に感動！

みや こ

宮古島と橋でつながっている

来間島・池間島
くりま　　いけま

島尻港から船で15分

大神島
おおがみ

沖縄の中でも、白砂のビーチが際立って美しい。川がなく、サンゴ礁が発達してできた島で湧水も多い。シュノーケルポイントもたくさんある。また、海の色が素晴らしい池間大橋、来間大橋、伊良部大橋で島巡りも注目!!

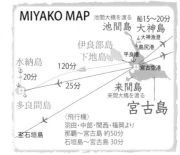

MIYAKO MAP

池間大橋を渡る
池間島　船15〜20分　大神島
　　　　　　　　　　大神漁港
伊良部島　　　　　　平良港
下地島　　　　　120分　　宮古空港
水納島
20分　　25分　　来間島
　　　　　　　　来間大橋を渡る
多良間島　　　　　　　　宮古島
至石垣島

〈飛行機〉
羽田・中部・関西・福岡より
那覇〜宮古島 約50分
石垣島〜宮古島 30分

● 宮古島の面積158.93㎢／周囲約133.5km
● 令和6年2月末現在の人口　宮古島50,189人
　池間島479人、来間島147人、大神島21人
● 宮古島観光協会 ☎0980-79-6611
● 宮古島市役所 ☎0980-72-3751（代）
● 宿情報 P.209〜211

 島への行き方

👓 **飛行機**　（注）本土〜宮古便の所要
　　　　　　　　時間は下りの時間を表示

● 羽田〜宮古…ANA便が1日2便、JAL・JTA便が1日1便運航／所要約180分
● 中部国際〜宮古…ANA便が1日1便、JAL便が期間限定（3/15〜4/7と4/26〜5/6と7/12〜8/31のみ）1日1便運航／所要約160分
● 関西国際〜宮古…ANA便が1日1〜2便、JTA便が1日1便運航／所要約150分
● 沖縄本島・那覇空港〜宮古空港…JTA・RAC便が1日9便、ANA便が1日3〜5便運航／所要約50分
● 石垣〜宮古…RAC便が1日2〜3便運航／所要約30分
● 多良間〜宮古…RAC便が1日2便運航／所要約25分
※ 飛行機の情報 P.220〜221参照

★ 大神島への船P.102
★ 多良間島への船P.109

● 池間島　周囲約10kmの島。池間湿原もあり、鳥獣保護区になっている。のんびりできる小さな美しいビーチもある。宮古島北端から池間大橋（全長1425m、宮古市街から車で約30分／夏期の大潮時は橋近くに砂州ができる）を渡って気軽に行ける。【地図P.102A1】（Photo:北島清隆）

● 与那覇前浜（よなはまえはま）白砂が延々と続く夢のようなビーチ。目の前に宮古島東急ホテル＆リゾーツがあり、各種マリンスポーツも楽しめる。駐車場・トイレ・シャワー（無料）あり。目の前は来間島。【地図P.102A3】（Photo:北島清隆）

 ひとくちメモ　〈宮古島海中公園〉海中観察施設や磯遊び施設や展望台、カフェ（☎11:00〜16:00／L.O.15:30）も併設されている。海中観察施設のみ観覧の場合、大人1,000円、高校生800円、小・中学生500円。　☎9:00〜17:00（最終受付16:45）　㊡無休（荒天時は閉園する場合あり）☎0980-74-6335 平良狩俣2511-1【地図P.102A1】

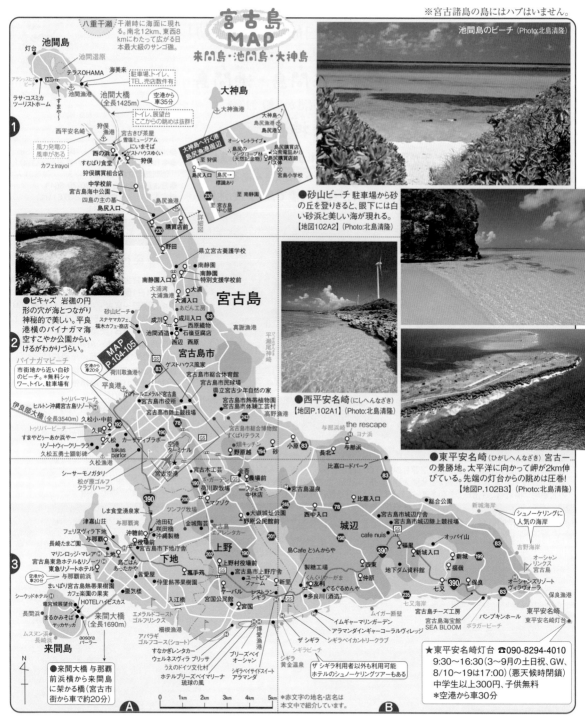

※宮古諸島の島にはハブはいません。

宮古島MAP
来間島・池間島・大神島

八重干瀬　干潮時に海面に現れる。南北12km、東西8kmにわたって広がる日本最大級のサンゴ礁。

池間島のビーチ（Photo：北島清隆）

●砂山ビーチ　駐車場から砂の丘を登りきると、眼下には白い砂浜と美しい海が現れる。【地図102A2】（Photo：北島清隆）

●ピキャズ　岩礁の円形の穴が海とつながり神秘的に美しい。平良港横のパイナガマ海空すくや公園からいけるが分かりづらい。

パイナガマビーチ
市街地から近い白砂のビーチ。＊無料シャワー、トイレ、駐車場有

●西平安名崎（にしへんなざき）【地図P.102A1】（Photo：北島清隆）

the rescape

●東平安名崎（ひがしへんなざき）宮古一の景勝地。太平洋に向かって岬が2km伸びている。先端の灯台からの眺めは圧巻！【地図P.102B3】（Photo：北島清隆）

シュノーケリングに人気の海岸

★東平安名崎灯台 ☎090-8294-4010
9:30〜16:30（3〜9月の土日祝、GW、8/10〜19は17:00）（悪天候時閉鎖）
中学生以上300円、子供無料
＊空港から車30分

＊赤文字の地名・店名は本文中で紹介しています。

0　1km　2km　3km　4km　5km

●来間島の長間浜　来間大橋を渡って、島の反対側。自然のままの静かでとっても美しい浜。伊良部大橋も見える。【地図P.102A3】（Photo：北島清隆）

宮古島〜大神島の船　所要片道約15分
●大神海運 ☎0980-72-5477　FAX.0980-72-5500

ウカンかりゆす

大神発	島尻発
8:15	9:00
10:45	11:30
13:30	14:00
16:10	16:35

片道 大人370円、小人180円
往復 大人670円、小人350円
片道 自転車340円、原付700円
　　　自動二輪830円

★船の運航は天候、その他の事情により変更・運休される場合があります。必ず確認をして下さい。※2024年3月現在時刻表

【大神島メモ】●おぶゆう食堂 ☎0980-72-5350
島に1軒のみ（10:00〜17:00）／民宿も営業
カーキダコ丼1,200円などが食べられる。
＊大神島観光ツアー有（要予約/約90分、2,000円）

宮古島（池間大橋横）より大神島を望む

●大神島（おおがみじま）【地図P.102A1】
宮古島の島尻港より約4km、定期船が1日4便出ている。所要約15分。神の島と呼ばれていて、近づいたりできない神聖な場所（御嶽）があるので、むやみに散策しないこと。
＊入島料100円（寄付として2018年1月より/強制ではない）

〈the rescape〉そこにリゾートがあるのを誰もわからないようなすごい立地。カフェ利用に行ってみた。たどり着くまでにテンションがあがる。カフェスタッフの仏人ピエールさんと話すと、「この場所は特別なpowerがあります、いられるだけで幸せです」と言った。演出かと思うような、強い言葉が一層特別な気分にさせてくれた。【地図P.102B2】

島内の交通　レンタカー

★下地島空港から貸出対応の可否も掲載しています。

[card]の欄 ○…クレジットカード利用可　Ｄの欄 ○…PayPay 利用可　ｄの欄 ○…d 払い利用可　両方利用可

名称	住所(平良字)	☎(0980)	レンタル料金(消費税込、ガソリン代別)／H=時間	チャイルドシート	カード	Ｄ	ｄ	下地島空港貸出
宮古島エアレンタカー	上野字野原83-7	76-3660	コンパクトカー1日3,000円～／ミニバン(7人乗り)1日6,000円～／10人乗り24H24,000円～(免責別)	550円	○	D		○
トヨタレンタリース沖縄宮古島空港店	西里1280	75-0100	1,000ccクラス／12H6,600円～、24H8,580円～(保険・免責補償込)	3日迄550円	○			○
アクアレンタカー宮古島営業所	東仲宗根添1115-2	79-0661	軽クラス当日3,300円～(禁煙車、免責込)	無料				―
沖縄ツーリストOTSレンタカー宮古空港前店	下里2199-1	72-1104	普通車(Sクラス)当日8,250円～、24H9,350円～(保険別)	1回1,100円	○			○
サーウエスト宮古島	下里1110-2	72-2204	★オフシーズン料金／軽クラス24H3,500円～(保険・免責込)	1台目無料	○		―	要問合せ
すなかぎレンタカー	上野字国173-1	76-3135	★オフシーズン料金／軽クラス24H3,300円～(保険込)	無料	―			―
タイムズカー宮古空港店	下里2203-1	73-0515	普通車24H8,800円(免責補償込)／8名乗りワゴン車24H21,230円(免責補償込)	1回1,100円	○			―
ニッポンレンタカー宮古空港前営業所	下里2202-1	72-0919	1,300ccクラス6Hまで6,490円～、24Hまで8,910円～(保険込、免責1,100別)	要問合せ	○			―
オリックスレンタカー宮古島空港店	西里1332-3	73-5500	S軽クラス12Hまで6,160円～、24H8,250円～(保険別、免責1,100別)	1回1,100円	○	○	○	―
オリックスレンタカー宮古島マンゴー店	西里882	73-2939	S軽クラス12Hまで6,160円～、24H8,250円～(保険別、免責1,100別)	1回1,100円	○	○	○	―
日産レンタカー宮古空港店	下里2511-1	73-7723	マーチ12Hまで7,040円～、24H8,910円(保険・免責別)	要問合せ	○			―
フジレンタカー宮古営業所	東仲宗根892-1	72-8877	軽クラス当日返却3,000円、24H2,900円～(免責込)／他クラス有	無料	○			―
トモリレンタカー	下里2025-3	090-5748-1274	軽クラス24H4,000円～(保険込、免責別)					
トライレンタカー	西里1531-8	79-5100	軽クラス当日3,500円～／Sクラス当日4,000円～／Aクラス4,500円～(保険別、免責込)	1回1,000円	○			―
スカイレンタカー宮古島店	下里2422-1	0570-077-180	軽当日4,000円～、普Sクラス当日4,400円～(保険込、免責・ワイド補償込)	1回1,100円	○	D		―
アウトレットレンタカー宮古島	東仲宗根888-1	73-3241	軽クラス24H2,500円～、ワンボックス24H3,500円～(保険別)	無料	○	D		―

＊チャイルドシートは数に限りがあります。事前に確認して下さい。

レンタバイク　レンタサイクル

名称	住所	電話	レンタル料金(消費税込、ガソリン代別)／H=時間
サーウエスト宮古島	平良字下里1110-2	0980-72-2204	原付24Hまで2,500円～／125cc24Hまで4,000円／250cc24Hまで4,000円、6,000円 ＊[card]
富浜モータース	平良字西里288	0980-72-3031	原付1H400円、1日2,000円／100～125cc1H700円、1日3,500円(9:00～18:00)／自転車1H200円、1日1,000円／スポーツ自転車1H300円、1日1,500円(マウンテンバイク含)

[card]…クレジットカード利用可

バス

◆宮古協栄バス　☎0980-72-2414　FAX6296

★平良港～伊良部島の佐良浜(共和バス)、新路線／みやこ下地島空港～宮古空港・宮古島東急ホテル&リゾーツ・シギラリゾート(宮古協栄バス・中央交通)の情報はP.111参照

与那覇・嘉手苅線

協栄車庫→宮古空港→川満→与那覇→嘉手苅	嘉手苅発	与那覇発
08:40 来間周り	07:40 ◎	07:50 ◎
11:30	09:22 来間経由	09:47
14:00 来間周り	18:12	12:12
17:20		14:42 来間経由
		18:02

【参考】東急ホテル&リゾーツ…上地南下車徒歩13分、与那覇前浜ビーチ…上地南下車徒歩15分
※注意!来間島に行くバスは1日2便のみ
★●協栄車庫 地図P.104C3★東急ホテル&リゾーツを利用の方、飛行機時刻に合わせて無料送迎バス有。

新里・宮国線

協栄車庫発→宮古空港→うえのドイツ村→	うえのドイツ村→宮古空港→協栄車庫
07:20 ◎	07:42 ◎
08:50	09:27
11:00	11:37
13:30 新里先周り	14:18
16:00	16:37
17:40 新里先周り	18:28

【参考】ドイツ文化村／ブリーズベイマリーナ…うえのドイツ村下車徒歩5分
◎印…土・日・祝祭日は運休

長北山北線

協栄車庫発～宮古空港～比嘉	
協栄車庫発	比嘉発
09:25	10:05
15:40	16:25

新城吉野保良線

協栄車庫発～更竹～福里～保良	
協栄車庫発	保良発
07:40 ◎	07:35 ◎
11:00	08:25
13:30	11:45
15:30	14:21
17:30	16:21
	18:21

友利線

協栄車庫発→野原越→友利	友利発→野原越→協栄車庫
07:20 仲原経由(中組先周り)	07:50 ◎
08:40 仲原経由(中組先周り)	09:25
11:30 中組先周り	12:10
14:00	14:35 中組周り
17:20 仲原経由	17:55 仲原周り

◆八千代バス　☎0980-72-0677　FAX72-4967
★八千代バスターミナル地図 P.104B3 参照
〈池間一周線　平良市内から狩俣・池間島方面への路線バス〉
★1日上下8便運行　★印は土・日・祭日、春・夏・冬休みは運休

宮古島市役所発(下り)	6:30	8:20	10:10	12:00	13:40	15:20	17:10※	18:50
漁協前発(上り)	7:20	9:00	10:50	12:50	14:20	16:00	18:00※	19:40

【八千代バス 池間一周線 バス停】
宮古島市役所～警察署前～ツタヤ前～宮古郵便局前～サンエー前～北給油所前～北小前～宮古第一ホテル前～平良～西辺～成川～成川入口～大浦～大浦入り口～南静園入口～南静園～特別支援学校前～野田～購買店前～島尻港～島尻入口～中学校前～狩俣～学校裏～漁協前

【参考料金】協栄バス…●協栄車庫～友利400円 ●協栄車庫～比嘉入口390円 ●協栄車庫～野原公民館前330円 ●協栄車庫～七又560円 ●協栄車庫～宮国400円 ●協栄車庫～ヨナ浜420円 ●協栄車庫～来間480円 ●協栄車庫～与那覇370円 ●協栄車庫～砂280円 ●協栄車庫～嘉手苅410円 ●協栄車庫～保良560円 ●協栄車庫～宮古空港290円又は400円 ●協栄車庫～新里410円 ●マティダ市民劇場前～みやこ下地空港ターミナル600円　八千代バス…●宮古島市役所～平良(所要約10分)140円 ●平良～島尻入口(所要約25分)300円 ●平良～狩俣(所要約30分)370円 ●平良～池間・漁協前(所要約30分)520円

ひとくちメモ

〈宮古島のタクシー〉沖縄県ハイヤー・タクシー協会宮古支部 ☎0980-72-4123 FAX4155 ●基本運賃…1.136kmまで500円 ●加算運賃…463m毎に100円増★観光タクシー…時間制運賃あり1時間4,400円、コース設定(要予約)有、ジャンボタクシー(9名乗り)有【タクシー会社】まるちく☎72-2005 丸多タクシー☎72-2230 協栄タクシー☎72-3091 みなとタクシー☎72-2200 太平タクシー☎72-2717 三交タクシー☎72-2320 八千代バス・タクシー☎72-0677 かりゆしタクシー☎74-3939 でいごタクシー☎74-2053 中央交通☎79-5503

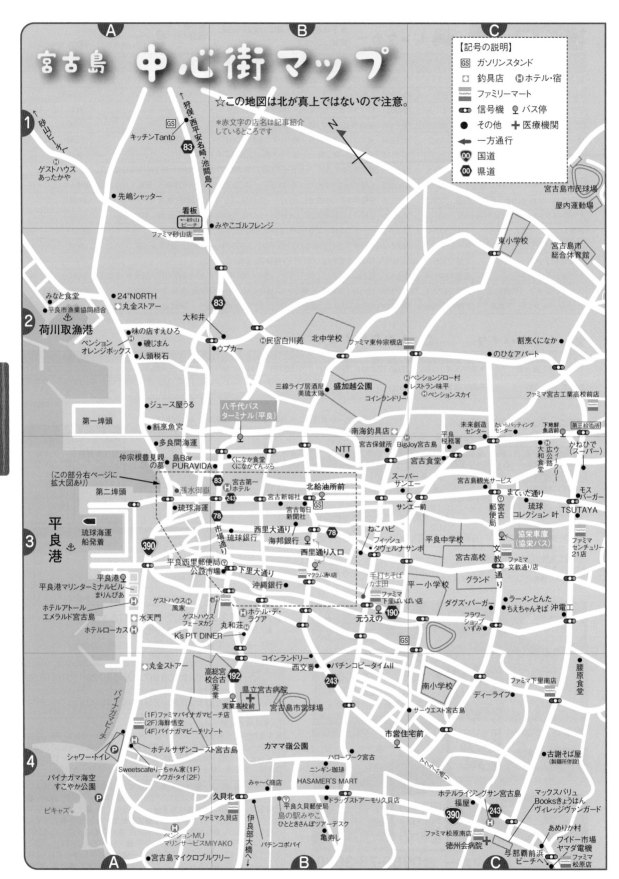

宮古島 中心街マップ

☆この地図は北が真上ではないので注意。

*赤文字の店名は記事紹介しているところです

【記号の説明】
- GS ガソリンスタンド
- 釣具店　H ホテル・宿
- ファミリーマート
- 信号機　バス停
- その他　＋ 医療機関
- 一方通行
- 00 国道
- 00 県道

宮古島

 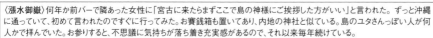
〈漲水御嶽〉何年か前バーで隣あった女性に「宮古に来たらまずここで島の神様にご挨拶した方がいい」と言われた。ずっと沖縄に通っていて、初めて言われたのですぐに行ってみた。お賽銭箱も置いてあり、内地の神社と似ている。島のユタさんっぽい人が何人かで拝んでいた。お参りすると、不思議に気持ちが落ち着き充実感があるので、それ以来毎年続けている。

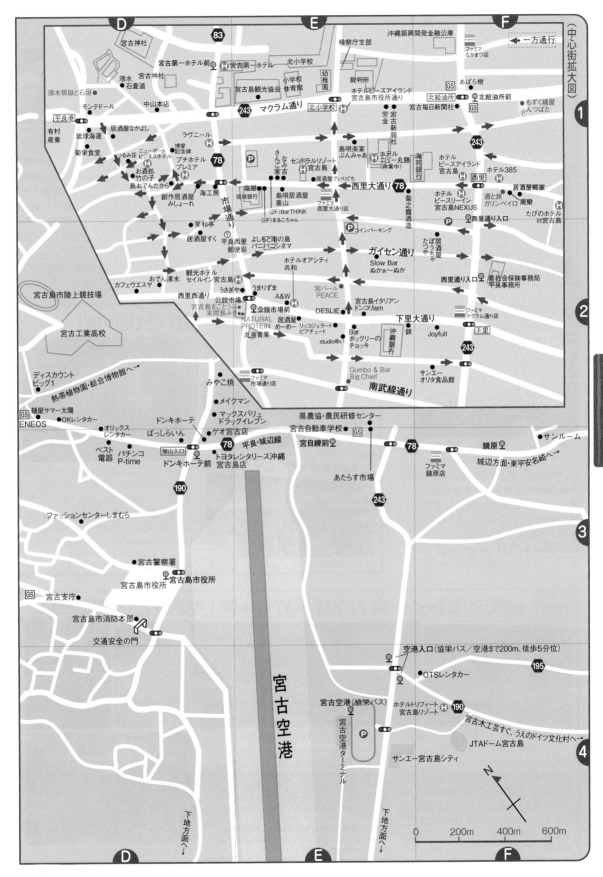

（中心街拡大図）

宮古島

〈ペンションMU〉全室バス・トイレ付、広々としたオーシャンビューの部屋は掃除も行き届いていて気持ちがいい。夕食、屋上BBQは要予約。併設の「マリンサービスMIYAKO」ではお得な宿泊者割引もある。とっても感じがいい谷口さん一家が迎えてくれる、ダイバーもノンダイバーも快適に過ごせる宿。☎0980-73-7511【地図P.104A4】

Close up! コロナ禍の時間で熟成と発酵の研究

素潜り漁師のカルパッチョ

コロナで時間があったため、自家製ツナやミジュンのアンチョビなど、色んな研究を始められた、という面白い店を発見。写真右「素潜り漁師のカルパッチョ」今日は熟成11日目のミーバイ。熟成させる時の塩とオリーブオイルだけで食べる。ちょっとでも臭みがあったら丸わかりな一品。そんなに手間暇をかけるってのがすごいよね。

自家製豚ハム780円

齋藤さんご夫妻

自家製ツナとゴーヤのサラダ

自家製豚ハムや自家製ツナとゴーヤのサラダ、コブシメのガーリックバター焼、トビイカの一夜干、全部うまかった。お店の規模も3テーブルとカウンターというなんとも言えないちょうど良さ。

【データ】宮バール PEACE ㊡木曜 ☎18:00〜24:00 平良下里573-1【地図P.105E2】☎0980-79-9995 カードOK

手打ちそば かま田 食べる

自らも無農薬でソバを育て、宮古で生産された蕎麦のみを使用し、毎日石臼挽き、打ち立ての蕎麦を提供するという素晴らしいお店。今回も7月に伺い旨い新そばを戴いた（新そばは4〜10月）。蕎麦好きの方はぜひ♪ ざるそば800円、かけそば800円、他。

☎0980-72-0296【地図P.104B3】平良下里737-11 ㊡火曜 ☎11:00〜15:00

島の駅みやこ 買う

☆シーズン中にはいろいろなマンゴーも並ぶ！

夏はマンゴーなど、宮古の旬のフルーツや野菜の販売が多種あって楽しい。雪塩をはじめとする土産品や、その他農産物加工食品も豊富な品揃え♪ 買った物を直送もできて便利。宮古そば店もある広いフードコートでゆっくり一休みできる。久貝870-1

☎0980-79-5151【地図P.104B4】無休 ☎9:00〜19:00（繁忙期以外は18:00まで）

Close up! 嬉しすぎるもずく食べ放題の店

もずく漁師の店。写真の真謝そばは800円、なんともずく食べ放題！（右が遠慮なくもずくをトッピングしたところ）

もずく麺もめちゃしこしこで旨いっ！ 食べ放題と言われても人

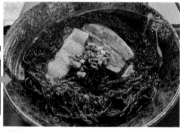

間さすがにちょっと遠慮するじゃないですか。しかし前回「うちはもずく漁師の店だから全然遠慮しなくていいよ！」と、きっぱり言われたので思いっきり入れて、テンションMAX！ 最高の店〜

【データ】もずく麺屋 んつばた ㊡日曜 ☎11:00〜16:00 平良西里381【地図P.105F1】☎0980-79-7983 駐車場（7台）は裏にあり

＊定休日・営業時間は時期により変動あり→

Close up! ありそうでなかった！ 宮古そば手打ち体験してみました

こねる！ これが最も手間

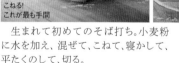

のばす！ これは楽しい

切る！ 腕の見せ所

きみちゃん先生の感じ良さに惚れる

生まれて初めてのそば打ち。小麦粉に水を加え、混ぜて、こねて、寝かして、平たくして、切る。

なるほど〜、「手打ちそば屋さんが『こねる』のが大変なところ」と言ってたのが実感できました。こんなの毎日何十人分もやってる店って驚異！（手でこねてる店は、沖縄でもとても少ない）。なんでも体験してみるっていいね。しかも美人で感じいい先生（きみちゃん）。超おすすめ。（写真撮影：アナタビ宮古島・愛川さん）

【料金】1人（12歳以上）2名以上1人4,000円、おひとり様プラン5,000円【時間】約90分（18:00開始）【料金に含まれるもの】レッスン料、材料費、保険料【開催日】通年／火・木・金【集合場所】平良東仲宗根121（たまのやおかん）【申込】参加日の前日まで

【申込】アナタビ宮古島〜あなただけの旅物語
https://anatabi.net メールmiyako@anatabi.net
☎090-7510-1624

食べる！ 自分で麺を打った感動で、3倍おいしい

ひとくちメモ 〈雪塩ミュージアム〉多種のミネラル成分を含む、パウダー状の宮古島の塩「雪塩」の製造工程などを案内してくれる。雪塩ショップも。スタッフさんが元気なのに注目。このパワーは塩のせい？ ここで宮古島のおすすめ情報を聞こう。雪塩ソフトの美味しい食べ方もチェック！ 無休 ☎9:00〜18:00（10〜3月17:00まで）☎0980-72-5667 宮古島市平良狩俣191【地図P.102A1】

106

宮古島

来間島伝統の発酵飲料「みき」の店!

みきは沖縄や奄美の飲料で、もともと神酒に由来するものだが、このお店では来間島在住25年の砂川葉子さんが「来間島の祭事で使われる伝統的な製法」のみき（島ではンツと言う）を手作りして提供する。お米と麦麹のみを混ぜ発酵させ、砂糖不使用なのにほんのり甘く酸味があり、喉を通る時にふわっと麦の香ばしさが広がる。フルーツ等を混ぜさらに飲みやすくしたみきスムージーも。添加物なし、沖縄のスーパー健康飲料をぜひお試しあれ! NHKの

番組「小雪と発酵おばあちゃん」でも来間島のみきが特集され、いよいよ世の中がみきに注目。定期的に「来間島みきワークショップ」も開催。

【データ】来間島みき ㊡日曜 ☎13:00～17:00 平良下里1 公設市場A-7【地図P.105E2】
☎090-1121-9689 PayPayOK みきプレーン500円～、みきスムージー700円～。日々の情報はインスタをチェック➡

豆腐屋さんの豆乳ソフトが激うま感動

豆乳ソフトクリーム（490円）の背景に燦然と輝く農林水産大臣賞の賞状

おばあちゃんが豆腐職人で、子供の頃リヤカーに一緒に乗って市場に通ったという孫・下地直弥さんが、豆腐作りの技を受け継ぎ、平成30年に「濃厚おぼろ豆腐」が最高賞・農林水産大臣賞を獲得した、というのが泣ける孫ストーリー。

豆乳ソフトクリームは、口に入れると

豆腐マイスターのすごい店長・源川彩さん

大豆の香りが広がる絶妙な美味しさ。国産大豆を配合して、県内ナンバーワンの濃さ（濃度15%）というプレミアム豆乳を用いて作ると、一生懸命説明してくれる店長の源川さんが超魅力的。

【データ】宮古島まごとうふ ☎080-8088-1002【地図P.105E2】下里1公設市場内 ㊡日曜 ☎9:00～16:00 カード㎝㎜ Ｐ OK

宮古島でNATURALな PROTEIN!

とにかく明るい小西さん

元プロバレー選手小西健太さんのお店。アスリート時代から研究している身体に負担がないナチュラルなプロテインを販売している。

豆乳がメイン素材、砂糖不使用、小西さん自ら自然栽培で育てるモリンガが加わり、栄養素も高くバランスが良いスムージーになっている

モリンガ+バナナPROTEINはSサイズ400円、Rサイズ550円。全くの無添加なので賞味期限は15分!

フルーツや有機ナッツ類、有機オートミール、純ココア、チアシード、モリンガ、自家製グラノーラなどをふんだんに入れたRAW CACAO BOWL1200円（写真右）も美味しくて大人気。

マヤナッツモリンガPROTEINスムージー450円
RAW CACAO BOWL1,200円

【データ】NATURAL PROTEIN 無休 ☎10:00～17:00 平良下里1 公設市場内【地図P.105E2】☎080-3767-5619 Ｐ OK

Close up! 自家産のヤギ乳・牛乳を味わえる店

ここに行く時が、あまりにも辺鄙な場所で毎回テンションが上がる。今回鶏とヤギが入り口にうろうろしていて、一層ワイルドな感じになっていた。

石川さんご夫妻は、畜産業のために牧場に弟子入りして仕事を覚え、トライアスリートとして長年住んだ宮古に帰

オスヤギにどつかれないよう注意

ヤギミルクソフト・モリンガ炭ワッフルコーン550円

り、牧場＋ヤギミルクソフトの店を開業！消化・吸収・分解がスムーズで貴重なヤギミルクソフトは全くクセもなく濃厚で旨い。ジャージー牛の乳も搾れるようになり、今年はヤギと牛両方が味わえる！

【データ】ツンフグ牧場 ☎090-5443-4936【地図P.102A3】下地川満800-28 不定休 ☎12:30〜16:00 カードOK

畑KITCHEN（パリ キッチン）［食べる］

自家産マンゴーを使ったマンゴーカレー（サラダ付）800円

以前畑の中の隠れ家的な場所だったが、移転してさらにわかりにくい場所になってワクワクする。前からやっている自分の畑の隣に引っ越しただけ、とのこと、かっこいいのなんの。自家産マンゴーのマンゴーカレーが一番人気。場所はインスタ参照→

☎0980-79-7782 東仲宗根添1532-117【地図P.102A2】㊡火曜 ☎11:00〜15:00（L.O.14:30）

やぎ料理専門店 くんくりゃーがま ［食べる］

やぎたたき丼（ミニそば付き）1600円

宮古島産やぎ肉料理専門店。郊外なのにいつも大盛況。やぎ汁定食1,800円のほか、やぎステーキセット2,500円、やぎ肉タコライス1,300円、やぎミルクジェラート300円など、すごい種類のやぎ料理の数々が驚き！夜はテーブルチャージ300円。

☎0980-79-0199 上野字新里12-1【地図P.102B3】㊡火水曜 ☎17:00〜22:00（営業時間等をWEBで確認）

Close up! さとうきびを自分で搾って飲める店

さとうきび畑に囲まれた驚くような場所にあるのがいい。目の前から隠れ家的なビーチに出られるのも素敵。

1mくらいのさとうきび丸ごと1本自分で絞れる！エキサイティング！（750円）これ用の小型絞り機を特注で作った

という。やるね。

さとうきびは、伊良部島で店長のお父さんが作っているものだという。お父さんの育てるさとうきびを売りたいという、息子の鏡のような店長。

【データ】きび茶屋宮古 不定休 ☎10:00〜16:30 平良狩俣129【地図P.102A1】駐車場あり インスタ→

カフェirayoi（いらよい）［カフェ］

車海老がある時は・車海老木灰 沖縄そば1100円

宮古島の北の端にあるカフェ。手作り感ある暖かい雰囲気で、穏やかな西の浜を見ながら日常を忘れてゆっくりできる。宮古の旬の食材がふんだんに使われたランチやスイーツ、ドリンクがいただけます。オススメは希少な宮古島産小麦を使った手打ち麺の宮古そば。

☎080-8573-0387 ㊡不定 ☎8:00〜売切次第終了 平良狩俣186-2【地図P.102A1】

ざ・GARDEN（ガーデン）［カフェ］
A BOTANICAL GARDEN & CAFE

かぼちゃプリン（小）300円とコーヒー500円

どんだけ豪華なの！花卉販売業もされているオーナーが自力で花いっぱいに作り続ける3,300坪のお庭が見もの。プール付きのカフェでランチ、デザートなどで一休みできます。パンのテイクアウトやかわいいお花の苗も販売してます。インスタ→

☎0980-75-3037 平良下里3073【地図P.102A3】不定休 ☎11:00〜17:00（季節変動有）・カード可

あだん工房 ［買う／体験］

ボーシクマー（帽子編み職人）の藤原笑子さん

海沿いのステキな場所、あだん葉を使った帽子、雑貨、アクセサリーの販売とワークショップを行う工房。冬季はあだん葉帽子の短期講習*も行うので、内地から来て丸4日間編み続ける人も。*講習は20時間で一個製作指導（材料・道具使用込60,000円）

☎080-5311-3825 平良西原555-1【地図P.102A2】㊡日・水曜 ☎10:00〜16:00

宮古島から行く神秘の島
多良間島（たらま）

海きれい!!
水納島（みんな）

宮古島と石垣島の中間にあり、緑豊かでサンゴ礁にかこまれ、サトウキビ畑がたくさんある。八月踊りが有名。

MINNA TARAMA MAP

ふるさと海浜公園より水納島を望める

※水納島は実際はもっとはなれています。

●面積 多良間島 19.81km² ／水納島 2.16km²
●多良間島人口 1,052人（令和6年2月末日現在）
●多良間村役場観光振興課 ☎0980-79-2260
●多良間村ふしゃぬふ観光協会 ☎0980-79-2828
●多良間島の宿泊情報 P.211

塩川（シュガー）御嶽
フクギ並木の参道が約650mも続いている。

 ## 島への行き方・島内交通

飛行機　※P.221参照
★RAC便 ●宮古～多良間 1日2往復／所要25分／片道6,490円・★第一航空 ●石垣～多良間 週2便／所要30分／片道14,000円
第一航空予約・問合せ：☎0980-86-8700

船〈多良間海運／フェリーたらま III〉
●宮古島（平良港）～多良間島（普天間港・前泊港）
1日1往復 ※日曜日運休
・平良発（9:00）➡多良間着（11:00）
・多良間発（13:00）➡平良着（15:00）
●フェリーたらまIIIの運賃
（片道）大人2,510円、小人1,260円
（往復）大人4,770円、小人2,390円
（片道）自転車1,180円、原付2,370円、
自動二輪2,840円、自動車3～4m未満13,960円
4～5m未満17,950円、他
※夏季は前泊港に、冬季は普天間港に発着。
牛セリ等で変わる場合あり。
●問合せ：多良間海運 ☎0980-72-9209 FAX 73-6055

バス　村有償バスが運行。
空港・港（前泊港・普天間港）～集落／片道400円（前泊港は200円）
●多良間村役場総務財政課 ☎0980-79-2011

レンタカー・レンタサイクル
●cocoハウス ☎0980-79-2133
レンタカー6時間3,700円（ガソリン代込）、24時間4,000円（ガソリン代別）
レンタサイクル6時間500円、24時間1,000円
●ゲストハウスはまさき ☎0980-79-2239
レンタカー24時間3,000円（ガソリン代別）
レンタサイクル24時間1,000円 ※料金変更の可能性有
●たらまんだINN ☎090-8294-0121
レンタカー6時間3,500円（ガソリン代込）、24時間4,500円（ガソリン代別）／レンタサイクル24時間1,000円／EVスクーターBLAZE（3台）6時間3,000円、24時間5,000円 ※要普通免許
●ペンションあだん ☎0980-79-2088
レンタカー6時間3,850円、24時間4,400円（ガソリン代別・免責補償込）

〈水納島に行くには〉※下記ひとくちメモ参照
●郷土開発 ☎090-1947-1674（知念）
チャーターのみ。3時間まで25,000円、以後1時間毎5,000円
●多良間心（すまぐる）☎090-8830-0484（知念）
水納島上陸、上陸＋釣り体験など

〈多良間島ガイド〉
●多良間島観光サービス
☎090-9785-0639（富盛）／島ガイド（2名より、3時間程度、要予約）1人5,000円
※1名参加の場合7,000円

〈ボートダイビング〉
●郷土マリンサービスJAWSII
☎0980-79-2452／1ボート8,800円、2ボート14,000円、3ボート19,500円
※定員15名（39名乗りクルーザー使用）

●多良間村ふるさと民俗学習館
島の文化や歴史、自然などについて学習してみよう。
入館料大人200円、小人100円
（当日再入館可）休月曜、祝祭日、6/23（慰霊の日）営9:00～17:00（入館は16:30まで）
☎0980-79-2223 仲筋1098-1

●八月踊り
国の重要無形文化財に指定されている。毎年旧暦の8月8～10日に開催。
※奉納芸能の開催については、多良間村役場のHPにて4月以降発表される。
※奉納芸能を見るために、祭り期間中、石垣からの日帰りツアー（船）も有

カフェ ヘミングウェイ

*マスター長岡さんは、多良間島の海塩も製造している

空港ターミナルビル内。島で唯一お茶タイムを過ごせる店。看板メニューは、自家製塩を入れたソルト珈琲400円（アイスコーヒー500円）や珈琲＆ワッフルセット500円。サイフォンで昔ながらのコーヒーを出している。コーヒーの後に抹茶碗でお茶のサービスも。

☎0980-79-2500 休不定 営宮古～多良間の飛行機発着時間前後にオープン

すまむぬたらま
みやげ

2020年9月25日オープン

「夢パティオたらま」の近くに観光協会運営の「すまむぬたらま」がオープン。土産販売、コワーキングスペース（Wi-Fi有）がある。名産の黒糖やぱなぱんびん（お菓子）などの販売、イートインスペースでは、たらまカレー、スイーツなどが食べられる。

☎0980-79-2828 多良間村塩川445-1
休水曜 営10:00～18:00

 ひとくちメモ
〈水納島〉宮国さん一家だけが住んでいる。多良間島から宮国さんの船で行く。●船…高速船しらはま／定員約10名／所要約20分／往復3名まで30,000円、4名以上1名往復8,000円（日帰りの島滞在時間約2～3時間）●宿泊…コテージが1棟あり宿泊可。利用料1人3,500円（5名まで）、炊事場、トイレ、シャワー有。食事は自炊にて。☎0980-79-2773 ●面積 2.153km² ●水納島の人口は4人（令和6年2月現在）です。

伊良部島・下地島

伊良部大橋！ みやこ下地島空港開業！で注目の島

伊良部島と下地島は、いくつもの橋でつながり、島と島の間はマングローブが繁茂する独特の景観が面白い。伊良部大橋で、宮古島とも繋がり、渡口の浜、佐和田の浜など美しい自然を気軽に楽しめるようになった。2019年3月30日みやこ下地島空港開港、本土各地、那覇便もある。

IRABU・SHIMOJI MAP
＊伊良部大橋で宮古島に行ける
＊伊良部島と下地島はいくつかの橋で
　つながり気軽に行き来できる
至 羽田・成田
至 神戸
至 那覇
伊良部島
下地島
池間島
大神島
水納島
みやこ下地島空港
平良港
宮古空港
多良間島
来間島
宮古島
至石垣島

伊良部島 ●面積29.06km² ●人口4,722人
下 地 島 ●面積9.68km² ●人口99人
（各島の人口は、令和6年2月末現在）
●観光の問合せ…宮古島市観光商工課
☎0980-73-2690
●宿泊情報 P.210、211

●下地島空港周辺　17（ワンセブン）エンドと呼ばれる地。ここの海の色は必見！近くまでは車両進入できないが、徒歩では行くことができる。photo：北島清隆

島への行き方

飛行機 ジェットスター（GK）就航
　　　　 スカイマーク（SKY）就航

●那覇空港〜みやこ下地島空港
SKY便が1日2便／所要50〜55分
●羽田空港〜みやこ下地島
SKY便が1日1便／所要155〜175分
●成田空港〜みやこ下地島空港
GK便が1日2便／所要170〜200分
●神戸空港〜みやこ下地島空港
SKY便が1日1便／所要130〜140分
　※P.220〜221参照
＊飛行機発着に合せて宮古方面バス運行有
＊レンタカーの出店有

●宮古島から、伊良部大橋（全長3,540m、通行無料）で行いける。
　※宮古島・平良港〜伊良部島・佐良浜漁港の定期船は廃止になっている。

●伊良部島と下地島は、いくつもの橋でつながっていて、ひとつの島のように行き来できる。

●伊良部島・渡口の浜（とぐちのはま）白砂が最高に美しいビーチ。　＊シャワー（100円）・トイレが通年使用可能／駐車場有　photo：北島清隆

ひとくちメモ 〈キャンプ場〉 ●民宿キャンプ村…利用料 大人700円、小人500円（温水シャワー代込）、貸コテージ（2人用3棟・5人用4棟）料金1人利用の場合4,150円、2人以上で利用の場合1名大人3,100円、小学生2,050円、3〜6才1,000円／水道・トイレ・温水シャワー、BBQコンロ貸出（1,000円）有。問合せ：宮古島市観光商工課 ☎0980-73-2690

ふれあい広場

●通り池 神秘的な二つ並んだ池は水底でつながっていて、さらに海に通じている。宮古諸島を代表する人気のダイビングポイント。沖縄県指定天然記念物。

●オコスゴビジー（帯岩）1771年の大津波で打ち上げられたと伝えられる巨岩。高さ12.5m、周り59.9mもある。

通り池

オコスゴビジー（帯岩）

中の島

●下地島・中の島 波が穏やかで透明度がよくシュノーケリングに人気。

伊良部島・下地島 MAP

＊赤文字の地名・店名は本文中で紹介しています。

白鳥岬

佐和田漁港
黒浜御嶽
ウォーターマークホテル&リゾート沖縄宮古島
佐和田の浜
BOTTA
てぃだの郷
GardenVilla心癒
ちゃんぷる
体験滞在型交流促進施設
民宿キャンプ村
GS
下地島コーラルホテル
お食事処そば
サシバリンクス
伊良部ゴルフ場
カモメハウス
ホテルサウスアイランド
1Fまるきスーパー
2Fレストラン 入江
伊島観光サービス

みやこ下地島空港（2019年3月30日開業）

宮古島市 下地島

渡口の浜（シャワー・トイレ有）
VillabuResort

徳洲会伊良部島診療所 ☎0980-78-6661
蟹蔵
佐和田
佐和田車庫
伊良部そば かめ
スーパーみなみ
平成の森公園
野鳥観察園
伊良部小前
民宿よしや
なかゆくい商店
国仲公民館前
島ごはん琉宮
伊良部島公民館前
製糖工場

長浜多目的施設前
長山港・佐良浜港線
消防本部
宮古島市伊良部庁舎
国仲
下地島空港・佐良浜港線
寿し賢
宮の華酒造所
つきみ荘
あだん屋（土産）
cafe&yado como

サバオキ井戸
お食事処お 徳洲会病院前
魚市場います
佐良浜
田舎屋（雑貨・食料品・みやげ）

サバオキ公園
おーばんまい食堂
佐良浜漁港

●佐和田の浜 遠浅で静かな海に大岩が点在する特異な風景。日本の渚百選のひとつ。海水浴可能。

204
90
池間添
結の橋学園

宮古島市 伊良部島
牧山展望台
トムウズヌマ
豊見氏親の碑
ヤマトブー大岩
いらぶ大橋海の駅
soraniwa hotel and cafe
紺碧ザ・ヴィラオールスイート
長山の浜
長山港

N

※宮古諸島にはハブはいません

伊良部大橋（全長3,540m）
宮古島と伊良部島を結ぶ橋が2015年開通。無料で通行できる橋としては日本最長。

204
252
宮古島（宮古島市平良久貝）

1.5km 3km

伊良部大橋（伊良部側から宮古）

島内の交通 バス
※詳細は各社ホームページを！

■共和バス ☎0980-78-3111 FAX.78-5184
伊良部・佐良浜経由 宮古・平良線

佐和田車庫 発		宮古島市役所 発	
平日時刻	6:20 7:00 7:30 10:00 12:00 13:30 15:00 16:15 17:45	平日時刻	7:30 8:30 9:00 11:30 13:30 15:00 16:20 17:30
土・日・祝祭日時刻	8:00 9:00 10:00 12:00 13:30 15:00 16:15 16:45	土・日・祝祭日時刻	9:30 10:30 11:30 15:00 16:20 17:30 18:00

【主な経由バス停】〈伊良部島〉佐和田車庫前〜国仲公民館前〜伊良部島公民館前〜佐良浜港〜〈宮古島〉宮古郵便局前〜宮古島市役所
【片道料金・所要時間】
佐和田車庫〜佐良浜港（310円・約26分）
佐良浜港〜宮古島市役所（460円・約39分）
佐和田車庫〜宮古島市役所（710円・約65分）

★みやこ下地島港空〜宮古島間を結ぶ下記2社のバス有 みやこ下地島空港の飛行機着発に合せて運行！

■宮古協栄バス ☎0980-72-2414
〈みやこ下地島空港リゾート線〉
みやこ下地島空港〜マティダ市民劇場（600円）〜宮古空港（700円）〜東急ホテル前（800円）／所要約1時間

■中央交通（株）宮古営業所 ☎0980-79-5503
みやこ下地島空港〜ヒルトン沖縄（600円）〜平良港（600円）〜宮古空港（800円）〜東急ホテル（1,000円）〜シギラリゾート（1,200円）／所要時間1時間10分

レンタカー
＊各社ホームページ及びP.103（宮古島）参照
●みやこ下地島空港に3社が出店
トヨタレンタリース沖縄／沖縄ツーリスト
オリックスレンタカー／パインレンタカー

タクシー
●基本運賃…（普通車）1,136mまで500円
463m毎に100円増
●島内観光…1時間4,400円
（島一周観光は2〜2時間半位）

日光タクシー ☎0980-78-3007
開発タクシー ☎0980-78-3774
新生タクシー （問合せ）☎090-3790-8489
（予約）☎080-1790-4059

島あそび その他のあそび

名称（問合せ先）	内容／料金（消費税込）
株式会社蟹蔵（かにぞう）☎0980-78-4737 （FAX.0980-78-4748）10:00〜18:00	●マングローブ体験学習ツアー（蟹のお食事付）8,800円〜13,200円 ●サバニクルージング（船上コーヒータイム有／蟹のお食事付）5,500円〜14,300円 ＊蟹お食事だけコースもあり

いらぶ大橋海の駅 みやげ 食べる

2階レストランから伊良部大橋を眺める

伊良部大橋を渡ったところに2020年6月オープン。2階に上ると海の眺めもいい。1階特産品フロアで購入したものを持ち込んで飲食も可能。以前伊良部の人からいただいた伊良部特産品のカツオのなまり節がうまかったので、お土産に買いました♪　無休

☎0980-78-3778　伊良部島池間添1092-1
営9:00〜18:00／食事は11:00〜L.O.16:00

石釜pizza & caffè BOTTA カフェ

伊良部島にあるピザ専門店。佐和田の浜が一望できる超絶景！居心地良くついつい長居。自家製生地とイタリアのチーズを使った石釜で焼く薄焼きのピッツァ各種1,300円〜、自家製チーズケーキ、他。店内フリーWi-Fiも嬉しい。　＊カード・PayPay使用可

☎0980-78-5010　伊良部島佐和田1726-4
休火曜（月休みの時有）営11:30〜16:00(L.O.15:30)

おーばんまい食堂 食べる

島ダコ海鮮丼1,500円

漁協直営の食堂。宮古島市海業支援施設いんしゃの駅佐良浜内。その時とれた島の魚を提供する海鮮丼（1,200円／時には高級魚のミーバイやアカマチが載ることもあるそう）や、島のおばちゃんたちがその時々に作る料理が魅力。惣菜等販売コーナーもあり。

☎0980-78-3119　伊良部前里添1
休火曜　営11:00〜15:00(14:30L.O.)

ひとくちメモ

〈伊良部島の奇祭、おおばんまい〉毎年旧暦5月4日、佐良浜港では、ハーリー舟競争の後、カツオを船から撒く「おおばんまい」という珍しい催しがある。魚の血や汁が飛んでくるので、前方で魚を取る覚悟の人はキャッチ用の段ボール箱を持ちカッパを着てフル装備で本気で切り身を集める。バックに流れる音楽は軍艦マーチ。なんじゃこりゃー！という元気になるお祭り。2019年の祭りのようす→（沖縄・離島情報Facebookページより）

八重山諸島

石垣島（いしがきじま）／竹富島（たけとみじま）／小浜島（こはまじま）／黒島（くろしま）／西表島（いりおもてじま）／由布島（ゆぶじま）／鳩間島（はとまじま）
波照間島（はてるまじま）／与那国島（よなぐにじま）

西表近くの外離島（左）、内離島（右）、現在は砂州でつながっている。

八重山諸島 航路・航空路図

与那国空港
久部良港
与那国島
八重山郡与那国町

RAC 至 那覇 約80分　RAC 約30分

※注意／与那国島は、実際の位置より編集上近づけて表しています。（巻頭沖縄全体図参照）他の島は、実際の位置関係です

台湾がすぐ近く、最西端国境の島。
与那国島で日本最後の夕陽を見よう！

沖縄一の滝や川、ジャングル、そして海中のサンゴも素晴らしい西表島の魅力にハマってください由布島へ海を水牛車で渡るのも人気！

鳩間島
鳩間港
八重山郡竹富町

上原港
外離島
内離島
船浮港
網取港
白浜港

西表島

仲ノ御神島

由布島

一級のリゾートに泊まるなら小浜島！
幻の島ツアーにも参加してみよう！

干潮時に現れる
浜島（幻の島）

カヤマ
嘉弥真島

小浜港　竹富港

小浜島

ユーグレナ石垣港
離島ターミナル

石垣市
石垣島
石垣空港

JTA 至 羽田・中部・関西・那覇
ANA 至 羽田・中部・関西・伊丹・那覇
RAC 至 那覇・宮古
ソラシド 至 成田・中部・関西・福岡
ピーチ 至 成田・中部・関西・福岡

石垣島は八重山の拠点！
自然を楽しむ魅力的なツアーも豊富。
飲食店や素敵なカフェ！
石垣島は遊び方いっぱい！

竹富島は石垣からわずか10分
伝統的な集落がとにかく美しい！

竹富島

黒島港
黒島

黒島は牛がいっぱ〜い！観光客も少な〜い！そこが魅力！

パナリ島（新城島）
上地島
下地島

大原港

波照間港

波照間島空港
石垣〜波照間
第一航空就航！

波照間島

高速船で約1時間、荒波を超えてでも行こう！ニシハマでのんびりできるだけで最高に幸せ！

サガリバナ

6〜8月芳香を放ち花は一夜限りで散る。西表・石垣は、群落地もある。西表では早朝のカヌーツアーも人気。（撮影地：石垣島）

西表島や石垣島では、3〜5月（年により変動）頃、ヤエヤマヒメボタル（陸生ホタル）が見られる。日没後の数十分だけ集中して点滅して乱舞する様はむちゃくちゃ神秘的。その時期は観察ツアーが開催されるので、ぜひツアーに参加してみよう。（撮影地：石垣島）

ヤエヤマヒメボタル

photo3点：北島清隆

It's a Beautiful Day

鳩間島
上原港 由布島
西表島 小浜島
石垣島
大原港 石垣港
波照間島 竹富島
新城島 黒島

2021年 西表島 世界自然遺産登録
国内初！ 2018年 星空保護区国際認定

日本最南端の島めぐりへ ─── 安栄観光で。

体験プランや離島観光等、50コース以上！

大人気、2島・3島・4島周遊コース
お申し込みはこちらから！

ホームページへ

さあて、今日はどの島へ
遊びに行きますか。

チケットレスで楽々スマート乗船！

乗船券のご予約・決済

五感を癒す船の旅　安栄観光 ANEI KANKO

八重山諸島周辺航路 定期船 時刻・料金表

高速船

■ 安栄観光 ／ ■ 八重山観光フェリー

★高速船の時刻表は、2024年4/1～6/30のものです。
この期間以降は各船会社のホームページで確認するか、問合せをしてください。

※2社は2020年10月より共通乗船券制度を廃止したので注意
★石垣の乗船場所（P.116、119参照）

安栄観光 高速船時刻表　2024/4/1～6/30

竹富島【Taketomi】

石垣発	竹富発
07:30	07:50
09:30	09:50
10:30	10:50
11:30	11:50
12:30	12:50
—	15:15
16:00	16:20
16:40	16:50
17:30	17:50

西表島上原【IriomoteUehara】

石垣発	上原発
07:10	08:10
08:30	09:30（鳩間経由）
13:30	14:30
16:30	17:40（鳩間経由）

安栄観光西表島西部地区送迎バスは安栄観光乗船券の方のみご利用いただけます。

西表島大原【IriomoteOhara】

石垣発	大原発
★🚌 07:10	★🚌 08:10
🚌 08:30	🚌 09:30
13:00	14:00（小浜・竹富経由）
14:30	15:20
🚌 16:00（黒島経由）	🚌 17:00（黒島経由）
★🚌 16:30	★🚌 17:40

★便：上原航路欠航時のみ運航

🚌印便は、上原航路欠航時、「大原⇔上原方面」の連結送迎バスがあります。連結送迎バスをご利用の場合は上原航路の乗船券をご購入下さい。送迎バスの座席には限りがあり、ご希望の皆様をご案内出来ない場合がございますので予めご了承下さい。

安栄観光西表島西部地区送迎バスは安栄観光乗船券の方のみご利用いただけます。

小浜島【Kohama】

石垣発	小浜発
09:10	09:50
—	14:40（竹富経由）
14:40	15:20（竹富経由）
16:10	16:50

【西表島の港メモ】東部・大原港発着／西部・上原港発着がある。東部～西部間は車で約1時間。宿は東部～西部間の送迎はしていないので注意。
●上原航路欠航時に上原まで行きたい場合…大原港便に乗り、路線バス利用で行ける。／または、上原までの乗船券を買えば、大原港～上原間は陸路で送迎してもらえる。逆に上原から石垣に行く場合も、上原チケットがあれば、上原港～大原港まで送迎してもらえる。／船会社窓口で確認、相談してみよう。

黒島【Kuroshima】

石垣発	黒島発
08:00	08:40
13:00	13:40
16:00（西表大原行経由）	17:25

鳩間島【Hatoma】

石垣発	
08:30	石垣→上原→鳩間
09:45	鳩間→石垣
16:30	石垣→鳩間
17:20	鳩間→上原→石垣

鳩間島航路は上原航路の経由便の為、上原航路欠航時は同様に欠航となります。

乗船券予約

運航状況

●西表・上原港からの無料送迎バス
石垣～上原間の乗船客を、安栄観光は上原港～（船浦経由）～白浜まで路線バスとマイクロバスで送迎。八重山観光フェリーは上原港～白浜まで路線バスとマイクロバスで送迎してくれる。（船浦に行きたい場合はその旨運転手さんに伝えれば寄ってくれる）

＊この時刻表は3月25日時点のもので、若干の変更がある場合があります。
事前に最新情報をご確認下さい。

島間航路・アイランドホッピング【Island Hopping】

西表島上原⇔鳩間島

西表島上原発	鳩間島発
09:30	17:20

上原航路経由便の為、上原便欠航時は欠航となります。

西表島大原⇒小浜島

西表島大原発
14:00

西表島大原⇒竹富島

西表島大原発
14:00（小浜経由）

小浜島⇒竹富島

小浜島発
14:40
15:20

黒島⇔西表島大原

黒島発	西表島大原発
16:30	17:00

八重山観光フェリー 高速船時刻表　2024/4/1～6/30

竹富航路【Taketomi】
所要時間 約10～15分(min)

石垣発 From Ishigaki	竹富発 From Taketomi
07:30	07:50
08:30	08:50
09:30	09:50
10:30	10:50
11:30	11:50
13:00	13:20
14:00	14:20
15:00	15:20
16:00	16:20
17:30	17:50

小浜航路【Kohama】
所要時間 約25～30分(min)

石垣発 From Ishigaki	小浜発 From Kohama
07:30	08:10
09:00	09:40
10:30	11:10
13:00	13:40
15:00	15:40
17:15	17:50

黒島航路【Kuroshima】
所要時間 約25～30分(min)

石垣発 From Ishigaki	黒島発 From Kuroshima
08:30	09:10
12:00	12:40
16:30	17:10

西表大原航路【Iriomote Ohara】
所要時間 約40～45分(min)

石垣発 From Ishigaki	大原発 From Ohara
07:30	08:30
09:00	10:00
10:30	11:30
14:00	15:00
15:30	16:30
16:40	17:35

西表上原航路【Iriomote Uehara】
所要時間 約45～50分(min)

石垣発 From Ishigaki	上原発 From Uehara
08:00	09:00 鳩間経由 Via Hatoma
09:00	10:00
11:00	12:00
13:30	14:30
15:30	16:50

鳩間航路【Hatoma】
所要時間 約45～50分(min)

石垣発 From Ishigaki	鳩間発 From Hatoma
08:00 上原経由 Via Uehara	09:20
15:30	16:25 上原経由 Via Uehara

上原-鳩間航路【Uehara-Hatoma】
所要時間 約10～15分(min)

上原発 From Uehara	鳩間発 From Hatoma
09:00	16:25

★船は、時季・天候・その他の諸事情により欠航、又は運航時間、発着場所、運賃などが変更になる場合があるので、必ず確認をしてください。
★到着時刻は、目安として最短予定時間で記載しました。事情により遅れることもあるので、乗継ぎなどの時間は余裕をみておきましょう。
★貨物（車・バイク、他）は、予約が必要。出発1時間前には、貨物乗船場所に行く必要があります。
★掲載運賃は、2024年3月現在のものです。※今後の原油価格の情勢より変わる場合があります。

貨客船
★貨客船の基本の時刻・日程表です〈海流、波や潮汐の状況により、運航日と時間が変わります。〉
※貨客船の次の月の運航確定は、毎月末です。※船会社Webにも掲載あり。

★必ず貨物事務所に確認・予約を!! 積荷の予約も必要（満載時は乗せられないことも）事前確認の上、出発時間より早めに受付を!!
★天候、海象、積載量などにより遅延もある。当日8時頃に電話にて確認するのがBEST。★石垣の乗船場所も高速船と違う（P.119参照）

石垣・貨客船乗場〜 竹富島 航路 （貨客船） ＊基本時間 確認要

■ 安栄観光 （貨客カーフェリーぱいかじ）
火・土曜 運航／所要片道…約20分

石垣発 → 竹富着	竹富発 → 石垣着
15:00 → 15:20	15:50 → 16:10

■ 八重山観光フェリー （貨客船 ゆいまる）
月・金曜 運航／所要片道…約30分

石垣発 → 竹富着	竹富発 → 石垣着
15:30 → 16:00	石垣からの便が竹富港到着後荷降ろし完了後、準備出来次第出発 ※要確認

★大潮により欠航or変更も有また貨客船かりゆしの場合も有

石垣・貨客船乗場〜 西表島（東部）大原港 （貨客船）航路 ＊基本時間 要確認

■ 安栄観光 （貨客カーフェリーぱいかじ）
火・木・土曜 運航／所要片道…約80分

石垣発 → 大原着	大原発 → 石垣着
09:30 → 10:50	11:30 → 12:50

■ 八重山観光フェリー （貨客船 ゆいまる・かりゆし）
月・水・金曜 運航
所要片道…約110分

石垣発 → 大原着	大原発 → 石垣着
09:00 → 10:50	石垣からの便が大原港到着後荷降ろし完了後、準備出来次第出発 ※要確認

石垣・貨客船乗場〜 小浜島 航路 （貨客船） ＊基本時間 確認要

■ 安栄観光 （貨客カーフェリーぱいかじ）
水・金・日曜 運航／所要片道…約60分

	石垣発 → 小浜着		小浜発 → 石垣着
1月〜4月,9月〜12月 水金	08:30 → 09:30	1月〜4月,9月〜12月 水金	09:50 → 10:50
1月〜4月,8月〜12月 日	08:30 → 09:30	1月〜4月,8月〜12月 日	09:50 → 10:50
5月〜8月 水	14:50 → 15:50	5月〜8月 水	16:10 → 17:10
5月〜8月 金	14:30 → 15:30	5月〜8月 金	16:00 → 17:00
5月〜7月 日	14:30 → 15:30	5月〜7月 日	16:00 → 17:00

■ 八重山観光フェリー （貨客船 ゆいまる）
火・木・土曜 運航
所要片道…約75分

石垣発 → 小浜着
10:30 → 11:45	石垣からの便が小浜港到着後荷降ろし完了後、準備出来次第出発 ※要確認

石垣・貨客船乗場〜 西表島（西部）上原港・鳩間島 航路 （貨客船）＊要確認

■ 安栄観光 （貨客カーフェリーぱいかじ）
月・水・金曜 運航
（5〜7月の日曜）

	石垣発 → 上原着	上原発 → 鳩間着	鳩間発 → 石垣着
5月〜8月 水	08:30 → 10:20	11:50 → 12:10	12:20 → 14:00
1〜4月,9〜12月 水	12:30 → 14:10	15:00 → 15:20	15:30 → 17:10

	石垣発 → 鳩間着	鳩間発 → 上原着	上原発 → 石垣着
5月〜8月 月・金	08:30 → 10:20	10:20 → 10:40	11:30 → 13:30
1〜4月,9〜12月 月・金	12:30 → 14:10	14:20 → 14:40	15:30 → 17:10
5月〜7月 日	08:30 → —	— → 10:10	11:50 → 13:30

■ 八重山観光フェリー （貨客船 かりゆし）
火・木・土曜 運航
※運航時間は目安で荷物の積載量により航路変更の可能性があるので要確認

	石垣発 → 上原着	上原発 → 鳩間着	鳩間発 → 石垣着
木	09:00 →11:10前後	13:00頃 →13:30前後	14:00頃 →16:30前後

	石垣発 → 鳩間着	鳩間発 → 上原着	上原発 → 石垣着
火・土	09:00 →11:10前後	12:00 →12:30前後	13:30頃 →16:30前後

● 安栄観光貨物事務所 ☎0980-83-5891
● 八重山観光フェリー貨物事務所 ☎070-5480-6205

石垣・貨客船乗場〜 黒島 航路 （貨客船） ＊基本時間 確認要

■ 安栄観光 （貨客カーフェリーぱいかじ）
月・木曜 運航／所要片道…約60分

	石垣発 → 黒島着		黒島発 → 石垣着
1月〜4月,9月〜12月 月木	08:30 → 09:30	1月〜4月,9月〜12月 月	10:00 → 11:00
5月〜8月 月	14:30 → 15:30	5月〜8月 月	16:00 → 17:00
5月〜8月 木	14:30 → 15:30	5月〜8月 木	16:00 → 17:00

■ 八重山観光フェリー （貨客船 ゆいまる）
火・土曜 運航
所要片道…約80分

石垣発 → 黒島着	黒島発 → 石垣着
14:30 → 15:50	石垣からの便が黒島港到着後荷降ろし完了後、準備出来次第出発 ※要確認

★大潮により欠航or変更あり

【注意】貨客船は、基本の予定表です。潮位や船のドック入りなどで欠航、変更があります。毎月変わります。

料金表 （石垣島・竹富島・小浜島・黒島・西表島大原・西表島上原・鳩間島） 波照間島／与那国 P.116

●掲載運賃／2023年3月現在の燃料油価格調整金込み、消費税込み ※運賃は、今後の原油価格の情勢により変化する場合があり

高速船 運賃表 □安栄観光 ■八重山観光フェリー

航路	大人 片道（往復）	小人 片道（往復）
石垣〜竹富	880円（1,700円）	460円 （890円）
石垣〜小浜	1,560円（3,020円）	790円（1,520円）
石垣〜黒島	1,680円（3,250円）	860円（1,660円）
石垣〜大原	2,290円（4,420円）	1,170円（2,260円）
石垣〜上原	2,990円（5,770円）	1,500円（2,900円）
石垣〜鳩間	2,990円（5,770円）	1,500円（2,900円）
上原〜鳩間	1,120円（2,160円）	580円（1,120円）
大原→黒島	1,110円（2,150円）	560円（1,080円）
大原→竹富	2,110円	1,080円
大原→小浜	2,060円	1,050円
小浜〜竹富	1,500円	770円

＊大人料金（中学生以上）、小人料金（小学生）

貨客船（フェリー） 運賃表 □安栄観光 ■八重山観光フェリー

航路	大人 片道（往復）	小人 片道（往復）	自転車	原付	自動二輪
石垣〜竹富	720円（1,400円）	380円 （740円）	490円	970円	1,170円
石垣〜小浜	1,230円（2,390円）	620円（1,200円）	490円	970円	1,170円
石垣〜黒島	1,350円（2,620円）	690円（1,340円）	490円	970円	1,170円
石垣〜大原	1,810円（3,510円）	920円（1,780円）	730円	1,480円	1,740円
石垣〜上原	2,350円（4,560円）	1,180円（2,290円）	730円	1,480円	2,200円
石垣〜鳩間	2,350円（4,560円）	1,180円（2,290円）	730円	1,480円	2,200円
上原〜鳩間	820円（1,590円）	430円 （840円）	490円	970円	1,170円

※WEB割引…乗船券をネット予約すると5%の割引があり
※団体割引は15名以上 ※障がい者手帳の提示で割引運賃
※未就学幼児は、大人1名に付き幼児1名無賃になる（混み合う場合は、膝の上にて）
※石垣港での支払いは各種クレジットカード、交通系電子マネーなど利用可
（石垣港以外の各離島では現金のみのところも多い）

● 予約・問合せ・チケット窓口 情報 次ページ参照

▶ 車は予約時、要確認

お得なフリーパス乗船券
航路と各社の使用規定をよく吟味して利用しよう
＊ 石垣港離島ターミナル内窓口で購入できる。
＊ 購入者本人のみ利用可
＊ 貨客船は利用不可

●安栄観光…アイランドホッピングパス（高速船時刻表掲載便が乗り放題）※乗船券発行時、燃料サーチャージ別途必要
〈フリーパス3日券〉…波照間航路除く 大人6,800円、小人3,400円／波照間航路付 大人12,000円、小人6,000円
〈フリーパス4日券〉…波照間航路除く 大人7,800円、小人3,900円／波照間航路付 大人13,000円、小人6,500円
〈フリーパス5日券〉 波照間航路除く 大人8,800円、小人4,400円／波照間航路付 大人14,000円、小人7,000円

●八重山観光フェリー…かりゆし周遊券（高速船時刻表掲載便が乗り放題）※燃料サーチャージ込み
〈八重山フェリーパス3日間〉…波照間航路除く 大人10,000円、小人5,000円
〈八重山フェリーパス4日間〉…波照間航路除く 大人11,000円、小人5,500円

※連続した日にちでの使用になります。
※パスを窓口で提示し、行きたい航路の乗船券を発行してもらう。バスだけでは乗船できません。

八重山諸島〈船〉

石垣港離島ターミナル～
波照間島 航路
（高速船）

【注意】高速船は、船により違うので、確認の上、計画をしてください。

■ **安栄観光**（高速船 あんえい号）
（大型高速船 ぱいじま2）

所要片道…あんえい号 約60～70分
（大原経由の場合約80分）
ぱいじま2 約80～90分

石垣発 → 波照間着	波照間発 → 石垣着
08:00 → 09:00	09:50 → 10:50
11:30 → 12:30	12:50 → 14:15
14:30 → 16:30	16:20 → 18:20

※石垣08:00発の便は大変混みやすい便なので、前日18:00までに予約をしたほうが良い。
※どの便が、ぱいじま2になるかは、決まっていません。
（注）この時刻は4/1～6/30のものです。その後は必ずご確認ください。
例年8/21～9/30の期間は最終便の時間が早まります。

● 運賃…大人4,530円（往復8,750円）
小人2,270円（往復4,390円）
※ぱいじま2の2階席はスーパーシートです。
当日、空席がある場合、乗船券受付カウンターで購入可（乗船券+1,000円）

※掲載運賃／2024年3月現在の燃料油価格調整金込、消費税込
★波照間島は人気航路なので、帰りのチケットも買っておくと安心。
★日帰り観光ツアーや宿も早めの予約がおススメ。

安栄観光「ぱいじま2」

石垣・フェリーはてるま乗場～
波照間島 航路（貨客船）

■ **安栄観光**（フェリーはてるま）

火・木・土曜 運航
所要片道…約2時間

石垣発 → 波照間着	波照間発 → 石垣着
09:00 → 11:00	4月～9月 14:00 → 16:00
	10月～3月 13:30 → 15:30

● 運賃…大人2,950円（往復5,740円）
小人1,480円（往復2,880円）
自転車630円／原付1,250円
自動二輪1,570円（※車は予約時確認）

★フェリーはてるまの石垣の出港場所・チケット売り場は、他の島行き高速船乗場と離れているので注意（P.119地図参照）。
★単車、車などがある場合は、早めに予約して乗船にまにあう時間も確認しましょう。

石垣・フェリーよなくに乗場～
与那国島・久部良港
（貨客船） 航路 ＊通年

■ **福山海運**（フェリーよなくに）

所要片道…約4時間

石垣発 → 与那国着	与那国発 → 石垣着
火・金曜 運航	水・土曜 運航
10:00 → 14:00	10:00 → 14:00

※天候等によって、出港日・時刻が変わることもあるので、必ず事前に電話で確認のこと。

● 運賃…大人3,610円、小人1,810円
大人往復（2週間有効）6,860円
学割2,890円 ※学割発行券必要
〈学生証では学割運賃は適用されません。
学割発行券は往復ともそれぞれ必要〉
自転車1,200円／原付（50cc）1,820円
自動二輪3,630円、他
（＊車は予約時確認を）

【予約・問合せ先】 （資）福山海運
与那国本社
☎0980-87-2555 FAX.87-2785
石垣営業所（石垣市八島町）
☎0980-82-4962 FAX.82-5088

★フェリーよなくにの石垣の出港場所・チケット売り場は、他の島行き高速船乗場と離れているので注意（P.119地図参照）。
★単車、車などがある場合は、早めに予約して乗船にまにあう時間も確認しましょう。

予約・問合せ先

※（フェリー与那国）福山海運は上記与那国航路を参照

■ **（有）安栄観光**
● 石垣本社 ☎0980-83-0055 FAX.83-0044
（石垣市美崎町1 石垣港離島ターミナル内）
● 貨物事務所 ☎0980-83-5891
※旅客フェリーは潮の干満により時刻変更有。事前に要問合せ。
★チャーター船、観光コース、フィッシング案内も有
http://www.aneikankou.co.jp

■ **八重山観光フェリー（株）**
● 石垣本社 ☎0980-82-5010 FAX.82-3559
（石垣市美崎町1 石垣港離島ターミナル内）
● 貨物事務所 ☎070-5480-6205
※旅客フェリーは潮の干満により時刻変更になる場合有。事前に要問合せ。
★各種観光ツアー有、お得なWEB割有
https://www.yaeyama.co.jp

ユーグレナ石垣港離島ターミナル船乗場

具志堅用高（元WBA世界ライトフライ級王者）さんのブロンズ像があります。

ユーグレナ石垣港離島ターミナル図

ユーグレナ石垣港離島ターミナル

★ユーグレナ石垣港離島ターミナルの位置／貨客船ぱいかじ・かりゆし・平成丸乗場／フェリーはてるま乗場／フェリーよなくにに乗場／高速カーフェリードリームのバイク・車の八島ふ頭…（P.119）の地図参照。

●ターミナル問合せ先…港湾課☎0980-82-4046

※夏季は駐車場が混むので、ターミナル第1～第3駐車場があふれて、他を案内されることがあります。時間に余裕を!!（八島第2駐車場は少し離れていますが同料金です／場所はP.118港周辺MAP参照）

ひとくち メモ 〈石垣市尖閣諸島情報センター〉尖閣諸島は沖縄県石垣市の行政区域。昭和初期まで多くの人が住み、鰹節工場や羽毛採取などの経済活動を営んでいた痕跡を示す多くの歴史的史料を展示。また絶滅が危惧される尖閣諸島固有の貴重種動植物などの説明展示など。尖閣諸島への関心を深めてもらうために開設された。離島ターミナル内2F。入場無料。

八重山諸島〈船〉

八重山諸島の玄関口。自然もいっぱい

石垣島
いしがき

(photo:北島清隆)

ISHIGAKI MAP
＊石垣から八重山の
島々に船が出ている

至 与那国島
石垣島
石垣空港
ユーグレナ
石垣港離島
ターミナル
鳩間港
上原港
西表島
大原港
パナリ島　黒島　小浜島　竹富島
波照間島

〈飛行機〉
成田・羽田・中部・関西・伊丹・福岡より
那覇〜石垣 60〜65分
石垣〜宮古 30分　石垣〜与那国 30分

都会的な便利さ、美しい海と自然が魅力! 気軽に高速船（※与那国島は飛行機とフェリーのみ）で八重山の島々を巡れる。石垣島内の海と山と川のネイチャーツアー、石垣出発のシュノーケリングツアー、ダイビングなど幅広く遊べる。

●面積222.24km²（無人島は除く）
●人口50,217人（令和6年2月末現在）
●石垣市観光交流協会☎0980-82-2809
●石垣市観光文化課☎0980-82-1535
●石垣島の宿の情報はP.212〜

●川平湾 海の色が七色に変わると言われる沖縄一の景勝地。白砂と海の色のコントラスト、入江の景観など本当に美しい。石垣島に行ったら絶対に見ておきたいところ。市街から車約30分。
【地図P.118A3】(photo:北島清隆)

●底地ビーチ 遠浅で八重山の有名ビーチ。木陰も多く広くてゆっくり過ごせる。市街から車約40分。p.128参照
＊写真は石垣シーサイドホテル側【地図P.118A3】

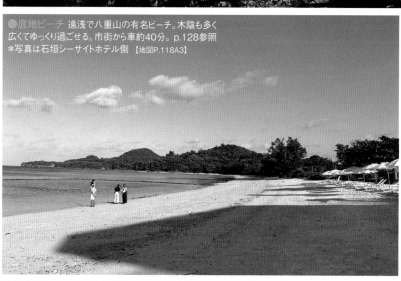

島への行き方

飛行機

☆本土、那覇から石垣島までの船便（有村産業）は2008年廃止になっている。

●那覇〜石垣…1日全15〜16便（60〜65分）
JTA、RAC、ANA、SNAが運航している。

●羽田、成田、中部、関西、福岡〜石垣…
ANA、JAL、JTA、ピーチの直行便も運航。また、伊丹から（7/14〜8/31の間、日により）運航している。
＊飛行機の情報は、P.220〜221参照

石垣空港〜ユーグレナ石垣港離島ターミナル までの行き方

新空港になって、離島行きの船が発着するターミナルまで遠くなったので注意。

●路線バス（P.120〜121参照）で直通だと約30分東運輸540円、カリー観光500円の2社が多数運行している。

●タクシーだと約30分、約2,700円

〈石垣市公認キャラクター　ぱいーぐる〉天然記念物のカンムリワシがモデル。八重山諸島では、石垣島、西表島で繁殖が確認されている。石垣をドライブしていると、特に川平〜米原方面の電信柱にいるカンムリワシを見ることができる。高いところにいるので、大きさがわかりづらいが、全長50cm以上、褐色で、翼や腹面には白い斑点がある。幼鳥は腹が白っぽい。後頭部に特徴的な羽毛が生えるのが名前の由来。
ひとくちメモ

●御神崎（おがんざき）断崖絶壁の上から海の中まで良く見える。目の前には雄大な海が広がる。(photo:北島清隆)

●野底岳（野底マーペー）とんがった山頂印象的な、石垣で2番目に高い山。地図内メモ参照。(photo:北島清隆)

●平久保崎 石垣の最北端。灯台の立つ丘から晴れた日には遥か多良間島が見えること。*灯台口に駐車場、トイレ有。市街から車で約80分。【地図P.118C1】(photo:北島清隆)

●玉取崎展望台 平久保半島と海を一望できる。周辺にはハイビスカスがほぼ一年中咲いている。(photo:北島清隆)

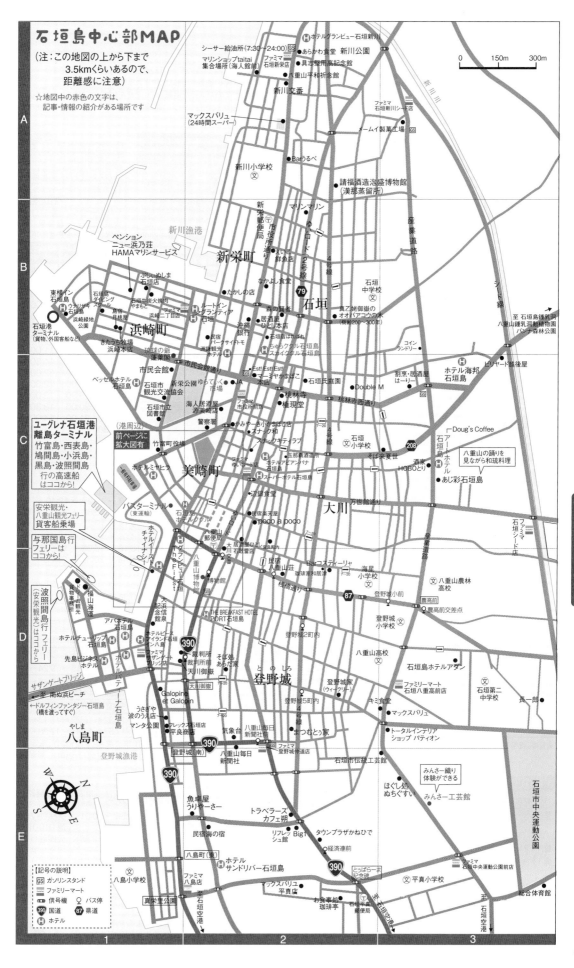

石垣島中心部MAP

(注：この地図の上から下まで
3.5kmくらいあるので、
距離感に注意)

☆地図中の赤色の文字は、
記事・情報の紹介がある場所です

0 150m 300m

ホテルグランビュー石垣新川
シーサー給油所(7:30〜24:00)
あらかわ食堂 新川公園
マリンショップtaitai
集合場所(海人館前)
ファミマ
石垣新川シード店
ファミマ
石垣新栄店
具志堅用高記念館
八重山平和祈念館

新川交番

マックスバリュー
(24時間スーパー)

メーイ製菓工場

A

Barうるべ
請福酒造泡盛博物館
(漢那蒸留所)

新川小学校

ペンション
ニュー浜乃荘
HAMAマリンサービス

新川漁港

マリンマリン
ゆ口店

新栄郵便局
市役所
えい川
鮮魚店

新栄町

4号線

産業道路

シード線

ぷらいめしま
石垣店

東横イン
石垣島店
ウチザキ
タール
石垣島
ダイビング
サール

石垣
中学校

真乙姥御嶽の
オオバアコウの木
(樹齢200〜300年)

B

島料理
月桃屋
炭火焼肉
やまもと
ファミマ
浜崎二丁目店

ルートイン
グランティア
石垣

たかしの店

なかよし食堂

石垣

79

浜崎町

沖縄
銀行

パークサイドモ

至 石垣島鍾乳洞
八重山鍾乳洞動物園
バンナ森林公園

石垣港
ターミナル
(貨物、外国客船など)

きたうち牧場
浜崎本店

民宿

居酒屋
ひと昔本店

森の賢者

石垣島はれいし

ちゃらくや石垣島
スカイグル石垣島

コイン
ランドリー

琉球の爺
蓬莱閣

洲観光
ホテル

市民会館通り

ユーグレナ石垣港
離島ターミナル

竹富島・西表島・
鳩間島・小浜島・
黒島・波照間島
行の高速船
はココから!

市民会館

Est!Est!Est!
ミヤケ弁当こ

石垣氏庭園

ホテル海邦
石垣島

ビリヤード越後屋

石垣
観光交流協会

新栄公園ゆうてぃく
市場

石垣市立
図書館

JA

桃林寺

Double M

割烹・居酒屋
はーりー

208

海人居酒屋
源美崎店

権現堂

琉璃寺西通り

GS

Doug's Coffee

アート
ホテル

八重山の踊りを
見ながら和琉料理

警察署

竹富町役場

かみやーき小かまぼこ店

スナック和

スナックギャラブ

4号線

石垣
小学校

HOBOとり

酒家

あじ彩石垣島

前ページに
拡大図有

五郎鮨酒店

石垣
ホテルミヤヒラ

美崎町

ホテルアビアンパナ

スーパーホテル石垣島

安栄観光・
八重山観光フェリー
貨客船乗場

バスターミナル
(東運輸)

石垣市
ホテルククル

辺銀食堂

民宿天風

そば来夏世

万世館通り

大川

ファミマ
石垣シード店

与那国島行
フェリーは
ココから!

ホテル
イースト
チャイナシー

ゆ
居宿楽天屋

poco a poco

産業道路

(波照間島行
(安栄観光)
フェリー
はココから

グランビュー石垣
the First

八重山
郵便局

大川交番

石垣市商店

Barコスティーリャ
珈琲館和香亭

海星
小学校

87

八重山農林
高校

八重山博物館

民宿
八重山荘

枝橋通り

登野城小前

農高前

記念信館亭

博物館

THE BREAKFAST HOTEL
PORT石垣島

登野城
小学校

登野城2丁目

八重山農林
高校

農高前交差点

アパホテル
石垣島

D

ホテルチューリップ
石垣島

ホテルピース
アイランド
石垣島

390

裁判所

そば処
あらた家

八重山高校

石垣島ホテルアダン

先島ビジネス
ホテル

ホテルパティーナ
マリーナ石垣島

サザンゲート
ブリッジ店

天川御嶽

登野城

ファミリーマート
石垣八重山高前店

石垣第二
中学校

長一郎

至 南ぬ浜ビーチ

ドルフィンファンタジー石垣島
(橋を渡ってすぐ)

Galopine
et Galopin

うさぎや
波のうえ店

登野城5丁目

キミ食堂

マックスバリュ

八島町

フレックス石垣店
平良商店

マンタ公園

390

気象台
八重山毎日
新聞社前

八重山毎日
新聞社

4号線

あつもと家

トータルインテリア
ショップ パティオン

登野城(南)

石垣市伝統工芸館

石垣市中央運動公園

登野城漁港

魚卓屋
うりやーさー

トラベラーズ
カフェ朔

ほぐし処
めちぐすい

みんさー織り
体験ができる

みんさー工芸館

E

民宿海の宿

リフレッ
シュ館

Big1

タウンプラザかねひで

八島町(裏)

ホテル
サンドリバー石垣島

390

経済連前

とっぱーま
記念碑

平真小学校

ファミマ
石垣中央運動公園前店

石垣中央運動公園前店

【記号の説明】
GS ガソリンスタンド
ファミリーマート
信号機 バス停
390 国道 87 県道
ホテル

ファミマ
八島店

八島小学校

マックスバリュ
平真店

お食事処
珈琲亭

石垣市真栄里
郵便局

総合体育館

真栄里公園

至 石垣空港

至 石垣空港

東運輸バス （あずま）　http://www.azumabus.co.jp

東運輸（株）バス問合せ先
バスターミナル ☎0980-87-5423
（P.118D2）　FAX.0980-87-5424

【注意】＊東バス時刻表のデータは2024年3月現在のものです。
＊バス停の通過時刻は多少ずれることがあります。
＊すべてのバス停を掲載していません（主なバス停をピックアップ）。
＊経由路線を右ページの路線図、又はホームページで確認してください。

系統⑩ アートホテル・ANAインターコンチネンタル経由 空港線　バスターミナル〜石垣空港　所要時間：約40分

●バスターミナル発（※運賃はバスターミナルからのもの）

バスターミナル発	石垣港離島ターミナル	アートホテル石垣島	みんさー工芸館前	ANAインターコンチネンタル	大浜	宮良橋	白保	石垣空港着
運賃 150円	150円	150円	150円	210円	220円	310円	410円	540円
6:10	6:11	6:18	6:22	6:29	6:33	6:37	6:43	6:50
7:45	7:46	7:53	7:57	8:04	8:08	8:12	8:18	8:25
12:45	12:46	12:53	12:57	13:04	13:08	13:12	13:18	13:25
14:45	14:46	14:53	14:57	15:04	15:08	15:12	15:18	15:25

●石垣空港発（※運賃は石垣空港からのもの）

石垣空港発	白保	宮良橋	大浜	ANAインターコンチネンタル	みんさー工芸館前	アートホテル石垣島	石垣港離島ターミナル	バスターミナル着
運賃 210円	310円	400円	450円	500円	530円	540円	540円	540円
7:25	7:32	7:37	7:41	7:46	7:52	7:56	8:03	8:05
8:45	8:52	8:57	9:01	9:06	9:12	9:16	9:23	9:25
13:45	13:52	13:57	14:01	14:06	14:12	14:16	14:23	14:25
15:45	15:52	15:57	16:01	16:06	16:12	16:16	16:23	16:25

バス停▶バスターミナル〜石垣港離島ターミナル〜桟橋通り〜登野城小前〜アートホテル石垣島〜みんさー工芸館前〜中央運動公園入口〜平得北〜真栄里東〜ANAインターコンチネンタル〜合同庁舎前〜徳洲会病院前〜ドン・キホーテ前〜大浜農協前〜大浜〜磯辺〜太陽の里前〜宮良団地前〜宮良橋〜宮良西〜宮良東〜特別支援学校〜ばすきなよお入口〜白保中〜白保小〜白保〜盛山南〜石垣空港

石垣空港の東バス乗り場

※系統⑩バス終了後は、系統④を利用しましょう。ホテルには寄りませんが経路は、ほぼ一緒です。

●石垣空港〜石垣港離島ターミナル
又は
石垣空港〜バスターミナル
往復割引乗車券 がお得
大人1,000円、小人500円

一番賑やかな場所ユーグレナモール

系統④ 平得・大浜・白保・経由空港線　離島ターミナル経由！

※バスターミナル〜空港 所要約40分

【主な経路（バスターミナルからの運賃）】
バスターミナル→石垣港離島ターミナル→合同庁舎前（190円）→大浜（220円）→宮良東（360円）→白保（410円）→空港（540円）

●バスターミナル発時間		●新石垣空港発時間	
6:30	14:00	6:55	15:00
7:00	14:30	7:45	15:30
7:30	15:00	8:30	16:00
8:00	15:30	9:00	16:30
8:30	16:00	9:30	17:00
9:00	16:30	10:00	17:30
9:30	17:00	10:30	18:00
10:00	17:30	11:00	18:30
10:30	18:00	11:30	19:00
11:00	18:30	12:00	19:30
11:30	19:00	12:30	20:00
12:00	19:30	13:00	20:30
12:30	20:00	13:30	21:00
13:00	21:00	14:00	21:45
13:30		14:30	

系統⑤ 平野 折返 伊原間線
系統⑥ 平野線

【主な経路（運賃）】バスターミナル〜合同庁舎前（190円）→宮良東（360円）→白保（410円）→空港（540円）→玉取崎（920円）→伊原間（970円）→明石（1,050円）→平久保（1,200円）→平野（1,300円）空港〜玉取（550円）、平久保（920円）

〈運行日注意〉★ 日曜、祝祭日と6/23運休
◇ 土曜、祝祭日と6/23の前日のみ運行

※6/23は沖縄慰霊の日で（学校や公の機関は休日）

	バスターミナル	八重山合同庁舎前	宮良東	白保	石垣空港	玉取崎	伊原間	明石	平久保	平野
発	11:20 →	11:33 →	11:41 →	11:45 →	11:52 →	12:16 →	12:19 →	12:27 →	12:40 →	12:45 着
発	15:45 →	15:58 →	16:06 →	16:10 →	16:17 →	16:41 →	16:44 →	16:52 →	17:05 →	17:10 着
発	18:20 →	18:33 →	18:41 →	18:45 →	18:52 →	19:16 →	19:19 →	19:27 →	19:40 →	19:45 着
着	15:00 ←	14:39 ←	14:35 ←	14:28 ←	14:04 ←	14:01 ←	13:53 ←	13:40 ←	13:35 発	
着	19:15 ←	19:01 ←	18:54 ←	18:50 ←	18:43 ←	18:19 ←	18:16 ←	18:08 ←	17:55 ←	17:50 発
◇ 着	21:45 ←	21:31 ←	21:24 ←	21:20 ←	21:13 ←	20:49 ←	20:46 ←	20:38 ←	20:25 ←	20:20 発

〈運行日注意〉■印のバスは、春夏冬休み期間・土日祝祭日6/23を除く、月〜金曜日運行

■ 着	7:56 ←	7:48 ←	7:35 ←	7:30 発
■ 発	8:00 →	8:08 →	8:21 →	8:26 着
★ 着	10:05 ←	9:51 ←	9:44 ←	9:40 ←	9:33 ←	9:09 ←	9:06 ←	8:58 ←	8:45 ←	8:40 発

※平久保バス停から平久保灯台までは距離があるので、あらかじめ運転手さんに行きたい場所を伝え、降りる場所、帰りの時間も確認しておこう。

系統③ 東回一周線

※目的地までの所要時間や運賃が経路によりかわるので注意。

	バスターミナル	サンエー前	宮良東	白保	石垣空港	玉取崎	伊原間	/	伊原間	伊土名	ヤシ林入口	米原（キャンプ場）	川平公園前	元名蔵	自然村入口	桟橋通り	バスターミナル
発	6:45 →	6:57 →	7:06 →	7:10 →	7:17 →	7:41 →	7:44着	発 8:00 →	8:18 →	8:29 →	8:31 →	8:52 →	9:05 →	9:15 →	9:24 →	9:26着

系統② 西回一周線　系統⑧ 西回伊原間線

	バスターミナル	サンエー前	宮良東	白保	石垣空港	玉取崎	伊原間	/	伊原間	伊土名	ヤシ林入口	米原（キャンプ場）	川平公園前	元名蔵	自然村入口	桟橋通り	バスターミナル
着	12:12 ←	11:54 ←	11:43 ←	11:41 ←	11:23 ←	11:07 ←	10:57 ←	10:48 ←	10:45 発							
発	12:45 →	13:03 →	13:14 →	13:16 →	13:37 →	13:50 →	14:00 →	14:09 →	14:11 着							
★ 着	17:49 ←	17:36 ←	17:28 ←	17:24 ←	17:17 ←	16:53 ←	16:50 発	着 16:37 ←	16:19 ←	16:08 ←	16:06 ←	15:48 ←	15:32 ←	15:22 ←	15:13 ←	15:10 発
着	20:09 ←	19:56 ←	19:47 ←	19:43 ←	19:36 ←	19:12 ←	19:09 発	着 18:44 ←	18:33 ←	18:31 ←	18:13 ←	17:57 ←	17:47 ←	17:38 ←	17:35 発	

★日曜、祝祭日と6/23運休 【東回（運賃）】バスターミナル〜玉取崎（920円）、伊原間（970円）、米原（1,350円）、川平公園前（1,600円）※西周りと東周りで料金違いです。
【西回（運賃）】バスターミナル〜玉取崎（1,250円）、伊原間（1,250円）、米原（840円）、川平公園前（700円）

系統⑪ 米原キャンプ場線

▼石垣空港発着時間だけでなく、経路・所要時間も注意して利用しよう。

	バスターミナル	ANAインターコンチネンタル	サンエー前	みんさー工芸館前	アートホテル石垣島	石垣空港	サッカーパークあかんま	ヤシ林入口	米原（キャンプ場）	山原	川平公園前	クラブメッド	シーサイドホテル
発	8:30 →	8:41 →	8:44 →	8:49 →	8:54 →		9:19 →	9:23 →	9:28 →	9:32 →	9:46 →	9:56 →	10:01 ↘
着						着 10:50 ←	10:34 ←	10:27 ←	10:25 ←	10:21 ←	10:07 ←		
発	14:21 ←	14:09 ←	14:06 ←	14:01 ←	13:56 ←	発 12:00 →	12:16 →	12:23 →	12:25 →	12:29 →	12:43 →	12:53 →	12:58 ↘
							13:31 ←	13:24 ←	13:22 ←	13:18 ←	13:04 ←		
発	11:30 →	11:41 →	11:44 →	11:49 →	11:54 →	着 13:50 ←	12:19 →	12:26 →	12:28 →	12:32 →	12:46 →	12:56 →	13:01 ↘
							13:34 ←	13:27 ←	13:21 ←	13:07 ←			
着	17:21 ←	17:09 ←	17:06 ←	17:01 ←	16:56 ←	発 15:00 →	15:16 →	15:23 →	15:25 →	15:29 →	15:43 →	15:53 →	15:58 ↘
							16:31 ←	16:24 ←	16:22 ←	16:18 ←	16:04 ←		

【主な経路（運賃）】バスターミナル〜ヤシ林（870円）、米原（890円）、川平公園前（1,150円）川平公園前〜空港（830円）米原〜川平公園前間（420円）／米原〜空港（540円）

〈唐人墓〉海洋の要所にある沖縄には漂流した異国の船にまつわる歴史が数々ある。1852年中国廈門（アモイ）で集められた苦力（クーリー）たちが米国商船でカリフォルニアに送られる途中、暴行に堪えかねて暴動を起こした。たまたま船が石垣沖で座礁して石垣島に上陸し、後この地で亡くなった中国人128人の霊が祀られる中国様式極彩色の墓。【地図P.118A4】

前勢岳（まえせだけ）展望台から石垣の街を見渡す（写真：北島清隆）

系統① 川原線
*日曜・祝祭日、6月23日(慰霊の日)は運休

バスターミナル	裁判所前	平得	合同庁舎前	大浜	三和	
発 7:20 →	7:23 →	7:29 →	7:33 →	7:35 →	7:44	着
発 17:40 →	17:43 →	17:49 →	17:53 →	17:55 →	18:04	着
着 18:28 ←	18:24 ←	18:19 ←	18:14 ←	18:12 ←	18:04	発

バスターミナル	登野城2町所	平得	合同庁舎前	大浜	三和	
着 8:07 ←	8:04 ←	7:59 ←	7:54 ←	7:52 ←	7:44	発

▲三和7:44発便のみ一部ルートが違うので注意
【運賃】バスターミナル～川原（440円）

系統⑨ 川平リゾート線

バスターミナル	石垣港離島ターミナル	アートホテル石垣島	舟蔵の里	グランヴィリオリゾート石垣島	ビーチホテルサンシャイン	唐人墓	フサキビーチリゾートホテル	やいま村入口	川平公園前	クラブメッド	シーサイドホテル
発 6:15 →	6:16 →	6:23 →	6:32 →	6:33 →	6:34 →	6:36 →	6:37 →	6:45 →	6:58 →	7:08 →	7:14
着 8:05 ←	8:03 ←	7:56 ←	7:46 ←	7:45 ←	7:44 ←	7:43 ←	7:42 ←	7:33 ←	7:19 ←		
発 8:55 →	8:56 →	9:03 →	9:12 →	9:13 →	9:14 →	9:16 →	9:17 →	9:25 →	9:38 →	9:48 →	9:54
着 10:45 ←	10:43 ←	10:36 ←	10:26 ←	10:25 ←	10:24 ←	10:23 ←	10:22 ←	10:13 ←	9:59 ←		
発 9:35 →	9:36 →	9:43 →	9:52 →	9:53 →	9:54 →	9:56 →	9:57 →	10:05 →	10:18 →	10:28 →	10:34
着 11:45 ←	11:43 ←	11:16 ←	11:06 ←	11:05 ←	11:04 ←	11:02 ←	11:01 ←	10:53 ←	10:39 ←		
発 12:55 →	12:56 →	13:03 →	13:12 →	13:13 →	13:14 →	13:16 →	13:17 →	13:25 →	13:38 →	13:48 →	13:54
着 14:45 ←	14:43 ←	14:26 ←	14:26 ←	14:25 ←	14:24 ←	14:23 ←	14:22 ←	14:13 ←	13:59 ←		
発 16:15 →	16:16 →	16:23 →	16:33 →	16:34 →	16:36 →	16:37 →	16:45 →	17:58 →	17:08 →	17:14	
着 18:05 ←	18:03 ←	17:56 ←	17:46 ←	17:45 ←	17:44 ←	17:43 ←	17:42 ←	17:33 ←	17:19 ←		
発 18:10 →	18:11 →	18:18 →	18:27 →	18:28 →	18:29 →	18:31 →	18:32 →	18:40 →	18:53 →	19:03 →	19:09
着 20:00 ←	19:51 ←	19:41 ←	19:40 ←	19:39 ←	19:38 ←	19:37 ←	19:28 ←	19:14 ←			

【バスターミナル～の運賃】
ビーチホテルサンシャインまで（210円）　川平公園前まで（730円）
フサキビーチリゾートまで（320円）　クラブメッドまで（730円）
やいま村入口まで（410円）　シーサイドホテルまで（730円）

系統⑦ 吉原線
※川平には、ターミナル7:10発便は帰りに、12:15発便は行きに寄る

バスターミナル	真栄橋	自然村入口	元名蔵	大嵩西入口	川平公園前	吉原	
発 7:10 →	7:18 →	7:22 →	7:32 →	7:41 →		7:49	着
発 12:15 →	12:23 →	12:27 →	12:37 →	12:46 →	12:53 →	13:04	着

バスターミナル	登野城給油所	バラビドー	元名蔵	大嵩西入口	川平公園前	吉原	
着 8:40 ←	8:35 ←	8:29 ←	8:16 ←	8:07 ←	8:03 ←	7:49	発
着 13:45 ←	13:40 ←	13:34 ←	13:21 ←	13:12 ←		13:04	発

▲行きと帰りで一部ルートが違うので注意して利用してください
【運賃】バスターミナル～川平公園前（700円）

定期観光バス
事前予約制（前日17:00締切）
毎日運行予定／出発20分前に集合

東運輸バス問合せ先バスターミナル ☎0980-87-5423

● 石垣島一周観光（昼食付）
大人4,700円、小人3,730円（6～11歳）
【行程】バスターミナル9:30発→権現堂・桃林寺（車窓）→唐人墓（下車）→川平公園（下車）／オプション*グラスボート→ポーザーおばさんの食卓（昼食）→ヤシ原生林（下車）→玉取崎展望台（下車）→宮良川ヒルギ林（車窓）→バスターミナル14:00着
*グラスボートは、割引料金で楽しめます。
※6歳未満の小人は大人1名につき小人1名が無料（食事なし）で参加できる。

● 東運輸のフリーパスがお得!
バス移動で、ゆっくり石垣島を観光する
なら、乗り放題のこのチケットがお得!
★1日フリーパス 1,000円（24時間利用可）
★5日間みちくさフリーパス2,000円
※定期観光バスを除く、全路線バスに乗車
可能／※バスターミナル、バス内で買える。

【石垣空港から川平方面に行く場合】
「系統⑪ 米原キャンプ場線」が便利
ですが、2本（12:00発と15:00発）
だけなので、バスターミナル乗継
ぎでも行けます。※空港で乗車
時に「川平リゾート線」に乗継
ぎたい旨を運転手さんに伝え
て乗るとよりスムーズです。

東運輸バス路線図

（路線図：平野、平久保、明石、伊原間、玉取埼、伊土名、西回伊原間線、東回伊原間線、クラブメッド、シーサイドホテル、底地ビーチ、川平、米原、ヤシ林入口、米原キャンプ場、大嵩西入口、吉原、山原、川平リゾート、元名蔵、名蔵、おもと、サッカーパークあかんま、川原、三和、石垣空港、白保、フサキビーチリゾート、唐人墓、自然村入口、真地橋、長間橋、宮良、バラビドー、宮良西、大浜、アートホテル石垣島、グランヴィリオ、ビーチホテルサンシャイン、ANAインターコンチネンタル、バスターミナル）

石垣島

※バスターミナルの場所はP.119の
石垣島港周辺地図も参照

カリー観光　問合せ先 ☎0980-88-0117

■空港～石垣港離島ターミナルのシャトルバス
空港と離島ターミナルの直行バス…所要約30分
片道…大人500円、小人250円
※クレジットカードのタッチ決済が可能

石垣空港発時刻			石垣港離島ターミナル発時刻		
9:20	12:50	16:20	8:30	12:00	16:00
9:50	13:20	16:50	9:00	12:30	16:30
10:20	14:20	17:20	9:30	13:30	17:00
10:50	14:50	17:50	10:00	14:00	17:30
11:20	15:20	18:20	10:30	15:00	18:00
11:50	15:50	18:50	11:00	15:30	18:30
11:30					

米原ダブルリーフ（写真：北島清隆）

〈米原のヤエヤマヤシ群落〉八重山だけに自生する高さ10mにもなる一種一属の珍しいヤシの群落で国の天然記念物に指定されている。この場所のほかでは西表島の星立地区にも天然保護区域があり、道路から見る事が出来るが、遊歩道でヤシの林内に入り間近で見られるのはここだけ。駐車場、トイレ、生ジュースなどが飲める売店もある。【地図P.118B3】

石垣島

★新空港開港後、空港のみ送迎の会社と、市街地のみ送迎の会社、両方送迎する会社などに分かれているので予約時に注意のこと。

★チャイルドシートは数に限りがある場合が多いので、予約時に確認のこと。

カード…クレジットカード利用可　　P…PayPay利用可　HP…ホームページ有

名称	☎0980	料金(税込)／車=レンタカー B=レンタバイク C=レンタサイクル MTB=マウンテンバイク／H=時間	無料送迎	チャイルドシート	カード	P	HP
一番星レンタカー	88-5098	車…24Hまで6,000円〜(保険込)	―	―	―	―	○
ククルレンタカー石垣島店	87-8340	車…軽 当日4,500円〜／1泊2日9,000円〜(保険・免責補償込) ※空港送迎500円(片道)	港、市街地	1,100円	○	―	○
トヨタレンタカー沖縄石垣空港店	82-0100	車…Sクラス 6〜12H6,600円〜、24H8,580円〜 (保険・免責込)	空港	3日550円	○	―	○
OTSレンタカー新石垣空港前店	84-4323	ホームページ参照 http://www.otsrentacar.ne.jp	空港	1,100円	○	○	○
タイムズカー石垣空港店	82-8828	車…コンパクトC1クラス 6H5,390円〜、12H6,600円〜、24H 7,700円〜(免責補償1,100円別)	空港	1,100円	○	○	○
ニッポンレンタカー石垣空港営業所	84-4010	車…Sクラス 6H5,900円〜、12H6,500円〜、24H 8,100円〜(保険・免責補償2,200円別)	空港	1日1,100円(カードのみ)	○	○	○
〃 石垣島営業所	82-3629	休業中					
スカイレンタカー石垣島店	0570-077-180	車…軽 当日4,000円〜／普Sクラス 当日4,400円〜(保険込・免責・ワイド補償込)	空港	1日1,100円	○	○	○
オリックスレンタカー 八重山店	83-2727	車…軽6・12H7,150円〜、24H9,240円〜／SAクラス6H7,150円〜、12H7,920円〜、24H9,900円〜(免責1,100円別)	港	1レンタル1,100円	○	○	○
〃 石垣島店	83-8543	車…軽6・12H7,150円〜、24H9,240円〜／SAクラス6H7,150円〜、12H7,920円〜、24H9,900円〜(免責1,100円別)	港	1レンタル1,100円	○	○	○
日産レンタカー石垣空港店	84-4123	車…12H6,600円〜、24H8,800円〜、延長1H1,430円、以後1日7,260円(保険2,200円別)	空港	1日550円	○	○	○
石垣島レンタカー	82-8840	車…当日6,500円、24H8,500円(保険、免責補償別)	―	無料	○		
レンタカー金助	87-6161	車…軽 当日4,950円〜／普 当日6,050円〜(保険・免責補償込)、以後1日毎の料金有●ハイシーズン料金有	空港	無料(空きがあれば)			
HAROレンタカー石垣島	87-5603	車…軽 12H8,000円〜、24H9,000円〜(免責補償1,100円別)／普 12H11,000円〜、24H13,000円(免責補償1,100円別)	空港入口店・港乗り捨て可	無料	○	○	○
石垣島パシフィックレンタカー	080-8507-6123	車…軽 当日4,200円〜、24H5,200円〜(免責補償1,300円別)／普 当日4,500円〜、24H5,500円〜(免責補償1,300円別) ※無料配車&乗捨て可(一部地域除く)	空港・港	無料	○	○	
Jネットレンタカー新石垣空港店	84-4366	車…軽 1日4,400円〜／普 1日4,400円〜(免責補償込)※オン・オフシーズン料金有	空港	無料	○	○	○
エアポートレンタカー空港営業所	84-4440	車…軽 12H6,600円〜、24H7,700円〜／普 12H8,800円〜、24H11,000円〜(保険・免責込)	空港	無料	○	○	○
スマイルレンタカー	080-8951-7125	車…軽 当日5,500円〜、1泊2日11,000円〜(保険込)※長期割引有 B50cc当日5,500円〜、1泊2日11,000円〜(保険込)／125cc当日6,500円〜、1泊2日13,000円〜(保険込)	要問合せ	無料	○	○	○
GOLDレンタカー新空港店	87-0533	車…軽1日3,200円〜、1泊2日6,400円〜／普1日3,700円〜、1泊2日7,200円〜(免責補償込)	空港	無料	―	○	○
琉球レンタリース	82-0889	車…軽 当日5,500円〜、1泊2日11,000円〜／普7,000円〜、1泊2日13,000円〜(免責補償込)	―	無料	○	○	○
アウトレット沖縄レンタカー	73-6470	車…軽 24H2,500円〜、1ヶ月30,000円〜／Bクラス 24H3,500円〜、1ヶ月40,000円〜(免責別)	―	無料	○	○	○
ジェリーフィッシュレンタカー米原店	88-2386	車…6H4,000円〜、12H4,500円〜、24H5,000円〜(免責・NOC1,100円別)／福祉車両(車椅子乗車可能)6H3,500円〜、12H4,000円〜、24H4,500円〜(免責・NOC1,100円別)	空港・北西部地域	1日550円	○	○	○
ホンダレンタカー石垣・新石垣空港店／市内店	83-1015	車…軽 当日5,400円〜、1泊2日10,800円〜／普 当日6,600円〜、1泊2日13,200円〜(免責、保険込)	空港・市街地・店	550円	○	○	○
Mam Rexレンタカー石垣島	050-1201-4804	車…軽 当日6,000円〜、1泊2日12,000円〜／コンパクトカー(アクア、ヤリス)当日7,000円〜、1泊2日14,000円〜(免責補償込)＊GoProレンタル有500円	空港・港・ホテル	1,500円	○	○	○
新栄自転車商会	82-4636	C…自転車・MTB1日1,980円／クロスバイク1日2,500円／ロードレーサー一日5,500円／電動アシスト1日3,300円			○	○	○
石垣自転車商会	82-3255	B…50cc1H500円、1日3,000円(保険込)／110cc1H700円、1日4,000円(保険込)／C…1H300円、1日1,500円／MTB 1H400円、1日2,000円／電動アシスト1H500円、1日3,000円	無料		○	○	

タクシー　●基本運賃…普通初乗り500円(463m毎100円)／ジャンボ初乗り640円(266m毎100円)　●市街の移動に便利。初乗り料金が安いので、近い距離はお得感がある。●石垣港離島ターミナル〜空港までの概算料金／約30分・普通約3,300円、ジャンボ約5,700円　●貸切料金／30分普通2,200円、ジャンボ3,850円　●タクシーで島内観光する場合、あらかじめドライバーに行きたい場所を伝え、おおよその料金を確認し、納得した上で観光しよう。【問合せ先】(社)沖縄県ハイヤー・タクシー協会 八重山支部☎0980-82-4488

Close up! 電動キックボード「Rimo」で巡る八重山の離島

折りたたんだ電動キックボー「Rimo」を手に持って、行った先の離島で乗るというおトクなセット券(ホームページよりのネット予約のみの特典／竹富島の販売はありません)。安栄観光の往復乗船券とRimoのレンタル代のセットです。

折りたたんで運べます

●電動キックボード「Rimo」で巡る 波照間 9,310円(通常料金9,800円)

●電動キックボード「Rimo」で巡る 黒島 5,320円(通常料金5,600円)

●電動キックボード「Rimo」で巡る 小浜島 5,130円(通常料金5,400円)

●電動キックボード「Rimo」で巡る 西表島(大原港行) 6,180円(通常料金6,500円)

●電動キックボード「Rimo」で巡る 西表島(上原港行) 7,130円(通常料金7,500円)

表示料金は日帰りプランで、1泊して翌日返却の場合は(18:00まで)+2,200円です。
＊レンタルには原動機付自転車の免許が必要　問合せ先／安栄観光☎0980-83-0055

ひとくちメモ　〈石垣島の旧盆〉旧盆の行事は、沖縄本島ではエイサーが有名だが、石垣島ではアンガマという芸能が有名だ。旧盆(ソーロン)3日間の初日には地元新聞に「アンガマ」の行なわれる場所(個人宅や施設、ホテルなど)の時間割が詳しく発表される。各地域の青年団が、特異な出で立ちで町を練り歩きながら、会場に集まる。そして、様々なパフォーマンスが繰り広げられる。誰でも見せてもらうことが出来るので、ぜひ見に行ってみよう。

石垣島

ファーマーズマーケットやえやま
ゆらてぃく市場 [買う]

＊臨時休業日もあり

JAおきなわの運営する日本最南端の農畜産物直売所。南国ならではの野菜や果物、花、農畜産物加工品などの品揃えが充実していて、楽しく買い物が出来る。駐車場も広くレンタカーで立ち寄るのにも便利。商品発送もしてくれる。カード使用OK。新栄町1-2【地図P.119C2】

☎0980-88-5300　㊡4〜8月・12月は無休、1〜3月・9〜11月は第3火曜休　営9:00〜18:00

Close up! 徹底した鮮度管理システムで、極上の魚を

石垣の、マグロはえ縄漁のエリート船長7名が合同で立ち上げた、マグロのスペシャリスト集団のお店で、超イチオシ。4〜5月の短期間のみ水揚げされる本マグロは、はえ縄漁で一本ずつ釣り上げ、船のナノバブル発生生け簀で、新鮮なまま生で運んで水揚げ。

直売所では、毎日おろし立ての、いろんなおさしみがお手頃に買えます。また、グルテンフリーで米粉を使った衣の、てんぷら、マグロ餃子、まぐろメンチほか加工品もいろいろ。イートインはないですが、観光客にも大人気なので、是非行ってみて。（取材：加藤祐子）

トレーはすべて燃やせるトレー（麦とさとうきびの絞りカスで作ったバガストレー）を使用

【DATA】ヤエスイ直売所　石垣3-1【地図P.118D1】
☎0980-87-6573　㊡火曜　営11:00〜18:30

Close up! 蔵元直営のSAKE BAR ＆ GALLERY

石垣島ホテルククルの1階に、蔵元SAKE BAR ＆ GALLERYがオープン。

アートイベントで描かれた壁

日本酒利き酒セット3種1,000円〜

大正元年創業の「吉川醸造」（伊勢原市）の蔵元直営。代表銘柄「雨降」の飲み比べや購入ができる。おつまみ400円〜。ギャラリースペースでは定期的にライブやアートイベントも開催。

利き酒師根本さんの日本酒の深いい話が面白かった。希少なツルバラの花酵母を使用したお酒の香りとか、ポリフェノールやミネラル豊富な無農薬古代米を使用した体に優しいお酒、とか未知の世界の扉を開いたイメージ。

酒粕味噌で野菜ディップ
500円

八重山そばだしのフォー
500円

【データ】蔵元 SAKE&GALLERY
☎0980-87-6900（石垣島ホテルククル内）
美崎町8-1【地図P.118D1】　営ギャラリー 10:00〜20:00、BAR17:00〜24:00（時期により変更）

石垣島

Close up! 石垣市立 八重山博物館

八重山の歴史的発掘品、民具などを展示している。年数回企画展もあり（ホームページ参照）。

☎0980-82-4712【地図P.118E1】
㊡月曜・祝日（月曜が祝日の場合翌日も休）/
6/23、12/29〜1/3、開館9:00〜17:00
（入館16:30まで）/入館料大人200円、学生100円、小学生以下無料／石垣市登野城4-1、港徒歩約5分、駐車場有

Close up! 島産食材も様々に楽しめるイタリアン

ユーグレナモールからすぐのイタリアン。1人でも入りやすく、ゆっくりできます。オーナーシェフは気さくでお喋りしても楽しい。1人営業なのにメニューが多い！ ワインの種類もハンパない。季節やその日によって必ず魅力的な「本日のオススメ」があって楽しみ。

（取材：加藤祐子）

セーイカとズッキーニのペペロンチーノ980円と美崎牛もも肉のタリアータ1,980円

グルクンと野菜のフリットビバーチ風味880円

石垣島産車海老とアーサーのリングイネ1,380円、感動的でした

島産の食材を使った今までのメニュー例（参考）
★島産マグロのカルパッチョ 880円　★ミーバイのアクアパッツァ　★ミミガーのさっぱりレモンドレッシングサラダ680円　★美崎牛のボロネーゼパスタ1,280円　★自家製島レモンのリモンチェッロ750円　★自家製サングリア700円、他

【DATA】イル ポッツォ（il pozzo）大川278
【地図P.118D1】　☎0980-83-3185
㊡日曜　営18:00〜23:00（L.O.22:00）

ユーグレナモール 買う

☆アーケードなので雨の時も心配なし!

石垣中心部のアーケード街で、近年最も活気があるエリアになった。ユーグレナ社のネーミングライツで名付けられている(ユーグレナは石垣島が生産の中心)。離島ターミナルから徒歩5分。石垣市特産品販売センターを始め、新しくなった公設市場、書店、土産店、雑貨、飲食店、宿などが集まる。散策してみよう。【地図P.118D1】

Close up! ゲンキ牛乳のお店がオープン!

石垣島で昔から愛される老舗のゲンキ乳業の美味しいミルクを使ったスイーツやパンのお店が、23年8月にオープン。店内イートイン可能。

レトロかわいいお店の店内には、大きい牛オブジェが3体あり、1つはベンチになって座れます。

ゲンキ牛乳をたっぷり使った商品はどれも、ミルクの自然な甘さと美味しさがしっかり味わえます。(取材:加藤祐子)

一番人気はゲンキプリン480円。マンゴープリン、ローゼルプリン(各480円)、石垣産ハチミツを使ったプレミアムハニープリン680円も有

ゲンキみるく食パン(仕込みに水を一切使わずゲンキ牛乳のみでこねる)一斤972円や、チーズケーキ、ヨーグルトなどのほか、もちろんゲンキ乳業の人気製品ゲンキ牛乳、ゲンキクールも販売。

【DATA】石垣島の牛乳屋さんのお店 ゲンキみるく 美崎町3【地図P.118D2】☎0980-87-6573 無休 ☎11:00〜21:00 ＊トイレは無し

ゆんたくバルペコラ 飲食

島産無農薬玄米の焼きリゾットとナーベラーのマリネ

名前の通りゆんたく(雑談)が楽しめ、旅人にも相当おすすめ。他では出てこない石垣素材の料理がどれも美味しく、わくわくする。自家製島マグロの生ハム、島豚ベーコン、島産無農薬玄米の焼きリゾットなどに感動。1人なら分量も調節してくれる。カード使用可。
☎0980-87-5813【地図P.118E1】石垣市大川198-7マキシビル2F 不定休、☎18:00〜24:00

小料理 梅里 飲食

石垣島産車海老3尾700円(季節限定)頭から尻尾まで丸かじり

炒め物は全てオリーブオイル使用。野菜も国産(ニンニクとかも中国産は使わない)、肉も全部県産のもの、というところが僕にとって最高にスキ。店主のゆうこさんがほのぼのとしていい感じだった。ゆうこさんって名前の人ほんどいい感じだよね。(取材:窪田)
☎0980-83-7188 石垣市石垣6-2【地図P.118D1】㊡日月 ☎18:00〜23:30

ステーキハウス NAtive DELi ネイティブデリ 食べる

真空調理法によるステーキは驚きのおいしさ♪

ユーグレナモール近く、石垣産和牛専門のレストラン。肉の旨さを最大限に引き出す真空調理法によるステーキが自慢。本誌持参の方、人気のランプ肉ステーキ(150g)を特別価格昼3,990円、夜は4,990円で!(ヘルシーサラダ付、スープ・ライス食
☎090-3790-1576【地図P.118D1】石垣市大川239 不定休、☎12:00〜15:00、18:00〜22:00

Close up! 石垣島の旬の食材を「石垣の塩」で

石垣島に行くと必ず行く店。ブランド塩「石垣の塩」の直営店なので、高級な海塩を食材に合わせて使用するのは、他店で真似できないところ。

リピートして頼むのは、アダンの芽炒めや天ぷら、島もやしの炒め物、塩寿司、シャコ貝の寿司、海ぶどうの寿司、

鯛のハラゴのバターソテー 880円 ひげにんにく天ぷら 550円

アバサー唐揚げ、塩にぎりなど。その時々で珍しい食材があると、女将さんが「今日はこんなのありますよ」と教えてくれる。最近では、ひげにんにくの天ぷらや、石垣産の竹の子のちゃんぷるーなども食べさせてもらった。

あったら必ず頼むミジュンの唐揚げ。小さいほど美味しい。

【データ】郷土料理 琉球の爺
☎0980-82-0070 石垣市浜崎町2-1-7-1F【地図P.119C1】㊡水曜 ☎17:00〜23:00

港へ徒歩圏 ホテル パティーナ石垣島 泊まる

☆NEWS 自分で作って楽しめる泡盛カクテルコーナー、いいね♪

港徒歩7分、繁華街にも近く、便利で素敵なホテル。素足でくつろげるフローリング仕様が最高。全室WiFi完備!洗濯機・洗剤無料!自転車貸出無料。おいしい和洋朝食サービス。自分でブレンドできる無料ハーブティーコーナー、レンタサイクル無料貸出 ☆P.213も参照
☎0980-87-7400【地図P.119D1】石垣市八島町1-8-5 IN/OUT 15:00/10:30

ひとくちメモ 〈栄福食堂(トニーそば)〉おしゃべり好きなおっちゃんが名物。昭和12年創業。初めはお父さんが料亭栄福をやっていたところを栄福食堂にした。料亭時代の写真や自衛隊からの表彰状、自衛隊の船や飛行機の写真、トニーそばの語源である赤木圭一郎のポスターなど、ディスプレーびっしり。石垣市大川274 港徒歩5分 ☎0980-82-5838(めったに出ない)【地図P.118D2】無休、☎8:30〜23:00

ダイニング 英（はなぶさ）食べる

アーサそば1000円

白保集落内の庭も素晴らしい邸宅のお店。ガジュマルの木を燃やし、その灰を取り、木灰水の上澄みを使用して麺を作るという、半端ない手間をかける木灰そばの店。美崎町で英という同名の店を長くやっていた女将が料理長。ハナブサそば800円、他。Wi-Fiあり

☎0980-87-6064【地図P.118B4】白保134 営金土日の11:00〜15:00（状況により変わる）

Close up! 福感味わえる自家焙煎珈琲

福珈琲という名前がいいなーと思って入ると勘が当たって、一回でファンになった。ネルドリップに一滴一滴藤岡弘のようにお湯を注ぐ丁寧な珈琲の淹れ方は、そこからもうおもてなしが始まっている。

観光客はほとんど来ないというが、素敵な木のカウンターに座ると、隣の地元常連さんとも自然に話ができる。なかなかそんな雰囲気の店ってないね。店名の言われは、大変お世話になっている大家さんと愛犬がどっちも福ちゃんだから。めちゃいい名前だね。

【データ】自家焙煎福珈琲
☎0980-87-5274 石垣市大浜518-1
【地図P.118C3真栄里周辺】
休木・金曜 営11:00〜18:00

石垣島 ミルミル本舗 喫茶

最高の景色に感激。見とれているとアイスが溶けけます。

普通では通らない高台の農道を行くと、こんなすごい場所があるなんて驚き。眼下に広がる一面の海に感激。いもり牧場の自家牛乳を使った手作りジェラート2種類選べて495円（マンゴーのみ660円）。島バナナ、黒糖、紅芋など。他、ハンバーガーも人気。新川1583-74

☎0980-87-0885【地図P.118A4】
年中無休、営10:00〜19:00まで

とうふの比嘉 食べる

かりゆしゆし豆腐セット550円。ちょうどいい分量で美味しい

サトウキビ畑と牛小屋を越えて畑のド真ん中に、こんな人気店があるなんて驚き。開放的な席で朝一番、できたてのゆし豆腐（豆腐が固まる前のふわふわ状態のもの）をいただこう「ゆし豆腐セット」（小）550円、（大）650円、ぶっかけゆし豆腐850円、他。

☎0980-82-4806【地図P.118A4】石垣570 休日曜 営6:30〜15:00（なくなり次第終了）

Close up! 体験してみよう！八重山みんさー織

みんさー織は古来、八重山地方で日常的に織られていた綿織物。みんさー工芸館で見学、体験、購入してみよう。

【データ】みんさー工芸館 ☎0980-82-3473 石垣市登野城909【地図P.119E3】 営9:00〜18:00（状況によって営業時間の変更有）、無休、入館無料

●体験教室
Aコース（コースター）約20〜30分、1,500円
Bコース（テーブルセンター小）約40〜50分、2,500円
Cコース（テーブルセンタ 大）約60〜90分、3,500円
Dコース（タペストリー）約4〜5時間、8,500円

Close up! 紅いも農家の6次産業がすごい

ホテルククルのyoutuberチャンネルで見て行ってみた。そしたら、美しい色の麺と味と値段と、店の内容が想定外によくて、しかも面白かった。

農業生産者が直接加工販売までおこなう6次産業のことは、本誌は積極的に取り上げているが、ここは紅芋農家。紅芋といえばあなた、コロナ禍でお土産（紅芋タルトなど）に使用される紅芋ペーストがあまりまくってどうしましょ、という社会問題が起きた。

ここのオーナー米盛さんも、今まで作れば全部買い取ってもらえた紅芋が、一切買取ストップになり、その対策として自分で店を作り、開発した

紅芋そばや紅いもスムージー他いろんな紅いもを自ら料理して出し、なんとドライブスルーシステムもあるというから、その行動力がすごい。

手作り感満載の建物に入ると「こういうなんでも自分で作っちゃう沖縄の人、いるよねー」という懐かしい感じでわくわくする。

紅っこそば600円もだが、紅イモスムージー300円、島バナナスムージー300円、石垣パインスムージー300円など、良心的すぎる値段も魅力。

【データ】ちゅらいも紅っこそば
☎0980-87-7123 石垣市白保1960（石垣空港すぐ近く）【地図P.118B4】
休木曜 営10:00〜15:00

紅っこそば中（今回は冷やし）、味変のシークワーサー生搾りエキスもついていいね。紅いもスムージーは本物の芋の味。

Close up! 不思議な乗り物 セグウェイ体験！

石垣島のバンナ公園で、あの話題の乗物ツアーが体験出来る。セグウェイはアクセルもブレーキもないのに重心移動を感知して速度も方向も制御出来るスゴイ乗物。乗ってみると、まるで生き物みたいで、超キモチイイ！登り坂もギュンギュンのぼっちゃうので、坂道いっぱいのバンナ公園がぴったり。楽

しすぎる！高台で眺望抜群、自然いっぱいのフィールドで、石垣島ならではの自然観察ガイドもしてくれて感動満載！

【申込先】平田観光株式会社
☎0980-82-6711（WEB予約可）
講習30分＋ツアー約90分
8,200円、16歳～70歳、体重45～117kgの方対象。集合場所／バンナ公園北口（石垣市登野城2241-1とナビに登録♪）

石垣島鍾乳洞 見る 体験

サンゴ礁からできた鍾乳洞。純白の鍾乳石、透き通った泉、優しい水の音色の水琴窟など、神秘的な世界が広がる。20万年もの時が造り上げた地底の癒し空間。鍾乳洞イルミネーションの幻想的な美しさも必見。入洞料大人1,200円、小人（4才～中学生）600円
☎0980-83-1550【地図P.118A4】
無休、㊈9:00～18:30（最終受付18:00）

石垣の塩 買う 見る 体験

特別に作られた塩「満月の塩」と「新月の塩」1800円税別

新月の塩　満月の夜の塩

石垣の塩工房にて面白い塩発見！満月の塩は自分を浄化したい方、新月の塩は新しい出会いや新しいことを始めたい方にオススメ。昔からユタさんや神行事で要望があり、手間暇をかけて作り続けたという塩。工房直売所でのみ販売の貴重でおいしい塩です。
☎0980-83-8711【地図P.118A4】新川1145-57　無休、㊈9:00～18:00

Close up! イルカの可愛さを実感！

イルカと握手したり泳いだり

繁華街からも近い、サザンゲートブリッジを渡った先にある。海を区切ったいけすの中で、かわいいイルカを間近で見られたり、触れたり、一緒に泳いだり楽しめる。イルカに触れるだけでも感動するよ！先島（宮古・八重山地方）で、イルカと遊べるのはここだけ。

最初にイルカちゃんについてレクチャーを受けます

【データ】ドルフィンファンタジー石垣島
☎0980-87-5088
南ぬ浜町1丁目
【地図P.119D1】
イルカとのふれあい6,980円（税込）、所要約1時間／スイムコース12,980円、所要約2時間

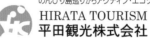

つぶやきメモ 〈フサキビーチリゾートホテル＆ヴィラズ〉近年大幅に新棟とビーチ施設、大浴場と次々オープン。石垣のグルメで有名な奥平さんが「ここのブッフェ（ISHIGAKI BOLD KITCHEN）はナンバーワン！いつも人を連れて行く」と言っていたので、実食してみた。確かに！前菜からデザートまでブースに分かれていて、混雑しにくいレイアウト。手抜きの品がまったくなく、どれも凝っていて美味しい！目の前で作ってくれるフォーや、デザートも多種類で素晴らしかった！ランチもあり。

石垣島

石垣やいま村 体験 + 名蔵ドライブイン 買う

リスザルの森でのふれあい。かわいくて、いつまでもいたくなるよ。

ラムサール条約登録域・名蔵アンパルのマングローブ林探勝や、文化財民家での家遊び体験、琉球衣装を着ての記念撮影やその他ものづくり体験、あんぱる食堂やドライブインでのお買い物も。1日たっぷり楽しめる。
入村料大人1,200円、小人600円
☎0980-82-8798 名蔵967-1【地図P.118A3】無休、営9:00〜17:30(17:00までに入園)

久宇良サバニツアー 遊ぶ

サバニで海からしか行けない隠れビーチにも行ってみよう

なんとサバニの造船法を学ぶため、石垣島に唯一残っているサバニ大工新城さんのところに弟子入りし、石垣島北部で吉田サバニ造船所を開所するという強者。自ら作った数隻のサバニでサバニツアーガイドも行う。注目人物!

DATA
☎090-6869-2395 平久保234-243／サバニライド90分大人6,000円小学生3,000円／サバニライド+シュノーケル120分大人9,000円小学生4,500円

石垣島のビーチ

石垣島サンセットビーチ

石垣西海岸屈指のビーチ。市街から車50分。9:30〜18:00(最終受付17:00) 施設使用料大人500円、小人300円(シャワー室・トイレ・更衣室料込み)、駐車場50台(500円/日) 各種アクティビティも充実。営業期間5/1〜10/15 ☎0980-89-2234【地図P.118C1】

底地すくじビーチ

川平湾から徒歩15分。海開きなどが催される浜。遠浅なので家族連れでのんびりと過ごすのにもってこい。3/19〜9/30は有資格監視員常駐。シャワー、トイレ、更衣室、駐車場の施設あり。管理者：バリュークリエーション ☎0980-83-4373【地図P.118A3】

マエサトビーチ

石垣中心街に近いビーチ。一般利用可。入場無料。駐車場・シャワー・トイレはANAインターコンチネンタル石垣リゾートの施設利用可。クラゲネット有。夏期は監視員常駐。各種マリンレジャー有。☎0980-88-7111(ANAインターコンチネンタル石垣リゾート)【地図P.118C4】

フサキビーチ

フサキビーチリゾートに面した海水浴場。色とりどりの熱帯魚が集まる自然のままのビーチ。誰でも利用可能。遊泳はクラゲネット内で。有料で各種マリンレジャー有。3/1〜10/31は9:00〜17:30(6〜9月18:30まで)、冬季は9:00〜16:30 ☎0980-88-7000【地図P.118A4】

シャニシャニビーチ

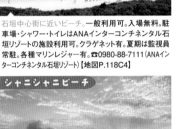

石垣島ビーチホテルサンシャイン前のマリンアクティビティ専用ビーチ。4/1〜9/30。ロデオボート、チューブライディング、SUP、カヌー、マリンジェット、ウェイクボードなどが楽しめる。(主催：ぷしぃぬしま)
☎0980-82-8611【地図P.118A4】

⚠️ 米原よねはら海岸

沖合のリーフ外のサンゴがきれいで有名だが、海水浴場ではないので自己責任。離岸流があり事故が多い。ガイドのいるシュノーケリングツアーに参加するのがお勧め。浅瀬で遊ぶ場合、サンゴのかけらの浜なのでマリンブーツ、ズック等をはいた方がいい。【地図P.118B3】

石垣島

Close up! 専属ガイドと行くテマリズムな旅

ずっと観光業界で活躍されてきた奥平崇史さんが観光ツアーの会社を立ち上げたというので、早速体験してきた。
いつもウロウロしていた石垣の街には、今まで全く見えていなかったものがいっぱいで驚いた。何度も来ているあなたでも目からウロコの楽しい発見が必ずあるはず。あなたの興味のあるテーマで特別な旅を。
●テマリズム ガイドツアー3時間コース1組25,000円(2名まで。以降1名追加する毎+8,000円)
☎090-7445-2557

▲詳細はホームページを　　美崎御嶽と奥平さん

Close up! 行こう!天文台

〈国立天文台石垣島天文台〉

八重山諸島は、大気が安定しているので星がまたたかず、天の川が美しく、また南十字星や、カノープス(南極老人星)など南の島ならではの星がたくさん見られる。石垣島天文台では九州沖縄で最大の口径105cm「むりかぶし」望遠鏡を使った天体観望会が行われている。「星空学びの部屋」では開館日の15:30から45分間、天体や星空の画像・映像コンテンツや3Dメガネによる立体的な宇宙鑑賞ができるシアター見学を開催(予約制、有料)。
●昼間の見学は、10:00〜15:00最終入館、有料、予約制 休月曜・火曜(月曜が祝日の場合は開館、火・水曜が休み)●天体観望会は、土日祝日の夜に開催、20:00〜20:45(変更の場合有)、有料、予約制
☎0980-88-0013【地図P.118A4】

夏は天の川が美しい

写真提供：国立天文台

〈国立天文台VERA(ベラ)石垣島観測局〉

口径20mの電波望遠鏡が星々の電波を観測し、ブラックホールや星が生まれる場所の研究を進めている。夜間はライトアップされる。●自由見学9:00〜17:00(屋外の電波望遠鏡を見る／館内には入れない) 休土日祝、年末年始、他不定休有 ☎0980-88-0011 登野城2389-1【地図P.118A3】

※予約、問い合わせのお電話は、開館日にお願いします(天文台より)

ひとくちメモ

〈尖閣神社〉「尖閣諸島の魚釣島にはかつて鰹節工場があり、多くの日本人が居住していた。島には神社があり、平成12年には社殿を新築し、神社神道による大祭が毎年行われてきたが、平成20年に外国人により打ち壊されたため、石垣島に再建した」(平成30年11月)と石碑にある(略してます)。このほかの尖閣関係の史跡についてはP.214ひとくちメモも参照。【地図P.118B3】

人口約60人の小さな島

鳩間島
はと　　ま

石垣島・西表島より船で行く。歩いても1時間程度で周れる小さな島。静かな集落からは、時折三線の音色や笑い声が聞こえてくる。

鳩間島沖のサンゴ（写真:西表インシャー）

至 与那国島

鳩間島　　石垣島

＊上原〜20分

鳩間港
上原港

ユーグレナ
石垣港離島ターミナル
石垣空港

西表島　大原港

バナリ島　黒島　小浜島　竹富島

波照間島

＊石垣〜鳩間島 直行40分
＊石垣〜上原経由〜鳩間島55分

HATOMA MAP

● 面積0.96km²　● 周囲3.9km
● 人口68人（令和6年2月末日現在）
● 竹富町観光協会 ☎0980-82-5445
● 鳩間島の宿の情報…P.218

鳩間島空撮（写真：北島清隆）

立原浜
たちばる
武士家跡
島仲浜
千手ガジュマル
外若浜
ふかばや
●夫婦岩
N
0　　　　　200m

鳩間中森物見台
灯台
友利御嶽
船原浜
ふなばら
屋良浜
やら
アンヌカー（井戸）
インヌカー（井戸）
ナラリ浜
民宿海風
レストラン海風
ペンションマイトウゼ
民宿まるだい
民宿あだなし
ヤマモトツアーズ
あやぐ
鳩間小中学校
宿・army呑
前泊御嶽
cafeぽっぷ村
民宿いだふに
いとま浜
轟川御嶽
ヘリポート
シーサイドマイトウゼ
いとま浜ターミナル
前の浜
鳩間港
鳩間島 MAP
＊鳩間島にハブはいません

🛶 島への行き方　🚢 船

● 石垣港離島ターミナルより高速船で鳩間港まで40〜50分（上原経由便は約55〜70分）、冬季は欠航もよくある。フェリー（貨客船）もある。（安栄観光・八重山観光フェリーが各社週3便運航）
※時刻、料金など詳細 P.113〜116

飲食 食べ呑み処 ふぁいだまやー

鳩間島で大人気の食堂。朝（日替わり）、昼、夜とがっつり美味しいご飯と、昼飲みも楽しめます。
　ロックな大将も面白い。沖縄料理風から、カレー、丼物、アジアン、麺類なんでも美味しい。例・最強野菜ルーの島豚カレー、美崎牛の牛丼、鳩間島ウムイ醤油の冷やし釜玉そば、八重山そば担担麺、他。麺類に力入れてます。月に1度は、研究を重ねた「ラーメンデー」が必見。（取材:加藤祐子）

☎090-7201-5549（4〜10月の営業）
㊡火曜（行事や船の欠航、台風など時々臨時休あり）㊡7:00〜8:00、12:00〜14:00、17:00〜21:00

ひとくちメモ

〈鳩間小中学校〉港のすぐ近く、透き通る海に面した鳩間島小中学校という立派な学校がある。ただ鳩間島の高齢化は進み、廃校の危機を救う為に、離島留学の子ども達が専用の寮で生活をしている。集落を走り回る子ども達が、島のおじいおばあの元気の源にもなっているのだ。（文：小田部早苗　右は学校前の海／写真：谷正一郎）

八重山で旅ラン!!
八重山3マラソンの勧め

取材：阿部保智（民宿しまかぜ）

↑与那国島一周マラソン。ヨナグニウマの横を走れます。

石垣島を含む八重山地域には3つの市民マラソンがあり、11月〜2月の間に行われます。

与那国島一周マラソン

シーズン始めの11月に行われるのが、「日本最西端与那国島一周マラソン大会」で、令和5年度は11月11日に行われました。

与那国一周マラソンスタート（令和5年）

与那国島一周マラソンは祖納集落にある与那国中学校を出発地として島を一周する25kmと、日本最西端の地である西崎灯台を出発地として与那国中学校のゴールを目指す10kmの2コースがあります。

与那国島はアップダウンがとても多い島で、八重山の3マラソンのうち最もキツイ難コースなうえ、11月は気温25度以上の夏日になる日も多く、暑さも加わり厳しいマラソンになる事も度々ですが、その分絶景を味わう事が出来る楽しいマラソンです。

石垣島マラソン

八重山3マラソンのうち2番目は年明け後の1月に行なわれる「石垣島マラソン」です。

石垣島マラソン／令和5年ゲストスターターの具志堅用高さん

〈令和6年は1月21日（日）開催〉
コースはいずれも石垣市中央運動公園を出発し42.195kmのフルマラソン、21kmのハーフマラソンと市街地を走る10kmの他に、10kmコースを5人で分割して2kmずつ走るリレーマラソンがあります。

フルとハーフのコースは与那国島程ではありませんが坂道が多く、ハーフの15km〜17kmは高低差65m・2kmに亘る上りで、「フルマラソンよりもキツイ」と言われています。

以前は海沿いを走るコースが多かったんですが、数年前から少し内陸寄りに変更となって海沿いを楽しめるコースが減ってしまいました。

やまねこマラソン

八重山3マラソンの最後は2月に西表島で行なわれる「やまねこマラソン大会」です。

〈令和6年は2月10日（土）開催〉
コースはいずれも上原地区の上原小学校を出発し、白浜集落で折り返す23kmと、浦内川の橋を渡った先で折り返す10km、中学生対象の3kmが設定されています。

やまねこマラソン／走り易いのでユニークな参加スタイルも

やまねこマラソンは他の2マラソンに比べると高低差が少なく走りやすいコースとなっていて、ユネスコの世界自然遺産となったジャングルを眺めながら気持ち良く走る事が出来ます。

交流会が楽しみ

各マラソンを走った後には「交流会・ふれあいパーティー」が催されるので、これに参加するのも楽しみの一つになりますが、有名歌手・バンドがライブをしてくれる事もあって、「今年の出演者は誰？」という話題もランナー間で上ります。

また抽選会も行なわれて、那覇〜石垣島の航空券や各島の特産品が当たったりするので、抽選会の時はとてもワクワクします。

この交流会・ふれあいパーティーが特に盛り上がるのは「与那国」と「やまねこ」です。

八重山3マラソンのうち開催が一番早い与那国島一周マラソンは8月下旬頃からエントリーが始まりますが、与那国島は宿の数や飛行機の便数が少ないので、宿と航空券の手配が出来てからエントリーするのがお薦めです。

宿の手配が出来ない場合は大会実行委員会に問い合わせをしてみて下さい。公民館等に雑魚寝宿泊出来る場合があるようです。

また「やまねこマラソン」も宿の数は限られるので、宿を確保してからのエントリーがお薦めですが、「ふれあいパーティー」終了後に上原地区とはかなり離れた大原港方面・白浜港方面まで送迎バスが出るので大原・白浜での宿でも大丈夫です。

またマラソン後パーティーには参加せず、すぐに石垣島に戻るという選択肢もあります。

秋から冬にかけて八重山での旅を計画されている方は、是非八重山3マラソンを走られてマラソン大会＆旅ランを楽しんで下さい。

各島々でお待ちしております。

ゲストのきいやま商店ライブで盛り上がる
ゲストのステージも楽しみ毎回変わる〈やまねこ〉
抽選箱

川内優輝選手と共に（与那国）
サバニ盛の刺身も振る舞われる
与那国名物カジキの刺身のサバニ盛も豪快！
頑張った後の「交流会・ふれあいパーティー」も大人気

石垣島

ひとくちメモ 〈民宿しまかぜ〉ビーチコーマーで、離島マラソン愛好家の素敵なご夫妻の宿。全室Wi-Fi、台所（冷蔵庫・食器・オーブンレンジ）で自炊可。洗濯機・ダイビング器材洗い場・干し場有。台風等の停電時でも温かいシャワーが浴びられる。自転車貸出2台。長期割引応相談。0980-87-7530 石垣市真栄里204-9【地図P.118真栄里周辺】

竹富島

歴史的景観と伝統を守る島。石垣港から10分。

たけとみ

photo:北島清隆

TAKETOMI MAP

至 与那国島

石垣島

鳩間島

上原港　小浜島

竹富港

ユーグレナ
石垣港離島
ターミナル

石垣空港

西表島　大原港

パナリ島　黒島

竹富島

波照間島

＊石垣島〜竹富島 高速船10分
＊竹富島〜小浜島便もあり
＊竹富島〜西表大原港便もあり

赤瓦の屋根、白砂の道、色鮮やかな花々、沖縄屈指の美しいコンドイビーチ。町並みは重要伝統的建造物群保存地区に選定。西桟橋から眺める夕陽も最高。　※美しい環境を維持するために2019年より入島料導入(P.133記事)

- ● 面積 5.43km²　● 周囲約 9.2km
- ● 人口 340人（令和6年2月末現在）
- ● 竹富町観光協会 ☎0980-82-5445
- ● 竹富島の宿の情報…P.216

●コンドイビーチ
穏やかで遠浅な島唯一の海水浴場。白い砂浜とエメラルドグリーンの海の美しさは格別。潮が引くと砂州も現れる。木陰も有り。
※無料のシャワー、トイレ有り。
※集落から徒歩およそ20分。
※ビーチ入口までは、自転車もおすすめ。

★島の周りは美しい海ですが、コンドイビーチ以外の場所は、流れがあるなど危険です。やたらに海には入らないこと!!

島への行き方

船

●石垣港離島ターミナルから高速船で約10〜15分。／安栄観光、八重山観光フェリーの船が、各7時台〜18時台まで数多く出ている。※時刻・料金などの詳細は P.114〜116参照
＊小浜➡竹富の便有
＊西表（大原港）➡竹富の便有

★宿泊予約時に、島に着いてからの送迎について確認しておこう。
★港から集落入口まで徒歩約15分、有料の巡回バスもある。

●赤山公園のなごみの塔
（高さ4.5m/登録有形文化財）老朽化に伴う改修工事も終了しているが、塔のてっぺんまでは登れない。

●カイジ浜（星砂の浜） ＊遊泳禁止 流れが速い!
遊泳はできないけれど、のんびり過ごすのに人気。星砂を見つけて楽しめるが、砂は持ち帰ることができません。

ひとくちメモ
〈てぇどぅん かりゆし館〉竹富港の待合所内にある総合案内所。高速船の乗船券、島内観光の相談にも応じてくれ、島を紹介する書籍、島の特産品や季節の果物販売など、おみやげも。島の言葉で「てぇどぅん」は竹富島、「かりゆし」は縁起が良い、という意味。
㊡種子取祭の日、台風で船が欠航している時 ☎7:30〜船の最終便時間まで／Wi-Fi 有 ☎0980-84-5633【P.131上地図】

白砂が敷かれたきれいな集落を
水牛車で巡る

自転車で島巡り。黄色い花はショウキズイセン

竹富島 MAP

北岬

なごみの塔
★安里屋クヤマの墓
喜宝院蒐集館
新里村遺跡

港湾ターミナル(Wi-Fi)
てぇどぅんかりゆし館

⚓竹富港

石垣島まで5.5km
高速船で約10分

ビジターセンター竹富島ゆがふ館

●西桟橋
(登録有形文化財)
かつて西表島まで稲作に出向く船着場として、昭和13年に建設。今は、夕日を見るスポットとしても人気。集落中心から徒歩約10分。

環状線(がんじゅ道)
世持御嶽
赤山公園
西集落
東集落
西桟橋
安里屋クヤマ生誕の地★
西塘御嶽
竹富小中学校

港から集落までは徒歩10分〜20分。春にはデイゴの花咲く美しい道です。(ゆるい登り坂、約800m)

東のスンマシャー
郵便局
旧與那國家
ミーナカー(ミーナ井戸)
ナージカー(仲筋井戸)

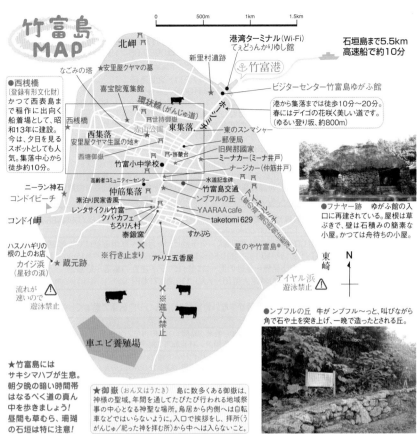
●フナヤー跡 ゆがふ館の入口に再建されている。屋根は草ぶきで、壁は石積みの簡素な小屋。かつては舟待ちの小屋。

ニーラン神石
コンドイビーチ
コンドイ岬

高齢者コミュニティーセンター
竹富集落
素泊り民家喜風
レンタサイクル竹富
クバ・カフェ
ちろりん村
泰鍛窯

水道記念碑
竹富島交通
ンブフルの丘
YAARAA cafe
taketomi 629
すくばら
星のや竹富島

東崎
N

ハスノハギリの根の上のお店
カイジ浜
(星砂の浜)

※行き止まり
蔵元跡

アトリエ五香屋

アイヤル浜
遊泳禁止⚠

●ンブフルの丘 牛がンブフル〜んと、叫びながら角で石や土を突き上げ、一晩で造ったとされる丘。

流れが速いので遊泳禁止⚠

※進入禁止

★竹富島にはサキシマハブが生息。朝夕晩の暗い時間帯はなるべく道の真ん中を歩きましょう!昼間も草むら、珊瑚の石垣は特に注意!

車エビ養殖場

★御嶽(おん又はうたき) 島に数多くある御嶽は、神様の聖域。年間をとおしてたびたび行われる地域祭事の中心となる神聖な場所。鳥居から内側へは自転車などではいらないように。入口で挨拶をし、拝所(うがんじゅ/祀った神を拝む所)から中へは入らないこと。

竹富集落地図

(有)竹富観光センター
………… 水牛車コース

ピースアイランド竹富
喜宝院蒐集館
喫茶やらぼ
そば処竹の子
とも食
Island
ガーデンあさひ
やど家たけのこ
のはら荘
新田荘
Bar月灯
新田観光
火番盛
世持御嶽
たるりや
泉屋
あかばな
Jyomonya
しで〜館
島宿cago
なごみの塔
HaaYa(2F)
あかやま丘の駅(1F)
イナフク
赤山公園

車両(自転車も)規制道
環状線(がんじゅ道)
竹富民芸館
パーラーぱいぬ島
松竹荘
東のスンマシャー
(魔除け)
喫茶マキ(マキ荘)
ぱーらー・島宿顔寿屋
内盛商店

東集落

1

真知御嶽
西桟橋

西のスンマシャー
(魔除け)

西集落

🏠…宿泊
☕…カフェ
🍴…飲食
🍶…居酒屋・バー
●…売店
●…その他
…レンタル

〈スンマシャーとは〉
東集落、西集落の入口にある生活を守る魔除け。ガジュマルが石垣に囲まれている。

〈竹富島散歩メモ〉
島のシーサーは、家々のこだわりと歴史があって、姿も表情もみ〜んな違うので、集落を散策しながら見てまわるだけでもおもしろいよ。

小浜荘
竹富島ゲストハウス&ジュテーム
茜屋
竹富観光センター
竹富島診療所
パーラーひまわり

安里屋クヤマ生誕の地
まちなみ館
西塘御嶽
お食事処かにふ
内盛荘
高那旅館
大浜荘
竹富郵便局
茶屋たかにゃ
ファットバイク
レンタル竹富
丸八レンタサイクル
パーラーターミー
友利観光
仲盛荘

東バイザー御嶽
啓蒙士

竹富観光合同会社
嶺本館

2

ミーナ井戸

●「あかやま丘の駅」の展望台
赤山公園のなごみの塔は登れないが、すぐ横にあるここの屋上から眺めがいい。(100円/10:00〜17:00)
※土産物と軽食の店もやってる。

竹富小中学校
旧興那国家住宅(重要文化財)
入館料300円

A
B
C

※日程は、4月中旬以降の竹富町観光協会のホームページを参照

〈種子取祭(タナドウイ)について〉国の重要無形文化財で、毎年旧暦9月〜10月の戊子(つちのえね)の日を祈願の日と定め開催されるお祭り。観光客も見学できる70演目にも及ぶ奉納芸能もある。

●ナージカー(仲筋井戸)
島の中心的な井戸。犬が発見したといわれる。石垣から水道が引かれてからも、おめでたい井戸として、元旦の若水や出産祝いの水として使われているそう。
※集落散策の時は目印にすると位置がわかりやすい。

●安里屋クヤマ生誕の地
沖縄を代表する民謡「安里屋ユンタ(水牛車に乗って聞いてみよう)」のモデルの300年ほど前の美女の生誕の地が集落内にある。島の北岬には、クヤマの墓もある。

●旧與那國家住宅(与那国家/重要文化財)
「竹富町竹富島伝統的建造物群保存地区」の核となる住宅。主屋(ふーや)、台所棟(とーら)に分かれている。正面に石積(まいやし)を建て、屋敷の周りは石垣で囲われている。大正2年建造。(入館料300円)

ひとくちメモ

〈竹富民芸館〉ミンサー、八重山上布、芭蕉布など竹富の優れた染織技術を継承する後継者育成のために作られた施設。八重山の島ごとに違う織物の模様のそれぞれの意味や歴史も説明しており、面白い。作業風景をみられることも。糸や繭、染料になる植物も沢山展示されており、染織物好きにはたまらない。㊡不定休 ⏰9:00〜17:00 入館無料 ☎0980-85-2302【地図P.131B1】

竹富島

131

島内の交通

バス
●(有)竹富島交通 〈ウェブサイト〉takekou.info
☎0980-85-2154 FAX.0980-85-2112

●**路線バス** ＊島を1周する乗り方はできません(必ずどこかで降車)。＊水着や濡れた衣類での乗車不可
竹富港発…7:47〜17:47の間の毎時(17分、47分)1〜2便運行
集落発▶竹富港行…7:30〜17:30の間の毎時(00分、30分)
集落発▶カイジ浜・コンドイビーチ行…8:20〜16:20の間の毎時(20分、50分/12:20は無い)
カイジ浜発…8:27〜16:57の間の毎時(27分、57分/12:27は無い)
コンドイビーチ発…8:30〜17:00の間の毎時(00分、30分/12:30は無い)
【経路】港〜集落・コンドイビーチとカイジ浜(星砂の浜)／集落〜港・コンドイビーチとカイジ浜
【運賃】1回乗車ごとに大人300円、小学生150円 ＊港出発以外のバスは予約制(出発時間厳守)

●**島内観光バス** 竹富港より出発(予約制) ＊予約時に出発時間を確認してください。
【経路・内容】港〜カイジ浜(星砂の浜 約15分)〜コンドイビーチ(車窓)〜集落散策(約15分)
＊所要約60分／ドライバーが島の説明をしながら案内(ガイドなしで時間延長自由散策も可能)
【運賃】大人1,800円、小人900円 ＊竹富港 てぇどぅんかりゆし館でもチケット販売

タクシー
●(株)友利観光 貸切タクシー専用 ☎080-2751-3229 FAX.0980-85-2344
http://tomori-kankou.com

【運行・受付時間】9:00〜16:30(休業日除く) ※予約は、1ヶ月前〜専用電話にて先着順
【運行スケジュール】①9:15〜10:15／②10:50〜11:50／③13:30〜14:30／④15:30〜16:30
【コース／変更可能】島内出発地〜星砂の浜〜コンドイビーチ〜赤瓦の集落〜終着地
【料金】貸切タクシー(ガイド付)特定大型(6〜7人) 1時間8,700円 ※メーター運行は休止中

レンタサイクル
高低差が少ない竹富島は、のんびり自転車で島めぐりもおすすめ!

名称・問合せ先	内容・料金(税込)
丸八レンタサイクル☎0980-85-2260 不定休㋲9:00〜17:15(最終返却)(地図P131C2)	●自転車 2時間1,000円、1日2,000円 ※チャイルドシート有 ●電動アシスト自転車 2時間1,600円、4時間以上3,200円
ファットバイクレンタル竹富島 ☎070-1504-0881 【地図P131C2】	●ファットバイク(タイヤ幅10cmのギヤ付自転車)1時間600円、5〜24時間3,000円 ※身長150cm以上の大人向け ＊youtube割引有
レンタサイクル竹富 ☎0980-84-5988 【地図P131上】	●自転車2時間1,000円、30分延長毎250円、4時間2,000円 ●電動自転車2時間1,800円、30分延長毎450円、5時間4,500円
(株)友利観光☎0980-85-2335 ㋲9:00〜17:00(最終返却16:50) 無料送迎有 ＊事前予約不可 【地図P131C2】 ※返却時間厳守	●自転車 2時間1,000円、3時間1,450円、4時間1,850円、4時間以上(返却時間内)2,200円(子供用有、同料金) ●電動自転車 2時間1,750円、3時間2,500円、4時間3,200円、4時間以上(返却時間内)3,850円 ＊2人乗り、マウンテンバイク、ファットバイク有 ※普通の自転車のみWEB割、宿泊(竹富島泊の人)割、団体割有／カード、PayPay可
(有)竹富島観光センター☎0980-85-2998 ㋲9:00〜16:30(最終返却)(地図P131B2)	●自転車 1日2,000円(送迎は問合せ)
新田観光 ☎0980-85-2103 水曜定休 受付8:30〜15:00 【地図P131B1】	●自転車2時間1,000円、1時間毎に500円、3時間以上2,000円(子供用も有、同料金) ※最終返却17:00まで

Close up! 星のや竹富島「集落をめぐるガイドウォーク」体験

星のや竹富島の滞在プログラム「島時間養生」(P.31参照)のメニューのひとつ「集落をめぐるガイドウォーク」を体験してみた。というのも、今まで自転車で移動するというのがあたりまえになっていたので、歩いて回るのは初めて。

真知御嶽(まーちおん)。中は立ち入り禁止

竹富の偉人西塘(にしとう)の御嶽

竹富では、家の柱にするという「キャンギ」。とても美しい木

ガイドしてくれたのは、八重山移住歴18年という高橋亜矢さん。得意分野は御嶽回りということで、今まで行ったことのない真知御嶽など、いろんな話が聞けて楽しかった〜。内地から来て長く住んでいる人は、その土地が好きで色々勉強もしているから生活の中の実体験話がおもしろいよね。自転車で回るのとは全く違う景色が見えて、とても新鮮だった。ガイドするスタッフさんによりコースもそれぞれとのこと。何回でも参加してみたくなるね。

水牛車 遊ぶ

名称(問合せ先)／内容・料金(税込)
(有)竹富観光センター 【地図P131B2】 ☎0980-85-2998 http://suigyu.net/
●大人(中学生以上)3,000円、小人(3歳〜小学生)1,500円 ●港まで送迎要問合せ

竹富島集落内の名所を廻る水牛車は、三線も聞かせてくれ、竹富島の醍醐味を味わえる。所要時間約25分。

Close up! 入島料キャンペーン
ファットバイクレンタル竹富島
070-1504-0881

竹富島唯一のファットバイク(タイヤが太くて竹富島の砂地の道も走りやすいギヤ付き自転車)レンタルのお店を経営するサトウサトルさんが、入島料キャンペーン実施中! (2025年3月まで)、本誌持参・入島券提示で0〜2時間1,600円を1,400円に、4時間以上当日3,200円を2,800円に割引

ぱーらー・島宿 願寿屋(がんじゅや) 喫茶

南国パフェと大人のパフェ

港からホーシミチを歩いていくと、集落の一番入口にあるカフェ。落ち着いた店内席メインに、花いっぱいの庭のパラソル席も楽しめる。ブルーシールアイスを利用した南国パフェ800円、大人のパフェ800円、ウルトラバナナスムージー800円、かき氷、コーヒーなど。
☎**0980-85-2211** http://ganjuya.com
㊡不定休 ㋲11:00〜16:30【地図P.131C1】

ひとくちメモ 〈竹富島内で自転車に乗る際の注意〉集落内は景観保存のために道が舗装されておらず、砂道です。特にカーブや吹きだまりでは砂にハンドルを取られて転倒しやすいので注意。砂が薄くなっている所も滑りやすいので、ゆっくり安全運転で。また、御嶽には、(鳥居から内側)乗り入れないこと。
※夏はドリンクと帽子、タオル(日除けにも便利)も忘れずに〜!

Close up! 竹富島に行く方、入島料払いましょう

竹富島への入域者は令和元年まで年間50万人に上る（令和4年は32万人）。人口330人ほどの小さな島にそれだけの人間が入り、ゴミ処理や環境破壊などオーバーツーリズム問題が生じている。そこで、「入島料」を2019年9月1日より徴収することになった。竹富島を訪れる観光客を対象に（任意で）1人当たり300円。集めた資金は環境保全のほか、自然を損なう恐れがある開発用地の購入などに使用する。2015年に施行された「地域自然資産法」に基づく取り組みで、全国初。石垣島の離島ターミナルと竹富島の港ターミナルなどにそれぞれ券売機が設置されている。

問合せ／（一社）竹富島地域自然資産財団 Tel.0980-85-2800
https://taketomijima.okinawa ＊インスタもあり♪

入島券 うつぐみチケット

ユーグレナ石垣港離島ターミナルにある券売機（現金のみ）。竹富港ターミナル内ではクレジットカード使用も可能

【注目】入島料ガチャ！
竹富島のタネなどがランダムに出てくる、入島料ガチャで入島料を払えます。

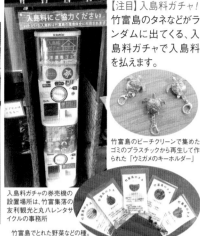
竹富島のビーチクリーンで集めたゴミのプラスチックから再生して作られた「ウミガメのキーホルダー」

入島料ガチャの券売機の設置場所は、竹富集落の友利観光と丸八レンタサイクルの事務所

竹富島でとれた野菜などの種。これ欲しいな♪
島ニンジン、島かぼちゃ、島唐辛子、島菜、つるむらさきなど。

Close up! 古民家カフェで、島の文化を感じる

おしゃれなお土産店だった南潮庵がカフェになってオープン。昼時は激混みだったので、ランチのお客さんが引けた頃をねらって行ってみた。

店内が僕一人になるのを見計らって「ヤーラーってなんですか？」と聞くと、

竹富バナナスムージー 1,100円

ザ・竹富という感じの美しい家

話が長くなるけど、と言って、西表のフダチミや、川平のヤーラー神や、ヤモリの話まで、島々の歴史・文化の話をポツポツと話してくれて、超おもしろかった。また行って話を聞いてみたい。（窪田）

【データ】YAARAA cafe 竹富637
【地図P.131】休火曜 営11:00〜21:00

HaaYa nagomi-cafe （ハーヤ） カフェ

島バナナジュース700円、島バナナとユーグレナのスムージーもあり

窓際に座るとなごみの塔や赤瓦の家々という、ザ・竹富な景色が広がる。テーブルに植物、レトロで素敵な空間でのんびり。Haayaって竹富最初の統一者といわれる伝説の「赤山王」の末裔赤山家の屋号。すごいね。マンゴーアイスパフェ800円、他。

☎0980-85-2253 竹富379-2F
休不定休 営10:30〜17:00【地図P.131B1】

茶屋たかにゃ 喫茶 やみげ

オーナーなおきさんとぴーやしTシャツ＆ぴーやし

高那旅館のお店。喫茶＆土産物店。ぴーやし（島胡椒）、島の醤油、オリジナル商品も多く、たかにゃかまわぬ手拭い1,250円、もんぺ4,500円〜など人気。トロピカルジュース400円、ケーキセット650円等あり。

☎0980-85-2980【地図P.131C2】
休不定休 営11:00〜17:00

高那旅館 泊まる

司馬遼太郎も滞在した旅館。人形作家でもある女将さん

食事がとても豪華！

風格ある老舗旅館。和室・洋室・ゲストハウスがある。女将をはじめ、スタッフの温かいもてなしと気配りは流石。何度も訪れたくなる宿。手作り郷土料理など、品数多くボリュームもたっぷりで美味しい。一戸建ての離れ（別館）もあり。

☎0980-85-2151【地図P.131C2】

民宿 小浜荘 泊まる

おいしい夕食には泡盛もついてくる♪

創業約50年、伝統的赤瓦の宿。当主藤井幸吉さんの手間ひまかけた料理が素晴らしいので、ぜひ味わってみて。中庭の長机を囲んでの交流を楽しみにするリピーターが多い。大人も使えるブランコとハンモックで星空を眺めるのもいい。Wi-Fi完備。d払い、auPay、楽天Pay利用可

☎0980-85-2131【地図P.131B2】
http://taketomijima-kohamasou.com

ひとくちメモ 〈喜宝院蒐集館（きほういんしゅうしゅうかん）〉日本最南の浄土真宗の寺院。竹富の歴史民俗資料が約4,000点ある。その内842点は国の登録有形民俗文化財。現在は閉めていて、公開していない。【地図P.131B1】

竹富島

黒島

黒牛とウミガメで有名な島

くろしま

島内は黒牛の牧場がほとんど。散歩には帽子など日除けと水分補給を忘れずに!

KUROSHIMA MAP

＊石垣島～黒島 高速船25分

牛の数が人口の13倍以上! 島の大半は広大な牧草地で、牛が草を喰むのどかな風景が広がる。八重山のどの島よりも、静かさとのんびり感を味わえる。ハート形の島周囲は、国内最大の珊瑚礁海域。

● 面積 10.02km² ● 周囲 約12.62km
● 人口 219人（令和6年1月末現在）
● 竹富町観光協会 ☎0980-82-5445
● 黒島の宿の情報…P.216～

●伊古桟橋（登録有形文化財）昭和40年頃まで使われていた桟橋。先端まで歩いていけるので、海に立っている様な感覚になる。干潮時は橋の両側が、干あがることがあるので、潮がある程度満ちている時間帯に行こう。全長354m。もちろん、強風時も注意。東筋から自転車でおよそ5分。（photo:北島清隆）

島への行き方 船

●石垣港離島ターミナルから高速船で約25分。安栄観光、八重山観光フェリーの船が数多く有。
●フェリーも、月・木曜安栄観光、火・土曜八重山観光フェリーが有。
●島に着いたら→港から仲本集落や東筋集落までは徒歩だとおよそ30分。レンタサイクルを借りるか、送迎してもらう方が無難。
 ※黒島港→仲本集落まで、自転車約10分
 ※黒島港→東筋まで、自転車約15分

黒島の海のミニ情報

★船が、黒島近くを通る時、海の色の美しさに感動するよ!
★黒島の周囲はサンゴ礁が発達。付近の海域は透明度抜群のシュノーケル、ダイビングパラダイス。
★海開き～9月末まで、石垣港離島ターミナルの船会社チケットカウンターに仲本海岸の遊泳可能時間が掲示されるのでチェック!!
♥島の周辺には多くのダイビング船が並ぶ光景が見られ、11月後半～4月頃、マンタが捕食に来るそうで大きな口を開けて水面近くを泳ぐ姿を見られることも。（D.S.ひでsun）

＊黒島は1～4月に潮の引いた浅瀬でアーサ採りが見られる。（かってに採取することはできません）乾燥させたものは、石垣市特産品販売センターなどで買うことができる。

島内の交通　レンタカー　レンタバイク　レンタサイクル

名称・問合せ先	料金（バイクと車は 燃料費込／消費税込）
黒島ブルーレンタルショップ ☎090-7365-5666 (8:30～17:30)	●軽自動車…半日4,000円、1日6,000円 ●電動自転車…半日2,000円、1日3,000円
黒島レンタカー ☎0980-85-4211	●軽自動車…2時間3,300円、1日5,500円（港に送迎有／保険込）
黒島レンタサイクル ☎090-4996-2512	●自転車（ギヤ付）…1時間300円、1日1,200円 ●電動自転車、バイクも有（港に送迎有）
ハートらんど ☎0980-85-4007 （港の目の前）	●自転車…2時間まで880円、4時間まで1,430円、1日1,760円 ●電動自転車…2時間まで1,650円、4時間まで2,750円、4時間以上3,300円
まっちゃんおばーのレンタサイクル ☎080-6497-2323 (港に送迎あり)	●自転車…2時間まで800円、4時間まで1,300円、1日1,600円 ●電動自転車…2時間1,800円、4時間まで2,800円、1日3,500円 ●レンタバイク…2時間まで2,500円、4時間まで4,000円、1日5,000円

島あそび　ダイビング　マリンスポーツ　遊ぶマリンレジャー

名称・問合せ先	内容／料金（税込）
ダイビングサービスひでsun （黒島研究所向かい） ☎0980-85-4777 カード可 PayPay可	●体験ダイビング13,200円、追加体験ダイビング6,600円（共にレンタル器材込） ●1ダイブ9,900円、2ダイブ13,200円、3ダイブ17,600円 ●フルレンタル4,400円　http://hidesun.jp
SEAサービスクロシマ （黒島1948・仲本集落） ☎0980-85-4280 カード可 PayPay可	●パナリ島シュノーケル／半日ツアー大人7,000円小人3,500円シュノーケル3点セット込 ※民宿くろしま宿泊者は大人のみ1,000円割引 9:00～12:00頃 ／1日ツアー10,000円小人5,000円（3点セット・ランチ付）9:00～15:00頃
SnorkelingTour専門店 うんどうや（東筋集落） ☎090-3012-4308 カード可	●パナリツアー（9:30～12:30）9,000円、小学生7,000円、3才以上5,000円　●浜島ツアー（13:30～16:30）パナリツアーと同料金　●西表鳩間コース（1日）15,000円、小学5,000円　※保険込／送迎、ライフジャケットレンタル無料　https://www.undoya.com
マリンサービスふしま（宮里） ☎0980-85-4550 ☎090-1870-4550 カード可 PayPay可	●体験ダイビング13,500円～　●体験ダイビング＋シュノーケリングツアー18,000円～　●ファンダイブ10,000円、2ダイブ13,500円、3ダイブ18,500円　●器材レンタル有　●パナリ・黒島たっぷりシュノーケリングツアー1日10,000円、他　※各ランチ別途600円　https://fushima.net

 〈黒島牛まつり〉毎年（2月の最終日曜日）行われる一大イベント。当日は黒島産黒毛和牛のステーキや焼肉、牛汁、牛そば等が、これでもかと販売され、肉好きにはたまらない。牧草転がしといった余興や、本物の牛一頭が当たる! 抽選会も行われ、この日は観光客で大変賑わう。●次回 開催日：2025年2月23日（日）予定
●場所：多目的イベント会場　●問合せ先：牛まつり実行委員会（肉用牛生産組合）☎0980-85-4129(火・水・木のみ)

●西の浜（遊泳は禁止）とっても美しい砂浜。4月〜10月の夜、ウミガメが産卵のため上陸する。アカウミガメ、アオウミガメ、タイマイの3種類が産卵にやってくる世界的にも珍しい場所。（photo:北島清隆）

●仲本海岸（満潮時は流れがあり遊泳禁止の看板が出ていたら危ないのでダメ）

八重山屈指のシュノーケリングエリア。干潮時には、海の生物をたくさん観察できる。ただし、潮の流れは刻々変化するので注意！

※トイレ・シャワー有、Wi-Fi有（photo:竹澤雅文）

★仲本海岸は毎年事故が発生しているので十分注意。単独で海に入らず、必ずライフジャケットを付けよう。初めての人は器具の使い方も習おう。
★監視小屋営業…4月〜9月の遊泳可能時間（毎日変化／石垣港離島ターミナルで掲示する遊泳可能時間も参照）。ドリンクなど販売も有。★ライフジャケット…監視小屋で無料貸出有。★シュノーケルセット…監視小屋、ダイビングショップで有料で貸出している。★磯遊びの際はケガ防止のため、マリンブーツを履き、サンゴを傷つけない様に注意しよう。★海の中にも、危険な生物がいるので、むやみに触らないこと。

●宮里海岸（遊泳は禁止）
旧暦の6月、稲や粟の収穫を感謝し、翌年の五穀豊穣を祈る豊年祭が2日間開催される。

★詳細は、4月以降には決まる。
※2024年旧暦6月（4/2〜5/25）は、年度始めなので、開催日程は遅くなるかも。

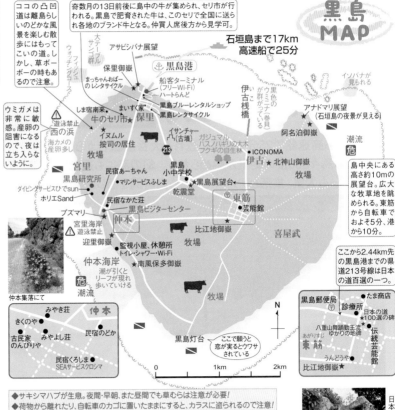

奇数月の13日前後に島中の牛が集められ、セリ市が行われる。黒島で肥育された牛は、このセリで全国に送られ各地のブランド牛となる。仲買人席後方から見学可。

ウミガメは非常に敏感。産卵の阻害になるので、夜は立ち入らないように。

イソバナが見られる

島色のウミベニシ（巻貝）が群がっている

アナドマリ展望（石垣島の夜景が見える）

潮流 危

島中央にある高さ約10mの展望台。広大な牧草地を眺める。東筋から自転車でおよそ5分、港から10分。

ここから2.44km先の黒島港までの県道213号線は日本の道百選の一つ。

サキシマハブが生息。夜間・早朝、また昼間でも草むらは注意が必要！

荷物から離れたり、自転車のカゴに置いたままにすると、カラスに盗まれるので注意！

※島民による奉納芸能や、ミルク（弥勒）の神による祝や、ウーニ・パーレ競漕がある。海岸で行う豊年祭は珍しい。（写真、藤村久美子）

※2日目を宮里海岸で行い、島民による奉納芸能や（写真）

●たま商店…黒島のコンビニ的貴重な店（10:00〜20:00／無休／東筋）

東筋集落の道／広々としてキレイで静か

日本の道百選の碑

ユニークでおもしろい黒島研究所！

黒島近海の海洋生物の研究所。入口前の水路にサメが泳いでいてドッキリ。サメを間近に見られ、エサ（有料）もあげられる！ ウミガメ（産まれたてからでっかいのまで）、ナマコ、ヤシガニ、サキシマハブ、琉球コノハズク、他。なかなか見られない危険生物も色々飼育。意欲的な展示もいっぱい。

＊他にはない楽しい各種体験プログラムあり（要問合せ）！

入口にサメもいます

サメにさわらないで
Don't touch the shark.

エサやりの注意

ウミガメの剥製

ウミガメの甲羅を背面にデザインしたオリジナルTシャツ！ 研究者の熱い思いが伝わるデザイン。S〜XXLサイズ 3,000円

凶暴なゴマモンガラ

ウミガメのあかちゃん

黒島に漂着した種子島で打ち上げられたH2Aロケットのフェアリング部分も展示！

黒島研究所
☎0980-85-4341
入館料500円 休無休
営9:00〜17:00

黒島ビジターセンター

母牛と体重比べ

黒島の陸と海で見られる植物の大きな写真パネル、散策前に是非！

黒島の自然や歴史、生活様式の紹介、民俗資料の展示をしている。島唄の流れる館内で三線体験、指ハブ作りなども楽しめる。この場所は、沖縄が薩摩藩の支配下時代の番所の跡地。

黒島ビジターセンター ☎0980-85-4149
入館料無料／Wi-Fiあり、クーラーあり
休無休 営9:00〜17:00

島カフェ ハートらんど カフェ

生アーサそば（1100円）

黒島港目の前にあるカフェ。港を眺めながらのんびり一服できる。テラス席もあり。人懐こい猫がくつろぎまくっていて癒される。黒島で採れたアーサをたっぷり載せた生アーサそば、石垣牛牛丼セット1,500円（ミニアーサそば付）、青豆ぜんざい700円などが人気。

☎0980-85-4007 黒島466 無休
営9:00〜21:00 テイクアウトもOK

黒島

サンゴ礁の真ん中、のんびり素朴な島

小浜島
こ　は　ま

満天の星・天の川（細崎・マンタ公園 photo: 竹澤雅文）

KOHAMA MAP

石垣島から高速船で25分。気軽に登れる大岳展望台からは、美しい海と八重山の島々360度の絶景が眺められる。幻の島にも近く、シュノーケリングツアーも人気。集落とリゾートどちらも島時間を感じさせてくれる。

＊石垣島〜小浜島 高速船25分
＊小浜島〜竹富島便もあり
＊小浜島〜西表大原港便もあり

●面積 7.86㎢ ●周囲 約16.57km
●人口749人（カヤマ島1人含む）
（令和6年1月末現在）
●竹富町観光協会 ☎0980-82-5445
●小浜島の宿の情報…P.215

島への行き方 船

●石垣港離島ターミナルから船で片道約25〜30分。安栄観光、八重山観光フェリーの高速船が各社1時間に1本程度出ている。
●フェリーも1日1便（月曜以外）船会社は変わるが出ている。
●西表島・大原港〜小浜島便有／竹富島〜小浜島の便も有、どちらも安栄観光。
※料金・時刻表の詳細はP.114〜116参照

★小浜港から小浜集落までは、上り坂を20分前後歩くことになるので、宿泊施設の迎えを利用。
★日帰り観光などの場合は、レンタサイクル、レンタバイク、レンタカーや観光バスの利用を！

シュガーロード サトウキビ畑をまっすぐ突っ切る道　（photo: 竹澤雅文）

アカヤ湾・石長田海岸の夕景。photo: 竹澤雅文

細崎の浜 遊泳はできないが、のんびり過ごせる。西表島が目の前。

コーキ原のガジュマル群落 駐車場もあり、2023年に整備された。岩と一体化する様子がよくわかる。

●浜島（ハマジマ／幻の島） photo: 北島清隆
小浜島と石垣島の中間の海域に、干潮時に白砂の浜がぽっかり現れる。
すご〜〜くキレイ。小浜島からぜひ行ってみよう！
見えている島は、手前左が小浜島、右がカヤマ島、その後ろは西表島。

ひとくちメモ

〈つちだきくおライブ〉毎晩2回、はいむるぶしでは、専属歌手つちだきくおのライブが開催されている。島唄やオリジナル曲をゆったりと聴ける。軽妙なMCの中には、小浜在住歴36年のエピソードや旅人への素敵なアドバイスが含まれ本当に楽しい。超おすすめ！
（宿泊者無料/問合せ/はいむるぶし☎0980-85-3111）☆全国でのコンサートで出かけている場合等、違う演奏者の場合あり。

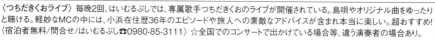

大岳(うふだき)の展望台より▶

▼西大岳(にしうふだき)の展望台より

ダイビング&シュノーケルポイント

★お魚畑

🐟釣りポイント

カヤマ島
(嘉弥真島)
・マリンステーション
・ビーチ

石垣島と小浜島の間に白い幻の島「浜島」が干潮時だけ現れる。
＊石垣、小浜からツアーで行ける。

野ウサギが棲む無人島

八重山諸島

浜島(幻の島)
西表島　カヤマ島　★　石垣島
小浜島　竹富島

小浜島 MAP

N

0　　1km　　2km
＊赤い文字の地名・店名は本文中で紹介しています

●西大岳(にしうふだき) 大岳の隣、山頂からの眺望がすばらしい。ちゅらさんの碑がある。●登り口に駐車場有。

●大岳(うふだき) 八重山の展望台ともいわれ、99.4mの山頂からの眺望が360°拡群。急な階段を登って、頂上まで約5分。●登り口にトイレ・駐車場・自動販売機有。

コーラルビーチ
マリンハウス&バー V.O.V
居酒屋サヌファ
カナンリゾート
コーキ原のガジュマル群落

小浜島総合案内所
(3F)BOB's CAFE
ぷいぷいぬしま
舟崎

大盛家／一般の方のお宅なので外からの見学のみ可。NHKドラマ「ちゅらさん」で「こはぐら荘」として使用された。

ちゅらさん広場
嘉保根御嶽
神聖な場所近づかないで
ヘリポート
民宿だいく家

定期船発着
ちゅらさんばし
旅ぬかろい
(Wi-Fi)

小浜港
シーサイド
製糖工場
コハマ交通
nascondino 手々

●夜間の外出や 昼間でも草むらなどに入る時は、ヤエヤマハブに注意！

●診療所 ☎0980-85-3247
●駐在所 ☎0980-85-3110

小・中学校(喫茶)
ヤシの木(喫茶)
民宿宮良

左右はサトウキビ畑「ちゅらさん」で通学路として使った道

このあたりの砂浜もきれい。わずか2km先、正面に西表島が見える。

ヨナラ水道
牧場
アカヤ崎
西大岳　大岳

マングローブ林が間近に見られ、海岸沿いの道を散策もできる。展望台、駐車場も有。

アカヤ湾
カトレ展望台
小浜島民俗資料館
慶 yorokobi
民宿うふだき荘
村内集落

食堂結
焼肉 やまだ
こはぐら荘

●結願祭(きつがんさい)
毎年秋に行なわれる、豊作感謝と豊穣祈願のお祭り。様々な奉納芸能は、観光客も見ることができる。
写真：竹澤雅文

バナナバナ
Sakurai Coffee
アカヤ湾のビーチ
味処ふくぎ・くばさ荘
細崎
石長田海岸

オヤケ赤蜂は昔、琉球王朝に苦しめられた農民達の先頭に立って反乱をおこした人物。赤蜂が追われてさまよい込んだといわれる森。森の中の岩には赤蜂の怒りの足跡が残っている。※だが、ハブが多いので森に入るのは危険!!

オヤケ赤蜂の森
東細崎

40km制限の小浜ハイウェイ
牧場
畑

星野リゾート
リゾナーレ小浜島

細崎漁港
海人公園
マンタの展望台
マンタを象ったマンタ展望台
★軍艦岩

流れが速い

「ちゅらさん」の出迎えや別れの場面(港)は、ここで撮影。

海岸をサンゴの石積みで囲み、干潮時に残った魚をとる独特の漁法。幅12m長さ1,200mの大規模なもの。2003年文化庁の文化的景観に選ばれた。

魚垣(ながき)

はいむるぶし
センター棟フロント

海カフェ
星空カフェ
(宿泊者限定)

はいむるぶしビーチ

小浜島カントリークラブ
BOOKS & CAFE(宿泊者限定)

流れが速い

ビルマ崎

ドラマ「ちゅらさん」ロケ地

福禄

小浜島

慶 yorokobi 食べる

（そばは週末のみ）

集落内に新しくできたレストラン。この日のランチはそばの他にらふてぃー丼（汁物付）850円、近海魚の刺身丼、島どうふ入りタコライスなど、魅力的でした。ディナーはお任せコース3,500円〜※要予約で手焼きせんべい体験有（10枚のお土産付2,000円）

☎080-2522-3910 不定休 営11:30〜14:00
（売切終了）、18:00〜22:00（ディナー予約制、無料送迎有）

小浜島

波照間島
（はてるま）

南十字星が輝く、日本最南端の有人島

HATERUMA MAP

至 与那国島
石垣島
鳩間島
上原港
石垣空港
小浜島
西表島
大原港
ユーグレナ
石垣港離島
ターミナル
竹富島
パナリ島
黒島
波照間港
波照間島

＊石垣→高速船60分or80分
＊石垣→フェリー120分

波照間とは「最果てのウルマ（サンゴ）」の意味。八重山随一の美しさを誇るニシ浜ビーチ、家々を護る立派なフクギの木、満天のすばらしい星空が旅人をひき付けてやまない島。

● 面積 12.73km² ● 周囲 約14.8km
● 人口 461人（令和6年2月末現在）
● 竹富町観光協会 ☎0980-82-5445
● 波照間島の宿の情報…P.218

🚢 島への行き方

🚢 船

ぱいじま2

● 石垣港離島ターミナルから安栄観光の高速船（約60～70分）又は大型高速船・ぱいじま2（約90分、2階席スーパーシート有）が1日2～4便（どちらの船になるのかは状況により）

● 石垣港の貨客船乗場から安栄観光のフェリーはてるま（週3～4便／約2時間）
＊料金・時刻表の詳細はP.116参照

● 安栄観光（☎0980-83-0055）の石垣発日帰り観光コースも有

＊天候不順などにより、冬～春の時期は特に高速船は欠航が多いので、そのつもりで予定を考えておこう。
※石垣港から出発する際、所要時間の、後半30分は外洋を航行するため、海況により揺れることも。船酔いが心配な方は酔い止めを用意しておくと安心。

✈ 飛行機
※2024年1月22日より再開された！

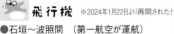
波照間空港

● 石垣～波照間間　（第一航空が運航）
週3便（月、水、土曜日に運航）片道30分
大人14,000円、小人8,500円
預け手荷物10kgまで無料　＊詳細はP.221参照

● 島にバスやタクシーは無く、徒歩またはレンタサイクル・バイク・カーを利用。
★集落部と海岸部は高低差があるので、島を一周するならオススメはバイク。
★波照間港→集落中心まで自転車約8分。※スリップしやすいのでスピードは出さないように。
★人気の島なので、宿の予約は島に行く前に！　★また、帰りの船のチケットもとっておくと安心！

● ニシ浜ビーチ　日本屈指のうっとりするほど美しい白砂のビーチがどこまでも広がり、シュノーケリングにも最適。沖合には、ダイビングポイントもある。夕日の眺めも格別。海ガメが見られることも。※自転車で港から約5分、集落から約10分。※シュノーケリングを楽しむ時は、きれいな海なので、夢中になってあまり沖に出ないように注意。

集落を出ると島のほとんどは、きちんと整備されたさとうきび畑。島の製糖工場で作られた黒糖は有名。

〈南十字星〉八重山諸島では12月上旬～6月下旬まで、南十字星を見ることが出来るが、月によって観測時間は異なる。南十字星の南中時刻（水平線から星座が最も高くあがっている時間帯）の目安は1月1日で6:34、3月1日で2:38、4月1日で00:36、5月1日で22:34、6月1日で20:32と、日が増すごとに南中時刻は早まる。この時刻の前後2時間くらいは観察しやすいが、12月上旬と6月下旬は明るい時間帯に星があり、観測は難しい。

波照間島 MAP

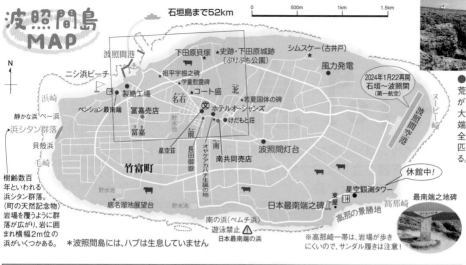

石垣島まで52km

N

- 下田原貝塚
- 史跡・下田原城跡（ぷりぷち公園）
- シムスケー（古井戸）
- 風力発電
- 祖平宇根之碑
- 学童慰霊碑
- コート盛
- 若夏国体の碑
- 2024年1月22日再開 石垣〜波照間（第一航空）
- ヌービー崎
- ニシ浜ビーチ
- 波照間港
- 製糖工場
- 名石
- ホテルオーシャンズ
- けだもと荘
- 波照間空港
- ペンション最南端
- 冨嘉売店
- 冨嘉
- 星空荘
- 長田御嶽
- 波照間灯台
- 静かな浜ペー浜
- 浜崎
- 浜シタン群落
- 貝殻浜
- 毛崎
- 竹富町
- 南共同売店
- オヤケアカハチ生誕の地
- 南共同売店
- 底名溜池展望台
- 貯水池
- 貯水池
- 星空観測タワー
- 休館中！
- 日本最南端之碑
- 南の浜（ペムチ浜）遊泳禁止 日本最南端の浜
- 高那崎の景勝地
- 高那崎
- 最南端之地碑

樹齢数百年といわれる浜シタン群落。（町の天然記念物）岩場を覆うように群落が広がり、岩に囲まれ横幅2m位の浜がいくつかある。

＊波照間島には、ハブは生息していません

＊高那崎一帯は、岩場が歩きにくいので、サンダル履きは注意！

●高那の景勝地
荒々しい足のすくむような断崖が約1km続き、豪快な景色と大海の碧さが美しい。日本最南端之地碑、最南端平和の碑や全国各地の石を持ちよって2匹のヘビを形造った碑などある。＊東屋、駐車場、トイレ有。

●下田原城跡（しもたばるじょう）
琉球王国統一の歴史を示す重要な遺跡。竹富町初国の史跡に指定された。沖縄日本復帰後ぷりぷち公園として整備されたが、今は荒れている。珊瑚性石灰岩で造られた城壁がみられる。

ぷりぷちとは、波照間の方言で「城跡」or「はじまり」の意味とか。

●長田御嶽（なーたうたき）
15世紀に石垣島の石垣地区を支配し、オヤケアカハチの乱を鎮めた「長田大主」を祀ってある。

＊アカハチ、長田大主はどちらも波照間出身

長田御嶽

波照間港〜中心部

♪港の前、周辺の海もとってもきれいで〜す

波照間島のサトウキビはここで砂糖になる。波照間の黒糖は美味しいことで有名！

波照間港

- フェリー発着
- 高速船乗船券
- 船客ターミナル（Wi-Fi有）
- 売店あり（すぐにターミナル内）
- オーシャンズレンタカー・サイクル
- 西浜荘（西本商店）
- 製糖工場
- 居酒屋バンブー
- ペンションレンタルクマミ 最南端
- モンパの木
- パーラーみんぴか
- やぐ村跡
- 富嘉売店
- はこな旅館
- 祖平宇根之碑
- 波照間一周道路
- 元気なココちゃん
- 学童慰霊碑
- うるわしコテージハウス うるわしレンタカー
- そばカフェあとふそこ
- コート盛
- シシ石★
- 宿いしの ダイビングサービスいしの
- うるま家まんや
- 沖縄電力波照間発電所
- 素泊まり民宿やどかり
- 富嘉売店たおや
- 名石共同売店
- 材料集積センター
- まるかん売店
- 波照間診療所 ☎0980-85-8402
- コート盛
- アトラスはてるま
- Dining Bar PE-BUSU
- 居酒屋あがん
- 波照間小学校
- 幼稚園
- NTT変電所
- 駐在所 ☎0980-85-8110
- ふれあいセンター（旧公民館）
- 大東亜戦転送記念碑
- 若夏国体聖火採火の碑
- 波照間郵便局
- ゲストハウスNami
- 民宿あがた村
- 友丸売店
- 小さな酒屋ひまわり
- ホテルオーシャンズ
- オヤケアカハチ誕生の地
- 照島荘
- ねも自転車
- ひまわりcafe
- 古民家の宿うりずん家
- 星空荘
- ぷどぅまれ荘
- 南共同売店
- 公園
- GS
- ぷどぅまれcafe33℃
- 長田御嶽
- レンタルクマノミ
- ラグーン
- kukurucafe
- ハウス美波 美波レンタル

★赤字の地名・店名は本文中や記事などで紹介しています

- 下田原貝塚
- 史跡・下田原城跡（ぷりぷち公園）
- ぷどぅまり浜
- カスダ浜

道路脇で草を喰むヤギをみられるよ！

ニシ浜ビーチ

＊注意！飲料水・ご遠慮ください。

波照間酒造所の「泡波」は昔ながらの手作り少量生産で、島外ではプレミアが付くほど。島内売店ならミニチュア瓶は比較的手に入りやすい。

	A	B	C
1			
2			

●波照間郵便局
☎0980-85-8342
【郵便】平日8:30〜16:30
【貯金】平日9:00〜16:00
【ATM】平日8:45〜17:30
土・日曜・祝日9:00〜17:00

2023年7月移転した！

🐐島内の交通　🚐レンタカー　🏍レンタバイク　🚲レンタサイクル

名称・問合せ先	料金（ガソリン代別／消費税込）
オーシャンズレンタカー（港近く）☎0980-85-8387（fax.）	●レンタサイクル…3時間600円、24時間2,200円／電動アシスト自転車…3時間1,700円、24時間3,300円　●レンタバイク…50cc 3時間2,200円、24時間4,900円、90cc 24時間6,600円　●レンタカー…軽自動車3時間3,850円、24時間7,700円／普通自動車3時間4,400円、24時間8,800円　※ホテルオーシャンズ宿泊者割引有
レンタルクマノミ（集落内、ペンション最南端にも併設）☎090-8290-2823	●レンタル電動自転車…4時間1,500円〜、24時間2,200円　●レンタバイク…50cc 6時間3,300円〜、24時間4,000円／100cc…6時間4,300円〜、24時間5,000円　★ビーチ用品のレンタル…シュノーケル4点セット（マスク・ライフジャケット・ブーツ・ヒレ）2,500円、単品600〜1,500円
美波レンタル（ハウス美波）☎090-8437-3132	●電動自転車…日帰りプラン1,500円／24時間2,000円　●軽自動車4人乗り…日帰りプラン（7時間以内）5,500円／フリープラン（22時まで）6,500円　※ハウス美波宿泊者割引有

🐟島あそび　🤿ダイビング　⛵マリンスポーツ

マリンショップ名称	詳細内容
アトラスはてるま☎0980-85-8182	●体験ダイビング1人15,000円　●ボートダイブ6,000円、2ボート12,000円、3ボートダイブ18,000円　●フルレンタル4,000円、BC1,500円、レギュレーター1,500円、スーツ1,000円、3点セット1,000円　＊ランチ600円
ダイビングサービスいしの（民宿いしの）☎0980-85-8469	●ファンダイブ1ボート6,500円、2ボート13,000円、3ボート18,000円　●Cカード取得可能

●ムシャーマ
毎年、旧暦の7月14日（2023年は、8月29日）豊年祈願と先祖供養の総合芸能祭典。300年もの歴史があり、この日は島が一番賑やかになる。名石共同売店そばの公園でとり行われる。

オヤケアカハチ誕生の地

〈星空ナビゲーションin波照間 南十字〉平成20〜28年まで星空観測タワーで楽しいガイドをされていた親盛さんが、今個人でガイドツアーを行っています（観測タワーは現在クローズ中）。1人3,000円〜（20:00〜22:00、その他の時間帯応相談。無料送迎あり、現金のみ）申し込みは電話またはHPの予約フォームより☎090-3796-3731（受付時間9:00〜19:00）http://minamijyuuji.com

波照間島

集落内にできたかわいい Cafe

ホテルオーシャンズのお隣にかわいいカフェオープン。店名の由来は、自家製ベーグルやホットサンドのサンド、波照間の最高気温の平均の33℃、ニシハマの白いsandから、生まれたとの事。

集落内に落ち着ける場所ができて嬉しい。自家製ベーグルのベーグルサンドランチ、ホットサンドランチは各1,000円。フレッシュフルーツのジュース、シェークや各種ソフトドリンク、生ビール、泡盛、サワー、ハイボールなどのお酒も。

島魚(サーラ)の竜田揚げワンプレート1,200円

【データ】cafe 33℃ 波照間78-3【地図P.140C2】
㉠水・木曜 ㉓月火金日8:00～10:00、月火金土11:00～15:00、火金18:00～21:00 営業時間の詳細はinstagramで→

かき氷・小さい酒屋 ひまわり 飲食

＊手作り照焼きハンバーグ385円、チャンプルー583円、他

島内の居酒屋が全部満席で、どうする?って時、南売店で貼紙を発見。カウンター5席のかわいいお店。カフェひまわりの隣にあった、9年も前から。知らなかった、穴場～。あんまり知らせたくないね。鶏の唐揚げ550円、ごはん味噌汁セット275円、生ビール715円。

☎090-6863-9331 不定休 ㉓11:30～14:30、18:30～22:00(12～4月の製糖期はお昼のみ12:00～14:30)

ぶどぅまれー 飲食

ソーキそば(並)850円(大盛1,000円)

昼はおいしいと評判のソーキそばをテラス席で。夜は波照間の泡盛「泡波」や生ビールを飲みつつ長時間煮込んだ名物のおでん盛1,100円やマンジョウチャンプルー800円、もちきびおにぎり150円などを。島の人たちとも仲良くなれる。お通し200円(夜のみ)。

☎0980-85-8271 [地図P.140C2]波照間2844
㉠火曜、日曜夜 ㉓12:00～14:00、18:30～21:00

そばと手作りスイーツでくつろぐ

開放的なテラス席がいい雰囲気。店内席、おしゃれなおみやげを揃えたショップコーナーもあり。国産大豆の手作りゆし豆腐そばなど、島のものを使った手作りメニューが中心。

ほっとできる素敵な空間で、リピートしたいお店。

かき氷波照間産黒糖ミルク(小)500円

手作りゆし豆腐そば1,000円(波照間の海水使用)

【データ】そばカフェあとふそこ 不定休 喫煙可能
㉓11:30～16:00 波照間204 地図P.140B2

色々美味しい集落内の居酒屋さん

品数豊富でリーズナブルで美味しい。席数は多くないので予約がベスト。オーナー船附さんが切り盛り。グルクンチャーハン(850円)、島魚のフライ(780円)など、旅人がそそられるメニューがいろいろ。泡波グラス750円。

ピパーチ入り麻婆豆腐900円(波照間黒糖使用)とみどりの餃子(長命草入り500円)

【データ】お酒処・居酒屋 味○(みまる)
波照間3112
【地図P.140C2】
☎0980-85-8070
㉠不定 ㉓18:00～22:00(食事L.O.21:00、ドリンクL.O.21:30)
＊表示料金は消費税込

ホテル オーシャンズ 泊まる

屋上で星空も眺められる

波照間島で唯一ホテルタイプの宿。バス・トイレ付きで快適に過ごせるので、女性客やプライバシー重視の方に大好評。ホテルだけどおもてなしはアットホーム。港から1分のオーシャンズレンタカーも営業。宿泊者割引があるのが嬉しい。波照間78-3

☎0980-85-8787【地図P.140C2】
http://hotel-oceans.businesscatalyst.com

波照間島

世界自然遺産の島！山猫も棲む大自然を味わう！

西表島

（いり　おもて）

環境省西表野生生物保護センター提供

石垣島より船で行く。沖縄県では沖縄本島に次ぐ
2番目に大きな島。原生林に覆われ、その大部分が
秘境。世界的にも珍しい動植物が生息。海も感動
の奥深さ。一般道路からその自然を目の当たりにするだけでも面白い。

IRIOMOTE MAP

至 与那国島

鳩間島　鳩間港　石垣島

上原港　　　　　石垣空港

西表島　大原港　ユーグレナ石垣港離島ターミナル

パナリ島　黒島　小浜島　竹富島

波照間島

※石垣～西表大原港 35分
※石垣～西表上原港 40分
※鳩間島～上原港 20分
※大原港～小浜島・竹富島経由便有（予約要）

● 面積289.62km²　● 周囲130.0km
● 人口2,398人（令和6年2月末日現在）
● 竹富町観光協会 ☎0980-82-5445
● 西表島の宿の情報…P.216～218

島への行き方

船

● 石垣港離島ターミナルより高速船で西部の上原港まで40分、東部の大原港まで35分。フェリーもある。※大原港→竹富の便有
※時刻、料金など詳細 P.113～116

〈東部と西部〉 ※島内交通P.146～
● 西表は大きく東部、西部に分かれている。仲間川・南風見田の浜、前良川、後良川等がある東部と、浦内川・ヒナイ川・星砂の浜などがある西部。やりたい遊びや移動手段を考えて宿を決め、計画をたてよう。
★ スピード運転は危険！ カーブも多く、土が流れ出ていたりすると滑る。天然記念物のイリオモテヤマネコをひいたら大変！
★ 東部～西部間（車で約1時間）は通常宿の送迎はしてないので注意。※遊びの日帰りツアーの場合は送迎してくれる店も多い。
★ レンタカー・レンタバイクは台数が少ないので早めに（西表に入る前に）予約を！
● 陸の孤島・船浮への船は、P.144

ピナイサーラの滝を目指し、ヒナイ川をカヌーで行く 初心者も楽しめる人気コース。(情報P.148～参照) 写真:北島清隆

西表一番の観光地・由布島（ゆぶじま）と西表美原を水牛にゆられ海を渡る
由布島から美浜に戻る水牛車（地図P.145D2／情報P.154参照）写真:北島清隆

ひとくちメモ　〈パナリ島（新城島）〉 西表島の東南5kmに位置し、ふたつの島に別れているところからパナリ（離れ）と呼ばれるようになったと言われる。 定期船はないが、西表、小浜、黒島などからシュノーケリングなどのツアーで行ける。人魚伝説があり、人魚神社もあるが神聖な場所なので立入・撮影とも厳禁。人口は上地島7人、下地島1人（令和6年2月末現在）

写真 北島清隆

沖縄県最大の河
浦内川は絶対行ってみよう!

● 浦内川を遊覧船でさかのぼる

　船長さんが珍しい植物や鳥などを詳しく説明してくれ、約30分で上流の終点・軍艦岩に到着（滝に行かない方はここで折り返し）。

　ここから、徒歩約30分で展望台、マリユドゥの滝の全貌がきれいに見える。　さらに15分歩くとカンビレーの滝に到着。

※カンビレーは、「神々の座する所」という意味で西表島では第一級の聖地。
※滝までの道は、手入れされている山道だが、運動靴など履きやすいものを。

マリユドゥの滝　三段につらなる滝で、滝壺は深いので注意。テラスからは、間近に滝を見られる。

写真 北島清隆

カンビレーの滝　川のように流れる滝で、ポットホールも見られる。広々としていて気もちいい。

● 浦内川をカヌーでいけば、川岸の自然観察もゆっくり楽しめる。
※ツアーを利用すれば、安全に支流探検もできる。
※サップツアーも人気!

浦内橋たもと

西表島

ひとくち
メモ
〈宇多良炭坑跡〉浦内川の支流宇多良川にかつて1000名が暮らす炭坑があった。産業遺産にも認定されている。
● カヌーと宇多良炭坑半日コースで遺跡を見学できる。約2時間 大人6,000円、子供4,000円。
〈申込先〉浦内川ジャングルクルーズ ☎0980-85-6154

●月ヶ浜（トゥドゥマリの浜）
最果ての浜～といういい雰囲気。ここの砂は八重山では珍しくとっても細かい。美しい弧を描く浜。ぜひ、海に沈む夕陽を見に行こう♪
＊目の前にホテルもある。

西部拡大地図
右ページ上

●星砂の浜　上から見下ろすだけでも本当に美しい浜。浅瀬にもたくさん魚がいるので、シュノーケリングも驚く程楽しめる。星砂の持ち帰りは禁止。
＊すぐ上に駐車場、レストハウスや宿、キャンプ場もある。

◆船浮～白浜 定期航路 ふなうきまる（定員85名）

3/1～11/30		12/1～2月末	
船浮発	白浜発	船浮発	白浜発
8:15	8:45	7:40	8:45
10:25	11:00	10:25	11:00
12:20	13:20	12:20	13:20
15:10	15:40	15:10	15:40
17:10	17:50	17:10	17:50

●船浮～白浜
片道 約10分
●問合せ先
(有)船浮海運
☎0980-85-6552
☎0980-85-6161
（FAX.85-6552）

往復運賃	大人	小人
船浮～白浜	960円	490円

■船浮は、船でしか行けない集落。白浜港からの定期船がある。シュノーケリングツアーで立ち寄ったり、石垣から行くツアーもある。小さな集落だが、小中学校や民宿もある。イリオモテヤマネコが最初に発見捕獲された地でもあり、記念碑がある。森の小道を10分程歩くと、のんびり過ごせるイダの浜がある。
■船浮集落 人口45人、27世帯（令和6年2月末現在）
＊集落内を水着で歩かないこと。＊キャンプは禁止。

船浮（ふなうき）集落

＊船浮への船
上記参照

イダの浜
船浮小中学校
御宿 奥西表　ふなうき荘
民宿かまどま・船浮ぱん　トイレ
至旧日本軍壕↓　船浮港

（※海水浴場ではないので、海に入る場合は自己責任で注意!）
イダの浜

東海大学
海洋研究所

（地図内の地名）
星砂の浜　ニシ崎
宇那利崎　仕吉　住吉　中野
月ヶ浜（トゥドゥマリ浜）　浦内　中野
アトク島　浦内　G.S.上原　上原港
上原山　160m　G.S.上原
ヒナイビーチ前
45　浦内橋　浦内川観光　船浦
船浦港
大衆食堂しょや　宇多良炭坑跡
イルンティフタデムラ
カフェリコ（星立集落内）　ウタラ川
島廻遊（星立集落内）
ホテル星立西表島　ヤエヤマヤシ群落
星立天然保護区域
Ristorante Terra Iriomote　海の家南ぬ風
百香果　G.S.　星立
慶来慶田城屋敷跡　祖納
西表島郵便局
GoodOutDoor　祖納　ラーメン片桐
Yadoya Padoma　祖納
新盛家　祖納岳　294m
西部診療所　船浦のニッパヤシ群落
まるまぼんさん岩　展望台（天然記念物）
美田良橋　（祖納ふるさとの森）
外離島　ウーシーク森　363m
赤崎　軍艦岩　トレ
西表トンネル　（遊覧船終点）　テドゥ山
（675m）　マリユドゥの滝　441m
白浜港　白浜小　カンピレーの滝
内離島　白浜　白浜中　ナナンカフェ
金城旅館　波照間森　447m
ゴリラ岩　仲良川の滝
サバ崎　船浦海運　船浦海運
イダの浜　船浮小　仲間山
船浮　船浮　船浮港　307m
船浮海運　船浮湾　クイラ川
船浮港　アダナデ川
ウルチ崎
崎山湾　南風岸岳　425m
パイミ崎　ウダラ川
ヌバン崎　アヤンダ川
パイミ川　赤川
ウビラ石　鹿川湾
ヒドリ川
落水崎

船浦橋横のイリオモテヤマネコ／ピナイサーラの滝も見える

仲間橋欄干のイリオモテヤマネコ

N

★東部（大原）～西部（上原）車で約1時間。
★山の中では、携帯が通じない場合が多い。
＊西表島は、サキシマハブが生息している。

0　1km　2km　3km

☆地図中の赤文字の部分は紹介記事があります。

西表島

A　B

鳩間島

鳩間中学校

至石垣島

鳩間港

鳩間島情報
P.128～

バラス島

至石垣島

鳩離島

ダックラムサールランド
船浦湾

E 西表島西部（月ヶ浜～住吉～上原）

ペンション星の砂
レストハウス星の砂
ダイビングパブリック星の砂
星砂の浜
ほしずな亭
星の砂キャンプ場
ニヌ崎
テラス西表島コンドミニアム
GUEST HOUSE nesou
ティンヌカーラ
Luana Mele Iriomote
琉球酒菜くるくみ
宿 mamaya
Dive One Road
ROCO
NESTIriomote
西表おさんぽ気分
さわやかな湯
大自然クラブ
大自然レンタカー
里主ファイミール
民宿パイン館
琉寮
うなりざき公園
ヴィラうなりざき
うなりざき公園展望台
山猫お針箱
BAR HIDEOUT
キッチンinaba
サニーデイ
めぐみ工房
喫茶廣変木
星野リゾート 西表島ホテル
星野リゾート西表島ホテル
マックイーンレンタカー
イ・テリオス
ダイビングショップ
ニライナリゾート
中野
中野ビーチ
やまねレンタカー
上原営業所
うめ工房
わいわいホール
星砂レンタカー
民宿 あけぼの館
西表焼 青烽窯
島イタリアン
Roots-琉茶
西表島南果園
ホットマングローブ
ビームバリ窯
アコークロー西表
バナナハウス
浦内
Enysea B&B
ダイビングショップ
ペンションイリオモテ
西表手仕事センター
西表島エコツーリズムセンター
西表島の塩
上原小学校前
ペンション BUFF
上原小学校
西表インシャー
スーパー八重
西表ココナッツビレッジ

★初めての西表旅なら
東部～西部へのバスや
車移動中、潮の干満で
変わる川の景観に驚
き、感動するはず…！

ホテルパイヌマヤ前
西表島ジャングルホテル
パイヌマヤ

F 西表島西部（上原港周辺～船浦）

ゆんたく酒場 やいま
ONE OCEAN
GOOD DIVE
BAR Kotobuki
ミスターサカナダイビングサービス
ランチハウスたまご
美々
マンゴーとおそばの店
シーアップル
竹富町立歯科診療所
まるま荘
まるまビーチ
ラプラガーデン
（カフェダイニング／2F）
アルファールーム
（4F）
santa nu neene
coffee etomoiri
カンピラ荘
うまんちゅカフェ
しょうくう庵
上原デンサーターミナル
ゆりみな
ピンジュ小屋
西表島カヌーツアー
風車
上原ダックツアー
西表港運（GS）
デンサー食堂
民宿うえはら館・ペンション・宿・ルミンス
マリンペンションたいら
上原港
上原港に近いスーパー
お弁当もあるよ
沖縄・離島情報もあるよ
新八食堂

ASoBi HACK
茶館コビエ

いりもて荘
船浦中学校
ぱけっとはうす
TAKEダイビング
スクール
民宿マリウド
西表島マリウド新館
モンスーン
船浦
ミレア果樹園
キャンプ場
villa
HIRUGI

上原港・デンサーターミナル

由布島へは、水牛車で海を渡って行こう！
（水牛車の情報は p.154）

西表島
（竹富町）

マヤグスクの滝

御座岳
420m

桑木山
312m

ウブンドルの
ヤエヤマヤシ群落
（天然記念物）

大富口

ナダラ橋
伊武田崎
赤離島
クーラの滝
展望台やマングローブを観察できる
木道があり、川にも降りられる。
ロードパーク
展望台
クーラの滝
ゲータの滝
西田川
西田川の滝
ピナイサーラの滝

ユツンの滝

古見岳
470m
金山
425m

野原崎
ウ離島
野原
展望台

放牧場
与那良川
猪狩家
美原
由布島
由布島茶屋
由布島
旅人の駅由布島
ここから由布島へ水牛車で渡れる
由布島水牛車乗場
由布展望体験所
小浜島
（竹富町）
ヨナラ水道

環境省西表野生生物保護センター
（ワイルドライフセンター）
野生生物保護センター
後良橋
古見
マナの店・農家民宿マナ
体験工房ゆくい
古民家カフェ古見village
古見のサキシマスオウノキ群落
（天然記念物）
前良橋
嘉佐崎

やまねこパーク（G東部地図）
でっかいイリオモテヤマネコの滑り台があるヨ

パイン収穫体験

仲間川展望台
サキシマスオウノキの木
仲間川天然保護区域
仲間
大富
野岳
156m
いりもて観光
西表島
パイランド
ファーム
加丁由山
312m
南風見田キャンプ場
仲間橋
仲間貝塚
やまねこパーク
後港川
大原
大原局
南風見
はいみだ
居酒屋もーりーとはっちゃん
シーカヤックツアー海月
玉盛スーパー
日本最南端のバス停 豊原
ラ・ティーダ西表リゾート
カンパネルラの湯
レストラン＆バー字南風見
大原診療所
大原診療所
南風見崎
南風見田の浜
ここから
波照間島が見える

G 西表島東部（大原港周辺・大富）

★この地図は位置を見やすく編集しています。
大原港～大富集落までは約1.5km離れています。

工房まんだら～
ペンションなかまがわ
仲盛旅館
大富売店
ビアガーデン丘
歩き人
仲盛橋
ビアテラス仲間川
マリンレジャー金盛
（遊覧船ボート乗り場）
大富中学校
仲間橋
大富小学校
大原幼稚園
紅茶の店花ずみ
離島総合振興センター
東部地区では、大きい
スーパー お弁当もある
玉盛スーパー
歩き屋野遊び店のぶ
大原郵便局
マツリカ
食堂湾汀八
大原局
はてるま
西表島交通バス乗場
やまねこレンタカー
KAMAITUYA OHARA
kamuRe
民宿やまねこ
マリンレジャー金盛
（遊覧船ボート乗り場）
大原港ターミナル
西表島レンタカーKei
西表島観光案内所
大原港
至石垣港離島ターミナル（安栄観光・八重山観光フェリー）
至南風見田の浜
至上古見

西表島
MAP

●安栄観光（高速船・フェリー）
▲八重山観光フェリー
（高速船・フェリー）

0 200m 400m 600m

145

★各港フェリー発着時刻に接続されていません
※2024年1月1日改正の時刻表です。4月1日から船の時刻によって変更の可能性があります。最新情報を確認してください。

豊原 → 白浜

豊原	療所前診	大原港	大原	大富	古見	野生生物保護センター	美原	水由乗布場	マパバテヤイ前ネメル	パバロイドク	船浦	上原	学校前小	中野	の浜星	住吉	浦内	浦内川	干立	祖納	白浜
7:30	7:34	8:30	8:32	8:34	8:43	8:45	→	8:53	9:06	9:17	9:29	9:33	9:36	9:37	9:41	9:43	9:45	9:50	9:54	9:56	10:03
9:49	9:53	10:00	10:02	10:04	10:15	10:15	→	10:25	10:39	10:51	11:02	11:07	11:10	11:11	11:15	11:17	11:19	11:24	11:28	11:30	11:37
13:47	13:51	13:57	13:59	14:01	14:10	14:12	→	14:21	14:35	14:46	14:58	15:03	15:06	15:10	15:14	15:16	15:19	15:23	15:25	15:31	
15:46	15:50	15:55	15:57	15:59	16:08	16:10	→※	16:16	16:30	16:41	16:53	16:57	17:00	17:01	17:05	17:07	17:09	17:14	17:18	17:20	17:27

白浜 → 豊原

白浜	祖納	干立	浦内川	浦内	住吉	の浜星	中野	学校前小	上原	船浦	パバロイドク	マパバテヤイ前ネメル	水由乗布場	美原	野生生物保護センター	古見	大富	大原	大原港	療所前診	豊原
7:30	7:37	7:39	7:43	7:48	7:51	7:55	7:58	7:59	8:04	8:06	8:18	8:31	8:45	8:46	8:48	8:50	8:59	9:01	9:06	9:09	9:12
10:40	10:47	10:49	10:53	10:57	11:00	11:04	11:07	11:08	11:13	11:15	11:27	11:40	11:57	11:58	12:00	12:02	12:11	12:13	12:16	12:18	12:22
12:38	12:45	12:47	12:51	12:55	12:58	13:02	13:05	13:06	13:11	13:13	13:14	13:28	13:39	13:40	13:42	13:44	13:53	13:55	13:58	14:01	14:04
15:47	15:54	15:56	16:00	16:04	16:07	16:11	16:14	16:16	16:21	16:23	16:33	16:45	16:58	16:59	17:01	17:03	17:12	17:14	17:16	17:18	17:19

※注意：白浜方面行は美原停留所は通過となります。

西表島にはここだけの看板や道路標識もいっぱい♪
天然記念物も多い♫ 蝶やカニなども…。
快適道路だけどスピードは危険!!

●路線バスの問合せ先（大原／8:00〜17:30）
西表島交通株式会社 ☎0980-85-5305
https://www.iriomote.com/
＊バス内でクレジットカード、PayPay、電子マネーの
Edy、waon、nanaco、iD使用可

←最新情報はこちらから「iriomote.com」

●料金表（中学生以上）子供半額（端数切上げ）
※1〜6歳未満同伴
大人1名につき1名無料
※1歳未満無料

●フリー乗車券（バス車内で購入）
1日フリーパス 大人1,500円、小人750円
※3日間フリーパス券は2024年3/31で販売終了になりました。それまでに購入した3日間フリーパス券は4/1以降も使用可能です。

● 運賃（他、料金表参照）
大原港〜上原港1,060円
大原港〜由布水牛車乗場 450円
上原港〜浦内川 340円
上原港〜白浜 570円

単位：円

料金表（運賃表）

区間	運賃（円）※各駅から右方向の各停留所までの順
白浜	190
祖納	130 / 230
干立	130 / 190 / 310
浦内川	150 / 230 / 270 / 400
浦内	130 / 210 / 250 / 290 / 410
住吉	130 / 130 / 210 / 290 / 330 / 450
星砂の浜	130 / 140 / 160 / 240 / 330 / 370 / 480
中野	130 / 140 / 180 / 200 / 280 / 330 / 420 / 520
上原小学校前	130 / 130 / 160 / 210 / 290 / 340 / 440 / 450 / 540
上原	130 / 130 / 180 / 210 / 240 / 290 / 340 / 400 / 450 / 570
船浦	130 / 130 / 160 / 180 / 240 / 290 / 330 / 400 / 420 / 510 / 620
大見謝ロードパーク（ホテルバルマーズ前）	290 / 530 / 570 / 620 / 640 / 700 / 740 / 750 / 820 / 880 / 910 / 1000
由布水牛車乗場	310 / 320 / 530 / 750 / 790 / 830 / 850 / 880 / 910 / 930 / 940 / 1070 / 1160
美原	160 / 170 / 410 / 610 / 830 / 860 / 910 / 920 / 950 / 1010 / 1050 / 1120 / 1140 / 1230
古見	130 / 190 / 200 / 400 / 620 / 830 / 860 / 880 / 920 / 950 / 960 / 1120 / 1140 / 1160 / 1240
大富	270 / 290 / 330 / 430 / 650 / 670 / 990 / 1020 / 1060 / 1070 / 1120 / 1200 / 1270 / 1290 / 1370 / 1380
大原	130 / 310 / 330 / 430 / 650 / 670 / 1050 / 1060 / 1060 / 1070 / 1110 / 1300 / 1300 / 1320 / 1320 / 1400
大原港	130 / 130 / 310 / 440 / 470 / 560 / 670 / 850 / 1050 / 1060 / 1070 / 1110 / 1310 / 1310 / 1330 / 1410
大原診療所前	130 / 130 / 180 / 340 / 380 / 460 / 470 / 640 / 1040 / 1070 / 1070 / 1110 / 1160 / 1360 / 1360 / 1460
豊原	130 / 140 / 160 / 200 / 400 / 430 / 510 / 520 / 730 / 910 / 1000 / 1080 / 1090 / 1110 / 1210 / 1240 / 1470

🚕 タクシー

●やまねこタクシー
☎0980-85-5303
2024年3月現在休止中。
再開については未定。

＊西表移動中見られる鳥もたくさん。
大きなムラサキサギが飛び立つのに
驚かせられることも。カンムリワシは、
電信柱の上にも。

亜種ムラサキサギ 全長80cm以上と大きくてびっくり！

特別天然記念物・カンムリワシ

🚗 レンタカー　🏍 レンタバイク　🚲 レンタサイクル

西表をあちこち自由に見て回るなら、やっぱりレンタカー♪ アップダウンがあり、
スコールも多いので、自転車・バイクは近隣散策むき！　★ビーチにはレンタカーで絶対に入らないこと。★車を離れる時はサイドブレーキとロックを忘れないこと。

名称・所在地・電話(0980)	料金（軽:軽自動車　普:普通車　H:時間　消費税込）　　B=レンタバイク有　C=レンタサイクル有
マックィーンレンタカー（上原）☎090-9786-9280	軽 当日返車4,500円、24H5,000円　普 当日返車5,500円、24H6,000円　ワゴン（8名乗り）当日返車9,000円、24H10,000円　＊保険込　＊チャイルドシート無料
シーアップルレンタカー（上原直近）☎0980-85-6653	軽 1日5,000円〜（保険1,100円別）　＊無料送迎有（10km圏内に限る）
やまねこレンタカー（西表島交通）（大原）☎85-5111（上原）☎85-6111	軽 3H5,500円、6H6,000円、24H7,500円　普HONDA Fit 3H7,000円、6H7,500円、24H10,000円、＊免責補償料24H毎1,000円　＊乗捨（大原⇔上原）1,500円　＊全車燃料代込み　＊チャイルドシート無料
大自然レンタカー（住吉）（民宿さわやか荘内）☎0980-85-6752	軽 3H4,000円、24H5,000円　普（5人乗）当日返車6,000円、24H7,000円　＊保険込　＊チャイルドシート無料　＊乗捨料金 上原港1,000円、大原港2,000円
アイランドサービス空海（星立）☎0980-85-6290	軽 12H4,500円、24H5,000円、以後1日4,500円　＊免責補償1日1,000円　＊チャイルドシート1台（要予約）無料
レンタカー・Kei（大原）携帯090-7290-4239　☆軽のみ	軽 1〜3H 3,000円、3〜5H 4,000円、5〜24H 5,000円、以後1日毎4,000円　＊免責保険料込み＊チャイルドシート無料　※大原港出迎え
ククルレンタカー（大原）☎0980-3234-7474	軽 1日5,500円（免責補償込）　＊大原港無料送迎　＊チャイルドシート無料（2台目から+1,000円）　B原付バイク1日4,000円〜
オリックスレンタカー 西表島大原店（大原）☎0980-85-5888	軽当日6,160円、24H8,250円　ハイブリッドクラス 6H8,360円、当日9,570円、24H11,550円〜　＊免責24時間毎1,100円＊チャイルドシート（要予約）1台1,100円
エアポートレンタカー 西表島営業所☎0980-85-5383（大原）	普1300cc 10Hまで6,800円、24H8,000円、36H12,000円、48H15,000円　＊免責補償1日1,300円　＊チャイルドシート（要予約）無料
西表レンタカー（大富）☎0980-85-5950	軽3H3,000円、24H5,000円、以後1日毎4,000円　普3H4,000円、24H7,000円、以後1日毎6,000円　＊保険込（対人・対物のみ）　＊チャイルドシート（要予約）無料
レンタカー トリン（大原）☎0980-87-6477	軽 当日4,500円〜、1泊2日9,000円〜、以後1日毎4,500円　普コンパクト 当日5,300円〜、1泊2日9,500円〜、以後1日毎5,000円〜　＊免責補償1日毎1,100円　＊保険込　＊返却後大原港へ無料送迎　＊チャイルドシート1台まで無料
民宿マリウド（船浦）☎0980-85-6578	B1H200円、5H〜1日1,000円　⑨9:00〜18:00
みーふぁいゆーレンタカー（大原）☎090-9247-8062	SKクラス 当日4,500円〜、1泊2日9,000円〜　Sクラス 当日5,500円〜、1泊2日11,000円〜　＊保険込、免責補償込　＊大原港送迎有　＊チャイルドシート無料
西表島星砂レンタカー（上原）☎090-3458-1555	軽 当日5,500円〜、24H6,050円〜　5人乗り 当日8,800円〜、24H9,350円〜　8人乗り 当日11,000円〜、24H12,100円〜　＊保険込、免責補償1日1,000円別　＊上原港・周辺宿配車と無料送迎あり　＊チャイルドシート無料（先着順）

カ…クレジットカード利用可　P…PayPay利用可　d払…d払い利用可

（左端縦書き）西表島

〈西表島の金融機関〉西表島には銀行はなく（八重山で銀行があるのは石垣島のみ）、郵便局があるのは大原と祖納の2ヶ所のみ。●西表大原郵便局（☎0980-85-5342／大原地区）●西表島郵便局（☎0980-85-6342／祖納地区）【窓口営業時間】郵便…平日9:00〜17:00（土日祝休）貯金…平日9:00〜16:00（土日祝休）【ATM】土日祝9:00〜17:00、平日/大原局8:45〜18:00、西表局8:45〜19:00

仲間川を遊覧ボートで行く！

西表には沖縄最大の浦内川とNo.2の仲間川がある。どちらも遊覧船で気軽に上流まで上ることができる。ぜひ、乗ってみよう！ （浦内川遊覧は、P.143参照）

●仲間川は東部・大原港近くにある。日本最大級のマングローブ林面積を持ち、上流にある古木「サキシマスオウノキ」までクルージングを解説付きで楽しめる。川をさかのぼるだけでもジャングル探検気分満載！間近でマングローブの根元まで見られ、種類の違いまでわかり易く、林の奥の様子ものぞけおもしろい！（潮が大きく引く日は行けない時もあるので注意）
※カヌーも楽しめる！ （写真・北島清隆）

サキシマスオウノキ
上流船着場からすぐ、樹齢が400年以上といわれていて、板根もすばらしい。（写真・竹澤雅文）

■仲間川、浦内川 遊覧船・ボートツアー／その他のボート観光 （石垣島から日帰り可能）

名　称（問合せ先）	内容／料金（消費税込）
マリンレジャー金盛（大富） ☎0980-85-5378　FAX5587 ※離島船チャーター観光も有	●仲間川遊覧ボート マングローブクルーズ（所要約60分）大人2,500円、小人1,500円　●サキシマスオウノキ見学コース（所要約90分）マングローブクルーズ＋上流にある樹齢400年以上の巨木見学 大人3,500円、小人1,750円 ※乗場は、大原港 又は 大富港（仲間橋を渡ってすぐ左側降りる）　※出航時間は季節、日により変動します。
西表島交通（株） ☎0980-85-5304　🅿️🆔	●仲間川遊覧ボート マングローブクルーズ（所要約60分）大人2,500円、小人1,250円　●サキシマスオウノキ見学コース（所要約90分）マングローブクルーズ＋上流にある樹齢400年以上の巨木見学 大人3,500円、小人1,750円 ※出航時間は季節、日により変動します。ホームページ、電話などで確認しましょう。http://www.iriomote.com
浦内川ジャングルクルーズ〈浦内川沿い〉 ☎0980-85-6154　FAX6921　🅿️ *通年営業 *予約不要 *送迎不可	浦内川ジャングルクルーズ（マリユドゥの滝・カンビレーの滝コース）…浦内川を遊覧船で上り（片道30分）軍艦岩より歩いて滝を見に行く（全行程3時間。遊覧船クルーズのみでもOK）／料金 大人3,000円、小人（6〜11才）1,500円　＊浦内川カヌー体験p.151 【出発時間】（定期便）9:00、10:00、11:00、14:00／（臨時便）12:30、13:00（臨時便は大人4名以上より運航）　＊SUP体験P.153参照

🏧…クレジットカード利用可　🅿️…PayPay利用可　🆔…d払い利用可

■仲間川カヌー（カヤック）ツアー

名　称（問合せ先）	内容／料金（消費税込）
マリンレジャー金盛（大富） ☎0980-85-5378　FAX5587	●仲間川カヌーツアー（ガイド付）半日 7,000円、子供6,000円、幼児2,500円（9:30〜12:30 又は 13:30〜16:30／保険・飲物付）　●カヌーレンタル（講習・装備一式付）1日1名乗6,000円、2名乗8,700円、3名乗10,300円

ひとくちメモ
〈郵便代行している店〉郵便局は上原港近くにはないが、●川満スーパー（☎85-6157）が郵便業務の一部を代行している（写真右、☎7:00〜21:00）。その他、東部の●大富共同売店（大富地区☎85-5410、☎7:00〜21:00）。白浜の●屋良商店（☎85-6126、☎7:30〜19:00）も同様にゆうパック受付（郵便局と同じ窓口持込料金）、切手販売を行っている。ATMはない。

＊SUP、カヌーとトレッキングの組み合わせツアーもある。＊家族連れでも楽しい。大見謝川キャニオニング（写真 風車）

キャニオニング、トレッキング、ケイビング、他

●川の中を遡ったり、下ったり飛び込んだりするキャニオニング（夏季のみ）は、ぜひやってみたい。真夏でなくてもトレッキングで行けるポイントもいろいろ、ユツンの滝やゲータの滝など。また、ケイビング（洞窟探検）も魅力。本物のワクワク感が楽しめる。

■いろいろなスタイルがあるピナイサーラの滝ツアー（1日、半日、他のコースや遊びとのセットツアーなど）

名　称（問合せ先）	内容／料金（消費税込）
西表島 風車（かざぐるま）（上原） ☎090-8915-0931	●1日ピナイサーラの滝 カヌー&トレッキングツアー小学4年生〜50歳代13,000円（滝上・滝壺約6.5時間、通年）滝上でガイドによる現地調理ランチが大人気　＊シャワー室、更衣室完備　＊事前ネット予約時カード決済OK、現地では現金払いのみ
大自然クラブ（住吉／さわやか荘内） ☎0980-85-6752 FAX 6856　ｶｰﾄﾞ P d	●カヌーツアー半日コース ピナイサーラの滝壺9,500円、小学生7,500円（3〜4時間、飲物付）●1日コース カヌーツーリング ピナイサーラの滝＋シュノーケル（バラス島周辺）15,500円、小学生13,000円　＊全コース保険・レンタルシューズ込
ロビンソン小屋（上原） ☎090-2397-4759	●ヒナイ川秘境探検・カナディアンカヌーツアー ガイド料1グループで10,000円＋カヌーレンタル1隻2人で利用7,000円、3人で利用9,000円（保険込）／＋レンタル釣具1セット2,000円（エサ代別）で釣りもOK

■キャニオニング、トレッキング、ケイビング（洞窟探検）など

ｶｰﾄﾞ…クレジットカード利用可　P…PayPay利用可　d…d払い利用可

名　称（問合せ先）	内容／料金（消費税込）
西表島 風車（かざぐるま）（上原） ☎090-8915-0931 ＊事前ネット予約時カード決済、現地では現金払いのみ	●亜熱帯シャワートレッキング&キャニオニングコース 12,000円（小4〜50代）6/1〜10/31 所要時間約5.5時間 ●ユツンの滝ジャングルトレッキング 15,000円（高校生以上）10/1〜3/31、所要約6時間 ●マングローブカヌー&キャニオニング 13,000円（中学生以上）12,000円（小4〜6年）、4〜10月末、所要約7時間　＊わくわくランチ・お茶菓子付、ヘルメット、シューズ等、必要装備はすべてレンタル無料　＊全コースガイド付　＊シャワー室、更衣室完備
浦内川ジャングルクルーズ（浦内川沿い） ☎0980-85-6154	●亜熱帯の森トレッキング（ガイド付マリュドゥの滝、カンピレーの滝 ランチ付、約5時間）大人8,500円（13才〜）、小人（小学生〜）6,500円 ※1名で催行時12,000円　＊要予約　＊送迎可＊石垣島から日帰り可能
西表島 ジャングルブック（祖納） ☎080-6516-2008	●ジャングル鍾乳洞トレッキング／1.5時間、大人3,000円、小人（6歳〜中学生未満）4,000円 ●ユツンの三段滝ツアー／約6時間半、大人12,000円、小人10,000円 ＊上原港・西部地区送迎有（東部地区一部要相談）

Close up! リニューアルした 西表野生生物保護センター に行ってみよう!

https://iwcc.jp

展示が充実しているよ

イリオモテヤマネコを始めとする西表島に生息する野生動植物の多彩な映像、剥製などのほか、ヤマネコや多種のカエルの鳴き声が聞けたり、ヤマネコの尿の匂いまで体験できて相当おもしろい。野生生物の最新の目撃情報掲示板も設置されている。ここで、知識を深めれば、より楽しい旅になるよ。

西表野生生物保護センター ☎0980-85-5581
●入館無料　●開館…10:00〜17:00
●休館日…月曜（月曜が祝日の時は開館して火曜休）6/23慰霊の日、12/29〜1/3
●大原港から車で約20分【地図P.145D2】

〈セマルハコガメ〉西表と石垣に生息する天然記念物のカメ。腹部分が蝶番のようになり、手足頭をひっこめてぴったり箱のようになってしまう（表現が難しく、実物を見るまでなかなか想像がつかない！）自然ツアーでも見られることがあるし、雨が降ったりすると普通にそのへんの道を歩いていたりする。持ち帰り、飼育は違法！（写真:柳橋道一／ダイブワンロード）

上陸したい！バラス島

●サンゴのかけらだけで出来た不思議な美しい島。上原港と鳩間島の間に干潮時現れる。周りの海は、サンゴの森と魚の楽園。こんな場所は、ほかのどこにもない！シュノーケリングツアーやダイビングで絶対行ってみよう！　写真：北島清隆

＊上原港と鳩間島の中間に現在は干潮時に顔を出す。　＊シュノーケリングでもびっくりするほどサカナやサンゴを楽しめる。　＊ツアーならウミガメもみられるかも。

西表島

■バラス島・鳩間島その他のシュノーケリングツアー（1日、半日、セットツアーなど）

（晃）…クレジットカード利用可　P …PayPay 利用可　d払…d 払い利用可

名称、電話、（場所）	内容／料金（消費税込）
西表インシャー ☎0980-85-6727（＝晃）（上原） info@i-imsher.com	●バラス島＆鳩間島1日コース 大人12,000円 3才～小学生10,000円 約6時間（保険料、ランチ・飲物・シュノーケルセット3点付） ●奥西表 船浮1日コース（大人14,000円、3才～小学生12,000円 2名より催行）　●バラス島半日コース 大人8,000円 3才 ～小学生7,000円　※1日コース4名以上1名あたり500円割引、シュノーケリング器材持込500円引
西表ダックツアー（上原） 予約☎0980-85-6173	●鳩間島・バラス島1日スノーケルツアー 大人13,000円、子供12,000円（鳩間島でバーベキューランチ＆散策付、3点セット付） ●サンガラの滝カヌー＆トレッキング＋バラス島スノーケル1日ツアー（お弁当付）大人14,000円、子供13,000円 ※各アースノーケル3点セットレンタル付
DIVING PUBLIC 星の砂（上原） ☎0980-85-6448 晃6828 （晃）	●シュノーケルツアー1日コース 大人（中学生以上）11,000円、子供9,900円（ウェットスーツレンタル込／3点セット別途） ●3点セットレンタル1,650円
Dive One Road（ダイブワンロード） ☎0980-85-6036（＝晃）（上原）	●シュノーケリング（バラス島周辺／9:00、13:30発／所要3時間／3点セット、ライフジャケット、飲物込）半日7,700円 ＊貸切や出発時間などリクエスト応相談
大自然クラブ（住吉／さわやか荘内） ☎0980-85-6752 晃6856 （晃）P d払	●シュノーケル半日コース 大人8,000円、小学生6,000円（約3時間ランチなし）

島人船長とっておきポイントの
ゆったり、ちゅら海
シュノーケリング・ツアー。

- ●バラス島・鳩間島1日コース／12,000円
- ●奥西表船浮1日コース（2名様～）／14,000円
- ●夕暮れバラス島コース（2名様～）／8,000円
- ●バラス島半日コース（AM：PM）／8,000円
  〈レンタル、保険料、消費税すべて込み〉

西表インシャー 検索

Tel.0980-85-6727　i-imsher.com／
八重山郡竹富町上原330-2

ひとくちメモ　〈西田川の滝（サンガラの滝）〉 ピナイサーラの滝のあるヒナイ川のお隣の川・西田川の上流の滝。河口部はヒナイ川やマーレイ川、ヤシ川と同じ船浦湾に開口する。サンガラの滝はこじんまりとして水遊びにはもってこい。ダックツアー、大自然クラブ、villa西表、モンスーン、海月、カヌーフレンズハイビスカスなどでツアーを行なっている。写真協力：西表ダックツアー

ナーラの滝壺にて

ナーラの滝

西表島の大自然で遊ぶ

カヤックで秘境を探検!

幻の滝とも言われるナーラの滝／仲良川上流までシーカヤック
もしくはボートでさかのぼり、30分ほどのトレッキングで着く。
水量も多く、思いっきり滝遊びが楽しめる。

ナーラの滝へ仲良川をシーカヤックで上る

＊仲良川も干潟観察ができる。＊西表のたくさんある川は干満で、景色が一変する！ ＊各ツアーショップでは、自然の川やジャングルを安全にいけるのかよく下見をして、楽しませてくれるよ。

西表島

■カヤックツアー（浦内川、ナーラの滝、水落の滝、アダナデの滝、サンガラの滝、マリユドゥの滝、クーラの滝）など

名　称（問合せ先）	内容／料金（消費税込）
西表島カヌー旅行人 GoodOutDoor（グッドアウトドア） ☎0980-84-8116（＝保）（祖納）	●ナーラの滝と仲良川／マングローブカヌー＆トレッキング（7〜8時間）13,000円（子供11,000円）　●西表島半日マングローブカヌー（3時間）8,000円（子供6,000円）　●はっぴい熱帯魚 西表島の海のカヌーとシュノーケリング半日コース（3時間）9,000円（子供7,000円）　●アダナデの滝カヌー＆沢トレック（カヌー＆キャニオニング、5〜10月、7時間）13,000円（子供10,000円） ●水落の滝とイダの浜 シーカヤック＆バカンスツアー（7〜8時間）13,000円（子供10,000円）　http://goodoutdoor.jp
西表島 風車（かざぐるま）（上原） ☎090-8915-0931 ＊事前ネット予約時カード決済 ＊現地では現金払いのみ	●マングローブカヌー＆滝遊び13,000円（5才〜小学6年11,000円）、5.5時間　●がっつり漕いでナーラの滝、15,000円 4/1〜11/30（G.W除く）、8時間　●アダナデの滝カヌー＆シャワートレッキング15,000円 4/1〜11/30（G.W除く）、7時間 ※以上各コースわくわくランチ、レンタルシューズ付 ●カヌー体験コース8,000円、約3時間　＊シャワー室、更衣室完備
西表ダックツアー（上原） 予約 ☎0980-85-6173	●サンガラの滝カヌー＆トレッキングツアー大人10,000円、子供9,000円（お弁当＆ドリンク付） ●サンガラの滝＆鍾乳洞探険ツアー大人13,000円、子供12,000円（お弁当＆ドリンク付）
浦内川ジャングルクルーズ（浦内川沿い） ☎0980-85-6154 FAX6921 ＊通年営業 ＊送迎可（西部地区のみ）P	●マリユドゥの滝と浦内川カヌー下り…遊覧船で川を上り歩いて滝を見学後、上流からカヌーで下る（6時間）大人（13才〜）10,000円、小人（小学生）7,000円（遊覧船代・保険料・弁当・ガイド付／1名催行13,000円） ●宇多良川半日カヌー体験6,000円、小人（6才〜）4,000円（約2時間／保険料・カヌーレンタル料・ガイド付／1名催行8,000円）　※人数に制限有、予約は早めに　※石垣島から日帰り可能

かが╱…クレジットカード利用可　P…PayPay 利用可　d払…d 払い利用可

西表島の大自然で遊ぶ

●西表島はSUPで楽しめるフィールドがたくさんある。何より、波がなく流れもほとんどない西表の川は、SUP初めての人にも最高のロケーション。

SUP体験

＊アクティブにSUPツアーを楽しもう。
＊植物観察もできるし、森の声も聞こえる。

浦内川にて（写真／加藤祐子）

■SUPツアー　　かが╱…クレジットカード利用可　P…PayPay 利用可　d払…d 払い利用可

名　称（問合せ先）	内容／料金（消費税込）
浦内川観光ジャングルクルーズ（浦内川沿い） ☎0980-85-6154	●浦内川で初心者向けSUP体験ツアー（2時間）大人6,000円 小人（6〜11才）4,000円 1名催行8,000円 ＊要予約　＊送迎可（西部地区のみ）　＊通年営業　＊人数制限有り　＊石垣島から日帰り可能
大自然クラブ（住吉／さわやか荘内） ☎0980-85-6752 FAX6856 P d払	●マングローブでSUP体験＆シュノーケル1日コース 大人 15,500円 小学生 13,000円、幼児不可（ランチ付）
西表島WATERMAN（ウォーターマン） （上原）☎0980-85-6005 P	●SUPクルーズ（2時間より、初心者〜レベルによりコース変更あり）6,500円〜　●SUPサーフィン（2時間より、経験者8,000円〜　●早朝SUP（約1.5時間）夕方SUP（約1.5時間）6,500円（このコースは石垣からの日帰り不可）　＊西部送迎有

ひとくちメモ　〈サバニツアー〉沖縄の古来からの木造帆掛け船の造船・操船の技術と心を未来に残そうと活動する人々がいる。基本夕暮れ時開催の体験ツアーに参加してみよう。　●サバニ体験クルーズ3,500円（2名より／セッティング、収納含め2時間）　●サバニシュノーケルクルーズ12,000円（2名より／お弁当・飲物付、約3時間）　予約先／アイランドサービス空海 ☎0980-85-6290

西表のダイビング

サカナも種類豊富！
サンゴもすごい！
地形もダイナミック！

コモンシコロサンゴ
の上にアオウミガメ
（写真:北島清隆）

サザナミフグ（45cm前後／フグ毒有）

●今まで知られている造礁サンゴ（サンゴ礁を形成するサンゴ）の数は、全世界で約1,300種類。そのうち西表島を含む琉球列島では約400種類のサンゴを見ることができる。固有種（その地方だけで見られる種）の数は多さではなんと世界トップクラス。
※西表は、体験ダイビングでも他の地域とは比べ物にならないほどの環境で潜ることができる。
（右の魚の写真5点：ダイブワンロード）

アカネハナゴイと枝サンゴ（写真:北島清隆）

カクレクマノミ▶
イソギンチャク
（写真:北島清隆）

アンナウミウシ（3～4cm位）

ミナミハコフグの幼魚（1cm位～／成魚30cmになるものも）

ニシキテグリ（2～4cm位）

イバラタツ
（最大17cm）

西表島

のんびりたっぷり潜りましょう！

夫婦ふたりの小さなショップです。
ゆっくり潜りますので、初心者やお久しぶり
の方でも安心して遊びに来て下さい！

体験ダイビング参加の方、特典あり
水中記念写真プレゼント！

小さいお子様連れの
方も大歓迎！

Dive One Road
IRIOMOTE ISLAND ダイブワンロード
〒907-1547 沖縄県八重山郡竹富町字上原53-1
TEL/FAX 0980-85-6036
http://diveoneroad.com　iriomote@diveoneroad.com

忘勿石（わすれないし）之碑
南風見田の浜横に建つ

南風見田の浜

ひとくち
メモ

〈ダイビングと飛行機 注意事項〉（体験）ダイビングを行った当日は飛行機に乗ることができないので注意しましょう。ダイビングを行ってから飛行機に乗るまでに最低1日程度は時間を空ける必要があります。これは高度飛行で機内気圧が低下するため、体内の残留窒素が気泡化しやすくなり、減圧症のリスクが高くなるためです。

■ダイビングショップ

Dive One Road
(ダイブ ワン ロード)

☎0980-85-6036（＝FAX）
竹富町字上原53-1
【地図P.145E】
http://www.diveoneroad.com
iriomote@diveoneroad.info
＊宿の手配可
＊石垣島からの日帰りOK

☆半日の空き時間でもOK！ 美しいサンゴの海で体験ダイビングはいかが?! まずはバラス島で足の着く所からのんびりシュノーケリングを練習し、緊張がほぐれたらいよいよ海中へ！ たっぷり1時間、少人数でゆっくり潜るので初めての方も安心。本誌を見て体験ダイブの方、水中記念写真プレゼント！

Data ●体験ダイビング半日 1本13,200円、1日2本20,900円（器材・飲物込）＊水着1枚でOK）＊早期予約の場合貸切可 ●ファンダイビング 2本14,300円、3本21,450円（ガイド・ウエイト・飲物・保険込）●ダイビング器材レンタル フルセット5,500円 ●スノーケリング半日6,600円（器材込）●お子様連れも大歓迎（各消費税込金額）

Diving Public 星の砂

☎0980-85-6448
FAX0980-85-6828
竹富町西表島ウナリ崎289
【地図P.145E】
http://www.hoshinosuna.ne.jp
（各消費税込料金）

☆ペンション星の砂併設のダイビングショップ。西表最大クラスの大型クルーザーでゆったりとリゾートダイビング。船長以外、サポートするインストラクターは全員女性。優しい雰囲気の中でFUN DIVE、体験ダイビング、シュノーケリングツアー等をご案内。ダイビング＆宿泊のおトクなパックあり！

Data ●体験ダイビング 13,200円（器材レンタルなどすべて込）●ファンダイビング 2ダイブ14,300円／3ダイブ19,800円（遠出＋3,300円）●ダイビング器材レンタル フルセット5,500円／マスク・シュノーケル・フィン各550円／レギュレター・BCD・スーツ各2,200円 ●ライセンス取得コース 講習3日間 60,500円～ ●クレジットカード利用可

西表島ダイビング＆SUP WATERMAN
(ウォーターマン)

☎0980-85-6005（＝FAX）
竹富町字上原530-1

http://www.i-waterman.com
PayPay利用可

☆ダイビングに限らずあらゆるマリンスポーツの楽しさを知ってもらいたいという思いを持つオーナーガイドによる少人数制。初心者から本格カメラ派ダイバーまで楽しめ、リクエストにこたえやすい。「スローダイブ」志向なので、休憩時間もたっぷり。SUP（スタンドアップパドルボード）の体験コースもあり。

Data ●ファンダイビング 1ダイブ9,000円／2ダイブ14,000円～ ●サンセットダイブ 9,000円 ●ナイトダイブ9,000円 ●体験ダイビング半日コース14,000円、1日コース20,000円 ●ライセンス講習3日間80,000円 ★スノーケリング バラス島半日8,500円 ＊お弁当700円

ダイビングベース ホットマングローブ

☎0980-84-8282（＝FAX）
竹富町字上原324-33
【地図P.145E】＊クレジットカード（VISA・MASTER）利用可
http://www.hotmangrove.com

☆「ゲスト一人ひとりに丁寧なサービス」を心がけるショップ。ランチタイムにはバラス島や鳩間島上陸、マングローブ探検など西表ならではのお楽しみが！ ボートは2階デッキ、トイレ、シャワー付ダイビング専用船でいつも清潔。夜はおしゃれなクラブハウスで楽しくログ付け！

Data ●体験1ダイブ15,400円、体験2ダイブ19,800円（器材・ドリンク付、1人よりOK）●ファンダイブ1日2ボート15,400円、3ボート22,000円 ●ナイトダイブ8,800円 ●器材レンタル フルセット6,600円 ●ダイビングスクール 88,000円（3日間、器材・教材費込、申請料5,500円別）●半日スノーケリング9,900円（1日13,200円）（各税込料金）

ミスターサカナ ダイビングサービス

☎0980-85-6472（＝FAX）
竹富町字上原657
【地図P.145F】
＊クレジットカード利用可
mr-sakana.com
mrsakanainfo@gmail.com

☆西表で最も歴史あるショップ。楽しさと徹底した安全管理は定評。その日のベストポイントをベストタイムに、常にベテランインストラクターがガイド。ダイビング専用ボートは広く快適楽ちん、トイレ温水シャワー完備、雨でも濡れません。最先端のナイトロックス（高酸素濃度のエアー）導入で、より安全に潜れます。

Data ●体験ダイビング 1ダイブ16,500円／2ダイブ19,800円（器材、タンク、ボート、ガイド、ドリンク、2ダイブのみランチ込）＊人数割引有、水中写真プレゼント ●ファンボートダイビング 1ダイブ12,100円／2ダイブ15,400円 ＊ランチ別途750円 ●オープンウォーター講習 66,000円（3日間）★シュノーケリング 1日8,800円（ランチ付）、半日5,500円

西表島

（写真：GoodOutDoor）

西表島の大自然で遊ぶ **感動の早朝・夕方・ナイトツアー**

●西表島のスゴさを味わうなら、夜明け前、朝焼けや夕焼け、ナイトのツアーもお勧め。クルージング、SUP、カヤック、など、季節によりツアーは色々。泊まらないと味わえないけれど、絶対「よかった〜！」って思うはず。

＊サガリバナツアー（夏の花の期間限定）…夜明け前の川に漕ぎ出し、川を埋め尽くす美しい花と小鳥の声と。
＊日の出前の静かな海にSUPを漕ぎ、朝焼けに染まる海の景色を。西表の自然に浄化された空気も気持ちいい。
＊浦内川のナイトクルーズ…夕焼けの川も海もすばらしい。夜しか見られない生物観察。
＊ヤエヤマヒメボタル…3月〜5月始めの日没後30〜40分。一面点滅するイルミネーションで埋め尽くされ、圧巻。

■早朝ツアー、サンセットツアー、ナイトツアー情報

㎱…クレジットカード利用可　P…PayPay利用可　d払…d払い利用可

名 称（問合せ先）	内容／料金（消費税込）
西表島カヌー旅行人 GoodOutDoor ☎0980-84-8116（＝FAX）（祖納） http://goodoutdoor.jp	●サガリバナツアー（6月下旬〜7月中旬）①早朝サガリバナショートツアー（約3時間半）10,000円（子供8,000円）、②サガリ花と静寂の滝（ナーラ）西表島サガリバナ・ロングツアー（9〜10時間）大人16,000円（子供14,000円）●ヤエヤマボタル観察ツアー（2〜5月中旬、年により変動。ヤエヤマボタルの夕べと春の星空）1.5時間大人3,000円（子供2,000円）●西表島ムーンライトカヌーツアー（2時間）大人9,000円（子供7,000円）●夕日とカヤックツーリング西表島（2時間）大人9,000円（子供7,000円）
Dive One Road（ダイブワンロード） ☎0980-85-6036（＝FAX）（上原）	●サンセットツアー6,600円（シュノーケリング＋バラス島でサンセット）　＊全てのツアー無料送迎有 ●ナイトツアー 生物観察ツアー、星空観察ツアー各3,850円、星空撮影ツアー、ホタル撮影ツアー各4,950円
浦内川観光ジャングルクルーズ（浦内川沿い） ☎0980-85-6154　FAX6921	●早朝クルーズとサガリバナツアー 大人6,500円、小人（小学生〜）4,000円（6/20〜7/20頃／約2時間／ガイド付／1名催行10,000円）●スターナイトツアー大人7,000円、小人（小学生〜）4,000円（年間／約2時間、カヌー体験／1名催行10,000円）●島唄ナイトクルーズ5,000円（1時間、6〜30名）11才以下3,000円 ＊要予約　＊送迎可（西部地区のみ）●通年営業 ＊人数制限有り
西表島 WATERMAN（ウォーターマン） ☎0980-85-6005（上原）	●早朝SUP、夕方SUP各（1.5時間）6,500円（このコースは石垣からの日帰り不可）　＊西部地区送迎有

西表島の大自然で遊ぶ（石垣島から日帰りもOK）

今注目の遊び「フィッシング」！ 西表島に泊まって本格的に楽しもう。

注目、西表島の釣り！

笑顔がイイ！

●南国の釣り、初めてでも女性や子供でも釣れる！楽しい！ 帰ってから釣れたて極上のお刺身や魚料理が超美味しい！…と、これほどの満足感を与えられるツアーというのはなかなかない！天候がよかったらぜひともトライしてみよう。

写真：大自然クラブのボートフィッシング（フィッシング＆シュノーケルのコースもあるヨ♪）

■フィッシングツアー

カード…クレジットカード利用可　　P…PayPay 利用可　　d払い…d 払い利用可

名　称（問合せ先）	内容／料金（消費税込）
大自然クラブ（住吉／さわやか荘内） ☎0980-85-6752 FAX6856 カード P d	●ボートで行く1日コース（フィッシング＆シュノーケル）大人16,500円、小学生13,500円、幼児不可、ランチ付 ●フィッシング半日コース 大人13,000円、小学生11,000円、幼児応相談、約3時間、ランチなし
西表島カヌー旅行人 GoodOutDoor（グッドアウトドア） ☎0980-84-8116（＝FAX）（祖納）	●西表島カヤックフィッシング1日ツアー（6～6.5時間）16,000円、子供14,000円（道具レンタル、ランチ、おやつ、飲物、保険込、タックルは別料金）●おかっぱり夜釣りツアー（2時間）中学生以上9,000円、子供7,000円 ●テナガエビ釣り祭り(4～10月)7時間、中学生以上15,000円、子供13,000円（道具レンタル、ランチ、おやつ、飲物、保険込）
ロビンソン小屋（上原） ☎090-2397-4759	●リーフ釣り 1人5,000円～（釣竿、エサ込／潮によりできる時間が限られます／要問合せ）＊保険込 ＊送迎有 ＊オリジナルツアーコーディネイトOK　●カヌーでの川釣り…ガイド料1グループ（5名まで）10,000円+レンタルカヌー代1隻2名利用7,000円、3名利用9,000円+レンタル釣具2,000円（エサ代別）
西表島フィッシングサービス ワンオーシャン（上原） ☎090-2500-1814	●ルアー体験コース 1日コース 大人15,000円、子供（10才以下）10,000円（7時間）／半日コース 大人10,000円、子供（10才以下）6,000円（3.5時間）　＊各コーススノーケル3点セット・釣り道具一式付、5歳未満の子供無料 ＊ランチ・ドリンクセット1,000円　http://www.oneocean.jp　MAIL：gt@oneocean.jp

西表島

ひとくちメモ 〈キシノウエトカゲ〉 西表島にいる天然記念物でも比較的見られるほう。太くて大きいものは30センチ以上にもなるから、不意に出会うと驚くけど顔が可愛く、すぐ逃げちゃう。浦内川の船着場あたりや、宇多良炭坑跡までの道、月ヶ浜沿いの未舗装道などで、ガサっと大きな音がしたらこいつかも。注意してみよう。春～夏、天気のいい時に太陽を浴びるため茂みから表に出てくることが多い。

Close up! 水牛車に乗って由布島に行ってみよう！

水牛車で片道15分、海を渡って行く由布島はぜひ行ってみたい。「ブーゲンビレアガーデン」、「蝶々園」など、花いっぱいの島散策を楽しもう。直営農場のトロピカルフルーツやジュースも評判。水牛商店では南国フルーツやオリジナルグッズの水牛グッズもいっぱい。レストランでは沖縄料理を！

3～5月頃はすごい色のヒスイカズラとマイソルヤハズカズラが見られます

花いっぱいの美しい園内

亜熱帯植物楽園 由布島 ☎0980-85-5470
竹富町字古見689【地図P.145D2】無休
入園料(往復水牛車料込)大人2,000円、小学生1,000円

水牛商店のオリジナル水牛グッズの数々

喫茶 由布島茶屋

「オキナワンブルー」(バタフライピー)と西表の塩と島産春うどん、素晴らしい

由布島内、小浜島を見渡せる眺めのいい浜辺にある茶屋。西表で有名なおいしいアイス「マーハルジェラート」さんが運営する茶屋。島産の素材を超センスよく使用した島のジェラートとこだわりの珈琲を。シングル(1種)440円～、ダブル(2種)540円～、由布島コーヒー各種550円～、他。【地図P.145D2】不定休
☎080-1747-3059 🕙10:15～16:00L.O.

古見地区 カフェ 古民家カフェ古見村 (こみむら)

タコ墨を使ったウムズナーチャーハン1,200円。うますぎる

古見集落のあたりでとれたものを食べさせてくれるすごいカフェ。春のタケノコやノコギリガザミも店主がご自分でとり、他海で採ったカーナ(海草)、近所で今朝採ったクレソンなど。なかなかないね、こういうお店。地産地消の極み！臨時休も多いので要事前確認。
☎0980-85-5611 古見9【地図P.145D2】
休不定休 🕙11:00～15:00

大原港周辺 買う クラフト&アートの店 マツリカ

*来店前に電話しておくと確実です

西表島にはいろいろな工芸作家がいる。東部・大原の「マツリカ」は島内の工芸家作品にこだわった面白い店。素材採取から染め織りまで手仕事の織物、焼き物、漆器を含む木工芸品、アクセサリー、Tシャツ、小物、絵はがき、タイルクラフト、西表の種セット、など。
☎090-7585-3934【地図P.145G東部】
南風見201-79 不定休 🕙10:00～17:00

東部大富地区 飲食 ビアテラス仲間川 (なかまがわ)

西表島産とれたてミジュン唐揚げ500円、いいメニュー♪

仲間川の広大な河口が見渡せるいいロケーションのお店。夕陽時間に合わせていくと最高。安くて旨くて穴場だね。自家調達の猪や魚介類メニュー、サメやカマンタなど珍しいメニューもいっぱいで嬉しい。*前日までの予約がおすすめ。 南風見仲29-28
☎0980-85-5378【地図P.145G東部】
休日曜・月曜、🕙17:30頃～22:30

大原港周辺 カフェ 紅茶の店 花ずみ

素敵な器で紅茶を出してくれます。*ランチプレートは1500円

同名の居酒屋を那覇で30年やってきた新さんのお店。紅茶、デザート、食事を楽しめる。メインの紅茶は、オーガニックの特別な茶葉を使い、ほんとにおいしい。予約制の花ずみ御膳(夜のみ。ケーキ、ドリンク付2,000円)は旬の食材を使う沖縄料理で大満足。
☎0980-85-5261 南風見201-75【地図P.145G西表東部】休水曜 🕙11:30～17:00(夜は予約制)

上原港周辺 買う santa nu neene (サンタ ヌ ネーネ)

種のマグネットなど、サンタヌネーネのかわいい商品の数々

上原港近くにある、元気な姉妹のおみやげ雑貨屋さん。オリジナルTシャツ、オリジナル手ぬぐい、帽子、ガラスや木、布などの小物やアクセサリー、ポストカードほか西表島や沖縄アーティストの作品が小さな店内にいっぱい。冬は不定休になります。
☎0980-85-6641【地図P.145F西部】
休火曜(冬期は不定休) 🕙11:00～18:00

上原港周辺 買う ゆりみな

10月は、西表島産の無農薬レモンが売っていた。いいね

上原港デンサターミナル内にある、島で作っているものにこだわったショップ。時期の農産物や農産物加工品、手工芸品など充実。ドリンクや島のアイス「マーハルジェラート」、島の食材を使った軽食も。行き帰りの時、のぞいてみよう。*時々閉める時間帯があったりする
☎0980-85-7437【地図P.145F西部】
無休 🕙9:00～16:30

ひとくちメモ 〈泡波と島の味はてるま〉大原港近くの人気店。予約でコースのみ。店主自らとった魚、海藻、山菜など、地元の旬の素材にこだわり、美味しく出してくれる。おまかせコース5,000～6,500円(食材による/税込)が素晴らしかった。普通には食べられないものも色々。前日までに要予約。☎0980-85-5623【地図P.145G東部】 不定休 🕙19:00～23:00(22:00L.O.)

Close up! パイン・マンゴー農家のフルーツカフェ

フルーツ農家の直営店、この6次産業は超貴重な存在。今回、前日に季節バイトを終えた若者がいて、パイン・マンゴーを作るのがいかに大変かを直に聞いた。そういう話を聞くと一層ありがたい食べ物に感じられる。

店長の中村早希さん。アイスクリーム・スイーツ作りのセンスが素晴らしい

そして大変な思いをして収穫しても必ず出荷できないものが出てくるので、カフェと民宿で採れたてのフルーツ（オフ期は冷凍品）をスイーツで提供してくれる。ほんと最高だよね。(窪田)

パインとピスタチオのパフェ800円、じーまーみ＆さんぴん茶アイスクリームダブル400円（じーまーみは国産）どっちもうまい！

【データ】農園Cafeファイミール　上原10-171（民宿パイン館隣接）【地図P.145E】休水曜（冬季休業期間あり）営13:30～18:00、カード使用可

月ヶ浜周辺　キッチンinaba イナバ 飲食 ライブ

ライブをリクエストして素晴らしい八重山民謡を聞いてみよう

トゥドゥマリの浜（月ヶ浜）入口。地元の新鮮素材料理をおしゃれに楽しめる店。季節にはイノシシやノコギリガザミなど地元ならではのメニューが楽しめる。夜はオーナーによる八重山民謡の弾き語りがおすすめ。（ライブは不定期・時間等要確認）＊木曜はopenする時もあり、要確認

☎0980-84-8164　休月木 営18:00～21:30(L.020:20)上原742-6【地図P.145E西部】

月ヶ浜周辺　BAR HIDE OUT ハイド アウト（山猫お針箱内）バー 泊まる

超貴重なアメリカ製アンティーク飛行機ペダルカー！

隠れ家宿「山猫お針箱」内にある。入店は基本的に宿泊客及びマックイーンレンタカー利用者限定。バー店内には、希少なステレオ「タンノイ」やアンティークネオン管、重さ90キロもある本物の飛行機のプロペラ、里子のお針箱コーナーなど、お宝がいっぱい。

☎0980-85-6686【地図P.145E西部】
営不定　休不定　☆お子様の入店はお断り

Close up! 西表にかなり特別なコーヒー屋さん

え？あのバリスタの望月さんが帰ってきて店やってる？コーヒーのためなら地の果てまでも行くというハンパないコーヒー職人望月さん。自分で海外の生産地まで行き、直接農家から買い付けた思い入れのあるコーヒーだけを出

めったに頼まないアイスコーヒーを頼んでみたらワイングラスで出てきてめっちゃテンション上がった

すという、スペシャルティコーヒー専門店。西表島にそんなかっこいい店があるなんて、想像を超えてますね。

【DATA】coffee etomoiri　竹富町上原532-7【地図P.145F】開店日インスタにて→
営11:00～16:00（時期により変化）カード、PayPay使用可

おすすめ STAY　月ヶ浜近く、自分だけの隠れ家　山猫お針箱

浦内集落にある2部屋だけのプチペンション。月ヶ浜まで徒歩5分。寝具は寝心地最高のトゥルースリーパー使用。お部屋に洗濯機やCDプレーヤーもあり嬉しい。外から直接お部屋に入れるので、ダイバーにも好評。こだわりのBAR HIDEOUT併設

DATA 上原港より車で5分（港送迎あり要予約）／1泊朝食付9,000円／3名以上で貸切可
【設備】テレビ、冷蔵庫、洗濯機、バス、シャワー、トイレ
☆マックイーンレンタカー併設（090-9786-9280）

☎070-2439-9481　上原870-117【地図P.145E西部】

BAR HIDEOUT ハイドアウト OPEN

山猫お針箱宿泊客及びマックイーンレンタカー御利用客限定
お子様の入店はお断りしています

関西ジャズ協会　賛助会員　　日本ハンガリー友好協会　会員

西表島

喫茶 唐変木（とうへんぼく）

月ヶ浜周辺 [食べる]

月ヶ浜近く森の中の素敵な食堂。おすすめはすみ汁そば1,000円。すみ汁は甘味のあるアオリイカのみをまるごと使い、自分ですみをとり、ゲソの吸盤が入ると舌触りがよくなくなるので除去する、など大変な手間をかけて作る。豚は使わずカツオ出汁にこだわる。

☎0980-85-6050【地図P.145E西部】
㊡ 火・水曜 ㊟ 11:30～15:00（14:30L.O.）

縦書きキャプション: すみ汁そばはコクと甘味がありイカの身もたっぷりで旨い。

百香果（ももかか）

祖納地区 カフェ

祖納の素敵なカフェ。この日の美味しいランチは、鶏肉のタマリンドココナツ煮、キャベツのスパイス炒、ナスのヤムマクア、野菜のパッタイ風、フライドオニオン入りたまご焼、えのきと青菜の味噌胡麻和え、紫玉ねぎの蜂蜜ピクルス、ごはん、スープ。リピート確実です

西表896-1[地図P.144A1] ㊡月・火 ㊟11:00～15:00
＊予約優先（インスタDMまたはメールにて）Wi-Fiあり

縦書きキャプション: 百香果プレート1200円最高～
momokakasia1201@gmail.com

insta.

nanasi caphe（ナナシ）

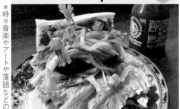

白浜地区 カフェ

端っこの白浜集落にポツンとある素敵なカフェで、美味しいベトナムのご飯やお菓子を。今回いただいたのは写真のカマイ（リュウキュウイノシシ）のパテのバインミー770円。デザートも何を食べても美味しい。自家製クラフトコーラ495円、他

☎090-6898-0352 西表1499-54【地図P.144A2】 ㊡日・月曜 ㊟12:30～16:00

縦書きキャプション: 時々音楽やアートや落語などのイベントも開催。インスタチェック

BAR Kotobuki

上原港周辺 バー

隠れ家的バー。ビール、ワイン、泡盛はなく、テキーラ、メスカル、ジンなどをベースにしたカクテルが得意分野。島の旬のフルーツや、庭のハーブを使ったカクテルがオススメ。時にスモークや遠心分離機などを使ったパフォーマンスを見るのも楽しい。（取材：加藤祐子）

☎090-2097-0903 上原522[地図P.145F]不定休 ㊟19:00～24:00 住吉・上原・船浦地区送迎有

縦書きキャプション: チャージ500円／フルーツカクテル1600円～

縦書きキャプション: スムージーのようなスプーンですくって食べるタイプのカクテルも

Close up! 西表の食材と石窯ピザのレストラン

民宿さわやか荘の向かいに2019年オープン。メニューがバラエティー豊富。

西表島の食材をいろいろ使って、料理ジャンルにとらわれず、和、沖縄、イタリアンまで色々アレンジしている

のがユニーク。

ピザは薪窯で。パイン、マンゴーは自社農園のもの。店内はお洒落で、カウンター、テーブル、小上がり、テラス席もあります。（取材：加藤祐子）

島魚のぼろぼろジューシー 1,078円
生しぼりパインサワー（935円）
イノシシの切り出しユッケ コローレグース風味 1,760円

【データ】一隼（ichitaka）西表島 無休 ㊟17:00～23:00 上原10-726 ☎0980-85-7833（予約は電話で）カード・P・d払可 フリーWi-Fi、送迎有（地域限定）

西表島

さわやかで素敵なお部屋とおいしいおもてなし!

自家菜園の野菜や、島の魚など地元の素材を豊富に使った手作り料理が自慢です。

人気一番 大自然クラブ
ピナイサーラの滝!
カヌー・シュノーケル・釣り体験ツアー
★ダイビング・SUP 等もご相談下さい

宿泊料金（1室ご2人以上で利用の場合のお1名料金）税込	1泊2食	朝食付	素泊
デラックスツイン（広々オーシャンビュー）（バス・トイレ付）	10,000	8,700	8,000
スタンダードツイン（バス・トイレ付）	8,000	6,700	6,000
アウトバスツイン	6,500	5,200	4,500

※幼児無料／小中学生割引有
※1室1人利用＋1,000円

●全室TV・クーラー・冷蔵庫付
●全館Wi-Fi ●和室有
●ダイビング器材干場新設
●カード使用可（VISA、マスター）
スタッフ募集

民宿さわやか荘
☎0980-85-6752
〒907-1541 八重山郡竹富町字上原10-448
大自然レンタカー併設 http://www.sawayakasou.com

「泊まって遊ぶ」世界遺産

美しい自然に囲まれ、ビーチや西表島の文化財へのアクセスも抜群の好立地。お部屋は自炊派も楽しめる簡易キッチン付き。

静かな古集落の外れで、コノハズクの鳴き声を聴きながら星や月を眺める夜が過ごせます。

各部屋キッチン、トイレ、シャワールーム付きです。シーカヤックツアー、シュノーケリング、トレッキング、釣りツアー、ナイトツアーなど、GoodOutDoorのアクティビティも堪能できます。

西表島の小さなホテル
Yadoya Padoma

〒907-1542 沖縄県八重山郡竹富町字西表607 ご予約はホームページより→
料金：1室2名まで17,000～20,000円（シーズン変動）
※大人1名追加につき＋6,000～7,000円（問合せ 0980-84-8116）

日本最西端、台湾に近い国境の島

与那国島

_よ _な _ぐ _に

馬が普通に道路を歩いているのは与那国島だけ

YONAGUNI MAP
与那国島
那覇から85分
石垣から30分
石垣島
久部良漁港
与那国空港
石垣からフェリー
4時間30分　西表島
仲ノ御神島
波照間島
石垣空港
離島ターミナル
ユーグレナ石垣港

ヨナグニウマが島のあちこちを闊歩し、碧い海に囲まれた広大な草原の景観はこの島だけのもの。海底遺跡やハンマーヘッドシャーク等ダイバーに人気。世界最大の蛾ヨナグニサンはじめ固有種の宝庫でもある。

● 面積 28.95k㎡　● 周囲約 27.491km
● 人口 1,702人〔令和6年1月末現在〕
● 与那国町役場 ☎0980-87-2241
● 与那国町観光協会 ☎0980-87-2402
● 与那国島の宿の情報…P.219

_{あがりざき}
東崎

島への行き方

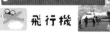

飛行機

● 飛行機…RAC便運航
石垣空港より1日2〜3便（約35分）
那覇空港より1日1〜2便（約80分）
※P.220〜221参照
与那国空港

船

● 船…福山海運のフェリーよなくに
石垣港〜久部良漁港（週2便／所要約4時間）
※時刻表、料金などP.114参照。

久部良漁港のフェリーよなくに

〈久部良漁港〉与那国といえば、大型回遊魚が多く集まりカジキ漁も盛ん。港の漁協でカジキをさばいている様子が見られることも。

● 東崎（あがりざき）断崖と草原の景勝地。灯台や風車があり、与那国馬も放牧されている。崖の下に望むサンゴの海が美しい。

立神岩展望台より立神岩を望む

● 島に着いたら→宿泊者は予約時に送迎を確認しよう。
● レンタカー、レンタバイクも早めに予約を。
● 集落の行き来には、巡回バス（無料）あり。
※ 島内交通P.160参照

※与那国馬は体高120cmの小型、力強いポニー。在来種で与那国町の天然記念物。おとなしくて、人なつこい。島の各地域で、強風に鬣をなびかせ、草を食む可愛い姿が見られる。（交配種もいる）

● 立神岩（たちがみいわ）与那国島のシンボル。海面から垂直にそそり立つ奇岩。島の伝説から立神岩という名前がついた。展望台がある。

● 六畳浜 上から見る海の色がきれい。崖になっており、下まで降りるのは非常に危険。

六畳浜を望む

ひとくちメモ
〈与那国民俗資料館〉与那国語辞典を編纂するなど、文化伝承に貢献してこられた館長池間苗さんが長年かけて集めてこられた、貴重な与那国島の生活道具などが保存・展示されている。与那国町与那国49-2（与那国郵便局の裏）【地図P.159祖納】
駐車場あり ☎090-8292-2515　開館時間9:00〜12:00　休日／土日＋不定休

☗…宿泊　◭…居酒屋　⑪…飲食
☖…お土産、雑貨　M…マリンレジャー

🚩…ダイビングポイント名
艦艇／与那国ダイビングサービス
＊与那国島にはハブは生息していません。

フェリー発着場所

0　1km　2km

N

★放牧された牛、馬が通れないように道路に溝（テキサスゲート）が放牧地の各所にあります。バイクや自転車など、ゆっくりと渡りましょう。

4種類の与那国織りを見られる。表に緯糸、裏に経糸が浮く両面浮の立体的な「与那国花織」、白と紺と黒の格子の綿麻織物の「与那国ドゥタティ」、五つ、七つ、九つの紋を織り込む「与那国シダディ」、帯の「与那国カガンヌブー」がある。

トゥング田／1ha弱の天水田（雨水頼りの水田／今は田ではないで）、昔人頭税を減らすため、15〜50歳の男子に非常召集をかけ、遅れたり来られなかった者を殺したという歴史がある。

夕焼けと日本最西端之地碑

●西崎（いりざき）
日本最西端之地碑も立つ岬。展望台と灯台があり、眺めが良い。海と久部良集落を望む。気象条件が良い時、111km先に台湾が見える。日本最後の夕日もこの海の向こうに沈む。　北緯24°27′00″ 東経122°56′04″

最西端の西崎展望台にあるこの絵の海の向こうに見える島（陸）は台湾。一年にわずか数日、こんなふうにでっかい台湾が見えることがあるという。一度見てみたい！

●久部良バリ　長さ15m、深さ6m、幅3.5m。巨大な岩の割れ目を人減らしの為、妊婦を飛ばせ、成功者のみ生存を許した悲劇の地。

久部良バリ

祖納周辺

●軍艦岩 奇岩が船体と艦橋に見える事から軍艦岩と呼ばれている。岩の周りの海水のブルーが宝石のように美しい。

久部良周辺

夕日を見るなら、西崎と日本最後の夕日が見える丘。本より約1時間日が沈むのが遅い。

比川周辺

＊比川集落はフクギに囲まれた家々の佇まいが静かで落ち着いた雰囲気

比川（月の浜）
月の形をした波の穏やかなビーチ。監視員はいないので、潮の干満に注意し、自己責任で。

軍艦岩

●ナンタ浜 祖納集落前の静かでのんびりするのに最適な浜。流れがあり、遊泳はできません。／●ティンダバナ 真ん中の巨大な岩山。集落と海を一望できる自然の展望台で、伝説の女酋長サンアイイソバが住んでいたとされる。

●比川の浜 白砂の浜辺が三日月型に広がる穏やかなビーチ。遊泳できますが、潮の流れに注意。Dr.コトー診療所のドラマのビーチ。

ひとくちメモ 〈Dr.コトー診療所〉南側に位置する比川集落の比川浜が広がるすぐ横に、人気漫画が原作のTVドラマ「Dr.コトー」（2022年続編として映画化もされた）の診療所セットがある。見学はもちろん、記念撮影用の白衣の貸出もしている。☎9:00〜18:00 入館料15歳以上300円、15歳未満無料／問合せ：比川地域共同売店☎0980-87-2888【地図P.159比川】 撮影：前田明子▶

159

与那国島

島内の交通

島内巡回バス
● 最西端観光 ☎0980-87-2441
● 運賃 無料 ※バス停以外での乗降はできない

バス停	祖納	役場	与小前	DiDi	西3	ナンタ浜	嶋仲	製糖工場	アイランドH	比川	駐屯地	久駐在所	久部良港	久小前	久部良北	月桃の里	空港
1便 発	07:30	07:31	07:32	07:34	07:35	07:37	07:38	07:39	07:40	07:47	07:55	07:57	07:58	07:59	08:00	08:03	08:09
1便	08:22	08:21	08:20	08:18	08:17	08:15	08:14	08:13	08:12								
							08:23	08:24	08:25								08:28着
2便 発	09:00	09:01	09:02	09:04	09:05	09:07	09:08	09:09	09:10	09:17	09:25	09:27	09:28	09:29	09:30	09:33	09:38
2便 着	09:51	09:50	09:49	09:47	09:46	09:44	09:43	09:42	09:41								
3便 発	11:00	11:01	11:02	11:04	11:05	11:07	11:08	11:09	11:10	11:17	11:25	11:27	11:28	11:29	11:30	11:33	11:38
3便 着	11:51	11:50	11:49	11:47	11:46	11:44	11:43	11:42	11:41								
4便 発	13:00	13:01	13:02	13:04	13:05	13:07	13:08	13:09	13:10	13:17	13:25	13:27	13:28	13:29	13:30	13:33	13:38
4便 着	13:51	13:50	13:49	13:47	13:46	13:44	13:43	13:42	13:41								
5便 発	15:00	15:01	15:02	15:04	15:05	15:07	15:08	15:09	15:10								15:13
5便 着	15:51	15:50	15:49	15:47	15:46	15:44	15:43	15:42	15:41								
6便 発	16:45	16:46	16:47	16:49	16:50	16:52	16:53	16:54	16:55	17:02	17:10	17:12	17:13	17:14	17:15	17:18	17:23
6便 着	17:36	17:35	17:34	17:32	17:31	17:29	17:28	17:27	17:26								
7便 発	18:35	18:36	18:37	18:39	18:40	18:42	18:43	18:44	18:45								18:48
7便 着	19:26	19:25	19:24	19:22	19:21	19:19	19:18	19:17	19:16	19:09	19:01	18:59	18:58	18:57	18:56	18:53	
8便 発	21:10	21:11	21:12	21:14	21:15	21:17	21:18	21:19	21:20	21:27	21:35	21:37	21:38	21:39	21:40	21:43	
8便 着	22:01	22:00	21:59	21:57	21:56	21:54	21:53	21:52	21:51								
9便 発	22:10	22:11	22:12	22:14	22:15	22:17	22:18	22:19	22:20								22:28
9便 着	23:01	23:00	22:59	22:57	22:56	22:54	22:53	22:52	22:51	22:44	22:36	22:34	22:33	22:32	22:31		

※発＝始点のバス停、着＝終点のバス停

タクシー
● 最西端観光(株) ☎0980-87-2441 FAX.87-2442 ※8:00～18:00(受付17:30まで)
【運賃】初乗り(プリウス)500円／ジャンボ640円 ＊台数が少ないので完全予約制
【観光タクシー】9人乗り(ジャンボ)1時間7,700円(コース、時間など応相談)

レンタカー　レンタバイク　レンタサイクル

名称・問合せ先	料金 (ガソリン代別／消費税込)
米浜(ヨネハマ)レンタカー ☎0980-87-2148 (空港内／祖納)	●レンタカー(軽)3時間3,300円、24時間5,500円／(普)3時間4,400円、24時間6,600円／(ワゴン8名乗り)3時間8,800円、24時間16,500円 ●日帰りプラン(軽)3時間以内3,300円、3時間以上4,400円／(パッソ)3時間以内4,400円、3時間以上5,500円 ※対人・対物保険込
ラクにコトー (たんぽぽ流ツアー) ☎090-2502-4792(比川)	●電動アシスト式自転車 4時間2,500円／8時間3,000円／24時間3,500円 ●島内どこでも、送迎往復500円or配車回収1,000円 ※起伏激しい一周25kmの島を廻れるよう大容量バッテリーのブランド 8台(早めに予約を)
SSKレンタカー(最西端観光) ☎0980-87-2441(空港近く)	●レンタカー(軽)3時間3,000円、24時間5,000円、以降1日4,500円／(普)3時間5,000円～、24時間7,000円～、以降1日6,000円 ※免責保証料(24時間、任意加入)1,650円
与那国ホンダ(祖納) ☎0980-87-2376	●レンタカー(軽)5時間まで4,500円、当日内5,000円、24時間5,500円／(普)5時間まで5,500円、当日内6,500円、24時間7,500円 ●バイク50cc 5時間2,000円、24時間3,000円／110cc 5時間3,000円、24時間4,500円 ●レンタサイクル24時間2,000円

与那国の海は、ダイビングで出会う魚の迫力もすごい!

ハンマーヘッドの群れ

ジンベエザメ

与那国の各ダイビングショップで「1年に1回」程度出会うというジンベエザメ(シュモクザメ)。ハンマーヘッドの群れやダイビングでカジキが見られるのも与那国だけ(世界的にも珍しい)。
写真：与那国ダイビングサービス

与那国の釣りは大物との勝負!

与那国島は、台湾から111km。周辺の海では、大型魚ではカジキ、マグロやカツオ、シイラなどが狙えます。また、島周辺では、ミーバイやフエフキなども釣ることができます。 ※7月には毎年、国際カジキ釣り大会が行われ、世界各地から釣り人が集まり腕をふるいます。

西崎を操船する与那国育ちの船長鹿川健さんの釣船「優鹿丸」
＊鹿川さんの座右の銘は「一生勉強」 インスタ@yu_kamaru4792

釣り大好き15年!! 福岡から与那国島へ移住してきた浅井さん
「与那国は小物から大物まで、餌でもルアーでも色んな魚が狙えます!」(浅井寛太郎さん)

アヤミハビル館 見学

ヨナグニサン(雄)の標本

世界最大の蛾、アヤミハビル(ヨナグニサン)の生態を紹介し、与那国島とアヤミハビルの関りや、島に生息する野生生物の紹介、絶滅危惧種の展示など、体験学習の機能を備えている。アヤミハビルの観察もできる。
入館料大人500円、小人300円 ☎10:00～16:00 ㊡火曜、祝日、年末年始、慰霊の日(6/23)
☎0980-87-2440【地図P.159比川】

DiDi与那国交流館 見学

中の資料館は、与那国の昔から近代までの歴史、年表などの展示がある(入館料200円、小・中学生100円)。お弁当・飲物の販売もあり(食楽工房おくや)、各種イベントを行う時もあるので、島に行ったら情報をチェックしてみよう。【地図P.159祖納】
☎0980-87-2166 与那国1107 ㊡月曜・年末年始(12/29～1/3) ☎9:00～17:00

※旅人も参加できるヨーガ体験の開催もあり「いいニチヨーガ」

ひとくちメモ

〈与那国海塩(かいえん)〉 与那国空港やホテル売店などにもある「黒潮源流塩」「小花」などの塩。与那国島の海水から上質な塩を作っているその工場がDr.コトー診療所のすぐ横にあり、試食しながら買うこともできる。ここでしか買えない特別な塩も、運がよければ手に入るかも。／不定休 ☎9:00～17:00 ☎0980-84-8933【地図P.159比川】

与那国島

名称（問合せ先）	内容／料金（税込・燃料代込）
与那国ダイビングサービス （民宿よしまる荘併設） ☎0980-87-2658（久部良） ※学割有 http://yonaguniyds.com Email yds@yonaguniyds.com	●体験ダイビング20,130円（ランチ、保険代込） ●海底遺跡体験ダイビング23,430円（ランチ、保険代込） ●1ボート11,880円、2ボート16,500円、3ボート22,000円（タンク、ウエイト、ガイド、ボート、ランチ、保険代込）／ナイトダイブ11,880円（タンク、ウエイト、ガイド、ボート、保険代込） ●レンタル器材3点セット1,650円、フルセット4,950円 ●レギュレーター・BCD・ウェットスーツ各1,650円 ●ダイビングスクール80,300円（タンク、ウエイト、ガイド、ランチ、ボート代込）
DIVE CENTER MARLIN ☎0980-87-3365（空港近く） https://dc-marlin.com ※無料送迎有	●お魚体験ダイビング（2ボート）26,000円 ●遺跡体験ダイビング（2ボート）31,000円 ※体験は器材込 ●ファンダイビング 1ボート14,000円、2ボート19,000円、3ボート24,000円 ●ボートスノーケル2本16,000円（器材込）
マリンクラブ サーウェスヨナグニ ☎0980-87-2271（祖納）	●海底遺跡体験ダイビング29,700円（器材、ランチ、ガイド、タンク、保険付） ●ライセンスコース（要相談）　http://www.yonaguni.jp/sawes.htm
ぐまーぬ入船 ☎0980-87-2311　　（祖納）	●海底遺跡観光　大人7,000円、小・中学生人5,000円、 小学生未満4,000円
たんぽぽ流ツアー ☎090-2502-4792（比川） http://www.tanpoporyu.com	●島ガイド（全コース半日3時間）／観望編／伝説編と巨石ロマン編（巨石文化の痕跡を陸上に見出し廻る）他　＊異色のコース多数有 各コースとも 1名で参加12,000円、2名で参加1名9,000円、 3名で参加1名8,000円
優鹿丸（ゆうかまる）船長 鹿川健 ☎090-3079-1138（久部良）	●釣り船（トローリング、他）1日65,000円～ トイレ完備、レンタルロッド有　半日も可能、お気軽に問合せを

与那国島

比川地域共同売店（ひがわ）買う

沖縄・離島情報も販売中♪

比川地区の地域一体型共同売店。とれたて野菜から日用品、特産品まで揃う。与那国特産の長命草を使った「ぐんながんどぅ麺」や与那国の塩を使った「塩キャンディ」など、ここオリジナルの人気商品もある。Wi-Fi、お湯、電子レンジが使える休憩スペースも。

☎0980-87-2888【地図P.159比川】与那国3056-1 無休 営8:00～20:00 ☆トイレ有

Close up! 与那国島で、非日常な乗馬体験！

そこらじゅうに馬が歩いている与那国島まで行ったら、一番オススメしたい遊びはやはり乗馬。与那国馬う牧場は一見こわそうなオーナーの（実は優しさゆえの）スパルタ式指導法で、真剣に馬と向き合ううちに、あっという間に乗馬が楽しくなることに驚く。一番人気の

「モンゴルへ行く」コース

「竜宮へ行く」コース

「竜宮へ行く」コースは、鞍をはずして裸馬にまたがり、海の中を歩くという衝撃体験。初めて馬に乗ってここまでできるか！ という達成感がすごい。

【データ】与那国馬う牧場　☎090-2502-4792
引き馬卒業講習＆検定（30分）3,000円、竜宮へ行く（2時間）23,000円、コトーの海を行く（1時間）12,000円、他。【地図P.159比川周辺】

ひとくちメモ 〈与那国だけの酒「花酒」〉 花酒とは泡盛の初期蒸留部分だけを集めたもので、アルコール度数60度（通常の泡盛は30度位）。与那国島でのみ製造が許可されている。クバの葉で巻いた伝統のボトルもお土産に好評。とろっと、風味もありおいしい。島内で3社が作っていたが、現在、国泉泡盛☎0980-87-2315／崎元酒造所☎0980-87-2417 が営業しており、入波平酒造は休業している。

161

手作りパン＆カフェ パネス `カフェ`

イカすみ汁そば（あざみ麺）

日本最西端のパン屋さんが新しくなって、カフェもやっている。イカスミ汁あざみそば1,200円（普通麺も有）は、島産アオリイカの出汁とイリオモテアザミを使った麺が最高でした。ハンマーヘッドのパン「パンマーヘッド」250円などパンも色々。カード、suica使用OK。

☎050-3578-3608 与那国312【地図P.159祖納】 ㊡火曜（＋不定休） ㊙10:30～18:00

`Close up!` 「月」も喜ぶ旨い店

そうめんちゃん（900円）と辣子鶏（ラーズーチー 800円）

情報なしにこのお店に入れる人はなかなか勇気があると思う。外観とのギャップ萌えな店。「美味しいお酒と、食事で幸せになってほしい」という思いを込めた店名の深い意味を遠藤マスターにぜひ聞いてみよう。

自衛隊時代、居酒屋回りが好きで、その経験をもとに山形で居酒屋を開いた

痛風たまごでランランラン♪ 卵、卵、卵を堪能（800円）

ら大人気店になり現在も続いている、というからすごい。全国からの多彩な食材を使ったメニューや日本酒・ワインの充実ぶりは、都会的で与那国らしくないが、居酒屋としての楽しさがすごい。

【データ】嬉家くゆき（しゃなんすや くゆき）
与那国3【地図P.159祖納】☎070-2612-8787
基本火曜定休（月に2～3日は臨時休業あり）
19:00～23:00フードラストオーダー

居処屋 どぅーらい `飲食`

島産カジキのくわ焼き990円（税込）、うまかった

祖納にある、こぢんまりして居心地がいい居酒屋さん。靴を脱いで座敷に上がるのがいいね。どぅ～らいは、与那国の言葉で人が集まるところ。グルクンの一口揚げ（ガーリックレモンソース）825円もうまかった。Wi-Fiありなのも嬉しい。支払いは現金のみ。

☎0980-87-2909 与那国62【地図P.159祖納】 ㊡日曜 ㊙18:00～23:00

モイストロールカフェ `カフェ`

モイストロールケーキと飲み物のセット

不思議でお洒落なセルフビルドの、日本最西端のカフェ。ロールケーキは黒糖と蜂蜜どちらもしっとりと美味しい。ロールケーキとドリンクセット850円で2種類が一皿に。ケーキセットにパスタがつくランチセットもおすすめ（1,600円）。　与那国4022-119

☎0980-87-3130【地図P.159久部良】 不定休 ㊙11:30頃～ロールケーキがなくなるまで

アジア食堂 スプランジャヤ Seberang Jaya `飲食`

日替わりごはん1000円。この日はサンバルウダン（マレー風エビチリ）

マレーシア料理やカレーを中心のアジア料理のランチが楽しめる。エスニック調の店内には庭の花が飾られ、書棚には農業や植物の本が並ぶ。大阪と岐阜から移住してきたオーナー夫妻が営む。ほろ酔いセット（ビール＋おつまみ）1,000円、他。Wi-Fi有 与那国2-36

☎080-4097-9087 【地図P.159祖納】 ㊡土曜 ㊙11:30～14:00（なくなり次第終了）

島料理 海響（いすん） `飲食`

かじきはらご刺身700円

久部良にある評判の居酒屋。いきなり訪ねても入れないので、今回もちゃんと予約して行った。獲れたてかじきのハラゴ刺身やシイラ刺身が美味！ かじきの中身や骨唐揚げ、長命草料理など与那国らしいメニューも色々。（車は久部良集会所前に停める）

☎080-5476-2230 与那国4022-6【地図P.159久部良】 ㊡水曜 ㊙18:00～22:00

わかなそば `食べ3`

わかなそば（大盛）1000円、（中は800円、小500円）

ドクターコトー診療所のある比川地区のそば専門店。わかなそばワンメニューが潔い（ライスもあり）。今まで食べたどの沖縄そばとも違う気がする豚骨ベースの白濁したスープがグッド。麺が売切れ次第終了なのでお早めに！
（取材:比嘉陽子、撮影:岩波裕美）

☎0980-87-3338【地図P.159比川】与那国3083 ㊡火曜、臨時休有 ㊙11:30～14:00

ふじみ旅館 生活雑貨の店・ふく `泊まる` `買う`

祖納中心部にあり、観光に便利。ナンタ浜まで徒歩5分、洋室もあり。ダイビングショップの紹介、ダイバー割引あり。郵便局近くに「生活雑貨の店・ふく」も経営。生活雑貨から食品、飲み物（各種泡盛もあり）、簡単な医薬品、化粧品など品揃えが豊富。

☎0980-87-2143【地図P.159祖納】空港送迎有
ふく 無休 ㊙8:00～21:00 ☎0980-84-8756

与那国島

奄美群島

奄美大島（あまみおおしま）（P.164〜179）／**加計呂麻島**（かけろまじま）（宿泊情報のみP.179）／**請島**（うけじま）／**徳之島**（とくのしま）（P.180〜185）／**沖永良部島**（おきのえらぶじま）（P.186〜192）／**ヨロン島（与論島）**（よろんとう）（P.94〜 沖縄本島周辺の島で掲載）

喜界島・与路島は次号以降 予定

2021年7月26日 奄美大島、徳之島と沖縄本島やんばる、西表島が世界自然遺産に登録された。いずれも、豊かな森林が広がる地域、ここの自然環境でしか生息・生育できない希少な生物を守るため、外来種の持ち込み、捕まえたり採取をしないだけでなく、運転にも気をつけよう。

〈マルエー／マリックス〉
鹿児島

羽田・成田・伊丹・関西・福岡・鹿児島

鹿児島

鹿児島（奄美海運）

名瀬

奄美大島

奄美⇄喜界島20分

喜界島（きかい）

鹿児島

加計呂麻島（かけろま）

古仁屋

（那覇➡奄美便／逆はヨロン経由便のみ）

与路島

請島（うけじま）

奄美⇄徳之島30分

鹿児島

徳之島の天城町立図書館の庭

なんともいい雰囲気。この時は、すごい数の赤トンボが木の周りを回っていた。

オキナワウラジロガシ／板根が発達。花が咲いた翌年日本一大きいドングリが実る。（徳之島・天城町当部）

平土野
亀徳
徳之島

徳之島⇄沖永良部島30分

ローソク岩／10月後半くらいの時期限定でローソクの炎のように見える（奄美大島・大和村戸円）
写真：荻原健太

当部集落に昼間行くといたる所で、クロウサギの糞が見られる。

クロウサギの糞

那覇⇄沖永良部島50分

那覇
和泊
知名
沖永良部島（おきのえらぶ）

鹿児島

※奄美大島金作原や徳之島林道山クビリ線は、奄美群島認定エコツアーガイド（有料）の同行が必要。※奄美大島や徳之島は、ハブも一年中活動しているので、注意が必要！
★沖永良部島、ヨロン島、喜界島には、ハブは生息していません。

（奄美群島の島）
ヨロン島

那覇

沖縄本島⇄那覇

沖縄本島

ビーチロック／砂やサンゴのかけら、貝殻が地下水の石灰質によって、板状になり岩を形成している。常にその現象が進んでいるとか。静かな浜ですが、砂や貝が岩になる過程を見つけると楽しい。（鹿児島県天然記念物／沖永良部島・知名町大津勘）

昇竜洞入口／鍾乳洞がたくさんある沖永良部の中でもピカ一長い。全長約3,500mの内、600m公開されている。ストーンの輝きも美しい。（鹿児島県天然記念物／知名町住吉）

徳浜の断崖／800年前（鎌倉時代）の大地震によってできたといわれる断崖。172mにもなる崖が切り立っている。まちかどで見ると驚きの迫力。（奄美大島・大和村名音）

豊かな自然と伝統文化が守られている

奄美大島〔あまみおおしま〕

国の天然記念物 ルリカケス

日本で二番目に大きな離島。徳之島、沖縄の西表、やんばると共に世界自然遺産についに登録! アマミノクロウサギ始め数多くの天然記念物が生息する原始の森が残る。奄美群島だけの酒「奄美黒糖焼酎」が多数の酒蔵で造られ、工場見学して色々試飲するのも楽しみ。

AMAMIOOSHIMA MAP〈鹿児島県〉奄美群島

- ●面積…奄美大島712.4km²、加計呂麻島77.25km²、請島13.34km²、与路島9.35km²
- ●令和6年2月末現在の人口…奄美大島52,852人、加計呂麻島718人、請島59人、与路島35人
- ●奄美大島観光協会 ☎0997-54-4991
  瀬戸内町観光案内所 ☎0997-72-1199

ホノホシ海岸

🚌 島への行き方

🛫 飛行機（P.220〜221 参照）

- ●羽田→奄美…JAL1日1便、145分、片道22,480円〜
- ●成田→奄美…ピーチ1日0〜1便、160分、片道6,890円〜
- ●関空→奄美…ピーチ1日0〜1便、110分、片道4,990円〜
- ●伊丹→奄美…JAL1日1〜2便、105分、片道10,900円〜
- ●福岡→奄美…J-AIR、1日1便、70分、片道10,340円〜
- ●鹿児島→奄美…JAC又はJ-AIR、1日8便、55分、片道9,900円〜、SKY1日2便、60分、5,800円〜
- ●那覇⇒奄美…RAC・JAC1日1便60分、片道15,860円〜（奄美→那覇は与論経由便）
- ●奄美⇒徳之島／奄美⇒喜界島／奄美⇒与論 有

🚢 船（P.222〜223 参照）

- ●鹿児島〜奄美大島〜徳之島〜沖永良部〜ヨロン〜那覇…マルエーフェリーとマリックスラインの船が交互にほぼ毎日1便運航／鹿児島〜奄美11時間、片道9,220円〜、奄美〜那覇13時間10分、片道9,750円〜
- ●鹿児島〜喜界島〜奄美大島〜徳之島〜沖永良部島…奄美海運の船「フェリーあまみ」と「フェリーきかい」が交互に月に19〜23便運航

●ホノホシ海岸
瀬戸内町蘇刈（そかる）にある海岸。丸い石がごろごろと一面に並んだ特異な景観。波が引く時に石ががらがらがら、なんともいえない音を立てるのが神秘的。美しい石を持ち帰ってはいけない。
※駐車場・トイレ有。

●土盛（ともり）海岸
白砂で通称ブルーエンジェルと言われるほど美しい海の色。空港にも近く人気だが、沖に出ないよう注意。
（笠利町大字宇宿）

土盛海岸

▶三連立神 瀬戸内町の最も奥、西古見集落に行くと、沖合にひときわ目立つ三連立神。神秘的な景観。（写真：荻原健太）

🚌 島内の交通　🚙 レンタカー

名　称	鹿児島県奄美市	☎0997	レンタル料金（消費税込、ガソリン代別）／H=時間	カード決済	ネット予約
奄美レンタカー空港前営業所	笠利町万屋2231-8	55-2633	日帰り 軽3,200円〜、Sクラス3,700円〜、ワゴン7,800円〜／免責補償1日500円／ワイド補償料1,000円／全車ナビ付 チャイルドシート無料	○	○
名瀬営業所	名瀬入舟町10-15	54-1421			
奄美ラッキーレンタカー空港前営業所	笠利町万屋下山田1570-3	58-8667	12H 軽3,350円〜、1300cc4,000円〜、24Hワンボックス8,640円〜／免責補償24H1,080円／返車はどちらの営業所でもOK／シャワーブース有	○	○
名瀬営業所（24時間対応）	名瀬長浜町27-1	58-8663			
トヨタレンタリース鹿児島奄美空港店	笠利町和野大工田473	63-0100	1000ccクラス12H 6,600円〜／免責補償料1,100円 全車種ナビ標準装備／各種割引有／どちらの店舗からも返車可	○	○
名瀬店	名瀬港町6-12	54-0100			
くろうさぎレンタカー	笠利町万屋山田1571-2	63-0600	24H 軽4,730円、コンパクト6,050円、ワゴン9,570円／*別料金の古仁屋乗捨プラン有	○	○
奄美ゆいレンタカー	笠利町和野451	63-0076	24H 軽（ナビ付）3,560円、1300cc3,955円、1500cc4,540円、免責540円	○	○
奄美サイゴーレンタカー	笠利町中金久1404	63-2388	日帰り 軽3,850円〜、Sクラス4,400円〜（免責込）／チャイルドシート1日1,100円	○	○
タイムズカーレンタル奄美空港店	笠利町和野467	63-0240	1300cc6H 5,390円、24H7,700円、免責補償1,100円／チャイルドシート1回1,100円	○	○

ひとくちメモ

〈あまみ屋〉ツアーが面白いかどうかはガイドさんの手腕次第。あまみ屋の裕三（ひろぞう）さんなら、充実した時が過ごせる。自由おさんぽ／3時間以上／お1人様料金1時間3,300円（1名の場合）、2名の場合2,200円、3名の場合1,650円。★子供割引有。その他、和装割引、職人割引等ユニークな割引あり。右QRよりネット予約。☎0997-52-8931

●国直海岸 白砂の浜で、シュノーケルでサンゴがみられるポイントもある。トイレ、シャワーなども完備。国直集落には、ウミガメ公園やフクギ並木の散策も楽しめ、食堂やカフェもある。夏は水平線に沈む夕日が見られる。

マテリアの滝 アクセスしやすい人気の滝（写真 荻原健太）

●あやまる岬 海を一望できる景勝の岬。カフェ併設の観光案内所もあり、寛げる。絶景を堪能しながら用を足せるトイレもぜひ利用してみたい。

●打田原（うったばる）ビーチ きれいなビーチ。トイレシャワーもあり。

●ハートロック 干潮時だけ、ハート型の潮溜りが現れる。

●奄美パーク 奄美の自然、歴史、文化を映像や展示で楽しく見られる「奄美の郷」と「田中一村美術館」もあり、ゆっくり過ごせる。建物もおしゃれで、お土産も揃っている。

●用安ビーチ（ようあんビーチ）奄美大島随一のビーチ。奄美リゾートばしゃ山村があり、トイレ・シャワー・マリンスポーツなど整う。（奄美市笠利町）

奄美大島 MAP

宇検村 MAP→P.173

奄美市

名瀬 MAP→P.171

名瀬港周辺 MAP→P.170

古仁屋 MAP→P.171

●高知山展望台 古仁屋の街、大島海峡、加計呂麻島が一望できる。

奄美大島

奄美に着いたら、まずは奄美パークへ！

ドーム型の「奄美の郷」

奄美の高倉をイメージして作られた美術館棟

奄美空港から車で約5分、「奄美パーク」がある。奄美の旅は、ここからスタートするのがオススメ！

「奄美の郷」では奄美群島の歴史や文化の情報が一堂に集まり、興味深い展示や映像紹介が素晴らしい。また「田中一村記念美術館」は、昭和33〜52年まで奄美大島に暮らし、奄美の自然を描き続け、独自の世界を創り上げた日本

画家田中一村の作品を常設展示している。絵描きとして清貧で孤高な生き方を通した一村の画業の軌跡に触れることができる。必見！

【データ】奄美パーク　9:00〜18:00(7・8月は9:00〜19:00)　㊡第1、第3水曜(祝日の場合翌日に振替)　奄美の郷☎0997-55-2333　大人310円／田中一村記念美術館☎0997-55-2635　大人520円(共通券大人630円、高校420円、小・中310円)　☆無料で観覧・利用できる施設もあります　奄美市笠利町節田1834　【地図P.165D1】

奄美市笠利町
AMAネシア

奄美リゾートばしゃ山村内にある、海が目の前の眺め最高のレストラン。人気の「かさりの鶏飯」ほか、あぶらゾーメン1,100円や、奄美クロマグロ丼2,200円、伊勢海老定食5,500円など奄美名物が勢揃い。雰囲気のよい店内でゆったりといただける。

☎0997-63-1178【地図P.165D1】奄美市笠利町用安1246-1　無休　営11:00〜20:00

奄美を代表する郷土料理「かさりの鶏飯」1430円が最高

奄美市笠利町
味の郷かさり

奄美産のフルーツや野菜がいろいろ♪

空港から近い県道沿いにある直売所。畑直送のとりたての新鮮島野菜と奄美大島の母さんたちの笑顔がお出迎え。旅の最後にお土産を買うのにもぴったり。笠利産の時計草をふんだんに使った島のオリジナルエナジードリンク、パッションミキもある！

☎0997-63-0771　笠利町節田1717-1【地図P.165D1】　㊡旧盆15日・年末年始　営9:00〜18:00

手作り島料理の店でお盆の話を聞く

鶏飯丼800円

b型就労支援施設で成功している店で、とっても美味しいと地元の人に聞いて行ってみたら、確かにうまかった。

伺ったのが旧盆中だったため、「お盆にミキを供えるか否か」を調べる任務があり、お店の方々に聞いてみると、須野の方は「供える」。赤木名の方は「盆ではなくアラセツとシバサシの時だけ」との

こと。奄美は、どこでもミキが売っている「ミキワールド」だが家庭での行事(神事)にも使われるとは！ お盆にどんなものを供えるかも親切に教えてくれ、お話がとても楽しかった。(取材：窪田)

【データ】鶏飯島料理こころ　㊡木曜・日曜　営11:00〜14:00　奄美市笠利町節田1507【地図P.165D1】☎0997-57-1722

奄美出身大相撲力士の農家食堂

農園内は見どころ多数。1～4月には、昔ながらの黒糖作りも行われる

大相撲の力士だった方の食堂と聞いて行ってみた。僕が山梨から来たというと「高砂部屋の修行時代に富士桜関ら4人の力士で甲府の西中という学校に行った」「それ、僕の母校です！」と言う話で盛り上がった。

傳さんは、食堂以外に、奄美の各シマに残る神事としての相撲の指導や、相撲の時に歌われる「相撲甚句」を、作詞し唄いながら島を回る専門的なガイドツアーも行っている(要問合せ)。

食事メニューはその日による。ラーメン600円〜。予約で「ちゃんこ」も可能。

【データ】農家食堂大和海　不定休　営12:00〜14:00(夜は予約で)　奄美市笠利町大字平1801【地図P.165D1】☎090-4345-9426

この日のメニュー　韮ラーメン900円

奄美市笠利町
晴れのちコーヒー

黒糖チーズケーキ450円と、カスカラ&コーヒートニック650円

土日だけのコーヒーショップ。森尾夫妻は平日は農園でパッションフルーツ、マンゴーなどを育てる。コーヒーは、一度も農薬を使っていない土地で育てられる東ティモールの豆。

営土日のみ11:00〜17:00(不定休あり、インスタにてチェックを→)

奄美市笠利町宇宿2127-1(土盛海岸入口看板すぐ横)【地図P.165D1】

つぶやきメモ

〈あまみエフエム〉奄美大島のFM放送がむちゃくちゃ面白い。全放送ほぼ方言なので、ずっと聞いていられる。普通のFMは、かなり限定された地域でしか聞けないが、他の地域のFM曲とも連携していて、人気の番組は田舎でも聞けたりする。レンタカーのラジオを77.7MHzに合わせて聞いてみよう。島外からはスマホアプリからも聞ける。おすすめパーソナリティは渡陽子さん。

奄美市笠利町
MISHORAN CAFE カフェ

あやまる岬にある、海を見晴らす絶景のカフェ。ガラス張りの店内席と天気のいい日はぜひ外のテラス席で雰囲気最高のカフェタイムを。セレクトされた島土産がそろったおしゃれなおみやげコーナーもぜひのぞいてみて。ソフトクリーム480円、他。カード・d払い可

☎0997-63-8885【地図P.165D1】笠利町須野682 無休 営9:30〜L.O.16:45、水曜のみAM休

Close up! ケンムン村で、奄美体験してみよう

ケンムンとは、ガジュマルの樹にすむ精霊のこと(沖縄ではキジムナー)。かわいいケンムンがあちこちに顔を出す森の中に、奄美の暮らしや文化を体験できる素敵な村があります。

陶芸体験

土をこねて形を作った上に葉っぱや貝など自然のもので柄をつける古代焼き体験。楽しく土に触れてもらいながら島の歴史や人とのふれあいを。
所要時間：約1時間30分
大人￥4,000、小学生まで￥3,000

島唄体験

昔から今まで唄い継がれている島唄。恥ずかしい、歌が下手で・・・ 言葉の意味が分からない・・・ご心配なく!島の子供たちに教えている唄者が親切に教えてくれます。三味線も触らせてくれます。
(2名様以上での催行) 所要時間: 約1時間
大人￥3,000、小学生まで￥2,000

【データ】ケンムン村(奄美リゾート ばしゃ山村内)
☎0997-63-1178　奄美市笠利町大字用安1246-1
【地図P.165D1】入場無料／年中無休10:00〜17:00

Close up! 奄美大島を国産バニラの島にする

奄美で国産バニラを作って、日本の新しい市場を生み出そう、そして奄美のもう一つの魅力としようという壮大なプロジェクトが着々と進められている。

オーナーの林さんは、農水省の外交官時代にタンザニアのバニラ農家支援プロジェクトに関わっていた。そこで、バ

オーナーの林甚太郎さん

開放感が素晴らしいお外席

ニラ農園の環境が故郷の奄美大島にてもよく似ていたところから、官僚をやめてUターンし、起業した。

バニラは植えてから収穫できるまでに数年かかるので、収穫できるようになる前から販売ルートを確立するため、インドネシアからバニラを直輸入、島内外

に卸す仕事も同時進行で始めている。

奄美空港から車でわずか5分程の広大な敷地にカフェpolepoleを2023年10月オープン。バニラビーンズ使用のスイーツやタンザニアのご飯などを楽しめます。バニラ農園の見学ツアーも。

本物のバニラを使用したバスクチーズケーキ550円

【データ】AMAMIバニラファームカフェ Pole Pole
休火曜 営11:00〜16:00(L.O15:30)
奄美市笠利町大字和野字上平田942
【地図P.165D1】☎080-8367-8754

ようこそ、人と自然の調和する神秘の島へ
奄美リゾート ばしゃ山村

☎0997-63-1178　1泊朝食付ツイン￥19,800〜(2名分・税込)

太平洋を目の前に見渡す南国リゾート。海を見ながら活海老料理や郷土料理、創作料理を食べることができるレストランや、品揃え豊富で見て歩くだけで楽しい「島おこし市場」もあります。鳥たちのさえずりで目覚め、昼はビーチで遊び、夜は満天の星空を見上げ、何もしない贅沢を満喫。

住鹿児島県奄美市笠利町用安1246-1
交空港車10分 客31室／レストランAMAネシア／ガーデンプール／海水大浴場／おみやげ店「島おこし市場」／アロマテラピーハウスPURE DROP／マリンスポーツカウンター／ケンムン村

IN/OUT 15:00/11:00 MAP P.165D1
※コテージ2棟のみ Wi-Fiなし

ビーチ／プール／人浴／リラクゼーション／バー／和室／ルームサービス／コインランドリー／Wi-Fi※

60種類以上のミネラルや酵素ビタミンが溶け込んだ海水大風呂

注目ポイント 奄美の暮らしや文化を体験するテーマパーク「ケンムン村」併設。

ひとくちメモ 〈あやまる岬の超絶景トイレ!〉奄美大島北部の笠利地区にある広大な景色が美しいあやまる岬。中でも男子トイレは絶景を堪能しながら用が足せる。これほどの絶景トイレは未だかつて経験したことがない。この爽快感はぜひ体験してもらいたい。女子トイレももしや、と思って聞いてみたが、さすがに女子は用を足しながらの絶景は見られないようだ。

自家製ミキも出してくれる貴重な店

シマうどん
800円

この地域の旬のものを中心に、出汁を丁寧に取った料理で、ミキも手作り。料理を運んでくれた森吉さんが秋名集落で穫れた新米ということや、生産者や食材に関するエピソードを教えてくれ、おもてなしの心遣い

が本当に嬉しかった。料理人はシマ（集落）のおば（お母さん）たち。誰もが家族や客人に食べさせたい大切な料理を、喜んで一生懸命作ってくれているのが伝わってくる。

おっかんの旬替わり定食1,500円。料理は集落の主婦が交代で行う

【データ】あらば食堂 ☎0997-58-8842
㊡水木曜 ⓔ11:30～14:00、14:00～17:00
龍郷町幾里423【地図P.165C1】カードOK

大島郡龍郷町
カフェ

La Fonte ラフォンテ

ジェラートはトリプル650円（イートイン価格）

いずみ農園直営のお洒落なジェラートカフェ。パッションフルーツやタンカンなど季節ごとの自家農園の果物・野菜を使い年間100種類以上、毎日数種類を手作りする無添加のジェラートはどれも魅力的。庭のテラス席やおしゃれな店内で、素敵なひと時を。

☎0997-62-3935【地図P.165D1】龍郷町赤尾木1325-3 ㊡火・木曜 ⓔ11:00～17:00 カード・🅿 OK

大島郡龍郷町
食べる

島とうふ屋
惣菜兼食堂

揚げだし豆腐定食1100円と自家製みき飲み放題

豆腐屋さんの食堂。定食のおかずもご飯もたっぷり！ なのに待っているあいだに豆乳や自社製みきがフリードリンク、そして湯豆腐もいくら食べてもいいという豆腐三昧でおなか一杯！ 塩豚の煮物定食1,300円、マーボ豆腐定食1,450円、他。入店は16:45まで。

☎0997-55-4411【地図P.165C1】龍郷町中勝1561-1 不定休 ⓔ11:00～17:00L.O

絶景のご当地ジェラート＆カフェ

瑠璃カケス色のドリンク、ルリカケス550円

国道58号から少し入ったところにあるこのお店。店内席もあるのだが、裏のテラス席がものすごいロケーションで、なんとも言えない山景色が最高。

障害者就労支援施設あまみんが農業と福祉の連携で自社その他のフルーツやハーブを用いてジェラートとハー

ジェラートダブル（カップ）540円（コーンもあり）

ブティーを製造販売する。全国から注目される施設。最近は、減圧低温蒸留器の導入で精油と芳香蒸留水も製造開始している。　＊12～3月は冬休み

【データ】ご当地ジェラート＆カフェ Tropica Amami
☎0997-62-5260 龍郷町大勝578
【地図P.165C1】㊡日月曜 ⓔ11:00～16:00 カード、PayPay、d払いOK

慈愛に満ちた島料理

山羊汁定食850円、激安っ！ 左上、しぶりと海老の出汁あんかけ、右上、豚の面皮（ツランコ）味噌あもも最高

大きな窓からは穏やかな和瀬の海。開放的でゆったりした店内は、道路側から見ていた景色とのギャップに驚く。

いただいた山羊汁定食は、塩味の優しい味。日替わりだという小鉢もしみじみ美味しい。「テレビや本の通り作ってもダメね。匂いをかいで味見して、手間暇かけないと美味しくできない。」涼や

和瀬の海が見えるお店

かに笑う女将さん、先祖代々の土地を手入れしてお店を構えたそう。

「儲けなんて知れてるの、でも、ここで綺麗な景色を眺めて美味しくご飯食べてくれる人が来てくれるのが幸せ。」

【データ】凪ぎさ ㊡金土日11:00～19:00 奄美市住用町和瀬三取27【地図P.165C2】☎080-9631-4535

奄美市住用町
食べる

奄美薬膳 つむぎ庵

奄美のエッセンスが詰まった「奄美薬膳蕎麦セット」1650円

人との出会いが紬がれるようにという願いを込めた店名。薬膳そばは国産蕎麦粉にシマアザミ、シマ桑、長命草を練り込んだ自家製麺。セットには島桑を使った「シマ桑団子」も。紬の古布が飾られた店内で、美味しくて身体に良いものをゆっくり味わってみたい。

☎0997-69-2390 奄美市住用町大字役勝87【地図P.165B2】不定休 ⓔ11:30～15:00

ひとくちメモ　〈喫茶あまみtehutehu〉オーナーは福岡出身の城戸さん。蝶好きが高じ、「蝶にとっての天国」を作りたくて、奄美に通い詰め、やっと探し当てた場所。古民家を改造し、庭の土を入れ替え、蝶が好む食草を中心に配植。庭では、あらゆる植物が輝いていた。標本は一切ない。自然に飛んでいてこその蝶という。☎0997-62-4556 龍郷町秋名1139-4 厳島神社真下【地図P.165C1】　不定休

Close up! 人生山ありカニあり、幻の珈琲屋台

伊須集落は森と川と海にかこまれた20世帯の小さな集落。その海辺に、笑顔溢れるコーヒー屋台が存在する。

画家である薫さんが焙煎して、カニアーティストの奥さまさとみさんが淹れるハンドドリップコーヒー。

月に数日、晴れた日の午前中という超不定期開店はインスタグラムで開店をお知らせ。

光射す海辺でコーヒーのアロマと波音に癒やされる。目指して行く価値あり

カニクッキーもある

【データ】カフェ・ド・カニカニ ☎月に何日かインスタで発表 瀬戸内町伊須海岸【地図P.165B3】

大島郡瀬戸内町 **Little BAY** カフェ
COFFEE & ICE CREAM

黒糖ラテ600円とかんちゃなフアームの濃厚たんかんジュース

やどんカフェさんで「ここのエネルギーの高い黒糖ラテをぜひ飲んでみて」と言われ行ってみると…確かに！ 黒糖ラテを頼むと、ラテアートにしてくれた。ラテアートってテンションあがるよね！ イベント、臨時休業日などはインスタでチェック→

☎0997-76-3555 瀬戸内町古仁屋船津22-6
【地図P.171古仁屋】 休月曜 営9:00〜18:00

島めし屋 かのう （食べる）

大島郡瀬戸内町

自家製ミキのパッションフルーツソースがけ

素晴らしい週替わりランチ1000円。この日のメインはウワンフニ

自然農法でサトウキビを育て、自分で黒糖を作る（そんな大変なことをやる人はほとんどいない）、尊敬する叶さんの食堂。この日のランチのタケノコは近くで今時期（8月末）に採れるトウチク。超貴重なものが味わえる。瀬戸内町篠川173-4【地図P.165B2】Google Map参照

☎090-8918-0259 営土日月（第1日曜と第3土曜は休み、1〜4月は製糖期で休み）11:00〜15:00

チルチルcafe カフェ
&野遊びツアー&チルチル農園

大島郡瀬戸内町

素晴らしすぎる（スープも）

「週末ランチプレート」800円が

山海川すぐ近くのすごい場所にある手作りのカフェ。ネイチャーガイドと農業もされているので、海山でとったものや自ら作った野菜やフルーツ、卵などを料理してくれる。これほどのプレートがあるだろうか！ 山で飼う鶏の卵とか、この貴重さはハンパない。超おすすめ

☎0997-72-4010 営金〜日の11:00〜15:00（夏期間cafeは休み）瀬戸内町阿木名2【地図P.165B3】

AMAMI BEER HALL （飲食）

奄美市名瀬 アマミ ビアホール

地ビール3種のみ比べ1780円

飲み比べで工場直の生をいただく。純黒糖ブラウンエール、ソルティシークニンサワーエール、すももハイビスカスIPAをいただく。まさに奄美のビールって感じで楽しいね。ハブダブルIPAも飲んでみたい。色々増えていて3種じゃ足りない！ 料理も美味しくていいね。

☎0997-58-8100 奄美市名瀬港町1-2【地図P.171B1】 不定休 営11:30〜23:00 カード・P・d払いOK

Close up! 秘密にしておきたい驚きのすし店

ご夫婦で2002年から営業されてきた安くて美味しい人気の寿司店。旦那さんがなくなってしばらくお休みしていたが、2023年6月、奥様一人で再開された。

目玉は、日本一の奄美大島古仁屋の養殖本マグロ含む地魚のすし。こんな値段でいいの！ という価格で驚く。

超豪華！
海鮮丼1,300円
（取材：大久保順子）

写真右の寿司セット、な、な、なんと千円！ 本マグロ入りの9貫、海老頭入りのアラ汁もついて。ありえねー！（取材：窪田）

【データ】すし処和味（なごみ） 休月曜 営11:00〜21:00 名瀬幸町8-2-2F（サンドウィッチカフェ2階）【地図P.171B2】☎0997-53-1466 駐車場なし、近くのコインパーク利用。3,000円以上のお客様1時間無料

元治青果店 （買う）

奄美市名瀬 もと じ せいか てん

＊日本全国発送可能 インスタのDMでも注文できます。

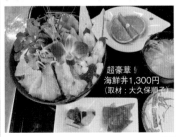

名瀬にあるめちゃめちゃレトロな青果店。南国フルーツを取り揃えている。観光客に絶大な人気があり、「元治青果Tシャツ」も作っているパワフルなもとじさんとお話を楽しみながら、奄美のフルーツ（タンカンとかマンゴーとかすももとか）を発送してもらおう。

☎0997-53-8715 奄美市名瀬永田町9-3【地図P.171C3】 不定休（元旦以外ほぼ無休）営朝〜夕

奄美大島

ひとくちメモ 〈ビッグIIでハブ棒を見る！〉奄美一のホームセンター。島人と話していると何かにつけ「ビッグIIに行けばなんでも売ってる！」というフレーズが出てくる。特産品コーナーもあり、おみやげにもなりそうなものもいっぱい。ハブ棒（ハブを生け捕りにする棒）なんて珍しいものもあるぞ。ビッグII ☎0997-55-4100 営10:00〜20:00 大島郡龍郷町中勝字奥間前580【地図P.165C1】

169

Close up! 島ラーメンが計り知れない魅力の店

バーのマスターが「奄美のラーメンでここが一番スキ」と言っていたので来てみた。鶏飯スープに島の黒豚をブレンドしてコクをだし、チャーシュー肉の豚骨は黒砂糖と焼酎で味付け。なりみそ(そてつ味噌)は、ナリ粉を味噌に加えたものだそう。

こだわりのなり味噌ラーメン 650円

おまけに出してくれた生もずくが嬉しすぎる

冬はモクズ蟹ラーメンも。超スタミナハブラーメン10,800円は、予約が入ってからハブを捕りにいくとのこと! クロウサギツアー(6,000円、ラーメン付)もやっている。とにかくユニークすぎる!

【データ】ハレルヤ食堂 名瀬末広町13-25 永田橋市場内【地図P.171C3】☎090-8913-8068
㊡土曜 ㊜11:00〜15:00 (時間外でも現地から電話すれば5分で来てくれるかも) PayPay使用可

Close up! 奄美大島料理と地ビールと黒糖焼酎

奄美ビアホールの系列店なので、自社製造の地ビールも飲める。

オーナーが徳之島出身なので、徳之島で30年の老舗「やぎ料理ハンター」の味を引き継いだやぎ汁1,100円や玉子おにぎりがあったり、パインのシーズンには地ビールにも徳之島のパインがふん

塩豚の炙り(ねぎ塩ダレ)は抜群のうまさだった。900円

だんに使われたりする。

黒糖焼酎をストレートで飲んでいると、焼酎には一家言ありそうなスタッフの方がいろんな蔵の話やおすすめな飲み方を教えてくれた。超いいね。

徳之島の味、玉子おにぎり(690円)とやぎ汁

【DATA】奄美大島料理 かめ 奄美市名瀬金久町1-2【地図P.171B1】☎0997-58-8100 無休 ㊜16:30〜24:00

名瀬港周辺MAP

奄美文化センター
奄美市立奄美博物館
マリンスポーツ奄美
奄美ラッキーライフ2
長浜緑地
ホテルビッグマリン奄美
奄美ラッキーライフ1
奄美ラッキー不動産
焼肉ごっぱち
名瀬長浜町
奄美ラッキースポーツクラブ
グリーンストア長浜店
奄美中央病院
ジョイフル奄美長浜店
オリバーズカフェ
南海日日新聞社
花海house
奄美観光ハブセンター
港湾食堂
奄美市立金久中
名瀬港船客待合所
名瀬港
名瀬塩浜町
奄美ポートタワーホテル
名瀬矢之脇町
タケヤマセルフ名瀬港SS
奄美大島開運造造
ホテルサンデイズ奄美
楠田書店
ウエストコート奄美
WA TERRACE
名瀬入舟町
海鮮ごっぱち
ホテルウエストコート奄美II
マヤスコ
ホテルウエストコート奄美I
シティホテル奄美
2F バーQLK
ホテルニュー奄美
至喜界島・与論島
至沖縄
至鹿児島
N

奄美市名瀬 郷土料理 かずみ 飲食 ライブ

*料理はお任せで一律3500円、プラス飲み物代

唄者西和美さんのお店。ライブもすごいが料理がすこぶる充実。クワリ(田芋の茎)は奄美で初めて食べた。唄はあさばな節から始まり、糸繰節、きんかぶ節、行きゅんにゃ加那、だれやめ、ラストに徳之島のワイド節で踊る、みたいな感じでめちゃ盛り上がった。おすすめ!

☎0997-52-5414(要予約) 名瀬末広町15-16
【地図P.171C3】不定休 ㊜17:00〜23:00

奄美市名瀬 奄美水産 海鮮ごっぱち 飲食

*一度も冷凍していない生本マグロ丼(汁物付) 1320円(税込)

奄美と言えば、日本一の漁獲量を誇る養殖本マグロの産地である。中でもこの店は群を抜いている。居酒屋などでは唯一、鮪を一本買いし、しかも獲ってすぐではなく、数日間熟成させ最も柔らかくて旨い時に出すという。ランチの生本マグロ丼は特に驚き!

☎0997-69-3958 名瀬入舟町8-8【地図P.171B1】
㊡月曜 ㊜11:00〜14:00、16:30〜22:00(L.O.30分前)

奄美市名瀬 きゅーえるけー バー QLK バー

*高評価の自家産トマト野生の証明が食べられるのは12〜5月

蒸留酒専門誌で「昼は百姓、夜はバー」と書いてあったので行ってみた。畑は小港にあり、そこから毎日通っている。オープン35年目、野生の証明という自分のブランドのトマトを10年作っていて、ふるさと納税の返礼品にもなっているという。ぜひ一度食べてみたい。

☎0997-53-0099 名瀬入舟町3-1シティーホテル奄美2F【地図P.171B1】不定休 ㊜20:00〜24:00

ひとくちメモ 〈ROAD HOUSE [ASIVI]〉「奄美大島から奄美大島の音楽を届けたい」というコンセプトのレスト&バー。島いちばんの音楽処。週末には各種イベントを開催。奄美在住のピアニスト村松健さんのイベントほかで3回ほど訪ねたが、最大100名程の収容規模で目の前で音楽を味わう距離感が最高。☎0997-53-2223【地図P.171A1】奄美市名瀬金久町4-3 ㊡火曜 ㊜20:00〜3:00

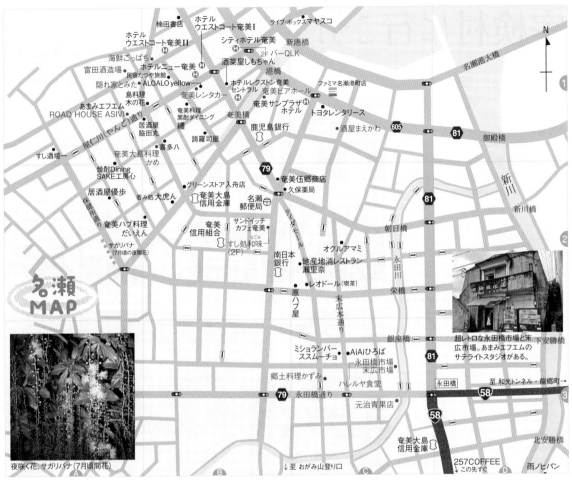

名瀬
MAP

楠田書店
ホテル
ウエストコート奄美I
ライブ・ボックスマヤスコ
シティホテル奄美
新港橋
2F バーQLK
ホテル
ウエストコート奄美II
酒菜屋しもちゃん
港橋
海鮮ごっぱち
ホテルニュー奄美
ホテルレクストン奄美
ファミマ名瀬港町店
富田酒造場
民宿たつや旅館
ALOALO yellow
セントラル
奄美ビアホール
名瀬港大橋
島料理
木の花
奄美レンタカー
奄美サンプラザ
ホテル
あまみエフエム
ROAD HOUSE ASIVI
奄美料理
黒酎ダイニング
纏
トヨタレンタリース
居酒屋
脇田丸
鹿児島銀行
御殿橋
喜多八
誇羅司屋
酒屋まえかわ
605
81
すし酒場
奄美大島料理
かめ
焼酎Dining
SAKE工房心
居酒屋優歩
呑処大虎ん
奄美大島
信用金庫
グリーンストア入舟店
奄美伍郷商店
久保薬局
名瀬
郵便局
79
新川
新川橋
奄美ハブ料理
だいえん
奄美
信用組合
サンドイッチ
カフェ奄美
すし処和味
(2F)
朝日橋
81
※サガリバナ
(7月頃の夜開花)
南日本
銀行
オクルアマミ
地産地消レストラン
瀬里奈
永田川
栄橋
2
レオドール(喫茶)
原ハブ屋
末広本通り
銀座橋
超レトロな永田橋市場と末
広市場。あまみエフエムの
サテライトスタジオがある。
下安勝橋
ミショランバー
ススムーチョ
AiAiひろば
永田橋市場
末広市場
81
郷土料理かずみ
ハレルヤ食堂
永田橋
至 和光トンネル・龍郷町→
58
夜咲く花、サガリバナ(7月頃開花)
79
永田橋通り
元治青果店
58
3
奄美大島
信用金庫
北安勝橋
至 おがみ山登り口
257COFFEE
この先すぐ
雨ノヒバン

ラッキーな移住はここから

Close up!

奄美市のホテルビッグマリン奄美とグループ企業のラッキーレンタカーでは、航空機の直行便が飛んでいる関東・関西から訪れる旅人を中心に、移住を検討するお客さんが年々増えているとのこと。そこで、このほどホテルに隣接して不動産部門を立ち上げた。

アパートや一軒家の賃貸物件からリゾートの土地・建物まで幅広く取り扱い。

ホテルビッグマリン奄美に泊まって、気軽にのぞいてみよう。

【データ】奄美ラッキー不動産 ☎0997-58-8112
〒894-0036 奄美市名瀬長浜町27-1【地図P.170名
瀬港周辺MAP】不定休 ⑩10:00〜17:00

古仁屋
MAP

古仁屋高
↑至名瀬
古仁屋中
58
古仁屋小
ゲストハウス
かんもーれ
ふくちゃん
奄美の民宿たんぽぽやぁ
瀬戸内町
役場
嶽乃湯
ライベストイン奄美
奄美戦史模型資料館
丸屋レストラン
Little BAY COFFEE
& ICECREAM
相撲茶屋
ちゃんこ神鷹
島魚あま海
Rib
TORI(焼鳥屋)
Books
十番館
サンフラワー
シティホテル
Coffee House
くれよん
お茶の金久
ふじえん
神勝川久
至西古見
ファミリーマート
瀬戸内店
Aコープ
古仁屋貸切船
組合
コーラル橋
半潜水船せと
せとうち海の駅
(船のチケット売場/観光案内所
/食堂・レストラン)
定期船せとなみ
(請島・与路島行き)
フェリーあまみ・フェリーきかい
Ⓗ ホテル
Ⓨ 飲食店
◫ 居酒屋
☕ カフェ

ひとくちメモ 〈隠れ家とみた(予約制)〉1日1組の予約制隠れ家。ゆっくりおしゃべりを楽しみながら美味しいお酒とおまかせで素敵な器で出されるおいしい食事が楽しめる教えたくないお店。予約は☎0997-52-0043(富田酒造) 1人あたりの料金10,000円。名瀬金久町14-5 朝の海ビル4階【地図P.171A1】

奄美大島

奄美大島ここに注目！

宇検村に行こう！

今回もおもしろすぎる宇検村に泊まって歩いてみました（取材：窪田和人）

宇検村の宝が一堂に ケンムンの館

宇検村スパイスカレー（車海老&猪）

宇検村の中心地湯湾の「やけうちの宿」に隣接した市場。いろんな野菜や魚やお菓子など、おいそうなものが並んで超おもしろい！出品している方からちょっと話を聞いてみると、ここのすごいのは、宇検村民なら誰でも出品できるというところ。手数料も格安ですって。素晴らしいね。村民が一生懸命ここを盛り上げようと出品しているのが感じられてテンション上がる。

★その他、観光案内もやっている

【データ】無休（12/31～1/3のみ休み）☎10:00～18:00　湯湾2937-81 ☎0997-67-2919

宇検村のフルーツや野菜

宇検村の生もずくもいいね

やどんカフェのめちゃおいしいマドレーヌ

最果ての やどんカフェ

宇検村を初めて訪ねたのは、このカフェに行くため。名瀬からまあ遠いのなんの！延々走って走って、山にぶつかって行き止まりというところに、美しい海岸とこのカフェがあった。カフェなんてあるわけがないような場所にあるから、たどり着けただけで歓喜。

漁師の旦那さんが獲ってくる魚や、無農薬だとか僕の好きな趣向の健康的な材料を使ったランチ（予約制）やケンムンの館でも大人気の国産小麦のマドレーヌやスコーン。テラス席では、海を眺めながら至福のひと時が過ごせる。

清美さんは子育てのためにはるばる東京からこの地に移住し、次々と新しい道を作り出している。その存在に感動。ここに来て宇検村と奄美大島の魅力にハマったって感じ？

カフェの隣に旦那さんが建てた宿に

自家製みきがあったらラッキー

泊まると、とにかく朝が最高！目の前の誰もいない朝の屋鈍海岸を裸足で散歩する。なんという癒し！

【データ】やどんカフェ いちのいち ☎金土日月12:00～16:00　ランチ（予約だと確実）1,200円　宇検村屋鈍1-1 ☎090-4243-3298　Yadon Cottage　料金／素泊1名8,000円（人数が増えると安くなります）

ある日の朝食

ある日のランチ

宇検集落の教えたくない店 パン&カフェ木果

ネットに拡散したくないお店。なぜならおまかせランチ（800円、デザート付き）が限定10食でむちゃくちゃ良すぎるので。メニューは日替わりおかず3～4品と自家製地まめ豆腐、サラダ、スープ、ギンダー豆ご飯。この日のおかずメインは、ご主人が釣ってきたギンマツのコロッケ。最高よね、こういうの。定番の自家製地まめ豆腐って、なかなか出会えないわよ!! 超手間がかかるから。800円って、絶対ありえないよね。予約できた時点でおトクと幸福が約束されてる。

ランチはあっという間に予約で埋まり、パンも即売り切れるという。そうでしょうね。

すももの酵素ジュース350円、おしるこ250円

【データ】パン&カフェ 木果（Mokka）金・土・日曜営業（不定休あり）☎11:00～16:00　宇検村宇検85-5 ☎090-5329-9697

ギンダー豆ご飯のギンダー豆は自家産！

この時はなんと「0円」のメニューがあった。自家製ミキ（試飲）0円！ちなみに自家産ジンジャーエールは350円。

酵素ジュース（すもも／びわ）	350円
自家製ミキ（試飲）	0円
黒しょうがのジンジャーエール（アイス）	栽培中
黒しょうがのジンジャーレモン（ホット）	栽培中

ひとくちメモ

〈對馬丸（つしままる）慰霊碑〉 宇検村船越（ふのし）海水浴場に對馬丸慰霊碑が2017年できた。1944年8月、沖縄から疎開者1788人を乗せ長崎に向かっていた對馬丸は、米国潜水艦の魚雷攻撃で撃沈され、学童幼児合わせて1000名含む約1500名が犠牲になり、多くが奄美大島の海岸に流れ着き、島民の懸命な救出活動と介護が行われ、流れ着いた多数の遺体の埋葬も島民たちの手で行われた。

奄美大島

宇検村map

素津高崎
枝手久島
船越海岸（対馬丸慰霊之碑）
やどんカフェ YadonCottage・屋鈍
屋鈍海岸
屋鈍神社・Mellow Shop
西古見
パン&カフェ木果・宇検
阿室 Smew Farm
久志・巌島神社
タエン浜
菅鈍
平田
いかり家（食堂）
タエン浜キャンプ場
生勝
芦検
今里・今里トンネル・志戸勘
至名瀬・名音
大和村
花天
佐念
津代トンネル
燒内湾
名柄
部連
久慈
伊目
須古
たつみ荘・田検・がじまる茶屋・とよひかり珈琲
田検バス停とガジュマルの木
14hikari,coffee inn
展望台・湯湾岳
久慈湾
古志
やけうちの宿
宇検食堂
ケンムンの館
奄美大島開運酒造
湯湾
石原・新小勝
アランガチの滝
アランガチのガジュマル
宇検村
大島海峡
白浜
篠川湾
篠川・島めし屋かのう（P.169）
深浦・阿室釜
加計呂麻島
小名瀬
瀬戸内町
阿鉄
上役勝
油井岳
奄美市住吉町 マングローブパーク
西仲間

屋鈍海岸（シャワー・トイレ施設あり）。

船越海岸にある対馬丸慰霊之碑

奄美大島開運酒造（大島郡宇検村湯湾 2924-2）TEL0997-67-2753／売店は平日9時〜16時（音響熟成の様子が見られ、めちゃ多種類の焼酎試飲ができる工場見学がおもしろい！／要予約）

田検バス停のガジュマルの木は必見！ケンムン（木の精）が住んでいそう。

宇検村の名所アランガチの滝。車で見に行ける。

ナイトツアーもシュノーケリングも
サンクチュアリ・アマミ

　最近は毎年宇検村でアマミノクロウサギツアーに参加している（安くて誰もいなくて最高だから）。ただし、そのためには宇検村に泊まる必要があるので、最初から旅の計画に組み入れておかないとだめね。

　今回は宿泊している屋鈍の海のシュノーケリングツアーにも参加してみた。ビーチエントリーでここまでサンゴや魚見られるの、すごいね。

【データ】ガイドサービス・サンクチュアリ・アマミ／宇検村芦検201-3 ☎080-1753-4769 ●アマミノクロウサギ・ナイトツアー　5,000円（所要時間150分）95%見られているが、「見られなかった割引」あり。20:00スタート（条件次第では変更可）　●シュノーケリング（タエン浜または屋鈍海岸）2時間6,000円（レンタル込み）●half day無人島シーカヤック&シュノーケリング8,000円もあり。　●体験ダイビング8,000円

この間見たアマミノクロウサギ（特別天然記念物）

人気のアマミイシカワガエル。奄美大島だけに生息する絶滅危惧種。

屋鈍海岸でシュノーケリングツアー

タエン浜でシュノーケリングツアー

すごい食堂いかり家、タエン浜キャンプ場も

　宇検村の美しい海沿いの道で、ひときわキレイな海がタエン浜海水浴場。その目の前の手作り感いっぱいの食堂。

　元寿司職人といういかりさんの作る食事はなんでも安くて美味しい。

　今回、自ら整備してタエン浜キャンプ場もオープン。刺青、タトゥーの入利用禁止（厳しくチェック）、違法薬物使用は即退去。

豚の顔皮を柔らかく煮たほほえみ丼1,200円

【データ】いかり家　㊡不定　㊙9:00〜21:00 宇検村平田字タエン浜 ☎0997-67-6811 テント2,500円（4名まで）、5名以上1人につき+500円 テントは自分で用意、レンタルはありません

タエン浜キャンプ場

奄美大島

ひとくちメモ
〈Smew Farm〉宇検村阿室で自然農法でフィンガーライムやマイヤーレモン、島ニンニク、その他と加工品を作っている素晴らしいファーム。僕はここの「ざくざく島にんにく」にぞっこんです。ご飯とこれだけで無限にいけちゃう。「ケンムンの館」で買えます。75g880円。人気だからすぐなくなっちゃいます。奄美空港でも（値段高いけど）売ってる時も。阿室のお店連絡すれば直接買える時も。（090-7832-3503後藤）

奄美黒糖焼酎の楽しみ方

奄美群島には「奄美黒糖焼酎」という、奄美でしか作れない特別なお酒がある。しかも奄美大島、徳之島、喜界島、沖永良部島、ヨロン島と各島ごとに酒造所があり、それぞれ味わいが違う。お酒に興味がある旅人にはたまらない島々ね!

奄美大島開運酒造（宇検村）の工場見学で試飲させてもらった黒糖焼酎の数々

工場見学で深く知る

工場見学、って聞いても経験がない人はピンとこないかもだけど、これこそ「オトクしかない!」アクティビティと言っても過言ではない。黒糖焼酎の材料やいかに手間暇がかかるか案内してくれるだけでなく、歴史文化の話も聞けて、無料で試飲もできちゃう。丁寧なお酒の作られ方を知るだけで、味が何倍も美味しく感じられるのよ、人間ってすごい。

奄美大島開運酒造（宇検村）の音響熟成タンクを見学♪ 面白すぎてテンション上がる

居酒屋で飲み比べをする

奄美群島って、各島々に酒造所があり、そこが大きな魅力のひとつ。各島の居酒屋では島の酒は必ず置いてあるから、何人かで行ったら、シェアして味わったり、「飲み比べセット」のメニューがあったら、少しずつ味わいの違いを飲み比べるのが楽しい。これぞ旅の醍醐味。

沖永良部島知名の「郷土料理旬香」にて。島の全酒造所の黒糖焼酎を飲み比べ♪

バーでお酒と向き合ってみる

バーって、お酒の味をメインにして楽しむところ。居酒屋で飲むのとは全く違う飲み方ができる。

今回TWSC（東京ウィスキー＆スピリッツコンペティション）の本で紹介されていた、奄美大島名瀬のバーに行ってみたんだけど、黒糖焼酎の話を聞きながら、いいお酒を時間をかけてちびちび味わう時間もいいわね。

名瀬のショットバーQLKで樫樽貯蔵の「宝島」（富田酒造）を味わう。原料は同じだけど分類がリキュール。

奄美大島

奄美黒糖焼酎の蔵元案内

サトウキビの香りで 糖質ゼロの蒸留酒

奄美黒糖焼酎は、奄美群島だけで造ることが許されているお酒。 奄美大島の他に、喜界島、徳之島、沖永良部島、ヨロン島の5島で造られている。
奄美大島酒造協同組合加盟の17社の代表銘柄、おすすめ銘柄をご紹介。造造所により工場見学ができるところもあり、試飲もさせてくれるからぜひ訪ねてみよう♪

※工場見学は変更になっている場合、逆に休日でも可能な場合もあります。

山田酒造 ④
渡酒造 ⑤ 奄美大島酒造
富田酒造場 ⑥ ⑤ 町田酒造
⑨ ③ 弥生焼酎醸造所
⑪ ⑩ 西平酒造
西平本家

奄美大島

⑧ 奄美大島開運酒造

喜界島

喜界島酒造 ①
朝日酒造 ②

⑫ 奄美酒類／創業昭和40年
代表銘柄は「奄美」(あまみ)
工場見学はなし
大島郡徳之島町亀津1194
☎ 0997-82-0254

⑬ 奄美大島にしかわ酒造
創業平成2年
代表銘柄は「島のナポレオン」
工場見学可(3日前までに要予約)
㊡日・日・祝日
大島郡徳之島町白井474-565
☎ 0997-82-1650

徳之島

⑬ ― 奄美酒類
奄美大島にしかわ酒造

⑭ 新納酒造(にいろしゅぞう)
創業大正9年
代表銘柄「天下一」(てんかいち)
工場見学可(予約制)
㊡日曜
大島郡知名町上皆2360
☎ 0997-93-5232

沖永良部島

沖永良部酒造 ⑯
新納酒造 ⑭
原田酒造 ⑮

⑮ 原田酒造／創業昭和22年
代表銘柄「昇龍」(しょうりゅう)
工場見学可(要予約)
㊡土・日・祝日
大島郡知名町知名379-2
☎ 0997-93-2128

⑯ 沖永良部酒造／創業昭和44年
代表銘柄「稲乃露」(いなのつゆ)
工場見学可(要予約)
㊡日曜と一部祝日
大島郡和泊町玉城字花トリ1999-1
☎ 0997-92-0185

有村酒造 ⑰

ヨロン島

⑰ 有村酒造／創業昭和22年
代表銘柄「島有泉」(しまゆうせん)
奄美群島最南端のヨロン島唯一の蔵。
工場見学可(要予約)㊡土日祝日
大島郡与論町茶花226-1 ☎ 0997-97-2302

喜界島

① 喜界島酒造・大正5年創業
代表銘柄「喜界島」(きかいじま)
工場見学可(要予約)
㊡日・祝及び第2・4土曜
大島郡喜界町2966-12
☎ 0997-65-0251

② 朝日酒造／創業大正5年、奄美群島で最も古い蔵／代表銘柄は「朝日」(あさひ)／工場見学可(要予約)
㊡日・祝及び第2・4土曜
大島郡喜界町湾41-1
☎ 0997-65-1531

奄美大島

③ 町田酒造／創業平成3年／代表銘柄「里の曙」(さとのあけぼの)は、スッキリとして飲みやすく島内トップシェア。奄美黒糖焼酎業界では初の減圧蒸留機を導入し、その地位を築く。㊡土・日曜・祝
＊工場見学・売店は改装で休止中
大島郡龍郷町大勝3321 ☎ 0997-62-5011

④ 山田酒造／創業昭和32年／代表銘柄は「長雲」(ながくも)／他に、自社で無農薬栽培のサトウキビの黒糖と地元龍郷町の水を使用100%奄美の酒も作る。／工場見学は休止中
大島郡龍郷町大勝1373-8 ☎ 0997-62-2109

⑤ 奄美大島酒造／創業昭和32年
代表銘柄は「じょうご」／他の銘柄も全て奄美大島産のサトウキビから作る黒糖のみを使用して製造。
工場見学案内(要予約)
㊡土・日・祝祭日(7〜9月の造りの時期は無休)
大島郡龍郷町浦1864-2 ☎ 0997-62-3120

⑥ 富田酒造場／創業昭和26年
代表銘柄は「龍宮」(りゅうぐう)。名瀬の繁華街、屋仁川通り近くで、昔ながらの甕仕込みで黒糖焼酎を造る。奄美黒糖焼酎では最も小さな蔵である。
工場見学可(要予約) ㊡日曜
奄美市名瀬入舟町7-8 ☎ 0997-52-0043

⑦ 渡酒造／昭和27年創業(平成27年事業を継承)
代表銘柄「あまみ六調」
工場見学は休止中
㊡日曜・祝日
奄美市名瀬小浜町25-3 ☎ 0997-52-0631

⑧ 奄美大島開運酒造／創業昭和29年
代表銘柄「れんと」は、奄美群島の全黒糖焼酎の中で出荷量ナンバーワン。湯湾岳山系の伏流水を使い、「味わい系」「香り系」二種類の酵母の違う原酒をブレンドしている。音響熟成を行うことが特徴。
工場見学可(要予約) ※日曜・祝祭日は事前に問合せ
大島郡宇検村湯湾2924-2 ☎ 0120-52-0167

⑨ 弥生焼酎醸造所／創業大正11年／代表銘柄は「弥生」(やよい)／香りが良く味の濃い酒造りにこだわっている。／蔵見学(予約制※有料1,000円)
㊡日曜日、土曜不定休
奄美市名瀬小浜町15-3 ☎ 0997-52-1205

⑩ 西平酒造／創業昭和2年／代表銘柄「珊瑚」(さんご)／島のミュージシャン兼杜氏の西平せれなが醸す黒糖焼酎「珊瑚」。音を紡ぐように造り、奏でるように発想。ロックまたはソーダ割がおすすめ。(ジョン)
工場見学可(要予約)㊡土・日・祝祭日
奄美市名瀬小俣町11-21 ☎ 0997-52-0171

⑪ 西平本家／創業大正14年
代表銘柄「せえごれ」
工場見学可(要予約)
㊡土日祝日
奄美市名瀬古田町21-25 ☎ 0997-52-0059

奄美大島

黒糖焼酎ができるまで

①原料米の「洗米」、米に水を吸わせる「浸漬(しんせき)」、そして蒸気で「蒸し」。

②①の蒸し米で麹を作る「製麹(せいきく)」。

③タンクに水と②の米麹と酵母菌を入れて「一次仕込み」を行い、一次もろみを育成。米麹と酵母菌が混ざり合った「もろみ」の中で、米のでんぷんがブドウ糖に分解され、酵母菌がそのブドウ糖からアルコール成分を作り出す。

④黒糖溶解。

⑤③の「もろみ」に④の黒糖を加え「二次仕込み」。さらに黒糖を加え「三次仕込み」を行うことも。ここで「もろみ」が発酵する。

⑥⑤の「もろみ」を蒸留機に移し沸騰させると、アルコールを中心とする成分が蒸発する。この蒸気を集めて冷やしてできた液体が、焼酎の原液になる。この過程が「蒸留」。

⑦⑥でできた原酒を貯蔵、熟成。

⑧濾過して瓶詰、箱詰めして出荷。

奄美大島の おすすめアクティビティ

〈SUPスクール＆ツアー〉
今大人気のSUPに挑戦してみよう
（写真協力：奄美海族塾）

〈ナイトツアー〉アマミノクロウサギ以外にも様々な生き物が見られる。写真は日本一美しいといわれるアマミイシカワガエル。まるで宝石のよう。（写真協力：奄美ナイトツアーサービス）

〈アマミホシゾラフグのミステリーサークル〉
直径2mあまり、4〜8月頃に現れるミステリーサークル。2012年、アマミホシゾラフグというフグが作成していることが発見され、今ではダイビングで見に行くことが可能になった。（ただし比較的深い場所なので、ダイビングライセンス保持者のみ）
（写真協力：マリンスポーツ奄美）

マリンスポーツ奄美 遊ぶ

大迫力！ 水中のクジラを見られます。

1月〜3月の期間、ホエールウォッチングだけでなく、一緒に泳ぐことができます。ただし大海原でのスノーケリングなので、ダイビングライセンス（Cカード）保持者か、ドルフィンスイムなどの経験者のみ参加可能です。

DATA
☎0120-53-1245（携帯電話可）奄美市名瀬長浜町32-1 ●ホエールスイム半日13,200円（3時間）、1日22,000円（3時間×2回）

ON SHORE 遊ぶ
オン ショア

海の上でサンセットと島唄のひとときを

奄美の唄者・三線付き島唄生演奏による「島唄サンセットクルーズプラン」。奄美の1日の終わりに海の上で夕日を眺め、ビールを飲みながら、三線付き島唄を聴き最高の思い出を作ってみませんか？ オススメプラン♪

DATA
☎090-7907-4110 島唄サンセットクルージング5,500円（税込）、所要約1時間、集合場所／大島郡龍郷町芦徳192-2

NPO法人 TAMASU 見る
タマス

古来家々を守ってきた美しいフクギ並木を歩いてみよう

国直集落はフクギ並木が残っていて素晴らしい景観。そんな中を歩きながら、生活や文化のことを聞くのが興味深い。この他に、シュノーケリングやとびうお漁ツアー、景勝地宮古崎に行くバイクツアーなど多彩なツアーを開催。

DATA
☎0997-57-2828 大和村国直85-1／国直集落ブラ歩きツアー／約1時間（9:00〜17:00の間）定員20名、1人1,500円

奄美ナイトツアーサービス 見る

特別天然記念物のアマミノクロウサギを見に行ってみよう

一年360日森に入るという横尾さんが行うツアー。アマミノクロウサギ遭遇率100％を誇る。所要時間は2〜3時間、4WDオープンジープで行く。ウサギのほか、日本一美しいアマミイシカワガエルなど色々な生物が見られて興奮。

DATA
☎0997-62-2707（携帯090-1768-5874）龍郷町瀬留73-1-202 ●ナイトツアー料金：大人8,000円、子供6,000円（ガイド料・保険料・税込）

奄美海族塾 遊ぶ
あまみ かいぞくじゅく

プライベートビーチリゾート的な雰囲気の中、一日過ごすのも良い

奄美空港から15分のオンザビーチのマリンスポーツ基地。美しく恵まれた環境の中、体験ダイビング（専門）、楽々SUPやいくつものアクティビティを自慢のスクールテクで楽しめます。サウナやシャワーなどDIYの施設も併設。

DATA
☎0997-63-2187 奄美市笠利町手花部2991-7 ●ウインドサーフィン体験スクール8,000円（2時間）、他メニュー多数。カード、PayPay、d払い可

ひとくちメモ

〈コウトリビーチ1DAYプラン〉陸路がなくボートでしか行けないコウトリビーチに上陸する海遊びツアーに参加してみた。こじんまりとした砂浜には山が迫り、木陰もあっていい雰囲気。打田原ビーチ沖のシュノーケリングも最高でした（オプション1名2,200円）。大人1名11,000円（税込）、小人1名7,700円、お弁当・1ドリンク付き。ツアー時間9:00〜14:00 申込先／オンショア090-7907-4110

奄美大島

宿泊情報 奄美群島

沖縄全島 849宿 p.193～219 ／ ヨロン島 29宿 p.208～209

奄美大島 69宿 p.177～179
加計呂麻島 11宿 p.1179
請島 1宿 p.1179
徳之島 27宿 p.185
沖永良部島 12宿 p.189

【備考欄・略記号の説明】

〈バス・トイレの欄〉○…全室バス（シャワーのみも含む）・トイレ付
〈クーラーの欄〉○…全室クーラー無料
コイン…コイン式クーラー
〈洗濯機・乾燥機の欄〉◎…洗濯機、乾燥機あり
○…洗濯機のみ
（※無料、有料等は各宿泊施設に要確認のこと）

- 全室Wi-Fi使用可　一部Wi-Fi使用可
- クレジットカード使用可（種類は要確認）
- PayPay使用可　d払い可
- 無料駐車場あり　有料駐車場あり
- 全室ウォシュレット（洗浄便座）完備
- 送迎有（宿により違うので必ず予約時確認のこと/下記参照）
- ダイビングサービス併設
- アルバイト・スタッフ等募集中

【料金表記について／略号】
★単位 百円/消費税（10%）込で表示
S…シングル料金
T…ツイン利用2人分料金
R…ルームチャージ料金
W…ダブルルーム2人分料金

貸別荘ラッキーハウス（奄美大島・笠利町）のテラスからの眺め
●宿泊料金は2023年11月～2024年2月に確認しています。変更される可能性もあります。予約時に必ず確認を！

奄美大島 加計呂麻島 請島 全81宿 〈奄美大島の宿〉

名称	室数	収容人数	税込宿泊料金（単位／百円）			鹿児島県	TEL.0997	バス・トイレ	クーラー	洗濯機乾燥機	備考
			2食付	朝食付	素泊						
●奄美市						（奄美市）					
ホテルビッグマリン奄美	83	160	+25～	+13.2～	S61.6～ T116.6～	名瀬長浜町27-1	53-1321	○	○	◎	W（送要予約）P 郷土料理ランチバイキング好評
奄美ラッキーライフ1	20	20	82.5	69.3	57.2	名瀬長浜町29	58-8665	○	○	○	W送P 2019年2月オープン
奄美ラッキーライフ2	18	18	82.5	69.3	57.2	〃	〃	○	○	○	W送P 2020年3月オープン
ホテルサンデイズ奄美	206	267	レストラン +25～	S85.2～ T169.4～	S72～ T143～	名瀬矢之脇町30-1	53-5151	○	○	（無料）	WP 鶏飯郷土料理専門店「愛かな」併設 サウナ付展望大浴場有
ホテルウエストコート奄美 WA・TERRACE	40	100	—	+7	W147 T198	名瀬矢之脇町32-1	52-8080	○	○	○	WP 男女大浴場有
シティーホテル奄美	34	55	—	+4.4	S39.9～ T89.65～	名瀬入舟町3-1	52-7222	○	○	○	P 夏は目の前から花火が上がる
すみ旅館	12	15	—	—	27～	名瀬入船町6-8	52-0557	1室	○	○	P 市街地中心便利、各室冷蔵庫有
ホテルウエストコート奄美Ⅰ	126	160	—	+12	S80 T150	名瀬入舟町9-1	52-8080	○	○	○	WP 空港行きバス停近く
ホテルウエストコート奄美Ⅱ	112	120	—	+12	S80 T150	名瀬入舟町8-8	〃	○	○	○	WP 男女サウナ付大浴場有
ホテルニュー奄美	181	210	—	+10	S59.8～114.4	名瀬入舟町9-2	52-2000	○	○	○	WP 募 サウナ付大浴場有
民宿たつや旅館 奄美大島本店	5	12	—	—	35	名瀬入船町15-18	52-0260	共同	○		(P500/泊) 清潔でアットホームな宿
奄美 山羊島ホテル	45	96	T434～	T344～	T308～	名瀬大熊字埠頭1382-1	54-5111	○	○	◎	WP 全室シモンズベッド、大浴場有
奄美ポートタワーホテル	81	93	T139～	T113～	T95～	名瀬塩浜町4-12	54-1111	○	○	○	P WP 募 展望レストラン有

ひとくちメモ 〈レストランあさばなのバイキング〉ホテルビッグマリン奄美のレストラン「あさばな」（外来利用も可）の朝食バイキング1,100円（税込）は、ちゃんとした鶏飯（必ず食べちゃう一品）もあって、奄美のフルーツ（パッションフルーツとか～）、焼きたてパン、ソフトクリームもあって、とても満足。テレビニュースも見られるし、新聞も読める。宿泊の人はランチに振替もできておトク！
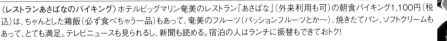

〈奄美大島の宿のつづき〉

名称	室数	収容人数	税込宿泊料金（単位／百円） 2食付	朝食付	素泊	鹿児島県	TEL.0997	バス・トイレ	クーラー	洗濯機乾燥機	備考
（奄美市）											
奄美ユースホステル	2	9	+21〜	+6	会員30、一般36	名瀬知名瀬2380	54-8969	共同	○	○	（送応相談）P 食事は要予約（小人は無料）
ビジネス旅館畠山	18	30	58〜	—	42〜	名瀬金久町13-6	52-0565	5室	○		P
エコー奄美	6	20	43〜	—	23〜	名瀬小俣278	54-8700	共同	○	◎	（送応相談）P 郷土料理が味わえる
ホテルパンダのねぐら	2	26	素泊 ドミ28〜（連泊割引有）			名瀬柳町11-32	57-1288	共同	○		P 1F女性フロア、2F男女フロア
いやしの宿 七福人	10	10	—	—	33	名瀬柳町20-1	53-7776	○	○		（送港）P 我が家のようにアットホーム
House Hotelいも〜れ奄美民泊村	6	19	+33	+11	77〜	名瀬有良13	57-1380	○	○	4室	WP 海辺の近くの小さな集落内
一棟貸の宿 Mi-Casa奄美くらふと	1棟	4	素泊 2名138.6〜、3名173.9〜			名瀬小俣町13-10	080-9241-9297	○	○		WP 自社サイト、アゴダ等より予約
奄美ラッキー海の家	5	10	—	—	62.7〜	笠利町用安長川1236-5	58-8608	○	○	○	WP 調理器具完備で長期滞在に最適
奄美ラッキーハウス	7棟	50	1棟貸200〜			笠利町打田原	58-8664	○	○	○	WP 長期滞在に最適、ウィークリー料金有
奄美海族塾（バンガロー・コテージ）	5棟	11	—	—	33〜	笠利町手花部2991-7	63-2187	共同	○		P ダ マリンアクティビティ多数可能
伝泊 赤木名 ホテル	9	14	—	S83.5〜	S67〜	笠利町大字里50-2	63-1910	○	○		W送P募 1Fにカフェ、ショップなど有
伝泊 奄美 古民家（笠利町）	8棟	48	—	—	T220〜	笠利町に8箇所	63-1910	○	○		W送P募 古民家を改修した1棟貸
伝泊 ドミトリー＆ランドリー	5	8	—	—	S38	笠利町里50-2	63-1910	共同	○	◎	W送P募 カジュアルなリノベーションホテル
ヴィラ・アダンローズ奄美	1棟	6	—	—	1棟340〜	笠利町外金久816-4	63-0366	○	○		WP 広い室内とウッドデッキ、海目の前
ペンション ブルーエンジェル	4	8	—	55〜	50〜	笠利町土盛2152	63-8941	2室	○		P 広大な芝生の庭の先は土盛海岸
民宿 ハイビスカス荘	7	20	50	40	30	笠利町宇宿109-1	63-1489	共同	○		P 海まですぐ、アットホーム
レスト＆ロッジ翔	7	25	90〜	68〜	61〜	笠利町宇宿2152-1	63-8588	○	○		W（送空港）P アットホームな宿
ヴィラファニー・リラ	2棟	1〜5	素泊 R363〜（2名まで）		R438〜（5名まで）	笠利町用安1318-3	099-259-5555	○	○		iWP お気に入りの隠れ家 #地中別荘
奄美カメハウス	1棟	15	—	—	1棟418〜	笠利町用安1264-1	69-4958	○	○		WP 目の前海、ファミリー、グループ向き
ブルーライト奄美	6	14	—	—	T242〜	笠利町用安1264-5	69-4958	○	○		WP 全室オーシャンビュー、キッチン付
マリンハウス Nagi	1棟	5	—	—	1棟275〜	笠利町須野743-2	080-1708-4644	○	○		WP 調理設備有、釣り船チャーター有
貸別荘 蒼空（そら）	1棟	7	—	—	60〜	笠利町須野732	63-1188	○	○		W（送応相談）P 宿泊者レンタカー割引有
民宿 塩崎荘	3	6	—	サービス	30	笠利町用111	63-9075	共同	○		P 海、あやまる岬、笠利崎灯台近く
民宿 さんご	6	18	88	—	—	住用町和瀬124	69-5525	共同	○		P 目の前が海
奄美市内海公園バンガロー	4	16	素泊 1棟73.3〜（4名まで）			住用町見里510	69-5081	○	1h100		P ロフト付コテージ、BBQ設備有
●大島郡					（大島郡）						
やけうちの宿 コテージ	5棟	15	T224〜	T173.4〜	—	宇検村湯湾大潟浜2937-86	56-5656	○	○	◎	WP 詳しくはHP参照
〃 きょらむん館	6	15	T191〜	T140.4〜	—	〃	〃	○	○	◎	WP http://yakeuchinoyado.jp/
Yadon Cottage	1	5	素泊 1名80			宇検村屋鈍1-1	090-4243-3298	○	○		P キッチン付、屋鈍海岸目の前
旅館 たつみ荘	10	38	74.8〜	60.5〜	49.5〜	宇検村田検12-1	67-2015	2室	○		長期割、団体割引有
丸太旅館	6	16	70	50	40	宇検村湯湾711-2	67-2011	3室	○		P 宇検村役場近く

ひとくちメモ 〈ゲストハウスHUB a nice INN〉瀬戸内町阿木名の静かな集落にある宿。和室と洋室の2室。各室にヨギボーがあるのもいいね。庭がきれい。外猫1匹。居酒屋ヨルノおばんざい併設なのもいいね（木金土営業／日月火水は予約制でオープン）。ステレオでレコードも聴ける。集落内お散歩ツアー（1,000円〜）や、移住のための集落巡りツアー（1,500円）など、移住支援もやってる。

【記号について】洗濯機・乾燥機の欄／◎…洗濯機、乾燥機あり ○…洗濯機のみ（宿により有料・無料あり）備考欄／📶…全室WiFi使用可 ⓘ…一部WiFi使用可（パブリックスペースでの使用も含む）💳…クレジットカード利用可 📱…PayPay利用可 Ⓦ…全室温水洗浄便座完備 Ⓟ…無料駐車場あり Ⓟ…有料駐車場あり 送…送迎有（区間,条件等予約時に要確認）ⓓ…ダイビングサービス併設

名称	室数	収容人数	税込宿泊料金（単位／百円）2食付	朝食付	素泊	鹿児島県大島郡	TEL.0997	バス・トイレ	クーラー	洗濯機乾燥機	備考
14hikari coffee inn	2	6			T160〜	宇検村湯湾716	080-8371-4396	○	○	◎	珈琲店併設の一日一組限定の宿
プチリゾートネイティブシー奄美	14	63	T352〜	T264〜		龍郷町芦徳835	62-2385	○	○	◎	全室オーシャンビュー
ネイティブシー奄美アダンオンザビーチ	8	36	T429〜	T341〜	T319〜	龍郷町芦徳910-1	69-3601	○	○	◎	全室オーシャンビュー
Le GRAND BLEU（ル・グランブルー）	5	18			50〜	龍郷町芦徳71-3	070-8333-5575	○	○		全室オーシャンフロント、テラス付
民宿 なべき屋	4	8	82〜	55〜		龍郷町安木屋場2403	62-4427	共同	○		キッチン、バストイレ付のコテージ棟有
さとの家（や）	10	30			40〜	龍郷町赤尾木151-3	080-8080-2290	○	○		1Fテラスからビーチ直通
ペンションマリンテラス	4	20	110〜	88〜	77〜	龍郷町赤尾木628-1	62-3785	○	○		島の食材を使った郷土料理
民宿 結の家	7	12		55	50	龍郷町赤尾木1747-4	55-4333	○	○		手広海岸まで徒歩2分
荒波のやどり 本館	3	15	要問合せ	60〜	50〜	龍郷町幾里423	58-8842	共同	○	◎	自然に囲まれた集落環境
〃 一棟貸し	2棟	10	素泊 1棟2名75〜（定員5名まで）			龍郷町内に2箇所	〃	○	○		集落で暮らす旅
サンフラワーシティホテル	21	36		S67 T116	S60 T102	瀬戸内町古仁屋松江5-9	72-0350	○	○		瀬戸内町市街地中心
ライベストイン奄美	23	51		T160.6〜	T143〜	瀬戸内町古仁屋松江10-21	72-0815	○	○		古仁屋港に一番近いホテル
ゲストハウスかんもーれ	2	6			40	瀬戸内町古仁屋松江17-15	72-3117	共同	○		古仁屋近く
堺ゲストハウス奄美	2	8			35〜	瀬戸内町古仁屋松江1-5	090-1917-3968	○	○		加計呂麻島行フェリー乗り場歩5分
民宿 たんぽぽやぁ	3	10	応相談	軽食サービス	60	瀬戸内町古仁屋船津18-6	76-3302	共同	○	◎	古民家、五右衛門風呂有
奄美ゲストハウス 昭和荘	2	8	素泊 ドミトリー22			瀬戸内町古仁屋宮前24-1	72-2006	共同	○		有料オリジナルガイド送迎、レンタバイク有
ゲストハウスHUB a nice INN	2	8		応相談	35〜	瀬戸内町阿木名482	090-9488-4365	共同	○		移住者支援をしている
民宿 よーりよーり	3	6	104.5〜	79.2〜	69.3〜	瀬戸内町久根津815-2	72-5035	○シャワー	○		大島海峡、加計呂麻島を望む隠れ宿
喫茶工房民宿 てるぼーず	1	3	75	57	50	大和村国直73	55-8070	○	○		ふくぎ染め体験有
民宿 中村荘	5	10	60		40	大和村国直69	57-2433	共同	○		洗濯物預かりサービス有
民宿 さんごビーチ	6	20	96.8〜	63.8〜	55〜	大和村国直68	57-2580	3室	○	◎	奄美天然記念物の女将（笑）

〈奄美大島のリゾートホテル〉

名称	室数	収容人数	税込宿泊料金（単位／百円）2食付	朝食付	素泊	鹿児島県	TEL.0997	プール（屋外営業時期）	備考
●奄美市						（奄美市）			
奄美リゾート ばしゃ山村	31	80	T264〜	T198〜	T176〜	笠利町用安1246-1	63-1178	○通年	奄美空港車で10分
奄美リゾートホテルティダムーン	27	55	S286〜 T440〜	S220〜 T305〜	S198〜 T264〜	笠利町平1260	63-0006	○5月〜9月	大浴場有
奄美大島ホテルリゾートコーラルパームス	35	100	T226〜	T176〜	T156〜	笠利町宇宿2520	63-8111	○4月中旬〜10月末	空港より車で10分
伝泊 The Beachfront MIJORA	20棟	43		T520〜	T476〜	笠利町外金久亀崎986-1	63-1910	○4月下旬〜10月下旬	海辺に佇むヴィラリゾート
●大島郡						（大島郡）			
Miru Amami（ミルアマミ）	23	55	T350〜	T280〜	T230〜	龍郷町芦徳800	55-4066	プール付客室有	全室オーシャンビュー
Hotel Caretta（ホテルカレッタ）	62	250	T210〜	T130〜	T110〜	龍郷町芦徳419-1	62-3821	○通年	インスタ映えするホテル
THE SCENE	21	63	W759〜	W495〜	W440〜	瀬戸内町蘇刈970	72-0111		天然温泉有

〈加計呂麻島・請島の宿〉

名称	室数	収容人数	税込宿泊料金（単位／百円）2食付	朝食付	素泊	大島郡瀬戸内町	TEL.0997	バス・トイレ	クーラー	洗濯機乾燥機	備考
●加計呂麻島						（加計呂麻島）					
海宿5マイル	3	10	90〜		50〜	伊子茂437	76-0585	2室	○	○	海まで10m、漁師宿
来々夏ハウス（ココナツハウス）	3棟	20	93.5		50〜	渡連225	76-0077	共同	○	○	部屋からビーチへ出られる
HIRO ISLAND STYLE	2	9	143			諸鈍1156-2	76-0811	バス○	○		漁師料理、SUPツアー有
民宿 和の夢（かずのゆめ）	2	4	75	60	50	生間52-1	76-0231	共同	○		島唄のリクエストをすると唄ってくれる
ゲストハウス カムディ	3	10			50	嘉入25	090-9570-2646	共同	○		海まで10秒、詳しくはHP参照
ペンション マリンブルーカケロマ	5	12	+33	+11	66〜	諸数587-1	76-0743	共同	○		海が目の前、プライベートビーチ
ダイビング&ペンション RIKI	4	8	110〜			諸数527-1	76-0069	共同	○		全室オーシャンビュー
INAハウス	3	6			55〜	諸数スリ浜587	76-0385	共同	○		全室オーシャンビュー
伝泊 加計呂麻	4棟	21		T178〜	T154〜	加計呂麻島に4箇所	63-1910	○	○		古民家を改修した1棟貸
レンタルハウス マリンヴィレッジ	2棟	10	素泊 2名70〜（1室5名まで、1名増+25）			実久200	090-4993-2837	○	○		3泊以上連泊割引有
民宿 ゆきむら	1棟	5			50〜	勢里1140	76-0038	○	○		食事は要問合せ
●請島						（請島）					
民宿 みなみ	5	5	70		40	池地678	76-1233	共同	○		池地集落唯一の宿

奄美群島 特集

宿泊情報

ひとくちメモ 〈ばしゃ山村のある日の夕食〉2食付の場合、夕食を選べるのだが、奄美の味が色々詰まったコースが特によかった。食前に出てくる奄美名物ミキは笠利のもので、癖がなく美味しい。内容は毎回変化するが、お刺身のアオマツ、焼魚のナイルパーチ（奄美の魚）、脱皮したての柔ら車海老天ぷら、奄美のおやつ「かしゃ餅」、ゆんみそ（魚とソテツの味噌）など、珍しくて美味しいものがいっぱいだった。

結の精神と長寿と出生率No.1の子宝の島!

徳之島（とくのしま）

沖縄の西表、やんばると共に世界自然遺産に登録された徳之島。奄美大島と徳之島だけに特別天然記念物アマミノクロウサギが生息する。闘牛が盛んな島として有名。地質も面白く、見所学び所も豊富。

徳之島の奄美側（北側）は、クロウサギに注意の文字や看板がいっぱい。ドライバーに注意を促している。

65分
名瀬港
奄美大島
喜界島
35分

TOKUNOSHIMA MAP

〈飛行機航路〉
鹿児島～徳之島 60分
奄美大島～徳之島 30分
沖永良部島～徳之島 30分

〈フェリー航路〉
那覇～徳之島 9時間30分
本部～徳之島 7時間10分
鹿児島～徳之島 15時間10分

●面積／約247.77㎢
●2024年2月末現在の人口／21,834人
（徳之島町10,052人、伊仙町6,231人、天城町5,551人）
●徳之島観光連盟 ☎0997-81-2010
●徳之島宿泊情報 P.185

ムシロ瀬 花崗岩が敷き詰められた独特な景観に驚かされる。南の島では花崗岩はとても珍しい。（天城町／地図P.181A1）

犬田布（いぬたぶ）岬展望台より 琉球石灰岩の海蝕崖の岬。ここからも寝姿山（妊婦さんが横たわっているよう）が見える。海に沈む夕日も。（伊仙町／地図P.181A5）

🧭 島への行き方

徳之島子宝空港

✈ 飛行機 （P.220～221参照）

●鹿児島～徳之島…JAC 又は J-AIR
1日4～5便、60分、片道11,800円～
●奄美大島～徳之島…JAC1日2便、30分、片道7,590円～
●沖永良部～徳之島…JAC1日1便、25分、片道5,830円～
＊奄美群島アイランドホッピングルート（那覇～50分～沖永良部～25分～徳之島～30分～奄美大島）

🚢 船 （P.222～223 参照）

●鹿児島（鹿児島新港）～奄美大島～徳之島（亀徳新港）～沖永良部島～ヨロン島～沖縄本島…マルエーフェリー又はマリックスラインの船が交互にほぼ毎日1便運航／鹿児島～徳之島15時間10分、片道11,420円（+燃油価格変動調整金）／徳之島～那覇9時間30分、片道6,810円（+燃油価格変動調整金）
●鹿児島（鹿児島本港）～喜界島～奄美大島～徳之島（平土野港）～沖永良部島…奄美海運の船〈フェリーあまみ or フェリーきかい〉が交互に運航／月に18～23便程度

🧭 島内の交通 🚗 レンタカー

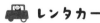

＊ガソリンスタンドはたくさんありますが、日曜日はお休みの所も多い。あらかじめレンタカー返却時（満タン返却）に都合のよいスタンドの場所や定休日、時間も確認を!

名 称	鹿児島県大島郡	☎0997	営業時間	レンタル料金（消費税込、ガソリン代別）／H＝時間	カード決済	ネット予約
タイムズカー徳之島空港店	天城町浅間湾屋道174-1	85-5656	8:30～18:00	軽 4,400円～／1000cc 5,500円～／（免責補償料込）全車ナビ付 チャイルドシート1回1,100円／返車はどちらの営業所でも可	○	○
徳之島亀津店	徳之島町亀津7510	82-0777			○	○
トヨタレンタリース鹿児島徳之島空港店	天城町浅間湾屋道143-1	85-5500	8:00～18:00	1000ccクラス 4,500円～／（免責補償料込）全車種ナビ付標準装備 各種割引有／亀徳新港店でも返車可	○	不可
〃 亀津店	徳之島町亀津大船7784	82-0100				
オリックスレンタカー徳之島空港店	天城町浅間185-1	81-2300	8:00～18:00	軽 3,800円～／SA（普通車）クラス 4,500円～／（免責補償料込）ナビ付 チャイルドシート1,100円／返車はどちらの営業所でも可	○	○
〃 徳之島亀津店	徳之島町亀津2184-99	83-3500	9:00～18:00		○	○
徳之島レンタカー徳之島空港店	天城町浅間177-2	85-5089	8:00～20:00	軽 3,850円～、1000cc 4,400円～／（免責補償料込）全車ナビ付 チャイルドシート1回550円／返車はどちらの営業所でも可	○	不可
〃 亀津店	徳之島町亀津7734	82-0900				

ひとくちメモ

〈徳之島っておもしろい〉沖縄を思わせる明るい雰囲気と、豊かな自然がダイナミックで地質もユニーク。海水浴に最適なビーチから磯の生物観察に適している浜もある。魚も美味しい、農業も盛んでサトウキビからマスクメロンまで…。コンビニのお弁当やおにぎり、パンまで島で作られたものが並ぶ。島一周は車で2時間くらい。ただし、草むらや夜はハブに注意!（旅から帰って、徳之島に思いをはせると…島の人がイキイキ暮らしている様子が浮んで気持ちが和みます）

徳之島 MAP

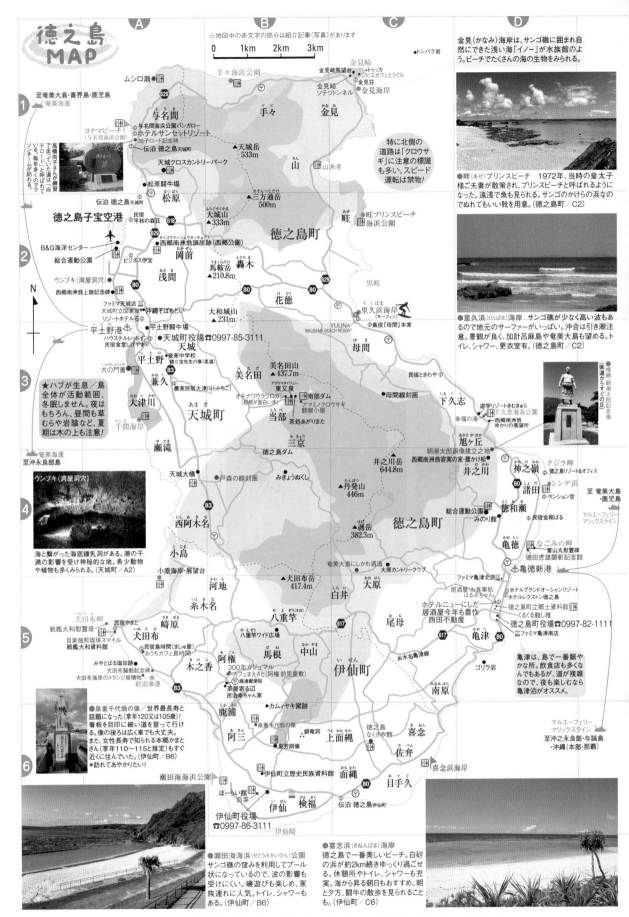

☆地図中の赤文字の部分は紹介記事（写真）があります

0　1km　2km　3km

●トンバラ岩

金見（かなみ）海岸は、サンゴ礁に囲まれ自然にできた浅い海「イノー」が水族館のよう。ビーチでたくさんの海の生物をみられる。

手々海浜公園

金見崎展望台
トッカ
金見崎　コンビエカフェとうぐら
金見崎ソテツトンネル　金見荘
金見海岸

ムシロ瀬

至奄美大島・喜界島・鹿児島
奄美海運

ヨナマビーチ
（与名間海浜公園）

高橋尚子さんが練習で走っていたことで知られている。「尚子ロード」と呼ばれている。毎年多くのマラソンチームが訪れる。

629
与名間
与名間海浜公園バンガロー
ホテルサンセットリゾート
尚子ロード記念碑
伝泊 徳之島天城町

手々
金見

▲天城岳
533m
天城山

山港
山

特に北側の道路は「クロウサギ」に注意の標識も多い。スピード運転は禁物！

●畦（あぜ）プリンスビーチ　1972年、当時の皇太子様ご夫妻が散策され、プリンスビーチと呼ばれるようになった。遠浅で魚も見られる。サンゴのかからの浜なのでぬれてもいい靴を用意。（徳之島町／C2）

天城クロスカントリーパーク
松原闘牛場
伝泊 徳之島天城町

松原
三方通岳
500m
さんぽうつじだけ

618
平和の森荘

大城山
333m
おおしろやま

畦
畦プリンスビーチ
海浜公園

徳之島子宝空港

629
サイゴウナンシュウタッキョ
西郷南洲翁謫居跡（西郷公園）

岡前

徳之島町

B&G海洋センター
総合運動公園
ウンブキ（湾屋洞穴）
西郷南洲翁上陸記念碑
ビジネス伊宝

浅間

馬鞍岳
210.8m
うまくらだけ

80

花徳
けどく

80

629

黒畦

里久浜海岸
（サーフィン）
島宿「母間」本家

●里久浜（りくばま）海岸　サンゴ礁が少なく高い波もあるので地元のサーファーがいっぱい。沖合は引き潮注意。景観が良く、加計呂麻島や奄美大島も望める。トイレ、シャワー、更衣室有。（徳之島町／C2）

ファミマ天城店
天城町立図書館
リゾートホテル石
沖縄そばもとい

大和城山
231m
▲

YUUNA
RIKUBAMA BEACH RESORT

平土野港
ハウステルレッドイン
民宿食堂しげやま

平土野闘牛場
天城町役場☎0997-85-3111
天城

母間

美名田
美名田山
437.7m
▲

遊学リゾートきむきゅら

幸福の滝

●横綱朝潮太郎記念像（県道からすぐの丘）

平土野
犬の門蓋

83
奄美中学校
郷三宝先生の像（柔道）

★ハブが生息／島全体が活動範囲、冬眠しません。夜はもちろん、昼間も草むらや岩陰など、夏期は木の上も注意！

兼久
かねく

大津川
おおつがわ

千間海岸
せんま

天城町

当部
とうべ
オキナワウラジロガシ（板根が面白い♪）
南部ダム
アマミクロウサギ観察小屋
茶処あがりまた

母間線刻画

下久志
しもくし
下久志海浜公園
西郷南洲翁ゆかりの展示所

朝潮太郎銅像建立之地
西郷南洲翁寄寓の家・腰かけ松

民宿ときわや

旭ヶ丘

井之川岳
644.8m
▲

神之嶺
かみのみね
クジラ岬
徳之島リゾート＆オフィス
シンネン浜
80
諸田
ペンション空

至奄美大島・鹿児島

奄美海運
至沖永良部島

ウンブキ（湾屋洞穴）

海と繋がった海底鍾乳洞がある。潮の干満の影響を受け神秘的な地。希少動物や植物も多くみられる。（天城町／A2）

天城大橋
戸森の線刻画
みきょうぬくし

三京
さんきょう
徳之島ダム

丹発山
446m
▲
たんぱつ

井之川
いのかわ

徳和瀬
とくわせ
みのり館
民宿金剛ばる
なごみの岬
富山丸慰霊碑
徳田虎雄顕彰記念館

マルエーフェリー
マリックスライン

西阿木名
にしあぎな

小島
こしま

釟岳
382.3m
▲

徳之島町

亀徳
かめとく
亀徳新港

小原海岸・展望台

河地
かわち

犬田布岳
417.4m
▲

奄美大島にしかわ酒造
大原カントリークラブ

大原
おおはら

白井
しらい

尾母
おも

亀津
かめつ

ホテルニューにしだ
居酒屋今年も豊作
西田不動産

ファミマ亀津北店
居酒屋・お食事処はるみちゃん

ホテルグランドオーシャンリゾート
ホテルレクストン徳之島
徳之島町立郷土資料館
くるくる鮨雅
徳之島町役場☎0997-82-1111
ファミマ亀津南店

犬田布岬
戦艦大和慰霊塔
自家焙煎珈琲スマイル
戦艦大和資料館

崎原
さきばる

犬田布
いぬたぶ

八重竿
やえざお
八重竿ワイド広場

617

中山
なかやま

糸木名亀津線

亀津

ゴリラ岩

みやとばる塩田跡
犬田布騒動記念碑
犬田布海岸のメランジェ堆積物
前泊漁港

木之香
きのこう

阿権
あごん
300年ガジュマル
カフェまさと（阿権 前里屋敷）

馬根
まね

伊仙町
いせんちょう

南原
みなみはら

亀津は、島で一番眠やかな所。飲食店も多くなんでもあるが、道が複雑なので、夜も楽しむなら亀津泊がオススメ。

●泉重千代翁の像／世界最長寿と話題になった（享年120又は105歳）！看板を目印に細い道を登って行ける。像の後ろは広く車でも大丈夫。また、女性長寿で知られる本郷かまとさん（享年110～115と推定）もすぐ近くに住んでいた。（伊仙町／B6）
＊訪れてあやかりたい！

唐浦郵便局
茶屋寄る辺
民泊幸ちゃん家

鹿浦
しかうら
カムィヤキ窯跡
泉重千代の像
銀電洞

阿三
あさん

上面縄
かみおもなわ
泉芳朗像

徳之島なごみ館

喜念
きねん

佐弁
さべん

マルエーフェリー
マリックスライン
至沖永良部・与論島
沖縄（本部・那覇）

瀬田海海浜公園

伊仙町立歴史民族資料館

ほーらい館
百菜

伊仙
いせん

検福
けんぷく

面縄
おもなわ

80

目手久
めてく

喜念浜海岸

●喜念浜（きねんばま）海岸　徳之島で一番美しいビーチ。白砂の浜が約2km続きゆっくり過ごせる。休憩所やトイレ、シャワーも充実。海から昇る朝日もおすすめ。朝と夕方、闘牛の散歩を見られることも。（伊仙町／C6）

伝泊 徳之島伊仙町

伊仙町役場
☎0997-86-3111

伊仙崎

●瀬田海海浜（せたうみかいひん）公園　サンゴ礁の窪みを利用してプール状になっているので、波の影響も受けにくい。磯遊びも楽しめ、家族連れに人気。トイレ、シャワーもある。（伊仙町／B6）

ひとくちメモ

〈徳之島のバス〉空港～亀津の街と港（1日9便）、亀津～平土野（1日4便）、亀津～犬田布（1日2便／その他平土野行き4便が犬田布を経由する）その他地元向けのデマンド便あり。徳之島総合陸運株式会社☎0997-82-1211　詳しいバス停一覧と時刻表は右の徳之島総合陸運株式会社WEBサイト参照。

181

犬田布岬の広場には、戦艦大和慰霊塔が祈るように立っている。※展望台(P.180参照)、トイレ有。
※駐車場横のcoffee Smile隣に戦艦大和資料館もある。

●犬の門蓋(いんのじょうふた)／隆起珊瑚礁の浸食で生まれた独特な景観。夕日スポットとしても有名。写真は通称めがね岩(展望台横の遊歩道を降りてすぐ、岩の間を数メートル入ると…神聖な雰囲気!)。※トイレ有、駐車場有(天城町/地図P.181A3)

●阿権(あごん)集落の樹齢300年ガジュマル／道のむこうまで覆い尽くす大迫力。(伊仙町/地図P.181B5)
※阿権のこの周辺は、サンゴの石垣が家々を囲み、雰囲気がいい。ガイドツアーで歩いてみたいところ。

Close up! 阿権(あごん)集落の古民家カフェ

樹齢300年ガジュマルの横、由緒ある古民家「前里屋敷」が、歴史を残しながら再生され、曜日によってオーナーが替わるカフェも誕生した。建物に入ると落ち着いた雰囲気で、庭の眺めもタイムスリップしたような気分にさせてくれる。

素敵に盛られたおまかせ弁当(コーヒー付)1,000円
丁寧に工夫された料理は、品数も多く美味しい。

【データ】カフェまえざと ☎090-2854-7525(平たいら)
㊋火・木・金・土曜、11:30〜14:00／伊仙町阿権621
※料理は日替わり、10食限定、予約を【地図P.181B5】

伊仙町 とくのしまコーヒーの店
coffee Smile 喫茶

徳之島コーヒー、純黒糖付き(850円)

徳之島コーヒーが飲める超希少な店。オーナーの吉玉さんは徳之島へ移り住み、農薬、化学肥料、除草剤を使わないコーヒー栽培を始め、あらゆる試行錯誤と数々の困難を乗り越えて30有余年、先駆的なすごい人。ここでしか飲めない! 島産紅茶や他、軽飲食有。

☎0997-86-8277 伊仙町犬田布岬
㊡月・火曜・水曜 ㊚10:00〜17:00
【地図P.181A5】 ※戦艦大和資料館併設

Close up! 犬田布で島料理を味わう

犬田布岬に向かう途中の道沿いの人気カフェ。知り合いのお家でくつろぐような感じで、食事(予約制)を楽しめる。ゆったりとした雰囲気がほっとさせる。

徳之島の郷土料理を、南国らしいバナナのお皿を使ってセンスよくセットしてくれる。どれも島の食材を中心に使った手作り。 超貴重な島産落花生のジーマーミ豆腐、ゥワンフニ(豚足の煮物)、あおさの炒め物、天ぷら、煮物、卵おにぎり(中身がお楽しみ)、汁物も付いて2,200円。
※島じかんワンプレートランチ(飲物付き)1,100円もあり

天井から障子まで桜が舞う

客間は、地元の作家手描きの竹座敷と満開桜座敷。元気で明るいおかあさんの発想力もすごい!
※昔ながらの製法で作られた「徳之島の塩ゆらしな島の塩 ましゅ」もここで買える。おすすめ!! 200g 650円

【データ】おうちカフェ 島じかん
☎0997-86-9341／090-3323-0038
㊡火曜 ㊚12:00〜18:00(要予約)
伊仙町犬田布1289【地図P.181A5】
※民宿も併設している。

徳之島のナイトツアー

特別天然記念物のアマミノクロウサギをはじめ、夜に活動する多くの生き物を見るなら、危険なハブもいるので認定ガイドのエコツアーに参加しよう。

徳之島の固有種トクノシマゲネズミ

アマミハナサキガエル
(写真:環境省徳之島管理官事務所)

オビトカゲモドキ
(写真:環境省徳之島管理官事務所)

※アマミノクロウサギ多数、ケナガネズミ、トクノシマゲネズミ、アマミハナサキガエル、リュウキュウコノハズク、アマミヤマシギ、ハブ、アカマタなどが見られた!

●奄美群島認定エコツアーガイド松村博光さん…
ナイトツアー(約3時間)2週間前までに要予約／1人あたり料金:1名13,000円、2名10,000円、3名以上9,000円(他に当部集落歩き、森・川散策、生き物観察など)☎090-7297-5932
mail: 09072975932@docomo.ne.jp
●NPO法人徳之島虹の会 ☎0997-86-3575
※個人エコツアーガイドをまとめた会 ※WEB予約可

〈んと元気な直売所 百菜(ひゃくさい)〉旬の野菜・果物、黒糖など特産加工品や精肉、鮮魚、手芸・工芸品、お土産品まで扱っている。また、惣菜・お弁当工房では島素材をふんだんに使用したお弁当も人気。オリジナルパン工房もある。㊚9:00〜18:00 無休／隣接の〈食菜館 きゅっきゅう〉㊚朝食8:00〜10:00、ランチ11:30〜14:00もオススメ。☎0997-86-2793 伊仙町2311 地図P.181B6)

182

徳之島

なくさみ館・闘牛大会（写真：徳之島観光連盟）

徳之島闘牛は400年以上の歴史を持ち、今も激しい歓声と熱気で盛り上がる。農作業の合間に牛の持つ縄張り意識から自然に始まったらしい。体重により等級別（相撲の番付のよう）に牛が角を合せぶつかり合う。行司役の見極めにより勝敗が決まる。勝てば牛主にとっても大変な名誉である。大きな大会は、初場所（正月）・春場所（5月）・秋場所（10月）の年3回。島には、7ヶ所の闘牛場がある。また、土日など闘牛場で牛主が牛の角合せなど、大会に向けての練習の様子を見られることも。

●なくさみ館には、闘牛資料館（200円、月曜休み☎0997-86-2093）もあり、映像で闘牛観戦を見ることができる。（伊仙町／地図P.181C6）

金見崎先端より
＊トンバラ岩や加計呂麻島を望む。

●金見崎ソテツトンネル／樹齢300〜350年のソテツがトンネル状に200mも続く小道。驚く生命力を実感する。（徳之島町／地図P.181C1）
＊この地区の散策は、ガイドツアーもオススメ。（P.184参照）

Close up! 島料理が楽しめるおすすめ居酒屋

ホテルニューにしだ1階にある居酒屋。宿泊客だけでなく、一般の方にも人気。宿泊者はなんとドリンク1杯無料。

地元の黒糖焼酎を色々味わいながら、1人でも大人数でもゆっくり楽しめる。居酒屋メニューはもちろん、徳之島鶏飯、たまごおにぎり、島料理や島魚、ほか品数豊富で食事だけでも満足できる。板さんもサービスの人もとても感じがいい。

徳之島鶏飯1,500円／鶏肉、錦糸玉子、椎茸など、ご飯にのせ、地鶏のスープ（だし）をかけて食べます。おいしい！

あんばソーメン450円　たまごおにぎり250円

【データ】（ホテルニューにしだ1F）
居酒屋 今年も豊作
☎0997-83-2400
不定休 営17:00〜22:00
徳之島町亀津7380
【地図P.181D5】カード・P可

徳之島町亀津
徳之島町郷土資料館 見学

歴史年表もあり、古代から近代の徳之島の歴史が把握できる

徳之島の歴史、かつてカムィ焼須恵器の一大産地であったこと、横綱朝潮を代表とする島出身関取や島出身の偉人、島に一時流刑されていた西郷隆盛のこと、祭りや闘牛の紹介映像、自然や農産物の紹介など、充実している。駐車場もあり入りやすい。

☎0997-82-2908 休月曜 営9:00〜17:00
徳之島町亀津2918【地図P.181D5】入場料等無料

徳之島町 なごみの岬
徳田虎雄顕彰記念館

海が見える素敵な場所。入口に徳田さんの銅像がある。

徳田虎雄は徳之島出身で、奄美・沖縄の各離島や全国数十ヶ所に総合病院（徳洲会病院）を建てたものすごい人。ここでその凄さを感じてみたい。全館バリアフリー。隣に徳洲神社もある。【地図P.181D4】

☎0997-82-1700 徳之島町亀徳2691
休火曜 営10:00〜17:00 【展示室観覧料】高校生以上500円、小学生以上300円 ＊各種割引あり

Close up! 美味しくって！楽しくって！おぼらだれん！（ありがとうございます）

地元の常連さんも多く、家族連れで食事、仕事帰りの飲み会でも親しまれているお店。観光で初めて行っても、すぐに打ち解けて仲良くなってしまう、家庭的なあったかいはるみちゃんの雰囲気。島の名物料理はじめメニュー豊富でリーズナブル。迷ったらおまかせコース（3,000円〜）も。ヤギ汁、ヤギ刺しは一番人気。

一番人気のヤギ汁1,200円

島豚ホルモン炒め800円

背中に「おぼらだれん」

カウンター隣でいっぱいおしゃべりしたひろやまさんとつるのさん（客）

【データ】居酒屋・お食事処 はるみちゃん ☎0997-82-1661 P可
不定休 営17:00〜24:00 徳之島町亀津972【地図P.181D5】

ひとくちメモ

〈幸福の滝&下久志海浜公園〉前に特集のカベルナリア吉田先生の取材記事に載っていたので是非行きたいと思って（名前がいい）探した。下久志海浜公園の入口の道の横で想像より本当に小さかった。ここの浜もトイレや東屋もありのんびり過ごすのにいい。（徳之島町／地図P.181D3）

徳之島

●ヨナマビーチ／白砂で透明度がとても高く、海底まで透けて見える。海水浴、シュノーケリング、マリンスポーツも楽しめる。トイレ、シャワーはもちろん、海浜公園として整備され散歩にもおすすめ。ここからの夕日も最高！
※毎年6月下旬に開催されるトライアスロン大会のスイムの会場。（天城町／空港10分 地図P.181A1)

◀ヨナマビーチが目の前、サンセットリゾートの庭より南国気分が盛り上がる景観。ビーチの先の海は、ザトウクジラの通り道で、冬には館内レストランでも見られることも。

天城町
サンセットマリンサービス 潜る

体験ダイビングやシュノーケリングでウミガメと泳ごう

　海の絶景が自慢のホテルサンセットリゾート併設ショップ。徳之島の海の一番の特徴はダイバーを魅了するダイナミックな地形が多いこと、そして初心者でもウミガメが9割は見られること。ボートで行くポイントが近いのも嬉しい。

●体験ダイビング（ビーチ）ガイド・全器材含13,000円
●シュノーケル体験（ガイド付）2時間5,000円、他
☎0997-85-2349 天城町与名間610-1

Close up! 島唯一のくるくる鮨し

まーまつ（オオヒメ／ヒメダイの仲間）とほた（アオダイ）各297円

　本日の地魚メニューがあると聞いたのでオープン直後に行ってみた。まーまつとほた（写真右）、アカマツ（ハマダイ）、ネバリ（クエ）各352円を次々いただいてみる。地元名と和名が書いてあるの、旅人のテンションを上げるね。このほかキンメもあったのだが、ボーっとしている間に売り切れた。みんな地魚目指してきて

魚汁(小)
297円

とっても広く、座敷もある

るみたい。ほとんど地元の人という感じで、若い会社員中心に、カップル、子供からお年寄りグループ、と島民を網羅してる感じ。目の前で握ってくれる板さんもとても感じいい。また行きたくなるね。

【データ】くるくる鮨し 雅 ㊡火曜＋不定休 ㊂11:00〜21:30(21:00L.O.) ☎0997-83-1516 徳之島町亀津7295【地図P.181D5】カード、P、d払可

徳之島町
奄美大島にしかわ酒造

建物もオシャレ。駐車場も広い。

　黄色いラベルと銘柄名が印象的な島のナポレオン。奄美群島だけでなく、最近は、本土でも見かける人気焼酎。見学ルートも整備されており、黒糖焼酎の製造工程を無料で見学、試飲もできる。

●工場見学…約20分／平日10:00〜16:00（3日前までに予約）
☎0997-82-1650 徳之島町白井474-565
㊡土・日・祝日 ㊂10:00〜17:00【地図P.181C4】

YUUNA
RIKUBAMA BEACH RESORT 泊まる

※海岸目の前のプール付サウナ付のお部屋が一番人気

　2023年4月、サーフィンで有名な里久浜海岸にオープン。全5棟。そのうちプール付サウナ付のお部屋が2棟、各室BBQ設備、キッチンあり。コーヒーは徳之島コーヒーを用意。ユニークなのは、ふるさと納税の返礼品で宿泊を提供していて町に貢献しているところ。

☎0997-81-6006 徳之島町花徳47
【地図P.181C2】1泊13万〜22万円、カード事前決済

徳之島町金見（かなみ）
ジビエカフェ とうぐら 食べる

とうぐら丼（1000円）。メインがシシ肉で作った丼でうまい。

　全体が国立公園に含まれる金見集落にあるジビエで有名な食堂。どの席からも海の景色が最高で、徳之島名物の猪肉を金見のあまちゃん（お母さん）たちが料理してくれるオンリーワンの食堂。あまちゃん定食2,000円、魚フライ定食1,500円、他。P使用可

☎0997-84-9911 徳之島町金見474
㊡月火水曜 ㊂11:00〜14:00【地図P.181C1】

金見（かなみ）エコツアー

　集落全体が国立公園に含まれる金見で、名所ソテツトンネルやトゥッカなど、ガイドさんの歴史や地形、動植物等の興味深い話を聞きながら回ってみよう。

神秘的な形状のトゥッカ

【データ】一般社団法人金見あまちゃんクラブ（カナンプロジェクト）☎0997-84-9911 金見エコツアー／
●半日ツアー（4時間程度）〈大人1名〉10,000円、〈大人2名〉8,000円／1人、〈大人3〜6名〉7,000円／1人、〈小中学生〉5,000円／1人
●その他1日ツアー、ナイトツアーもあり
徳之島町金見474【地図P.181C1】

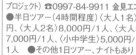

ひとくちメモ

〈戸森の線刻画〉山奥の三畳敷きほどの巨岩3つに鉄製の道具で船や矢などが多数彫られている。天城町有形民俗文化財。17世紀頃のものか？ 由来詳細はまだわかっていない。母間（徳之島町）にも同様の線刻画遺跡が見られる。他に馬根（伊仙町）、三京（天城町）、犬田布岳（天城町・伊仙町の町境）でも確認されている。（天城町／地図P.181B4)

徳之島 宿泊情報 全27宿

【備考欄・略記号の説明】〈バス・トイレの欄〉○…全室バス（シャワーのみも含む）・トイレ付 〈クーラーの欄〉○…全室クーラー一無料 〈洗濯機・乾燥機の欄〉◎…洗濯機・乾燥機あり ○…洗濯機のみ WiFi…全室Wi-Fi使用可 カード…クレジットカード使用可 P…PayPay使用可 d払…d払い可 P…無料駐車場あり W…全室ウォシュレット 送…送迎有

名称	室数	収容人員	税込宿泊料金（単位/百円）			鹿児島県大島郡	TEL.0997	バス・トイレ	クーラー	洗濯機乾燥機	備考
			2食付	朝食付	素泊						
●徳之島町					〈徳之島町〉						
ホテルニューにしだ	34	50	S82.5 T143	S60.5 T99	S55 T88	亀津7380	83-2400	○	○	◎	WiFi カード P(送港、空港) P 居酒屋併設
ゆたかランド	10	20	2025年4月まで貸切営業中			亀津941-1	〃				WiFi カード(送港、空港) P キッチン付、大浴場有
ホテル幸栄	18	24	+17	+7	39.8	亀津7235	83-0851	○	○	○	WiFi カード P d払 P 洗濯機無料、レンタカー併設
ホテルレクストン徳之島	90	105	要問合せ	S63.5 T123	S57 T110	亀津7459	83-1411	○	○		WiFi カード P d払 W P 徳之島町中心に近く便利
ホテルグランドオーシャンリゾート	81	131	+29.5	+8.5	S57.5 T139.5	亀津7510	83-3333	○	○		WiFi W 亀津港から車で約5分
旅館 ちとせ	8	20	65	50	40	亀津996	82-0054	共同	○		WiFi P 地元食材を使った食事、家庭的な宿
民宿 ときわや	6	25	55	40	30	下久志15	84-0780	共同	○		WiFi カード送 夕食時に地元焼酎サービス
遊学リゾート きむきゅら	16	32	75～	50～	45～	下久志1132-1	84-1186	○	○		WiFi カード W P レストラン併設（水曜定休）
徳之島リゾートホテル&オフィス	11	25		165～	—	諸田1410-1	83-3501	○	○		WiFi カード送(要問合せ) P 送 屋外プール有
島宿『母間』本家	1棟	5			33～	母間11819	84-0086	○	○		カード W P 釣りポイント近い、釣竿レンタル有（有料）
〃 　分家	1棟	5	素泊 33～（2名利用時1名料金）			母間11633	〃	○	○		カード W P 海近い、BBQセットレンタル有（有料）
民宿 金剛ばる	5	9	—	—	個室38～ T70～	徳和瀬1394	82-0676	○	○		WiFi P 海を望むレストラン併設（火曜定休）
ペンション 空	4	10			50	徳和瀬1964	82-0152	○	○		WiFi W(送港間) 全室オーシャンビュー
YUUNA RIKUBAMA BEACH RESORT	5棟	24	素泊 1棟1300～2200			花徳47	81-6006	○	○		WiFi (カード事前決裁のみ) W P プールヴィラ有
●天城町					〈天城町〉						
ホテルサンセットリゾート徳之島	84	130	レストラン	+8.8	S74.8～ T127.6～	与名間610-1	85-2349	○	○	◎	WiFi カード P W(送空港) ダ 展望大浴場有
伝泊 徳之島（天城町）	3棟	13		T178～	T148～	天城町に3箇所	63-1910	○	○		WiFi カード W P 夢 古民家を改修した1棟貸
与名間海浜公園バンガロー	6	30	素泊 1～2名60～、5名105～			与名間597-4	85-5149	○	コイン		P 調理施設有、バリアフリー棟有
ビジネス 伊宝	9	33	—	—	50～	浅間伊宝395-32	85-2727	○	○	◎	WiFi (送要予約) P 空港に近い
民宿 平和の森荘	22	68	85～	60～	50～	岡前88-1	85-4072	全室シャワー	○		WiFi (送応相談) P トイレは共同
リゾートホテル石	28	80	77～	61.6～	53.9～	平土野24-2	85-5034	7室	○	◎	WiFi P 平土野港、空港5分、アットホームな宿
ハウステル レッドイン	8	8	—	軽食サービス	55.8	平土野5-7	85-5751	○	○	◎	WiFi カード P d払 見た目はお家、中身はホテル
農家民宿 大津川（ふちこ）	1棟	6	応相談	応相談	35	大津川609	090-1871-8886	○	○		(送応相談) 敷地にオキナワチドリが群生
●伊仙町					〈伊仙町〉						
民泊 幸ちゃん家	2	6	80※	50※	40	阿権1766	090-4992-5606	○	○		(i食堂のみ) W 食事は併設「茶屋寄る辺」にて
伝泊 徳之島（伊仙町）	3棟	13	—	T168～	T138～	伊仙町に3箇所	63-1910	○	○		WiFi W P 夢 古民家を改修した1棟貸
民宿 やまと	8	20	60	40	35	犬田布1632	86-8125	共同	○		WiFi P 犬田布岬に建つ宿、部屋から美しい夕日
民宿 島じかん	2	5	65	40	30	犬田布1289	86-9341	共同	○		WiFi カード P カフェ併設
徳之島ゲストハウス みち	1棟	4	80.3	63.8	55	阿三2199-1	86-4511	○	○	◎	WiFi カード 小人割引有

徳之島

宿泊情報

えらぶゆりと鍾乳洞の島

沖永良部島

〔おきのえらぶじま〕

沖縄、奄美大島、鹿児島から船と飛行機便で行ける。観光で入れる鍾乳洞「昇竜洞」が見事。大小の鍾乳洞がいくつもあり、専門ガイドツアーと行くケイビングは全国的に有名。奄美群島だけの「奄美黒糖焼酎」も3酒造所あり、島酒も楽しめる。

OKINOERABU MAP

〈飛行機航路〉
至 鹿児島空港
那覇〜沖永良部 50分
徳之島〜沖永良部 30分
鹿児島〜沖永良部 85分

〈フェリー航路〉
那覇〜沖永良部 7時間10分
本部〜沖永良部 4時間50分
ヨロン〜沖永良部 2時間
徳之島〜沖永良部 1時間50分
奄美大島〜沖永良部 5時間40分
鹿児島〜沖永良部 17時間30分

● 面積 93.8km²
● 令和6年1月末現在の人口 全体11,660人
　（和泊町6,151人、知名町5,609人）
● おきのえらぶ島観光協会 ☎0997-84-3540
● 和泊町役場 ☎0997-92-1111
● 知名町役場 ☎0997-93-3111

島への行き方

飛行機 （P.220、221 参照）

● 那覇〜沖永良部…JAC1日1便、50分、片道11,240円〜 ● 鹿児島〜沖永良部…JAC1日3〜4便、85分、片道13,640円〜 ● 徳之島〜沖永良部…JAC1日2便、30分、片道5,830円〜

船 （P.222、223 参照）

● 鹿児島〜奄美〜沖永良部〜那覇／マルエーフェリーとマリックスラインの船が交互にほぼ毎日1便運航／那覇〜沖永良部7時間、片道4,340円（奄美・沖縄交流割引適用）＋燃油費調整金／鹿児島〜沖永良部17.5時間、片道12,570円＋燃油費調整金 ● 鹿児島〜喜界島〜奄美大島〜徳之島〜沖永良部島／奄美海運の船が月8〜10便程度運航

● 笠石海浜公園　通年亜熱帯の花々を見られる。4月下旬〜5月中旬の咲き誇るえらぶゆりは圧巻。展望台もある。
※和泊町企画課に問合せれば、キャンプやBBQも楽しめる。
（写真は、11月下旬撮影／展望台からの眺め）【地図D1】

© Okinoerabu Island

沖永良部島MAP

※沖永良部にはハブは生息していません。

● ジッキョヌホー　水道が整備されるまでの貴重な水源。平成の名水百選でもある。※トイレ有【地図B3】

● 松の前池　ため池百選に選ばれている。【地図B2】

南洲神社にある西郷隆盛の像【地図D2】

住吉の高倉　すぐ近くに、暗川（くらごう／水源）がある。【地図A3】

● 屋子母ビーチ　※シャワー・トイ有
© Okinoerabu Island

ひとくちメモ

〈タラソおきのえらぶ〉海水を使ったプール施設。沖永良部島の温暖な気候と豊富な海水源を利用し、本場フランスの技術とサービスを提供。18mプールやトレーニングジムも併設。　和泊町和泊135 ☎0997-92-3002【地図P.186D2】
休み／第2第4日曜日　プール：10:00〜22:00　大人1,000円、小人500円　　右写真©Okinoerabu Island

●田皆岬 高さ51mの断崖絶壁の景勝地。遊歩道もあり散策もできる。バリアフリーコースもある。※駐車場やトイレ完備【地図A2】

©おきのえらぶ島観光協会

●沖泊海浜公園 島一番の広大なビーチ。背面の岩の景観が見事！※駐車場やトイレ完備／キャンプ場も可(知名町企画振興課へ)【地図B2】

●昇竜洞 鹿児島県の天然記念物。600mが照明整備されて公開している。石の輝きが美しい鍾乳洞。※火曜、悪天候休み／9:00～17:00／大人1,100円、小・中学生 500円、4・5歳 200円／☎0997-93-4536【地図B3】

●ウミガメビューポイント 望遠鏡もあり、満潮時にリーフ内の海藻を食べに来るウミガメを観察できることもある。真下の海もとってもきれい！【地図C1】

●ワンジョビーチ 白砂のきれいなビーチ。※駐車場やトイレシャワー完備／BBQやキャンプ場も可(和泊町企画振興課へ)【地図C1】

●世之主の墓 (よのぬしのはか)15世紀の島主の琉球式墓。岸壁を掘り込んだ石積み。歴史上貴重な文化財。【地図C2】

えらぶゆりの島空港
(沖永良部空港)

1

沖永良部空港

●日本一のガジュマル 新日本名木百選の一つ【地図E1】

2

●越山公園 標高180mの公園。町も太平洋、東シナ海も望める。1月下旬～2月上旬は緋寒桜が見頃。【地図C2】

●半崎 広々眺望抜群で夕日のスポット。戦争時、軍艦と間違え爆撃を受けた、通称軍艦岩がある。【地図C1】

3

E

●フーチャ(潮吹き洞窟) 侵食された岩の穴を吹き上げる潮が勇ましく、足がすくむ。一帯の絶壁も壮観。【地図E1】

ケイビングツアー(洞窟探検)

©Okinoerabu Island

ヘルメット・ヘッドランプ・専門のウエアやシューズを装備・着用して望むツアーは、2団体が開催している。
●リムストーンケイブコース 22,000円
(所要2～3時間、宿泊施設への送迎・保険込み)
※初めての方はこのコースになります。
沖永良部島ケイビング協会☎090-3815-8281
沖永良部島ケイビングガイド連盟☎0997-84-3335

沖永良部島

🚌 島内の交通　🚗 レンタカー

名称	電話	レンタル料金(消費税込、ガソリン代別)／H=時間
TERUレンタカー	090-6639-8466	24H軽3,900円、普通車4,900円、バン8,900円／免責補償料1日1,000～2,000円
トヨタレンタリース鹿児島沖永良部空港店	0997-92-2100	1000ccクラス12H6,600円～、24H8,580円～(保険・免責補償料込)
シーワールドレンタカー	0997-92-1234	24H普通車一般5,000円、宿泊者4,500円(保険込、免責補償1,000円別)
ホンダカーズ大島	0997-92-3504	24H軽・コンパクト1日5,000円、2日目～4,500円／8人乗り1日9,000円、2日目～8,000円(保険込)
FKレンタカー	0997-92-3485	24H4,700円～、普通車5,500円～(保険込)　※空港目の前
アトリエレンタカー	090-7290-9452	24H軽3,800円～、普通車4,800円～、8人乗り8,500円～(保険込、免責補償1,000円・別)

ひとくちメモ 〈和泊町歴史民俗資料館〉ユリ栽培の歴史に関する展示がすごい。明治の頃からユリに特化して栽培してきた「えらぶゆりの島」を実感できる。その他島の歴史、民俗、自然に関する展示も。和泊町根折1313-1　☎0997-92-0911 【地図P.186C2】
9:00～17:00　定休日／水曜日・年末年始　大人200円、児童生徒100円

おきのえらぶ島観光協会 エラブココ info.

お土産・特産品が揃ってます

観光案内、地図やパンフレットなどの設置があり、島内のお土産・特産品の販売も。シュノーケリングセットやビーチグッズ、BBQコンロなどのレンタルも充実。オリジナルツアーも色々あるので、島に行ったら早めに訪ねてみよう。

☎0997-84-3540 知名町屋者1029-3
【地図P.186C3】㊡年末年始 ㊖10:00～17:00

Close up! 沖永良部産コーヒーを飲んでみよう

2023年3月、ついに100%沖永良部島産豆のコーヒーを飲める店ができた。

ノアコーヒーさんは、2008年より和泊町の和（わ）という集落でコーヒー栽培を始め、現在約4000本のコーヒーを育てているという。9～3月の時期、実が赤く熟れたものから1粒1粒手で収穫し、洗い、乾燥・発酵させ、果肉を機械で落

ワッフル550円

純沖永良部島産コーヒー「和の極み」は1杯1,200円、「果実の極み」1杯1,500円はコーヒーチェリーを除去しないで焙煎する（特許取得済みの）独自製法によるもの

として焙煎する。目の前の一杯ができるまでの苦労を感じながら一口一口味わうのが格別だね。説明してくれたスタッフの女性が一生懸命で、はるばる南の島まで来て貴重な体験ができた。（窪田）

【データ】ノアコーヒー沖永良部店 ㊡木曜 ㊖9:00～17:00 和泊町和泊123-3【地図P.186D2】

Close up! 沖永良部産伊勢海老や海の幸を

店主が海に潜り、獲ってくる伊勢海老など新鮮な魚介を提供する海鮮料理屋。店に入ると大きな生簀があり伊勢海老やアサヒガニなどがたくさん動いている。こりゃなんかテンション上がるね。

西郷丼は、伊勢エビのほかにカツオ、マグロ、ナンヨウブダイ、ネバリ、ヤコウガイ、ヒメダイ、イシダイなどが乗り（そ

海鮮丼1,400円

西郷丼1,750円

の時により内容変わる）、豪華。（禁漁期を除いた9～4月の季節限定メニュー）

伊延港近くにある。人気店で、かなり早めに予約したほうがいいかも。（窪田）

【データ】西郷食堂 ㊡日曜 ㊖11:30～14:00（Lo.13:30）、18:00～22:00（Lo.20:00） 和泊町伊延1170【地図P.186D1】☎0997-92-1103

昇竜洞茶房 草

作りたての島のお菓子やちむち（桑の葉入り）650円

島一番の名所「昇竜洞」を見学して、出口を出た所に超いい雰囲気の茶店があり、地元の人が次々来て賑わっていた。島のおやつ「やちむち」や島バナナジュース（600円）が旨かった。食事も絶対美味しいはず。次はランチに行ってみよう。【地図P.186B3】

☎0997-93-2504 知名町大字徳時837-1
㊡月曜 ㊖8:00～16:00（L.O.15:30）

西郷南洲記念館 見学

西郷が過ごした場所に再現されている

西郷隆盛は、薩摩藩の罪人として沖永良部へ流謫、約1年半を過ごした。牢の中から子供達に学問を教えたり、人々が幸せに暮らすための知恵を解いた。西郷南洲翁始め先人の残した文化遺産を展示、保存する資料館。入館料200円、小・中・高生100円。

☎0997-92-0999 和泊町和泊587-3
【地図P.186D2】㊡月曜 ㊖9:00～17:00

Close up! 伝統織物芭蕉布のすごさを垣間見る

芭蕉布は、糸芭蕉を使った南西諸島の伝統的な織物。沖永良部島で大島紬の指導を30年、芭蕉布を20数年続けている長谷川千代子さん主宰。

ここでは、糸芭蕉の栽培から織に至

お米をたき、米粉を加えて作るゆなじ液は、発酵させて作る。芭蕉布の仕上げに、このゆなじに漬けて、灰汁でアルカリ性に傾いた反物を中和させるという。ひとつひとつの工程にものすごい手間がかかっているのが実感できる。

みごとな芭蕉布の着物

るまでの全ての工程を手作業で行い、染料も島の草木だけを使い、古くから島に伝わる心技を継承している。見学だけでなく織体験や製品の販売もあり。

【データ】沖永良部芭蕉布会館 ㊖10:00～16:00 不定休 知名町下城1270【地図P.186B2】
☎0997-93-4753 ＜体験＞約1～2時間 モールづくり1,500円、ミサンガづくり2,500円、コースター織3,500円 ※体験は2日前までに要予約

沖永良部島

ひとくちメモ 〈コチンダホテル〉和泊にある木造平屋瓦ぶきの新しくてキレイなホテル。入り口に史跡西郷蘇鉄があり、歴史が感じられる。敷地内に宿泊者専用のオープンテラスがあり、イス・テーブルも設置。街中なのに静かで、お庭の草木の眺めに癒される。ドリンクなど用意したお部屋が設けてあり、コーヒーやお茶など好きにいただける。和泊町和泊568【地図P.186D2】

郷土料理と島酒が味わえるお店

島の第一夜、知名町に泊まり、近所を散策していて「郷土料理」という看板と、美味しいものが出てきそうな佇まいが目に留まってふらっと入った。

沖永良部の黒糖焼酎飲みくらべセット1杯300円、これはいいね。7杯目は200円になる。島内に3ヶ所の黒糖焼酎の酒造所があるので、ぜひ飲み比べを楽しんでもらいたい。島を感じられる料理はどれも旨かった。（窪田）

沖永良部の黒糖焼酎の数々

バカイカの刺身と冬瓜の煮付け

【データ】なつかしの味 郷土料理 旬香（しゅんこう）
☎0997-93-2399　知名町瀬利覚2067-4
【地図P.186B3】　㊡日曜　㋜17:00〜23:00

cafe Typhoon　カフェ

沖永良部島型ちんすこうとアフォガード450円

カフェが数少ない島で貴重な、島人憩いの場。ご主人と二人で内装し、オープン18年目、と聞いてほっこり。予約販売の沖永良部島型ちんすこう（プレーン、島桑入り、島塩入りの3種）が人気。ブレンドコーヒー300円、カプチーノ400円、他とリーズナブル。

☎0997-93-3363　知名町瀬利覚2117-5
【地図P.186B3】　㊡木・日曜日　㋜15:00〜18:30

えらぶきっちん TERU　レストラン

えらぶ産きくらげのペペロンチーノ880円。めちゃウマかった。

沖縄の知人から勧められて、まっさきに行ってみた。昼は島のごはん屋さん、夜は洋風居酒屋。きくらげはサトウキビの発酵バガス（黒糖を絞った後のカス）を菌床として育てられる、島一番の特産品。ここで沖永良部は過去一きくらげ押しの島と知る。【地図P.186D2】

☎080-8381-8690　和泊町和泊147-6
㊡不定　㋜11:30〜15:00、18:30〜22:00

沖永良部島で珍味ホーミーと出会う

和泊のホテルでお勧めされて行ってみたら当たりの店だった。沖縄でも数えるほどしか食べたことがなかった「ホーミー」（和名イソアワモチという海の生き物）、沖永良部島で再会できました。

いつもあるわけじゃなくて、伊勢海老漁の時たまたまたくさん獲れたとのこと。めったに出会えないものが食べられ

鶏飯880円

店長一押しの刺身盛り合わせ（1,000〜1,500円）、もずく天ぷら800円、ソーメンチャンプルー 830円

てめちゃテンション上がった。他のものも全部うまかったです。（窪田）

【データ】居酒屋 郷土料理草（そう）　㊡不定
㋜18:00〜　和泊町大字手々知名512-7
【地図P.186D2】　☎0997-92-1202

沖永良部島宿泊情報　全12宿

【備考欄・略記号の説明】〈バス・トイレの欄〉○…全室バス（シャワーのみも含む）・トイレ付　〈クーラーの欄〉○…全室クーラー無料　〈洗濯機・乾燥機の欄〉◎…洗濯機、乾燥機あり　○…洗濯機のみ　㊌㋑…全室Wi-Fi使用可　㋕…クレジットカード使用可　Ｐ…PayPay使用可　㍝…d払い可　Ｐ…無料駐車場あり　Ｗ…全室ウォシュレット　送…送迎有

名称	室数	収容人員	税込宿泊料金（単位／百円）			鹿児島県大島郡	TEL.0997	バス・トイレ	クーラー	洗濯機乾燥機	備考
			2食付	朝食付	素泊						
●和泊町											
コチンダホテル	12	17	—	+9	S73〜 T126〜	和泊568	92-1283	○	○	◎	㊌㋑㍝Ｐ ＷＰ（送空港・港 要予約）新築で綺麗
ビジネスホテルうぐら浜	30	32	68.2〜	56.1〜	49.5〜	和泊6-1	92-2268	○	○	◎	㊌㋑㋕Ｐ ＷＰ送 コンビニ、飲食店近隣有
民宿 わどまり荘	6	20	65	45	35	和泊603	92-2573	共同	○		㊌㋑送 西郷隆盛の史跡まで2、3分
オーシャンヴィラ沖永良部	1棟	10	素泊 1泊2名250〜（2泊より）			和泊173-13	06-6696-6207	○	○		㊌㋑Ｐ 事前振込、海が目の前
47ホステル	5	15	素泊 個室30〜 ドミ28			和泊東風平576-5	090-9025-5285	共同	○		㊌㋑㍝Ｐ 無人運営、1Fに居酒屋有
ホテルシーワールド	33	60	—	S65 T110	S58 T96	手々知名512-128	92-1234	○	○		㊌㋑Ｐ（送空港・港 要予約）Ｐ レンタカー有
ペンションさんご	4	8	—	+6	S68.2 T121	手々知名243	92-0558	○	○		㊌㋑㍝ＷＰ送 高台で見晴らし良好
ビジネスホテル和泊港 新館	11	11	—	—	35	手々知名512-35	090-5743-0898	○	○		㊌㋑Ｐ 港、市街地に近い
沖永良部の貸別荘 カムカメ	1棟	5	—	—	47.3〜	畔布1089	92-1202	○	○		㊌㋑ＷＰ 完全プライベートでリゾートステイ
cottage海ガメのみえる宿	2棟	14	素泊 2名210〜 4名310〜			畔布1089-8	090-4352-9361	○	○		㊌㋑ＷＰ 高確率で海ガメが見える
●知名町											
おきえらぶフローラルホテル	68	120	—	—	78.1	知名520	93-2111	59室	○	○	㊌㋑㋕Ｐ㍝ＷＰ送 サウナ付大浴場有
コテ ジ ビ バー海	1棟	7	—	—	50	屋子母171-4	080-3374-4150	○	○		㊌㋑Ｐ 目の前が海、BBQ、調理器具完備

【料金表記について】略号: S…シングル料金　T…ツイン利用2人分料金

ひとくちメモ

〈おきえらぶフローラルホテル〉知名町にある、島で一番大きなホテル。大浴場と展望浴場があり、サウナ付き大浴場は外来もOKで、島人憩いの場。1階ロビーには花の島らしく生花がふんだんに飾られていてみごとだった。お土産コーナーも充実している。歩いて行ける飲食店も多く便利。宿泊者は昇竜洞入洞料割引あり。知名町知名520【地図P.186B3】

沖永良部島

宿泊情報

初めての沖永良部島の旅

取材：窪田和人

沖永良部はいいぞいいぞ最高だぞ、と徳え島の人からあまりにもススメられたので、理由が判然としないまま行ってみたらホントだった。

那覇港から夜明けに出発する、ばかでっかい船にワクワクが止まらない。一度は乗ってみよう

初めての沖永良部島は、那覇から船で行った。というのも、沖縄奄美交流割引というのがあるので、飛行機と比べると破格の料金なのだ。（この間は4,980円）

那覇港7:00出港で、沖永良部（和泊港）14:10着と到着時間も悪くない。

6時頃ホテルを出るので、ホテルの朝食は間に合わない。ということで、出港の時、船内の売店で1個110円のおにぎりを買い、朝食に。

船内を探検し、デッキをうろつき、レストランスペースも自由に使え（船内Wi-Fiがあるが、時々切れる）、与論港に着く頃にはレストランもオープンする。

ということでうどん（600円）を2人で1杯。この7時間を楽しむことができれば船旅かなりいいね。

和泊港

和泊港に到着！

沖永良部島・和泊港に着くと、沖縄の知人に紹介してもらって予約しておいたレンタカー屋さんが、車を持ってきてくれていた。これって離島ではよくあるけど、めちゃ便利でありがたいね。

レンタカー屋さんのやってるカフェで一休みして（車借りた人は10%引きだった）、今日のホテルに向かう

途中、「ウジジ浜」と目立つ道路標識があったのでちょっと寄ってみる。

ゴミがない！ 奇跡の浜

ウジジ浜には展望台があり、難破船を島の人が助けた歴史が書いてある。そのこぢんまりとした岩浜を眺めているとなんか美しい、美しすぎる！ なんと、ゴミが一個も見えない。こんなことある？ たまたまやってきた島のおじさんに聞いてみると

「あー、ここはひとつの家族が毎朝ずっと何年もごみ拾いしてるから」と言うじゃない。めちゃ感動した。

磯特有のちっちゃくてかわいい花がそこここに咲いている天国のような浜を歩くと「この島に来てよかったな〜」と、しみじみ幸福感が湧いてくるのであった。

おにぎりは、なんとにぎりたてで、あったかくてうまい

探検が飽きたら行き先別の船室でゴロ寝。毛布もあるでよ

フェリー内売店では沖縄・離島情報も売ってます

船旅マニアの人なら欲しくなる御朱印帳ならぬ船印帳も販売

天国のようなウジジ浜。黄色い花はホソバワダン（ニガナ）、赤いのはイソフサギ。岩から芽を出して咲いてる姿を見ると萌える

　こんないい場所、全く偶然よく一発目に来たね。いい旅が始まるのを暗示するようなできごと。

　2日目朝、フローラルホテルの中川支配人におすすめスポットを教えてもらって、ホテルから近い順に回る。シビキニャ浜は、海岸に行く道が狭くて坂道で悪路っぽくて、「軽なら行ける」という話を教えてもらわなかったら、降りていけなかったかも。

　この日は海岸線沿いにあちこち寄りながら北部の「日本一のガジュマル」まで行った。小学校の校庭にあるそのりっぱなガジュマルは、最初「えー日本一〜？」と思ったが、「ゆっくりご覧ください」と看板が出ていたり、学校帰りの小学生がみんな元気に「こんにちわー」と挨拶してくれ、なんかとっても幸せ気分。本当に日本一かも、と思った。。

パパイヤ漬けに感動

　3日目はついに島ナンバーワンの名所昇竜洞に行って、600メートルある鍾乳洞を歩き「めちゃよかったけど、足腰弱い人にゃ無理かもね」なんて言いながら、出口にあった茶店「草」に入る。植栽がとてもきれいで、誰もがひと休みしたくなる感じ。「このハナキリン、トゲがなくて珍しいですね」なんて、おかみさんといろいろ話をしていると、「挿し木で簡単に着くから、持ってけ持ってけ」と、ほめた草木をみんな切って包んでくれ、おまけに「これも持ってけ」と「自家製パパイヤ漬け」も持たせてくれ、感動。（家に帰って食べたらこれがうまいのなんの！）。

シビキニャ浜は観光協会のMAPでは「西郷どんロケの浜」となっていた。確かに、ここだけクローズドな立地が、ドラマロケ地に最適っぽい。なんて素敵な場所！

世之主城跡と神社。ここが好きでよくくるというBMWバイクのお兄さん（写真）に、マニアックなポイントを色々教えてもらった。

（写真右上）チュラドール。BMWお兄さんによると、沖縄の王家から島に嫁いできた人の墓で、琉球から石工がきて建造されたとのこと。近くにある世之主の墓よりも精緻な作りであるにもかかわらず、その人物像は詳しくわかっていないという。胸がキュンとするようなロマンを感じた。

（写真右下）畑の横にドーンとある中甫（なかふ）洞穴。沖永良部なら、自宅にマイ鍾乳洞持ってる人が何人もいるそう。後で資料館に行くと、ここから島内最古10,000年前の爪形文土器が発掘されている。

沖縄式の墓に感動

午後は、この島を昔統治していた世之主の墓を見に行く。とても立派な沖縄式の墓。「内城泉川古墓群」といって3つの大きな墓があると説明板があったが、世之主の墓以外は場所がわからず、この日はあきらめた。

4日目は、昨日墓を見に行った世之主の、標識があったのに地図には載っていない「世之主城跡」に行ってみた。城跡というだけあってかなりの高台で、見晴らし抜群。世之主神社、トイレなどもあったが、観光マップにぎりぎり載せないかも、という未整備感はあった。

・・・・と、その時、僕達より先にBMWのバイクで来ていたお兄さんと、妻が話し始めていた。昨日場所がわからなかった古墓群についてや、地図に載っていない鍾乳洞など色々教えてくれた。

古墓群の中の「チュラドール」はめちゃ見事な作り。お兄さんはバイクで追いかけてきて場所を教えてくれた。世之主の墓のすぐ近くなのだが、わかりにくい。もう一つの「第三の墓」は、樹木が生い茂りすぎて行けない状態だった。将来整備されるかしら？

そして、もうひとつ教えてもらった中甫洞穴に至っては、畑の中みたいな場所で、行くだけでワクワクした。

ほかにも教えてもらったマニアックポイントは時間切れで行けなかったのだが、次回のためにお兄さんの連絡先聞くべきだった〜、と後悔した。なんかめちゃ世話になった。

最後に、妻が行きたがっていた「沖永良部芭蕉布会館」を訪ねたのだが、留守。

「あー、留守じゃん」と落胆していると、通りがかりの近所のおばさんが「家にいるかもしれないから見に行ってきてあげる」と館長の家に行ってきてくれた（が家にもいない）。

そして、自分家の庭のみかんをどっさり持ってきてくれた。話しかけただけなのにー。超嬉しいです！（最終的には芭蕉布会館も行けた）

帰りの船は欠航〜

最終日はちょっと風が強くなった。

この日僕は自分だけ船で沖縄に帰るべく予約していたのだが、前々日に「天候が悪いので、船は出るけど沖永良部は寄りません」的なショートメールがきて、しかたなく飛行機に変更した。台風のこない11月だからほぼ大丈夫だろう、と思っていたのだが、船旅は常に旅程変更の可能性を頭に入れとかないとね。

沖永良部空港の荷物チェックの時「スーツケースの中にみかんはありませんか？」と、みかん一択で聞かれ驚いた。

なんと、みかんの実は持ち出しOKだが、葉っぱとか枝は植物検疫で現在NGだったのである。行かないとわかんないことってあるね。

旅行支援期間だったせいか宿はいっぱいだったのに、「旅人は自分たちだけ？」ってくらい人がいなくて、島の人がいちいち案内してくれたり、なんかおみやげをくれたり親切で、旅の醍醐味をたっぷり味わえて、しみじみいい時間なのであった。また絶対行きたいね。

看板が、あたかもミステリードラマのようにぶっ壊れていて、場所を探すのに苦労した「ビーチロック」。この場所で砂が固まって岩になっているという説明書きで、言い知れぬ感動を覚えた。次回も絶対行きたいい感じの浜。

もらったみかん。もらった時は葉っぱや枝付きでとても可愛かったが、空港職員により除去された。

宿泊情報 沖縄全島 +ヨロン島 878宿

【備考欄・略記号の説明】

〈バス・トイレの欄〉…●…全室バス(シャワーのみも含む)・トイレ付
〈クーラーの欄〉…●…全室クーラー無料
　　　　　　　　コイン…コイン式クーラー
〈洗濯機・乾燥機の欄〉…◎…洗濯機、乾燥機あり
　　　　　　　　　　　…○…洗濯機のみ
　　　(※無料、有料等は各宿泊施設に要確認のこと)

- WiFi…全室Wi-Fi使用可　　i…一部Wi-Fi使用可
- 加…クレジットカード使用可(種類は要確認)
- P…PayPay使用可　　d払…d払い可
- P…無料駐車場あり　　P…有料駐車場あり
- W…全室ウォシュレット(洗浄便座)完備
- 送…送迎有(宿により違うので必ず予約時確認のこと/下記参照)
- ダ…ダイビングサービス併設
- 募…アルバイト・スタッフ等募集中
- ⊛…⊛はバス停、○○駅はモノレール駅名

●宿泊料金や送迎のことなど、予約時に必ず確認しましょう!
宿泊料金は2023年11月〜2024年2月に確認していますが、シーズンにより変化したり、変更される可能性もあります。予約時に必ず確認を!

●送迎について…
離島など、予約の時に言っておけば港や空港に迎えに来てくれる宿もあります(送マーク)。ただし、たいていの宿は可能な時だけやってくれるという形態なので、送迎を希望する人は、予約時に可能かどうか確認してみましょう。

OMO5沖縄那覇by星野リゾートの客室「やぐらルーム」

美ら海オンザビーチMOTOBUの客室より(眼下がビーチ)

【料金表記について/略号】

★単位 百円/消費税(10%)込で表示
- S…シングル料金
- T…ツイン利用2人分料金
- R…ルームチャージ料金
- W…ダブルルーム2人分料金

沖縄本島 全346宿

★宿泊料金・サービス内容は変更される場合があるので、予約時に要確認
★那覇市のホテルは全室バス・トイレ付の施設のみ記載しています
★駐車場欄/台…収容台数、提携…提携駐車場の案内や、料金/泊…一泊の料金

名称	室数	収容人数	税込宿泊料金(単位:百円) 朝食付	税込宿泊料金(単位:百円) 素泊	沖縄県那覇市	TEL.098	洗濯機乾燥機	駐車場 台	駐車場 料金/泊	備考
◆那覇市のシティホテル・ビジネスホテル										
コミュニティ&スパ那覇セントラルホテル					牧志2-16-36	862-6070	◎	80	1,500	天然温泉『りっかりっか湯』併設
メインタワー	94	260	S115〜 T179〜	S144〜 T157〜						WiFi W送 国際通りまで徒歩約1分
イーストタワー	96	258	S111〜 T135〜	S100〜 T113〜						WiFi W送 国際通りまで徒歩約1分
JR九州ホテルブラッサム那覇	218	452	T170〜 W150〜	T130〜 W110〜	牧志2-16-1	861-8700	◎	112	1,500	WiFi加P W 国際通り1分、美栄橋駅歩5分
那覇ビーチサイドホテル	161	293	+13	S75〜 T140〜 W90〜	辻3-2-36	862-2300	◎	80	1,500	WiFi加P W 波の上ビーチ、波上宮近く
ホテルグランビュー沖縄	126	164	サービス	S63〜 T130〜	赤嶺2-3-2	859-4890	◎	18	600	WiFi加 W 赤嶺駅前、空港車約5
沖縄サンプラザホテル	95	200	+11	S70.2〜 T121〜	安里138	866-0920	◎	40	1,000	WiFi加 W 牧志駅歩5分、無料大浴場有
オリオンホテル那覇	205	707	T196〜	T156〜	安里1-2-21	866-5533	◎	25	1,500	WiFi加P W ウェルカムドリンクはオリオンビール
ホテルサン・クイーン	60	148	+11	S66〜 T75〜	安里2-4-2-1	869-6600	◎	5	1,000	WiFi加 W 国際通り沿い、駐車場要予約
ホテルオーシャン那覇国際通り	93	278	S90〜 T95〜	S75〜 T80〜	安里2-4-8	863-2288	◎	60	1,500	WiFi加P W送 沖縄料理が豊富なホテル朝食
ダイワロイネットホテル那覇国際通り	261	513	+16	S75〜 T110〜	安里2-1-1	868-9055	◎	60	1,000	WiFi加 W 国際通り沿い、牧志駅直結

ひとくちメモ

〈JR九州ホテルブラッサム那覇〉国際通りが目の前の沖映通りにある。あちこちがアートな感じで美しいホテル。最上階のライブラリーラウンジは、沖縄関係の書籍が揃えてあり、無料でコーヒーも飲めていい。お部屋からは国際通り周辺にこんもりとした森があちこち残っている様が見下ろせて面白い。そして朝食ビュッフェ(大人2,420円、小人1,650円)の充実ぶりは目を見はる。ローストビーフ、お好みで焼いてくれる卵料理、多種のフルーツなどなど。

●宿泊料金・サービス内容は変更される場合があるので、予約時に要確認
●Sはシングル料金、Tはツインルーム利用2人分料金、Wはダブルルーム、Trはトリプルルーム、Fはフォースルーム、BBはバンクベッドルーム、Rはルームチャージを表す

名称	室数	収容人数	税込宿泊料金(単位／百円) 朝食付	税込宿泊料金(単位／百円) 素泊	沖縄県那覇市	TEL.098	洗濯機乾燥機	駐車場 台	駐車場 料金/泊	備考
HOTEL AZAT	172	320	+16.5	S85〜 T100〜	安里2-8-8	863-0888	◎	提携	1,200	安里駅歩30秒、国際通り歩3分
ホテル沖縄withサンリオキャラクターズ	66	195	1名+18	T100〜	安里1-2-25	866-0011	◎			国際通り沿い、牧志駅歩1分
那覇東急REIホテル	215	274	+16	S165〜 T220〜	旭町116-37	869-0109	◎	163	1,500	旭橋駅より歩5分、全室禁煙
KARIYUSHI LCH.Izumizaki 県前	58	58	―	S44〜	泉崎1-11-6	868-2161				国際通り、旭橋駅すぐ、全館禁煙
KARIYUSHI LCH.2nd Izumizaki	25	50	―	S46.6〜 W68.2〜	泉崎1-11-8	〃				国際通り、旭橋駅すぐ、全館禁煙
ダイワロイネットホテル沖縄県庁前	190	376	+13	S80〜 T180〜	泉崎1-11-2	860-1855	◎	36	1,050	観光、国際通りまで徒歩5分
〃　　　アネックス	50	100	+13	S100〜 T200〜	泉崎1-10-21	〃				2020年11月オープン
ホテルルートイン那覇旭橋駅東	118	126	サービス	S64〜 T114〜	泉崎1-19-12	860-8311	◎	30	無料	旭橋駅徒歩5分
NAHA新都心HOTEL	47	123	―	S45〜 T85〜	おもろまち1-2-25	894-8558	◎	10	1,100	おもろまち駅徒歩7分
東横イン那覇新都心おもろまち	203	332	サービス	S73〜 T103〜	おもろまち1-2-27	863-1045	◎	64	1,000	おもろまち駅徒歩7分
東横イン那覇おもろまち駅前	149	273	サービス	S76〜 T106〜	おもろまち1-6-6	862-1045	◎	30	500	おもろまち駅徒歩2分
ダイワロイネットホテル那覇おもろまち	243	486	+18	S76〜 T119〜	おもろまち1-1-12	862-4555	◎	30	1,100	おもろまち駅徒歩5分
HOTEL StoRK	130	150	―	S30〜 セミW40〜	おもろまち2-6-40	941-2920	予約15		1,000	全室個室ロフトタイプ
ダイワロイネットホテル那覇おもろまち PREMIER	160	378	+20	S90〜 T150〜	おもろまち4-2-14	862-5055	◎	40	1,100	2023年10月オープン、おもろまち駅6分
アルモントホテル那覇おもろまち	207	269	+17.6	S132 T187	おもろまち4-3-8	860-6611	◎	30	1,100	おもろまち駅徒歩4分、大浴場有
スーパーホテル那覇・新都心	90	229	サービス	S60〜 T80〜	おもろまち4-16-27	861-9000	◎	25	500	おもろまち駅徒歩5分
リブレガーデンホテル	113	149	+12.8	S77〜 T97〜	おもろまち4-17-27	869-3333	◎	30	1,100	おもろまち駅徒歩3分
チャビラホテル那覇	82	143	サービス	S66〜 T118.8〜	金城5-11-1	840-1000	◎	30	無料	小禄駅徒歩2分
沖縄ナハナホテル&スパ	200	533	S120〜 T135〜	S105〜 T105〜	久米2-1-5	866-0787	◎	45	1,500	旭橋駅徒歩5分、季節料金有
東横イン那覇旭橋駅前	283	458	サービス	S80〜 T115〜	久米2-1-20	951-1045	◎	68	800	旭橋駅徒歩5分
ホテルピースランド久米	40	64	―	S60T95 W80	久米2-3-19	860-6070	全室	9	1,000	県庁前駅徒歩5分、全室禁煙
スマイルホテル那覇シティリゾート	227	580	+13.2	S60〜 T80〜	久米2-32-1	869-2511	◎	80	1,000	県庁前駅徒歩10分
西鉄リゾートイン那覇	250	343	+14	S80〜130	久米2-3-13	869-5454	◎	40	1,200	国際通り徒歩5分
ホテルリブマックスBUDGET那覇	85	170	―	S50〜 T55〜	久米2-2-7	868-0111	◎	3		国際通り歩5分、Ｐは先着順
ネストホテル那覇久茂地	120	307	W103〜 T113〜	W90〜 T100〜	久茂地2-22-5	975-7385	◎	40	1,000	空港車10分、美栄橋駅徒歩5分
リッチモンドホテル那覇久茂地	225	366	+17	S68〜 T107〜	久茂地2-23-12	869-0077	◎	64	1,000	美栄橋駅徒歩3分
コンフォートホテル那覇県庁前	132	181	サービス	S62〜 T87〜 W72〜	久茂地1-3-11	941-7311	◎	提携	820	県庁前駅徒歩3分、全館禁煙
アルモントホテル那覇県庁前	157	198	+14.3	S154 T264	久茂地1-3-5	866-3811	◎	32	1,100	県庁前駅徒歩3分、大浴場完備
ホテルサン沖縄	200	495	S99〜 T154〜	―	久茂地1-5-15	866-1111	◎	60	1,200	県庁前駅、国際通り歩2,3分
ホテルサンパレス球陽館	70	140	S65〜 T140〜	―	久茂地2-5-1	863-4181	◎	12	1,200	県庁前駅徒歩3分
ホテルエアウェイ	81	81	サービス	S59	久茂地2-14-5	864-0511	◎			美栄橋駅徒歩5分
ホテルアベスト那覇国際通り	108	343	+16	S60〜 T100〜	久茂地3-1-10	943-5800	◎	提携	1,000	県庁前駅より徒歩3分

「OMO5沖縄那覇」で楽しむ、那覇の街あるき

©MAP/P.52A1

那覇の中心地に佇み、どこに行くにも便利。客室は秘密基地のようなワクワクする空間「やぐらルーム」を始め、3タイプ。全室、床は和紙畳のため、靴を脱いで裸足でくつろげるのが嬉しい。知られざる那覇の街をご案内する「ご近所ガイドOMOレンジャー」のサービスも人気。

宿泊者以外でも利用できるOMOカフェ。

琉球ガラス夜灯りナイト／「琉球ガラス」が灯る空間でこだわりの島の酒を愉しむナイトイベントを毎夜開催。

やぐらルーム

OMOレンジャーが、那覇の街をご案内

【DATA】OMO5沖縄那覇
by 星野リゾート
☎050-3134-8095
（OMO予約センター）
那覇市松山1-3-16　アクセス：ゆいレール「県庁前」駅から徒歩6分、那覇空港から車で約10分、駐車場あり　宿泊料金：1泊1室16,000円〜（税込・食事別）

〈那覇ビーチサイドホテル〉那覇にいながらも海風を感じられるホテル。那覇空港まで車で約10分の立地、那覇市で唯一遊泳できる波の上ビーチに隣接しているので、ギリギリまで海を満喫できる。ホテルでは自転車がレンタルでき1時間まで無料、6時間で500円。朝、波の上うみそら公園内を自転車で巡るだけでも心地よい。

【記号について】バス・トイレの欄/○…全室バス(バスタブ無しのシャワーのみの場合も含む)・トイレ付　クーラーの欄/◎…全室クーラー無料 コイン…コイン式クーラー　洗濯機・乾燥機の欄/◎…洗濯機、乾燥機あり　○…洗濯機のみ(宿により有料・無料あり)　備考欄/🛜…全室WiFi使用可 ①…一部WiFi使用可(パブリックスペースでの使用も含む)　💳…クレジットカード利用可　PayPay…PayPay利用可　d払い…d払い可　🚽…全室洗浄便座完備名　Ｐ…有料駐車場あり　Ｐ…バス停名

…送迎有(区間、条件等予約時に要確認)　🔲…アルバイト・スタッフ等募集中　○○駅はモノレール駅名、⑬はバス停名

名称	室数	収容人数	税込宿泊料金(単位/百円) 朝食付	素泊	沖縄県那覇市	TEL.098	洗濯機乾燥機	駐車場 台	料金/泊	備考
旅の宿らくちん	22	55	S63~ T70~ Tr71~	S59~ T65~ Tr66~	辻1-13-8	868-6302	◎		無料	空港車約10分、大浴場有、朝風呂有
ホテルプレシア	46	120	T82~	T76~	辻2-6-1	864-2111	◎	30	500	家族・グループに最適な広い部屋
HOTEL SANSUI NAHA	278	589	+23	W58~ T64~	辻2-25-1	0120-996-941	◎	42	1,500	天然温泉とプール有
沖縄ホテル	78	190	+25	S99~ T165~	大道35	884-3191	◎	50	1,000	2023年9月にリニューアルオープン
Rakuten STAY 那覇やちむん通り	18	102	—	T185~ 5Bed150~	壺屋1-1-24	050-5358-5311				ミニキッチン完備で長期滞在などに最適
東急ステイ 沖縄那覇	199	454	+18	S100~ T120~	壺川3-2-1	833-1090	全室◎	150	1,200	全室禁煙、壺川駅徒歩2分
メルキュールホテル沖縄那覇	260	561	S105~ T120~	S90~ T90~	壺川3-3-19	855-7111	◎	144	1,000	壺川駅より徒歩1分
プチスイート崇元寺石門	5	20	料金はホームページ参照		泊1-8-1	963-9320	全室◎			無人運営の為、事前決済
那覇ウエスト・イン(新館)	90	182	W121~ T132~	S99~ T110~	西1-16-7	862-0048		50	1,100	本館2階ランドリー室有
〃 (本館)レジデンスタイプ	42	101	T143~	T121~	〃	〃	全室○	駐車場は		ミニキッチン、電子レンジ付
〃 (本館)コンフォートタイプ	18	44	T121~	W99~	〃			先着順		電子レンジ付、本館2階ランドリー室有
ホテルマリンウエスト那覇	42	72	サービス	S55~ T94	西1-8-15	863-0055	◎	12	※	※駐車場無料で先着順
ホテル・トリフィート那覇旭橋	136	356	T113 W105	T93 W85	西1-11-19	860-6430	◎	28	1,200	ドリンクセルフサービス13~23時
ネストホテル那覇西	143	345	W98~ T108~	W85~ T95~	西1-20-1	988-9696	◎	40	1,500	空港車10分、美栄橋駅徒歩5分
ホテルナハ港	45	110	—	S49.5~ T88~	西1-22-1	868-2673	◎	3	無料	団体無料送迎有
ティサージホテル那覇	132	275	W88~ T98~	W75~ T85~	西2-14-1	861-1122	◎	50	1,500	空港車10分、旭橋駅徒歩9分
ホテル・アンドルームス那覇ポート	236	715	S98.5~ T127~ Tr166.5~	S80~ T90~ Tr111~	西2-23-1	861-8111	◎	52	1,500	ルーフトッププール、サウナ有
ルートイングランティア那覇	120	258	+11	S60~ T102~	西2-25-12	860-0771	◎	41	1泊無料	空港車7分、駐車場は先着順
ダブルツリーbyヒルトン那覇	225	540	S111.8~ T155.3~	S99.4~ T130.5~	東町3-15	862-0123	◎	200	1,500	旭橋駅徒歩1分
ホテルユクエスタ旭橋	72	143	+15	S60~ T160~	東町5-19	866-0600	提携		1,000	旭橋駅徒歩2,3分
GRGホテル那覇東町	139	188	S75~ T100~	S70~ T90~	東町6-16	862-7200	◎	38	1,500	旭橋駅徒歩2分
琉球サンロイヤルホテル	135	273	S99~ T176~	S88~ T154~	東町6-20	862-3811	◎	40	1,000	西武門病院後ろ
ホテルルートイン那覇泊港	208	279	サービス	S65~ T127~	前島2-12-5	866-0700	◎	72		美栄橋駅徒歩約5分
Rakuten STAY 那覇泊ふ頭	25	140	—	T124~ BB165~	前島2-22-12	03-4405-0568	◎			『とまりん』まで徒歩約3分
ホテルリブマックスBUDGET那覇泊港	56	126	—	S50~ T55~	前島2-23-12	868-4100				泊港近く、アクセス良し
ホテルアクアチッタナハ	231	578	T110~	T75~	前島3-2-20	0120-996-941	◎	50	1,200	地上約60mシースループール有
ホテルよしだ	43	53	—	S39.8 T69.8	前島3-4-18	868-0161	◎	7	500	(P要予約) 泊港まで徒歩1分
Rakuten STAY 那覇美栄橋	27	148	—	T165~ BB165~	前島3-7-7	03-4405-0568				美栄橋駅歩6分、最上階にスイートルーム有
ホテルリゾネックス那覇	82	220	S88~ T132~	S83~ T127~	前島3-11-1	862-7733	◎	40	1,000	全室禁煙、泊港徒歩5分
沖縄オリエンタルホテル	51	62		S35 T44	前島3-13-16	868-0883	◎	10	700	泊港徒歩2分
スマイルホテル沖縄那覇	128	256	S52~ T86~ W66~	—	前島3-24-1	866-8100	◎	8	1,000	提携駐車場有、美栄橋駅歩7分
ホテル アンテルーム 那覇	126	268	+15	W120~	前島3-27-11	860-5151	◎	52	1,500	海の見えるレストラン、ラウンジ有
ホテルパームロイヤルNAHA国際通り	142	193	+18.7	S70~ T101.5~	牧志3-9-10	865-5551	◎	提携	1,100	大浴場、プールをはじめ全館ナノ水使用
〃 新館RAMタワー	28	56	+18.7	T200~	〃		◎	〃	〃	100%バイオマス電力、全館ナノ水使用
ホテル ストレータ 那覇	221	557	+15	W100~	牧志1-19-8	860-7400	◎	50	1,500	美栄橋駅歩30秒
ホテル山の内	52	100		S55 T99	牧志1-3-55	862-5301	提携		割引券	美栄橋駅徒歩約5分
シーサー・イン那覇	55	65	リニューアルにつき要問合せ		牧志1-3-59	861-4311				
東横イン那覇国際通り美栄橋駅	94	170	サービス	S78~ W93~	牧志1-20-1	867-1045	◎	22	800	美栄橋駅歩1,2分、P は先着順
サンキュービジネスホテル	38	48		S30~ T48~	牧志2-16-9	867-5041				全室禁煙、フロントサービスなし
エナジックホテル山市	60	120		S55~ T90~	牧志2-16-13	866-5413				美栄橋駅徒歩2,3分
南西観光ホテル	131	361	S71.5~ T110~	S66~	牧志3-13-23	862-7144	◎			牧志駅歩0分、テレワーク会場有
ホテルアートステイ那覇	89	184	+15	W80~ T90~	牧志1-3-43	861-7070	提携		1,200	国際通りまで徒歩1分
沖縄第一ホテル	4	8	+38.5	S88~ T176~	牧志1-1-12	867-3116		4	無料	薬膳の朝食・夕食がオススメ
ホテルロコアナハ	222	403	S129~ T208~	S110~ T170~	松尾1-1-2	868-6578	提携		1,500	県庁前駅2分、国際通り入り口
ホテル グレイスリー那覇	68	110	S150~	S130~	松尾1-3-6	867-6111	◎	10	700	県庁前駅5分、国際通り沿い
HOTEL NAHA KOKUSAI STREET	81	128	料金はホームページ参照		松尾1-4-5	867-7200				県庁前駅歩5分、自動チェックイン
ホテル国際プラザ	58	132	リニューアルにつき要問合せ		松尾1-4-10	862-4421				県庁前駅歩7分
ホテルグランコンソルト那覇	151	303	T204.6~ W174.6~	T165~ W135~	松尾1-18-25	860-5577	◎	28	1,650	県庁すぐ隣、バス・トイレ別
ホテルランタナ那覇国際通り	162	330	S85~ T110~ F210~	S70~ T80~ F150~	松尾2-8-1	862-3211	◎			美栄橋駅歩9分、国際通り中心
OMO5沖縄那覇 by 星野リゾート	190	527	カフェ利用	R160~	松山1-3-16	050-3134-8095	◎	44	1,500	テンションがあがる『街ナカ』ホテル
エスティネートホテル那覇	79	167	+16.5	S60~ T98·~	松山2-3-11	050 3188-9382	◎	提携	800	空港車10分、美栄橋駅徒歩5分

ひとくちメモ　〈旅の宿らくちん〉空港から車8分。広々浴場もある全室バストイレ付ホテル。畳がある和洋室は小さなお子さん連れの方にはとても便利。平面駐車場も近くて置きやすく無料なのでレンタカー派に最高。朝食はお部屋で食べられるモーニングBOXで提供、ドリンク24時間無料。新サービスでなんと朝風呂入れます(6時~9時)。この便利さとコスパの良さは那覇随一。超オススメ!

●宿泊料金・サービス内容は変更される場合があるので、予約時に要確認
●Sはシングル料金、Tはツインルーム利用2人分料金、W＝ダブルルーム
Rはルームチャージを表す
●ドミ＝ドミトリー（相部屋）の略

名称	室数	収容人数	税込宿泊料金（単位／百円）朝食付	税込宿泊料金（単位／百円）素泊	沖縄県那覇市	TEL.098	洗濯機乾燥機	駐車場 台	駐車場 料金/泊	備考
ホテルブライオン那覇	134	150	S75〜 W90〜	S70〜 W85〜	松山2-15-13	868-1600	◎	22	1,500	美栄橋駅歩8分 ㉑先着順
GRGホテル那覇	159	236	S75〜 T150〜	—	松山2-16-10	868-6100	◎	50	1,500	若松入口 ㉑徒歩3分
アパホテル那覇松山	363	770	+15	S90〜 T180〜	松山1-4-16	868-9111	◎	46	1,500	㉑先着順 県庁前駅歩8分
ホテルランタナ那覇松山	99	240	S80〜 T110〜 TR160〜	S60〜 T80〜 TR120〜	松山1-13-20	917-6106	◎	2	1,000	㉑要予約 美栄橋駅歩約9分
ホテルタイラ	95	173	+12	S55 T80	松山1-14-13	868-4515	◎	20	900	沖縄タイムス前 ㉑徒歩3分
ホテルロコイン沖縄	128	157	S75〜	S66〜	松山1-27-11	869-6511	◎	40	1,000	㉑は先着順で台数制限有
ホテルカクテルステイ那覇	100	222	+20	T68〜	松山1-29-7	0120-996-941	◎	40	1,300	那覇空港から車で8分
ホテルリブマックスBUDGET那覇松山	41	41	—	S50〜	松山2-12-6	862-0810	◎			美栄橋駅徒歩8分
ソルヴィータホテル那覇	200	332	+13.2	S65〜 T80〜	松山2-17-17	863-1234	◎	40	1,500	美栄橋駅・県庁前駅徒歩10分
グリーンリッチホテル那覇	165	274	S80	S70	松山2-15-1	863-2400	◎	18	1,000	大浴場／予約制ジャグジー
ホテルパークスタジアム那覇	89	103	おにぎり,味噌汁サービス	S49.8〜 W60〜	山下町10-2	859-9000	◎	50	無料	奥武山公園駅徒歩7分
ビクトリアホテル那覇	48	103	要確認	S55〜 T98〜 W76〜	若狭2-2-12	868-0701	◎	5	500	㉑要予約 国際通りまで徒歩12分
◆那覇市のコンドミニアム										
スマートコンド泊	25	50		素泊 45〜（3連泊,2名利用時1名料金）	泊2-1-9	988-3771	◎	近隣P多数		長期滞在に最適なコンドミニアム
G-RATIS OMOROMACHI	8	32	—	T120〜	真嘉比1-4-10	050-5216-6211	◎	近隣P多数		おもろまち駅徒歩2分、全室キッチン付

名称	室数	収容人数	税込宿泊料金（単位／百円）2食付	税込宿泊料金（単位／百円）朝食付	税込宿泊料金（単位／百円）素泊	沖縄県	TEL.098	バス・トイレ	クーラー	洗濯機乾燥機	備考
◆那覇市の民宿・キャビン型ホテル・ペンション・ユースホステル											
柏青荘	9	25	—	—	T45 T55	松尾2-12-7-3F	866-5757	1室	コイン	○	美栄橋駅歩7分・2名以上クーラー無料
民宿月桃（げっとう）	13	30	—	—	個室25〜	松尾1-16-24	予約はメールで	6室	3h100	○	minsyukugetto32@hotmail.com
グランドキャビンホテル那覇小禄	150	150	—	52〜	42〜	宇栄原1-27-1	851-4990	共同	共同		赤嶺駅歩3分、那覇空港まで1駅
沖縄家庭料理の宿なかはら	4	8	要問合せ	56〜		首里山川1-69-3	887-7073	共同	○	○	首里見学に便利
民宿 たつや旅館	4	7	S65〜 T122〜	サービス	S45〜 T82〜 ドミ25〜	辻1-9-21	860-7422	○	○	○	旭橋駅歩10分・屋上に洗濯物干し場有
ビジネスホテル三和荘	14	35	—	—	S43.2〜 T75.6〜	壺屋1-7-9	867-8689	○	○	○	国際通り近く、向いコインランドリー有
ビジネスホテルオンワード神原	16	25	—	—	S30 T55	壺屋1-18-32	867-7823	○	○		（㉑1日500円）
民宿 グリーンハウス	11	30	—	—	S18〜 T30〜	西2-9-1	868-9449		コイン	○	（㉑応相談）旭橋駅徒歩5〜7分
民宿 なは	9	20	40	30	25	西2-24-1	867-8627	3室	○	○	旭橋駅から徒歩10分
ビジネスホテルうえず荘	14	14	52		39	松川3-17-17	887-0323	共同	○	◎	（㉑4台）ビジネスの長期滞在に便利
シティフロント春海ユースホステル			休業中につき要問合せ			泊2-22-10	867-3218				
沖縄国際ユースホステル	40	200	—	+11	44〜	奥武山51	857-0073		6室	◎	（㉑台数制限有）奥武山公園内

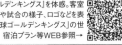
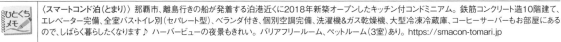

ひとくちメモ 〈スマートコンド泊（とまり）〉那覇市、離島行きの船が発着する泊港近くに2018年新築オープンしたキッチン付コンドミニアム。鉄筋コンクリート造10階建て、エレベーター完備、全室バス・トイレ別（セパレート型）、ベランダ付き、個別空調完備、洗濯機＆ガス乾燥機、大型冷凍冷蔵庫、コーヒーサーバーもお部屋にあるので、しばらく暮らしたくなります♪ ハーバービューの夜景もきれい。バリアフリールーム、ペットルーム（3室）あり。https://smacon-tomari.jp

名称	室数	収容人数	税込宿泊料金（単位／百円）			沖縄県	TEL.098	バス・トイレ	クーラー	洗濯機乾燥機	備考
			2食付	朝食付	素泊						
◆那覇市のゲストハウス											
マイプレイス	26	88	素泊20〜（個18室,女性ドミ2室,ミックスドミ6室）			泊3-1-8	080-8569-2887	16室	○	◎	🛜🏧送 泊港そば、レジャー割引有
おきなわトレンドナビ	68	68	素泊　2泊ドミ30〜 2泊個室42〜			泊3-13-8	861-7222	共同	コイン	◎	🛜Ｐ 泊港徒歩3分、全室個室
アーマン宿かりハウス	1	8	素泊ドミ15			泉崎1-3-18	863-6986	共同	○	◎	🛜 国際通り近く
ゲストハウス いしがんとう	9	14	素泊ドミ10 個室15〜			前島3-12-1	862-0357	共同	一部有料		🛜 泊港まで徒歩2分
1泊800円〜の安宿リトルアジア	23	60	素泊 1名25、2名以上時は1名20（ドミ12）			壺屋1-7-1-2F	862-3446	共同	○		🛜送 屋上にBar、1杯100円〜、チェックイン15時〜
グレイス那覇	19	37	素泊 S28〜 T46〜			松尾1-19-29TMビル2F	863-2752	共同	○		🛜🏧 県庁前駅歩7,8分、パーキング近隣有
ナハビーチハウス	58	58	素泊　2泊ドミ28〜 2泊個室42〜			若狭1-20-1	988-1421	共同	○		🛜Ｐ 波の上ビーチ徒歩1分、全室個室
◆那覇市のマンスリー・ウィークリー（料金は素泊料金）											
ピースのウィークリー・マンスリーマンション	316	372	7泊8日S385〜 T546〜（光熱費込）			那覇市内（14ヶ所）	869-2113	○	○	◎	（Ｐ要確認、台数制限有）各モノレール駅近く
〃			マンスリーS580〜 T950〜（光熱費別）			〃	〃	○	○	◎	🆔 WiFi対応物件有
ウィークリーハーバービューマンション	74	1室1〜5	7泊8日S308〜（水道・光熱費等込）			泉崎2-101-3	855-8111	○	○	◎	🛜🏧ＷＰ レンタカー有
ルクソール松尾	19	24	1週間S253 T396（別途水道光熱費）			松尾2-6-24	860-7107	○	○	◎	🛜🏧ＷＰ 国際通り近く
エクセルコート安里	26	35	1週間S275 W374（別途水道光熱費）			安里2-4-11	863-5331	○	○	◎	🛜🏧ＷＰ 国際通り沿い、牧志駅近く
インペリアルハイム喜納	6	28	1週間T528〜（別途水道光熱費）			安里2-6-23	867-2044	○	○	◎	🛜🏧ＷＰ ファミリータイプ（5名まで宿泊可）
リファイン安里	34	55	1週間S275 T484（別途水道光熱費）			安里2-6-24	866-3224	○	○	◎	🛜🏧ＷＰ 安里駅徒歩1分
エスペラール泊	29	39	1週間S253 W330〜（別途水道光熱費）			泊3-5-2	862-5990	○	○	◎	🛜🏧ＷＰ 58号線近く、ペット可のお部屋有
インリンク	60	200	マンスリー 個室286〜			辻2-7-6	866-3507	共同	○	◎	🆔 旭橋駅徒歩10分、全室個室
◆那覇市の国民宿舎・公共宿泊所											
沖縄船員会館	62	166	—	—	40	前島3-25-50	868-2775	○	○	◎	🛜🏧（Ｐ先着順）泊港すぐ、レストラン併設
●豊見城市（とみぐすく）						（豊見城市）					
琉球温泉瀬長島ホテル	100	254	—	T264〜	—	瀬長174-5	0120-996-941	○	○	◎	🛜🏧🅿ＷＰ 天然温泉大浴場有（露天風呂付）
Rental villa Luana Waioli	1棟	4	—	—	165〜216	翁長321-1	090-5748-6116	○	○	◎	🛜🏧🅿ＷＰ アクセスに便利な立地
●糸満市						（糸満市）					
みん宿ヤポネシア	4	9	66	55	49.5	大度309-42	997-2136	共同	コイン	◎	🛜Ｐ 地元野菜の料理、お子様連れ歓迎
南海ホテル糸満	22	56	—	—	S28 T56	糸満1981-1	992-3229	○	○	◎	🛜🅿🆔Ｗ（Ｐ要予約）大部屋有
民宿 糸満ガリガリーおおしろ	4	10	93.5	66	55	小波蔵147-1	852-4353	共同	○	◎	🛜Ｐ 喫茶併設
ペンション喫茶 南の楽園	5	15	+20	+7	35〜	小波蔵145-1	997-4005	1室	○	◎	🛜Ｐ コテージ棟有、長期割引有
●南城市						（南城市）					
ユインチホテル南城	147	597	+48	+28	S122〜	佐敷新里1688	947-0111	135室	○	◎	🛜🏧🅿ＷＰ 天然温泉展望大浴場有
海の家あけぼの荘			休業中につき要問合せ			玉城奥武194	948-3165				
民宿 おおじま	6	10	応相談		30	玉城奥武16	948-2232	共同	一部	◎	🛜Ｐ 奥武島バス停まで徒歩1分
民宿 海野	6	18	60	42	35	知念海野149	090-9788-1810	1室	○		🛜Ｐ 近隣無料送迎有、リフォーム済
●島尻郡八重瀬町						（八重瀬町）					
海ぬ風（うみぬかじ）	5	24	65〜	45〜	40〜	新城1019	090-9835-7269	4室	○	◎	🛜🏧Ｐ（送料有）露天風呂有
●浦添市						（浦添市）					
ホテルキング	13	16	—	—	S35 T60	屋富祖4-6-3	877-3436	○	○	◎	🛜🏧🅿Ｐ 58号線屋富祖バス停すぐ横
●中頭郡（なかがみぐん）**西原町**						（西原町）					
レンタルマンション喜寿	15	30	素泊1泊 R55 1週間 R350			上原1-25-7	944-1903	○	○	◎	🆔🏧Ｐ 琉大附属病院歩3分、マンスリー有
●宜野湾市（ぎのわんし）						（宜野湾市）					
エンズマリーナイン マーシー	28	98	—	T132〜	T112〜	大山6-8-6	943-3535	○	◎各室	🛜🏧🅿ＷＰ コンベンションセンター近く
エンズマリーナイン マシキコンドホテルズ	12	60	—	—	T90〜	真志喜3-7-21	975-7771	○	◎各室	🛜🏧ＷＰ 犬とステイ可能な部屋有
ホテルノア	18	24	S72〜T62〜	—	T112〜	宇地泊764	897-6633	○	○	◎	🛜🏧🅿ダ🆔 コンベンションセンター歩10分
ウィークリーハーバービューマンション宜野湾	27	1室1〜2	素泊 7泊8日T378〜（水道・光熱費等込）			大謝名245-4	897-0707	○	○	◎	🛜🏧ＷＰ 浴室乾燥機有
●中頭郡北谷町（ちゃたんちょう）						（北谷町）					
ベッセルホテルカンパーナ沖縄	324	928	—	S185〜T216〜	S165〜T176〜	美浜9-22	926-1188	○	○	◎	🛜🏧ＷＰ 18歳以下添い寝無料
ペンション エルソルタウン沖縄	4	23	—	—	R150〜	美浜2-7-8-3F	927-8020	○	○	◎	🛜🏧ＷＰ アメリカンビレッジ徒歩5分
ココシャスモンパ	75	192	—	S162〜T184〜	S150〜T160〜	美浜25-1	923-3388	○	○	◎	🛜🏧ＷＰ ハーバーサイドで快適ステイ
コンドミニアムホテルモンパ	68	204	—	—	S150〜T160〜	美浜8-12	936-0088	○	○	◎	🛜🏧ＷＰ サンセットビーチまで徒歩1分
ラ・ジェント・ホテル沖縄北谷	139	438	—	T143〜ドミ44〜	T110〜 ドミ27〜	美浜25-3	926-0210	○	○	◎	🛜ＷＰ メニュー豊富な朝食ビュッフェ
ラバン ミハマレジデンスホテル	29	208	素泊 R220〜（6名まぐ）			美浜2-1-13	909-8003	○	○	◎	🛜🏧ＷＰ 美浜リゾート地区のコンドミニアム

ひとくちメモ 〈ホテルパームロイヤルNAHA〉国際通り沿い。リゾート感いっぱいの雰囲気のプールとプールサイドバー、宿泊棟はギャラリーのようにあちこちに絵画が飾られいい雰囲気。大浴場Royal Spaは、ナノ・テクノロジーを用いた究極の水、ナノ水を使用。粒子が細かいため保湿効果があり、お肌すべすべの美肌・美髪効果のほか、湯冷めしにくい効果があります。宿泊者無料。
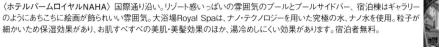

●宿泊料金・サービス内容は変更される場合があるので、予約時に要確認
●Sはシングル料金、Tはツインルーム利用2人分料金、Wはダブルルーム Rはルームチャージ、1棟は1棟貸し料金を表す
●ドミ＝ドミトリー（相部屋）の略

（中頭郡北谷町のつづき）

名称	室数	収容人数	税込宿泊料金（単位／百円）			沖縄県	TEL.098	バス・トイレ	クーラー	洗濯機乾燥機	備考
			2食付	朝食付	素泊						
シーサイドホテルザ・ビーチ	29	80	—	—	S57〜 T72〜	宮城3-134	926-2674	○	○	◎	アメリカンビレッジ車で10分
ホテル サンセットアメリカン	33	36	—	—	S35〜 T70〜	宮城2-46	936-9691	○	○	◎	海まで徒歩10秒
ホテル サンセットテラス	28	98	—	—	W60〜 T60〜	宮城3-223	926-5533	○	○	◎	海まで徒歩1分
ホテル サンセットマリーノ	16	19	—	—	S35〜 T60〜	港14-14	936-2991	○	○	◎	海まで徒歩30秒、短期賃貸可
Hamby Resort	42	100	素泊 S32〜 W50〜 マンスリー380〜			北谷1-6-4	926-2266	共同	コイン	◎	ビーチ3分、アメリカンビレッジ15分
ザ・サンセットヴィレッジ沖縄北谷	7	37	—	—	T150〜	吉原392-8	921-7012	○	○	◎	全室オーシャンビュー、観光に最適な立地
●中頭郡北中城村（きたなかぐすくそん）						（北中城村）					
エンズマリーナイン・ライカム	35	194	—	T152〜	T136〜	ライカム547	0120-92-8861	○	○	◎各室	展望風呂付大浴場有
ホテルサザンヴィレッジ沖縄	77	142	—	変動有	変動有	安谷屋1359-1	935-3030	○	○	◎	北中城IC車で5分
●沖縄市						（沖縄市）					
OKINAWA CITY HOTEL	27	80	—	T60〜	T80〜	胡屋1-8-12	923-2225	○	○	◎	沖縄アリーナ車5分
ホテルニューセンチュリー	68	100	レストラン	S66〜	T110〜	胡屋2-1-43	933-5599	○	○	◎	中之町徒歩1分
サンライズ観光ホテル	29	43	要問合せ	要問合せ	39.8〜	胡屋2-1-46	933-0171	○	○	◎	胡屋の中心にあるので便利
民宿 みどり荘	11	18	—	—	30 40	胡屋1-8-3	937-3779	7室	○	◎	個室有
クラウンホテル アネックス	29	70	—	S68〜	T120〜	胡屋7-5-12	933-2777	○	○	◎	イオンモールまで車で5分
クラウンホテル	37	100	レストラン	S79〜T142〜	S68〜 T120〜	上地4-1-51	933-2551	○	○	◎	沖縄南IC車で3分、大浴場有
ホテル コザ	81	157	軽朝食サービス		T69.38〜	上地2-1-29	932-0053	○	○	◎	コンドミニアムタイプ有
デイゴホテル	54	130	—	+12	S60〜 T104〜	中央3-4-2	937-1212	○	○	◎	胡屋徒歩5分
トリップショットホテルズ コザ	5	16	—	—	T95〜	中央2-6-47	070-5819-6669	○	○	◎	個性的なスイートルームの街ホテル
よしだホテル	19	39	—	—	S45〜 T70〜	園田3-4-23	933-3635	○	○	◎	園田徒歩5分、Web割有
レフ沖縄アリーナbyベッセルホテルズ	150	404	—	T140〜W160〜	T100〜 W120〜	諸見里1766	933-6111	○	○	◎	屋上プール、大浴場有
●中頭郡読谷村（よみたんそん）						（読谷村）					
ゲストハウス 武蔵	1	4	—	—	35〜	宇座175-B	958-7634	○	○	◎	マリンメニュー参加宿泊料割引有
ローヤルホテル&レストラン	22	42	—	—	T100〜	楚辺1315	956-2743	○	○	◎	ジム、サウナ宿泊者無料
〃（コンドミニアム）	30	96	—	—	T100〜	〃	〃	○	○	◎	キッチン付（自炊可）
うたごえの宿ペンションまーみなー	5	16	77	55	44	瀬名波1036	090-2513-9188	共同	1晩500	◎	車イス可、ライブ有、三線体験有
ホテルむら咲むら	39	223	—	T148.5〜	T128.5〜	高志保1020-1	958-7871	○	○	◎	宿泊者園内、大浴場有
ビーチリゾートモリマー	55	250	S137.5 T154〜	S126.5 T132〜		波平2350	921-5050	○	○	◎	海を見ながら入浴できるお部屋有
Edi Blue（エディ ブルー）	1	3	—	—	T110〜	長浜285-1	090-6858-2255	○	○	◎	
Condominium T-Room	4	16	—	—	T500〜	長浜897	989-1172	○	○	◎	屋外ジャグジー付コンドミニアム
●うるま市						（うるま市）					
春日観光ホテル	43	100	応相談	S71.5 T121	S66 T110	赤道179-1	973-1121	○	○	◎	冷蔵庫・TV付
潮騒ホテル	20	35	—	—	50	石川白浜1-11-15	964-2248	18室	○	◎	海岸通り、連泊割引有
民宿 やすま	20	55	60	47	40	石川曙2-3-1	964-2841	○	○	◎	公民館前徒歩3分
県立石川青少年の家	24	224	料金は要問合せ			石川3491-2	964-3263	共同	○	◎	研修目的とした団体10名〜利用可
ホテル ハーバー	12	22	S60 W90		S50 W70	平良川94	973-3720	○	○	◎	ビジネスに最適
●国頭郡恩納村（くにがみぐん おんなそん）						（恩納村）					
みゆきハマバルリゾート	60	300	50〜	45〜	40〜	安富祖1314	967-7722	○	○	◎	大浴場有、全室オーシャンビュー
ホテルみゆきビーチ	94	450	80〜	75〜	70〜	安富祖1583-2	967-8031	○	○	◎	大浴場有、全室オーシャンビュー
ラ カーサ パナシア オキナワ リゾート	10	30	—	—	T150〜	安富祖1355-1	967-7790	○	○	◎	10室のみのプライベートリゾート
ペンション サーフサイドB&B	6	22	—	60.9〜71.4	52.5〜63	恩納294-1	966-2931	○	○	◎	ペット可（3,000円〜）
南恩納トロピカル	2	8	—	S50〜 R200〜		恩納6486-3	966-8091	○	○	◎	朝食は自家製天然酵母パン
ザ・ベリドットスマートホテルタンチャワード	22	100	T145〜	T115〜	—	谷茶1092-1	927-1100	○	○	◎	ビーチ歩3分、ランドリー無料
〃 別館	4	22	T145〜	T115〜	—	谷茶107-2	〃	○	○	◎	ビーチまで徒歩10秒
ホテルサンセットヒル	61	259	S105〜 T176〜	S104.5 T154〜		仲泊1327-3	965-6310	○	○	◎	2018年9月リニューアル
民宿 富士			休業中			冨着129-5	964-4326				
Ken民宿	7	20	—	—	30〜	前兼久159-3	989-8654	共同	○	◎	
オーシャンリゾートPMC	16	60	—	—	+12 R90〜（1〜5名）	前兼久167	965-6164	○	○	◎	1Fバー有
ペンション ムーンヴィラ	10	30	—	—	T90〜	前兼久1006-2	965-7761	○	○	◎	ムーンビーチ徒歩2分
BUZZ RESORT	17	40	—	—	S70〜 T120〜	前兼久258	982-5337	○	○	◎	BAR併設
ビーチリゾーツホテル カラカウア	40	112	—	—	T23〜	名嘉真2386	967-7233	○	○	◎	ビーチまで徒歩5分

〈沖縄逸の彩（ひので）ホテル〉那覇の街中、独特サービスのリゾート。水着で温泉とプールは男女一緒に入れていいし、ビール・ハイボール・泡盛・アイスが無料で食べ飲み放題。日替わり夜食ラーメンも無料、プールサイドで家族や友達同士みんなで楽しめる。夕方にはゲームイベントの時間があったり、朝食、夜食などお部屋に持ち込みも可能。洗濯乾燥機無料など、ユニークな面白企画盛りだくさんで、カップルや友達どうし、家族はテンション上がること間違いなし。

沖縄本島

北谷町・北中城村・読谷村・うるま市・恩納村 沖縄市

宿泊情報

【記号について】バス・トイレの欄／○…全室バス（バスタブ無しのシャワーのみの場合も含む）・トイレ付　クーラーの欄／○…全室クーラー無料　コイン…コイン式クーラー　洗濯機・乾燥機の欄／◎…洗濯機、乾燥機あり　○…洗濯機のみ（宿により有料・無料あり）　備考欄／WiFi…全室WiFi使用可　I…一部WiFi使用可（パブリックスペースでの使用も含む）　カド…クレジットカード利用可　d…d払い可　W…全室洗浄便座完備　PayPay…PayPay利用可　P…無料駐車場あり　P…有料駐車場あり　送…送迎有（区間、条件等予約時に要確認）　ア…アルバイト・スタッフ等募集中　●…駅名はモノレール駅名、●はバス停名

名称	室数	収容人数	2食付	朝食付	素泊	沖縄県	TEL.098	バス・トイレ	クーラー	洗濯機・乾燥機	備考
ヴィラとーら	1棟	15	素泊 1棟400～（15名迄）			名嘉真1765-73	967-8845受付	○	○	◎	WiFi カド P 予約はザ・プールリゾート沖縄にて受付
ペンション 研修館	5棟	50	素泊 1棟 150～650			名嘉真2288-363	967-8661	○	○		P 生活必需品、カラオケセット、BBQセット有
しまんちゅクラブ	78	348	応相談	T78～	T66～	名嘉真2288-162	967-8281	○	○	◎	WiFi カド P 子供用プール（5月～9月）有
ペンション ウィークエンド	6	15	—	50～	40～	名嘉真2288-315	967-8959	○	○	◎	WiFi P ビーチまで徒歩5分
真栄田岬ダイバーズハウス	2	12			20	山田357-2	989-7959	共同	○	◎	WiFi P ダ ダイバー以外も可
●名護市						（名護市）	0980				
KARIYUSHI LCH. RESORT on The Beach	117	307	—	S80～W100～	—	喜瀬1996	54-9900	○	○	◎	WiFi カド W P かりゆしビーチ目の前　エアポートシャトルバス停
海人の宿	6	18	—	T82～	T72～	済井出276	098-967-7112	○	○		P 屋我地島の海岸に建つ宿
コンドミニアムホテル名護リゾート リエッタ中山	40	368	—	—	R200～	為又1220-25-5	51-1511	○	○		WiFi 送 W P 沖縄フルーツランド内
アジアンゲストハウスボーダー	5	15	素泊 S30～ドミ18～			呉我135	58-1811	共同	○		WiFi P 海30秒、BBQ道具無料
ホテルピースアイランド名護	138	290	—	S77～ T120～		城2-11-6	43-0781	○	○	◎	WiFi カド 送 W P 全室洗濯機、展望大浴場有
グリーンリッチホテル沖縄名護	155	224	—	S87～T117～	S75～T105～	城2-646	51-0111	○	○		WiFi カド W P 展望大浴場有
ホテルルートイン名護	147	210	—	サービス	S66～T117～	東江5-11-3	54-8511	○	○		WiFi カド W（P先着順）大浴場有
TWIN LINE HOTEL YANBARU OKINAWA JAPAN	92	340	T220～	T154～	T132～	幸喜108	53-0330	○	○		WiFi カド W P 海まで徒歩3分
ホテルゆがふいんおきなわ	60	144	1名50～（2名1室利用／朝食付）			宮里453-1	53-0031	○	○		WiFi カド W P 北部観光拠点に最適な立地
〃 あがり館	61	227	1名65～（2名1室利用／朝食付）			〃		○	○		WiFi カド W P 21世紀森ビーチまで徒歩5分
名護パークサイドコンドミニアムTKステイ	7	28	—		T80～	宮里586-7	098-967-7112	○	○		WiFi W P 名護中心地、観光の拠点におすすめ
白浜ホテル	8	13		80～	55～	宮里1-27-7	52-3132	○	○		WiFi カド アメリカ世情緒のヴィンテージホテル
スーパーホテル沖縄・名護	84	195		サービス	S63.6～T92.2～	宮里1018	50-9000	○	○		WiFi W P 海洋深層水大浴場有（男女入替制）
ホテル 山田荘	52	100	+5	S55～T82～		大東1-9-6	52-2272	○	○		WiFi カド W P 名護十字路徒歩1分
名護ビジネスホテル	35	37	+5	S55 T100		大東1-12-6	54-5557	○	○		WiFi カド P 近隣に飲食店多数有
ホテル デルフィーノ名護	60	75		サービス	S60.5 T113.5	大南1-5-14	51-1717	○	○		WiFi カド W P
ホテル うらわ	15	30	—		S41 T66	大南2-1-33	53-0701				P コインランドリーすぐ隣
ホテル リゾネックス名護	141	480	レストラン	T194.4～	T172.8～	山入端247-1	53-8021	○	○		WiFi カド 送 W P ダ オーシャンビュー
〃 東館	56	224	レストラン	T216～	T194.4～	〃	〃	○	○		WiFi カド 送 W P ダ オーシャンビュー
海と風の宿 (gallery貘森)	2	5	マンスリーのみ募集			瀬嵩182	090-7162-1953	共同			WiFi P 宿主車椅子で設備抜群、魂アートも
民宿 喜瀬	4	12	55	45	35	喜瀬115-4	53-2881	○	○		WiFi P 喜瀬橋近く
Rakuten STAY HOUSE x WILL STYLE 名護	7棟	42	—	—	1棟194～	屋部404	050-3816-7322	○	○		WiFi W P 2階建て1棟貸、70平米3LDKでゆったり滞在
●国頭郡本部町（もとぶちょう）						（本部町）	0980				
美ら海オンザビーチMOTOBU	19	76	素泊41～（3連泊4名利用1名料金）			崎本部2573-1	47-2277	○	○	◎	WiFi カド 送 W P 天然ビーチが目の前

（国頭郡本部町のつづき）

名称	室数	収容人数	税込宿泊料金（単位／百円）			沖縄県	TEL.0980	バス・トイレ	クーラー	洗濯機乾燥機	備考
			2食付	朝食付	素泊						
もとぶいこいの宿 やまちゃん	4棟	1棟4～8	—	—	T93～	豊原502-1	098-967-7112	○	○	◎	〓WP 美ら海水族館まで車で5分、一棟貸切
オンザビーチLUE(プチホテルタイプ)	12	40	—	要予約+7.7	S54～ T79.6～	崎本部2626-1	47-3535	○	○	◎	〓〓P 天然ビーチが目の前
〃 (コンドミニアム)	12	60	—	要予約+7.7	1室129～(5名迄)	〃	〃	○	○	◎	〓〓P キッチン付
〃 (パナリ館)	12	60	—	要予約+7.7	T130～	〃	〃	○	○	◎	〓〓WP 2018年夏オープン
民宿 はまさき荘	14	50	60.5	45	40	健堅1104	47-2842	6室	○	◎	〓WP 瀬底大橋が目の前
本部グリーンパークホテル	82	180	T154～	T99～	T77～	古島404	48-3211	○	○	◎	〓〓WP 大自然の森に囲まれた広大な敷地
ホテル モトブリゾート	49	200	—	—	T132～	渡久地861-1	47-3855	○	○	◎	〓〓P 全室オーシャンビュー
ちっちゃなお宿 風の丘	4	15	—	—	60～	野原659-1	47-5330	○	○	◎	〓WP 美ら海水族館まで車で10分
民宿 うみべ	8	20	66	55	49.5	浜元186-2	48-3210	1室	○	◎	〓P 目の前が海、夕日がキレイ
フクギテラス	3棟	12	—	—	1棟200～	備瀬458	48-2911	○	○	◎	〓〓WP キッチン付、水族館近く
ペンションびせざき	6	15	165～	—	—	備瀬1024	48-3429	共同	○	◎	i〓P 裏にビーチ有
民宿 岬	10	20	60	46	40	備瀬567	48-3253	共同	○	○	iP 別館 備瀬の宿『結』open
●国頭郡今帰仁村（なきじんそん）					（今帰仁村）						
沖縄フリーダム	3	15	—	—	素泊 2名100～(1室5名まで)、1名増毎+20)	今泊1724-1	56-3766	○	○	◎	WP 各部屋キッチン付、調理器具有
海乃宿 うるまんちゅ	2	6	朝食付88(2名利用1名)、110(1名利用)			崎山492-1	050-1365-5829	○	○	◎	〓P 最寄りまで送迎有(要予約)
コンドミニアム うるまんちゅ	1	6	—	—	194.4～388.8	〃	〃	○	○	◎	〓WP グループ、家族、女子会旅行に最適
nunen(ぬ～ね～ん)	1棟	5	素泊 1泊150～170			今泊3194	090-6866-5873	〓P	○	◎	沖縄伝統家屋の宿、各種電子マネー可
SUP&STAY cohana今帰仁	1棟	8	素泊 1棟200～(4名まで)1名増に付+30			玉城738	090-9732-9597	○	○	◎	〓P SUPツアー有、漁師料理要予約
長浜ビーチリゾート 海音(かのん)	9棟	48	BBQ付プラン有	T225～	T180～	諸志801-1	51-5060	○	○	◎	〓〓WP 海水プール有、徒歩1分で天然ビーチ
オルッサの宿 マチャンマチャン	3	8	—	—	T180～	渡喜仁387	56-5207	○	○	◎	〓〓WP 全室琉球畳
民宿 まるや	8	23	52～	40～	34～	仲宗根315	56-2618	共同	○	◎	〓P シャワー・トイレ付和洋室有
リゾートホテル ブエナビスタ今帰仁	46	127	—	—	S70～ T70～	平敷306	56-2779	○	○	◎	〓〓WP 9月～2025.3月リニューアル予定
コテージスターハウス今帰仁	9	32	—	—	T100～	天底748-3	43-5517	○	○	◎	〓〓WP 全室キッチン付トレーラーハウス
●国頭郡金武町（きんちょう）					（金武町）						
オーシャンヒルズ長楽ステイ	1	2	—	—	T79～	金武4348-15	967-7112	○	○	◎	〓WP 和室、1Fに地域特産料理のレストラン
●国頭郡宜野座村（ぎのざそん）					（宜野座村）						
B&Bタンデム	5	10	—	—	S66 T110	松田2629-269	968-5336	○	○	◎	〓〓PWP (送応相談)
マリンコテージ カルカデ	1棟	10	1泊300 2泊目から1泊280(10名まで)			宜野座663-9	090-7587-5962	○	○	◎	WP 宜野座I.Cで7分、HP参照
貸別荘 海燕	1棟	8	オンシーズン380(7名)	オンシーズン380(2名)		宜野座663-10	〃	○	○	◎	〓〓WP オフシーズン料金有、HP参照
農家民宿 田元(タムトゥー)	1棟	6	—	—	30～	漢那112	090-5920-8369	○	○	○	P 昔ながらの古民家
●国頭郡国頭村（くにがみそん）					（国頭村）						
奥やんばるの里(コテージ)	8	35	—	—	120～	奥1280-1	50-4141	○	○	◎	〓〓PP 奥やんばる食堂併設

©MAP/P.46B3

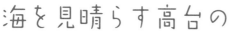

〈沖縄フリーダム〉3,000坪の広い敷地、大自然の中でBBQ & 海を眺めながら屋根付きのテラスでハンモックというキーワードで来て、だいたいリピーターになるそう。今帰仁城跡の近所（徒歩18分）、琉球開闢七御嶽のひとつ「クバの御嶽」のすぐ近く。広〜い客室には浮世絵（クレポン）がたくさん飾ってあり、ギャラリーのよう。本部港や居酒屋まで送迎もしてくれる。

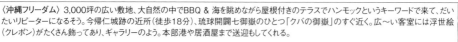

名称	室数	収容人数	税込宿泊料金（単位／百円）			沖縄県	TEL.0980	バス・トイレ	クーラー	洗濯機乾燥機	備考
			2食付	朝食付	素泊						
民宿 海山木（みやぎ）	6	20	60〜	—	45〜	奥480	41-8383	○	○	○	WiFi P 地元食材の食事が充実
YANBARU HOSTEL	20	112	素泊 ドミ38〜 個室T115〜			辺土名1429	41-2787	6室	○	◎	WiFi カド 募 ドミトリールーム5万円/月
民宿 やんばるくいな荘	9	18	74〜	57〜	48〜	辺土名1278-6	41-5506	○	○	◎	老人福祉センター前 停すぐ
民宿 安波（あは）	5	10	45〜	—	35〜	安波322	41-7255	○	○	○	P 辺土名 停より村営バスで約30分
アダ・ガーデンホテル沖縄	28	60	80〜	55〜	45〜	安田1285-95	41-7070	○	○	◎	WiFi カド P WP 全て天然水使用、ランドリー無料
やんばる養生の宿 ちちぬーじ	10	18	—	+10	T190〜	鏡地183-1	050-8881-8138	○	○	◎	WiFi カド P WP https://chichinuji.site/
Guest house へちま	4	10	—	—	48〜	鏡地303	080-6028-8611	共同	○	○	WiFi □ リピーター割有
ペンション与那覇岳（ペンション）	3	11	—	—	35〜	奥間2040-101	090-3794-5919	共同	○	○	P 送応相談 食事は応相談
〃（ログハウス）	4棟	20	—	—	1棟165〜	〃	〃	○	○	○	P 送応相談 見晴らしの良い庭でBBQ可

◆かりゆしコンドミニアムリゾート（宮古島も含む）

お問い合わせ ☎098-967-7112　詳しくは HP まで http://kariyushi-condo.jp

●キッチンには調理器具や電化製品、洗濯機など生活必需品が基本設備としてあります

名称（一棟貸）	間取り	収容人数	ベッド台数	税込宿泊料金（単位／百円）	沖縄県	備考
かりゆしコンドミニアムリゾート恩納 遊come来家（ゆうでぃきや）	3LDK 241.9m²	10	2	2名162〜	中頭郡恩納村名嘉真2288-30	WiFi （P 3台）地下に遊戯スペースのある大型コテージ
かりゆしコンドミニアムリゾート恩納 真栄田ベース	2LDK 109m²	4	2	2名198〜	中頭郡恩納村真栄田3378-6	WiFi （P 2台）越しに海が広がる素晴らしいロケーション
かりゆしコンドミニアムリゾート名護 シーサイドハウス	4LDK 151m²	10	4	2名176〜	名護市東江5-19-15	WiFi （P 2台）ビーチまで徒歩15秒！

●簡易ベッドや布団はベッド数にははいっていません

名称	間取り	室数	収容人数	税込宿泊料金（単位／百円）	沖縄県	備考
かりゆしコンドミニアムリゾート那覇 スカイ・リビングホテル旭橋駅前	15.5〜40.6m²	20	2〜4	2名57〜	那覇市東町9-14	WiFi W コンドミニアムスタイルのホテル
かりゆしコンドミニアムリゾート那覇 グランステイ旭橋駅前	29.7〜63.6m²	20	2〜7	2名59〜	那覇市泉崎1-17-2	WiFi W 国際通り徒歩10分、バスターミナル側
かりゆしコンドミニアムリゾート那覇 龍神ホテル浮島	24.8〜36.3m²	53	2〜5	2名59〜	那覇市松尾2-5-36	WiFi W 国際通り徒歩30秒、ロングステイに最適
かりゆしコンドミニアムリゾート金武 ヤカシーサイド	1DK 26.9m²	18	3	2名66〜	国頭郡金武町屋嘉2420	WiFi W （P 18台）長期滞在にオススメ、VOD見放題
かりゆしコンドミニアムリゾート南城 ATELIER HYAKUNA	1LDK 71m²〜	1	4	2名176〜	南城市玉城百名1222-10	WiFi W （P 2台）低層階仕様のデザイナーズ住宅
かりゆしコンドミニアムリゾート宮古島 ふくぎステイズ	25〜50m²	18	3〜7	2名100〜	宮古市西里377-1	WiFi W （P 18台）2019年12月オープン

◆沖縄本島のリゾートホテル

名称	室数	収容人数	税込宿泊料金（単位／百円）			沖縄県	TEL	プール（屋外営業時期）	備考
			2食付	朝食付	素泊				
パシフィックホテル沖縄	383	936	—	+14.25	S97.2〜 T135〜	那覇市西3-6-1	098-868-5162	○4月中旬〜9月	WiFi（270定）カド P d払い WP 旭橋駅歩15分
ヒューイットリゾート那覇	331	972	—	T150〜	—	那覇市安里2-5-16	098-943-8325	○通年	WiFi WP 最上階インフィニティプール有
沖縄逸の彩ホテル（ひので）	201	480	料金は公式ウェブサイト参照			那覇市牧志3-18-33	098-863-8877	○夏季	WiFi カド P d払い WP 屋外天然温泉有
沖縄ハーバービューホテル	352	704	—	T210〜	—	那覇市泉崎2-46	098-853-2111	○4月中旬〜10月末予定	WiFi カド WP 空港、国際通近
OKINAWA KARIYUSHI RESORT EXES NAHA	67	150	T680〜	T480〜	—	那覇市泉崎1-11-5	098-860-3300	○4月〜10月	WiFi 旭橋駅徒歩5分　夕食完全予約制
ロワジールホテル 那覇	551	1839	—	T146〜	—	那覇市西3-2-1	098-868-2222	◎4月下旬〜10月末	WiFi カド P d払い WP 天然の三重城温泉海人の湯有
ロワジール スパタワー 那覇	89	356	—	T280〜	—	〃	〃	◎4月下旬〜10月末	WiFi カド P d払い WP 天然の三重城温泉海人の湯有
ザ・ナハテラス	145	290	—	T300〜	—	那覇市おもろまち2-14-1	098-864-1111	◎4月〜11月末	WiFi カド WP 南国型シティリゾート
リーガロイヤルグラン沖縄	157	385	—	T200〜	T150〜	那覇市旭町1-9	098-867-3331		WiFi カド P WP 旭橋駅直結
ホテルJALシティ那覇	302	697	—	+30	S180〜 T210〜	那覇市牧志1-3-70	098-866-2580		WiFi カド P d払い WP 美栄橋駅徒歩8分
ハイアットリージェンシー那覇沖縄	294	611	—	R240〜	R200〜	那覇市牧志3-6-20	098-866-8888	○3月〜11月	WiFi WP 国際通りより、沖縄初のハイアット
ダブルツリーbyヒルトン那覇首里城	333	670	料金は公式ウェブサイト参照			那覇市首里山川町1-132-1	098-886-5454	○4月〜10月	WiFi WP 首里城に近いホテル
ノボテル沖縄那覇	328	1082	料金はWeb参照			那覇市松川40	098-887-1111	○3月〜11月	WiFi WP 首里城まで徒歩15分
ホテル コレクティブ	260	632	T249〜	T212〜	T188〜	那覇市松尾2-5-7	098-860-8366	○4月〜10月	WiFi WP 国際通り沿い
ホテルグランビューガーデン沖縄	168	282	—	S110〜 T220〜	—	豊見城市豊崎3-82	098-851-2288	○4月〜9月	WiFi カド d払い WP ミストサウナ付大浴場有
サザンビーチホテル&リゾート沖縄	448	1398	—	T176〜	T143〜	糸満市西崎町1-6-1	098-992-7500	◎4月〜10月	WiFi カド P d払い WP 空港より車約20分
琉球ホテル&リゾート 名城ビーチ	443	1015	—	T340〜	—	糸満市名城963	098-997-5111	○3月〜10月	WiFi カド WP 那覇空港から20分
ホテルアラクージュ オキナワ	120	368	70〜（2名1室利用時1名料金／朝食付）			浦添市港川512-55	098-943-5300	○4月〜10月末	WiFi WP インフィニティプール有
百名伽藍（ひゃくながらん）	18	41	T1210〜	—	—	南城市玉城百名山下原1299-1	098-949-1011		WiFi WP オーシャンフロント
沖縄プリンスホテル オーシャンビューぎのわん	340	880	—	T373〜	—	宜野湾市真志喜3-28-1	098-898-1110	◎通年	WiFi カド P d払い WP 2022年オープン

つぶやきメモ　〈民宿海山木（みやぎ）〉カベルナリア吉田の「オキナワ宿の夜はふけて」に紹介されていた宿に泊まってみた。民宿なのにブッフェ形式の料理がどれも美味しかった。旅人の女性2人と那覇から来た2家族、計8人のお客さん全員ノリノリで、ご主人は1分に1回はダジャレを言うというハイペースで飛ばして9時には寝てしまい、僕も12時頃ダウン。ディープな旅人と、地元の人にいろんな情報を聞けて満足！（国頭村）

（沖縄本島のリゾートホテルのつづき）

名称	室数	収容人数	税込宿泊料金（単位／百円）			沖縄県	TEL	プール（屋外営業時期）	備考
			2食付	朝食付	素泊				
ザ・サザンリンクスリゾートホテル	52	104	—	T120〜	—	島尻郡八重瀬町玻名城697	098-998-7001	○5月〜9月	大浴場有
ラグナガーデンホテル	303	981	料金はウェブサイト参照			宜野湾市真志喜4-1-1	098-897-2121	◎夏季	屋内プール等アクアゾーン充実
ムーンオーシャン宜野湾	177	460	—	T165〜	—	宜野湾市宇地泊558-8	098-890-1110	○4月〜10月	全室キッチン付、全室禁煙
ヒルトン沖縄北谷リゾート	346	1354	料金は要問合せ			中頭郡北谷町美浜40-1	098-901-1111	○3月〜11月	隣ダブルツリーの施設利用可
ダブルツリーbyヒルトン沖縄北谷リゾート	160	485	料金は要問合せ			中頭郡北谷町美浜43	098-901-4600	○3月〜11月	隣ヒルトンの施設利用可
MBギャラリーチャタンbyザ・テラスホテルズ	88	265	T770〜	T660〜	—	中頭郡北谷町美浜38-1	098-921-7111	○4月〜10月	2021年4月オープン
ザ・ビーチタワー沖縄	277	866	T352〜	T242〜	T220〜	中頭郡北谷町美浜8-6	098-921-7711	○3月中旬〜10月末	家族向けの部屋有
テラスガーデン美浜リゾート	15	30	—	—	T230	中頭郡北谷町美浜2-5-18	098-926-1214		全室ジャグジー付
レクー 沖縄北谷スパ&リゾート	229	616	—	T220〜	T176〜	中頭郡北谷町美浜34-2	098-936-2288	○3/20〜10月末	天然温泉大浴場有
〃 プレミア	48	167	—	T242〜	T198〜	〃	〃		
EMウェルネス 暮らしの発酵ライフスタイルリゾート	195	391	T240〜	T170〜	T140〜	中頭郡北中城村喜舎場1478	098-935-1500		スパ施設隣接
ホテル日航アリビラ	397	1168	—	T484〜	—	中頭郡読谷村儀間600	098-982-9111	◎3月〜11月	全室禁煙
星のや沖縄	100	336	料金はウェブサイト参照			中頭郡読谷村字儀間474	050-3134-8091	○通年	沖縄最高峰ラグジュアリー
グランディスタイル 沖縄読谷 ホテル&リゾート	54	214	T556〜	T475〜	T420〜	中頭郡読谷村瀬名波571-1	098-987-8300	○通年	沖縄を美しくしなやかに遊ぶ
グランドメルキュール沖縄残波岬リゾート	465	1226	公式ウェブサイト参照			中頭郡読谷村宇座1575	098-958-5000	○4/1〜10/31予定	2024年4月リブランドオープン
ココ ガーデンリゾート オキナワ	96	268	—	T240〜	—	うるま市石川伊波501	098-965-1000	○通年	女性向けサービス充実
アンサ沖縄リゾート	123	256	T132〜	T99〜	T66〜	うるま市石川山城1468	098-963-0123	○夏季	緑豊かなパノラマリゾート
伊計島温泉 AJリゾートアイランド伊計島	86	372	+30	T170〜	—	うるま市与那城伊計1286	098-983-1230	○夏季	温泉施設有
オキナワ グランメールリゾート	300	900	料金はウェブサイト参照			沖縄市与儀2-8-1	098-931-1500	屋内プール有	各部屋ごとの料金設定
沖縄かりゆしビーチリゾート・オーシャンスパ	496	1410	—	T400〜	—	国頭郡恩納村名嘉真ヤージ原2591-1	098-967-8731	○4月〜10月	東シナ海を見下ろすホテル
OKINAWA KARIYUSHI RESORT EXES ONNA	90	348	T760〜	T620〜	—	国頭郡恩納村名嘉真ヤージ原2592-40	098-967-7500	○4月〜10月	夕食完全予約制
ハレクラニ沖縄	360	813	料金は要問合せ			国頭郡恩納村名嘉真1967-1	098-953-8600	○4月〜10月	
海の旅亭おきなわ名嘉真荘	25	79	T850〜	T520〜	—	国頭郡恩納村名嘉真855-1	098-911-6650		沖縄初、和の旅亭
星野リゾート BEB5沖縄瀬良垣	105		カフェ利用	カフェ利用	90〜	国頭郡恩納村瀬良垣1860-4	050-3134-8094	○通年	冬季はプールが温水に
ハイアット リージェンシー 瀬良垣 アイランド沖縄	343	1020	料金はウェブサイト参照			国頭郡恩納村瀬良垣1108	098-960-4321	◎3月下旬〜11月初旬	ハイアット国内初ビーチリゾート
オリエンタルヒルズ沖縄	14	36	T1540〜	T1320〜	—	国頭郡恩納村瀬良垣79-1	0120-162-078	○通年	全室スイートルーム
ANAインターコンチネンタル万座ビーチリゾート	400	1200	—	T220〜	—	国頭郡恩納村瀬良垣2260	098-966-1211	○3月中旬〜12月	天然ビーチ有
シェラトン沖縄 サンマリーナリゾート	246	958	—	T280〜	—	国頭郡恩納村冨着66-1	098-965-2222	○3月末〜10月末	オーシャンビュールーム有
カフー リゾート フチャク コンド・ホテル	333	1166	T528〜	T380〜	T352〜	国頭郡恩納村冨着志利福地原246-1	098-964-7000	○4月〜10月	全室オーシャンビュー
アクアセンス ホテル & リゾート	77	202	T572〜	T420〜	T396〜	国頭郡恩納村冨着黒崎原86-1	098-987-8031	○4月〜10月	全室屋外ジェットバス完備
ホテルモントレ沖縄スパ&リゾート	339	1199	T390〜	T290〜	T230〜	国頭郡恩納村冨着1550-1	098-993-7111	○4月〜10月	全室オーシャンビュー
リザンシーパークホテル谷茶ベイ	826	2600	T237.6〜	T167.2〜	—	国頭郡恩納村谷茶1496	098-964-6611	○4月〜10月	オンザビーチのホテル
ルネッサンス リゾート オキナワ	377	1138	—	T300〜	—	国頭郡恩納村山田3425-2	098-965-0707	○通年	2020年12月改装
かねひで恩納マリンビューパレス	90	449	—	—	T190〜	国頭郡恩納村兼久497-3	098-965-6111		眺望良い
ザ・ムーンビーチミュージアムリゾート	255	878	+52	T160〜	—	国頭郡恩納村前兼久1203	098-965-1020	○4月〜11月	ビーチ目の前、ビーチでもi-net可
GLAMDAY VILLA OKINAWA 中村邸	1棟	9	料金はウェブサイト参照			国頭郡恩納村塩屋原1850-1	098-989-8808	○4月〜10月末	1日1組だけのプライベートヴィラ
ベストウエスタン沖縄恩納ビーチ	49	159	料金はホームページ参照			国頭郡恩納村冨栄田1888	098-994-1130	○通年	ホテルに静かな隠れ家ビーチ
ザ・ひらまつ ホテルズ & リゾーツ 宜野座	19	38	T988〜	T532〜	—	国頭郡宜野座村松田1425	098-968-5600		全室テラスにジェットバス付
リブマックスアムスカンナリゾートヴィラ	31	110	—	T200〜	—	国頭郡宜野座村漢那397-1	098-968-7011	○4月〜10月	完全独立ヴィラ

EMウェルネス 暮らしの発酵ライフスタイルリゾート（北中城村）

発酵がテーマのホテル。朝食の質は、今まで泊まった中である意味最高峰。自家製発酵ロースハム、自家製豆腐、直営農場卵の卵料理、ドラゴンフルーツとバナナのEMヨーグルトスムージーなど、テンションMAX。ハム関係も、ここでは自家製発酵ロースハムだけ。これなら添加物嫌いな僕もいただきます。多くのものに素材の産地と料理法が記載されており、素晴らしい。売店には、沖縄だけでなく全国の自然派食品が揃えられていて見るだけでも楽しい。無添加ソフトクリーム550円（安定剤・乳化剤・香料不使用）や安心なサンドイッチなど、テイクアウトも楽しめる。（取材：窪田）

つぶやきメモ

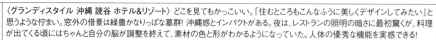
〈グランディスタイル 沖縄 読谷 ホテル&リゾート〉どこを見てもかっこいい。「住むところもこんなふうに美しくデザインしてみたい」と思うような佇まい。窓外の借景は緑豊かりっぱな墓群! 沖縄感とインパクトがある。夜は、レストランの照明の暗さに最初驚くが、料理が出てくる頃にはちゃんと自分の脳が調整を終えて、素材の色と形がわかるようになっていた。人体の優秀な機能を実感できる!

沖縄本島

沖縄本島のリゾートホテル

宿泊情報

【記号について】バス・トイレの欄／○…全室バス（バスタブ無しのシャワーのみの場合も含む）・トイレ付　クーラーの欄／○…全室クーラー無料　コイン…コイン式クーラー　洗濯機・乾燥機の欄／◎…洗濯機、乾燥機あり　○…洗濯機のみ（宿により有料・無料あり）　備考欄／Wi-Fi…全室WiFi使用可　①…一部WiFi使用可（パブリックスペースでの使用も含む）　カド…クレジットカード利用可　PayPay…PayPay利用可　d払い…d払い可　♨…全室洗浄便座完備　P…無料駐車場あり　P…有料駐車場あり　送…送迎有（区間、条件等予約時に要確認）　募…アルバイト・スタッフ等募集中

名称	室数	収容人数	税込宿泊料金（単位／百円） 2食付	朝食付	素泊	沖縄県	TEL	プール（屋外営業時期）	備考
カヌチャリゾート	295	1250	朝食付T260〜（変動有）			名護市安部156-2	0570-018880	◎海開き〜10月下旬	Wi-Fi カド W P d ゴルフ場併設
オリエンタルホテル 沖縄リゾート&スパ	361	1188	—	—	T400〜	名護市喜瀬1490-1	0980-51-1000	◎3月〜12月	Wi-Fi カド P WP オーシャンビュー
ザ・ブセナテラス	408	816		T420〜		名護市喜瀬1808	0980-51-1333	◎4月〜11月末	Wi-Fi カド WP 大人のための極上リゾート
ザ・リッツ・カールトン沖縄	97	291	料金は要問合せ			名護市喜瀬1343-1	0980-43-5555	◎(4月〜10月)	Wi-Fi カド WP 全室ビューバス付
かねひで喜瀬ビーチパレス	162	456	—	T260〜	T240〜	名護市喜瀬115-2	0980-52-5151		Wi-Fi カド WP d ビーチまで徒歩0分
ベストウエスタン沖縄幸喜ビーチ	64	216	料金はホームページ参照			名護市幸喜117	0980-54-8155		Wi-Fi カド WP ビーチまで徒歩数十歩
ホテルマハイナウェルネスリゾートオキナワ	263	994	65〜（2名1室利用時1名料金／朝食付）			国頭郡本部町山川1456	0120-081-715	◎4月〜10月末	Wi-Fi カド WP 大浴場有
アラマハイナ コンドホテル	100	342	120〜（2名1室利用時1名料金／朝食付）			国頭郡本部町山川1421-1	0980-51-7800	◎4月〜10月末	Wi-Fi カド WP インフィニティプール有
ロイヤルビューホテル美ら海	120	574	70〜（2名1室利用時1名料金／朝食付）			国頭郡本部町石川938	0980-48-3631	◎4月〜10月末	Wi-Fi カド WP 美ら海水族館に一番近いホテル
ヒルトン沖縄瀬底リゾート	298	893	料金は公式ウェブサイト参照			国頭郡本部町瀬底5750	0570-02-070	◎3月末〜10月末	Wi-Fi(客室有料) WP (P宿泊者無料)
ホテルオリオンモトブリゾート&スパ	238	889	—	T352〜		国頭郡本部町備瀬148-1	0980-51-7300	◎4月〜10月	Wi-Fi カド WP 「沖縄美ら海水族館」隣接
マリンピアザオキナワ	49	260	和洋室T140〜	T110〜		国頭郡本部町浜元410	0980-48-3000	屋内のみ	Wi-Fi(ロビー) カド WP もとぶ元気村隣接
MAGACHABARU OKINAWA	11	37	料金はウェブサイト参照			国頭郡今帰仁村今泊2498	0980-56-1301	◎通年	Wi-Fi カド WP 全室プライベートプール付ヴィラ
リゾートホテルベルパライソ（ホテル棟）	64	256	T224.7〜	T161.7〜	T136.5〜	国頭郡今帰仁村運天1069	098-862-0903	◎4月〜9月下旬	Wi-Fi カド P W (P宿泊者無料)
〃 （コテージ）	20	80	T245.7〜	T182.7〜	T157.5〜	〃	〃	〃	Wi-Fi カド P W (P宿泊者無料)
コルディオテラス プールヴィラ古宇利島	14	112	—	—	R400〜	国頭郡今帰仁村古宇利126-2	098-954-6496	◎通年	Wi-Fi カド WP 2024年4月リニューアル
プライベートコンド古宇利島	30	240	—	—	R200〜	国頭郡今帰仁村古宇利126	098-954-6497	◎通年	Wi-Fi カド WP 2024年4月リニューアル
オクマ プライベートビーチ & リゾート	184	550	—	—	T400〜	国頭郡国頭村奥間913	0980-41-2222	◎4月〜10月	Wi-Fi カド WP d WiFi一部デッドエリア有

■本島周辺の島々

渡嘉敷島　全24宿

名称	室数	収容人数	税込宿泊料金（単位／百円） 2食付	朝食付	素泊	沖縄県島尻郡渡嘉敷村	TEL.098	バス・トイレ	クーラー	洗濯機乾燥機	備考
ホテルケラマテラス	7	16	T400〜T900	—		阿波連103	987-3477	○	○	○	Wi-Fi カド W 送 募 阿波連ビーチ徒歩2分
ペンション シーフレンド	14	30	90.2〜	71.5〜		阿波連155	987-2836	○	○	○	Wi-Fi カド P d払い W 送 募 阿波連ビーチ近く
ログハウス シーフレンド	7	18	79.2〜	60.5〜		〃	〃	3室	○	○	Wi-Fi カド P d払い W 送 募 阿波連ビーチ近く
民宿 シーフレンド	9	25	73.7〜	55〜		〃	〃	共同	○	○	Wi-Fi カド P d払い d 募 阿波連ビーチ近く
ペンションリーフINN国吉	11	40	77〜	—		阿波連178	987-2206	○	○		Wi-Fi 送 募 日帰りツアー有
民宿 かりゆし	10	14	60.5	49.5	38.5	渡嘉敷1779-10	〃	共同	○		送 募 港徒歩1分、冷蔵庫付
ホテルサンフラワー	9	26	+7.7	55〜		阿波連172	987-2840	○	○	◎	Wi-Fi カド P d払い W 送 募 ビーチ目の前
B&B GRAND BLUE	6	10	素泊 80〜			阿波連182-5	996-7133	共同	○		Wi-Fi カド レストラン併設
民宿 マリンハウス阿波連	9	23	—	73〜	68〜	阿波連106	987-2335	○	○		Wi-Fi カド P ビーチ徒歩1分
民宿 あいらんず			要問合せ			阿波連87	987-2010				6月まで休業予定
民宿 けらま荘	11	33	—	38.5〜	27.5〜	阿波連93	987-2125	3室	○	○	① カド 送 d 募 オススメ沖釣りツアー有
民宿 とみ乃	7	19	99〜	—		阿波連147	987-2500	○	○	◎	Wi-Fi P W 送 募 ビーチまで徒歩1分
カメカメハウス	9	32	※T180〜	T85〜160		阿波連76	987-2644	○	○	◎	Wi-Fi カド 送 募 食事が人気の宿、※は夏季のみ
ビーチフロント	10	30	—	—	60〜	阿波連170-3	080-5432-2959	5室	○	◎	Wi-Fi カド P d払い d 募 ビーチ徒歩10秒
民宿 平田	9	26	68〜	53〜	48〜	阿波連146	987-2451	共同	○		送 募 ビーチ徒歩1分
ゆうなぎ荘	7	16	60	45	39	阿波連31	987-2931	共同	○		① 送 募 アットホームな宿、自然観察ツアー有
ペンションニライカナイ	5	15	93.5〜	応相談	応相談	阿波連124	987-3422	○	○	◎	Wi-Fi カド W 送 募 ビーチ徒歩70秒
ハーフタイム	4	8	レストラン	+11	T176	阿波連122	987-2021	○	○		① 送 募 個性豊かなレストラン併設
トカシキゲストハウス	2棟	12	1棟220〜（6名まで、キッチン付）			阿波連里留登原572	987-2696	○	○	◎	Wi-Fi カド 送 詳しくはHPで
とかしくマリンビレッジ	56	250	T176〜			渡嘉敷1919-1	987-2426	○	○	◎	Wi-Fi カド P 送 募 とかしくビーチ前
STAY IN ALOHA	1	6	素泊 4名まで280（1名増+70）			渡嘉敷332	090-6866-8666	共同	○	○	Wi-Fi カド P (送)応相談 宿泊者レンタカー割引有
ケラマバックパッカーズ	5	22	—	—	26〜	渡嘉敷40	070-5277-4522	共同	○	◎	Wi-Fi カド P d払い d 募 外国人多い交流型ゲストハウス
島あしび	4	8	68〜	56〜	50〜	渡嘉敷212	090-4306-8050	共同	○	○	Wi-Fi P 送 d 募 島人とふれあえる宿
旅館 村元	13	25	55〜	40〜	30〜	渡嘉敷345	987-2212	共同	○	○	Wi-Fi DVD、漫画貸出有

つぶやきメモ　〈オクマプライベートビーチ&リゾート〉とにかく、静か。そしてゆっくりとした時間が流れているホテル。ビーチも広〜くて、自然の浜だからお魚もいっぱいいるよ！リニューアルしたコテージは、専用のお庭が付いているから、お部屋ステイもゆったりのんびり。満天の星空の下をお散歩すればコウモリが木に集まっているのが見えた。命の洗濯するにはもってこいのホテル。(飯塚みどり)

座間味島 全37宿

●宿泊料金・サービス内容は変更される場合があるので、予約時に要確認
●Sはシングル料金、Tはツインルーム利用2人分料金、Wはダブルルーム
Rはルームチャージ、1棟は1棟貸し料金を表す
●ドミ＝ドミトリー（相部屋）の略

名称	室数	収容人数	2食付	朝食付	素泊	沖縄県島尻郡座間味村	TEL.098	バス・トイレ	クーラー	洗濯機乾燥機	備考
ダイブイン浜	12	30	73.7〜	55〜	48.4〜	座間味97	987-2013	共同	○	◎	港から1番近い
古民家 てぃーら	1棟	5	1棟貸切150(2名以下、オフシーズン100)			座間味55	987-3255	○	○	○	シュノーケル、つり、無人島渡し有
エンズマリーナイン座間味コンドミニアム	7	28	朝食付60〜（4名利用時1名料金）			座間味435	996-3380	○		◎各室	機能・備品充実のコンドミニアム
ペンション 高月	9	20	要問い合せ	+8	60〜	座間味878	987-2247	○			
カーヌスパ ザマミ	5	13	+55〜	T260〜	—	座間味851-2	996-3383	○		◎	マリンショップDRIFTER併設
宿 ナトゥーラ	4	12	88〜	69.3〜	60.5〜	座間味434-21	987-3755	○			アメニティグッズ有
レストハウスあさぎ	10	35	82.5〜	66〜	60〜	座間味108	896-4135	○			レンタカー有
ペンション チャーヴィラ	8	20	素泊 70〜（2名利用時1名料金）			座間味90	987-3737	○			カフェ併設(WiFi可)、バスタブ有
コンドミニアム かにく	8	24	素泊 55〜（3名利用時の1名料金）			座間味1908-1	987-2334	○			レンタカー、バイク有
サマーハウス 遊遊	11	36	71.5〜	52.8〜	44〜	座間味130	987-3055	共同			コロナ対策リフォーム済
民宿 みやむら	15	35			50、60	座間味105	987-2005	9室			レストランバー有
ジョイジョイヴィレッジ	6	17	素泊 和室61.6〜、洋室75.9〜			座間味434-2	987-2445	3室			レストランまるみや隣
オセアナポートヴィレッジ座間味	34	74		149.8〜	134.8〜	座間味32	962-1999	○			カフェ・飲食スペース、ビーチ送迎有
ペンション 星砂	10	25	朝食付 和室55〜、洋室70〜			座間味88	987-2253	4室			料理が評判
民宿 中村屋	8	15			55	座間味99	987-2147	共同			港すぐ、全室冷蔵庫付
ぶるーまりん	7	15	79.2〜	53.9〜	46.2〜	座間味146	987-2331	共同			泡盛サービス
民宿 座間味荘	7	25			30	座間味149	987-2240	共同			座間味島で一番古い宿、港徒歩5分
海の宿 みなみ	4	12			55	座間味82-4	987-2282	○			問合せはメールか電話(13時〜18時)
民宿 みすまるの家	4	14	79.2〜	59.4〜	49.5〜	座間味87	987-2394	共同			冷蔵庫有、麦茶サービス有
民宿 浜田	3	9			42〜	座間味434-12	987-2738	共同			TV、冷蔵庫有、アメニティ付
ゲストハウス いよん家（いよんち）	9	20		+9	50〜	座間味123	070-5492-5052	○トイレ		◎	SUP、沖づり、ボート、シュノーケル有
島stay holoholo	5	11			98〜	座間味124	987-2513	○		◎	屋上から眺望良好
ザマミインターナショナルゲストハウス		18	素泊ドミ(男女別)30〜 個室70〜(2名まで)			座間味126	987-3626	共同			飲食、レンタル、マリンツアー有
コテージうふうなが	1棟	6	素泊 1棟貸切275(6名まで)			座間味75	070-5400-5230	○			オール電化のログハウス、バスタブ有
サンメール座間味	5	12	—	T330	T300	座間味161	996-4298	○			スモールラグジュアリーホテル
民宿 やどかり	5	17	88	66	58.3	阿真142	987-2231	共同			阿真ビーチ徒歩3分
ペンション はまゆう	5	17	82.5〜	66〜	55〜	阿真32-1	896-4060	○			阿真ビーチ徒歩3分
くじらの里コテージ	6棟	60	素泊 1棟214.2			阿真633	987-3259	○			海近く、詳しくはHPまで
コテージ 海の茶屋	1棟	6			1棟300	阿真168	896-4416				自炊設備各種有
民宿 艪便村（ろびんそん）	6	22			46.2〜	阿真144	987-2676	共同		◎	阿真ビーチ前
ペンション パティオハウスリーフ	9	23		70〜	60〜	阿真10	987-2429	○			ビーチまで徒歩2分

◎MAP/P.74座間味集落地図

ひとくちメモ

〈とれたてもずくの魅力〉沖縄を代表する特産物もずくは90%以上養殖ですが、天然物も存在し、春のシーズンにはスーパーでも売られることがあります。しかしお店で売られるものはもちろん、採ってすぐに保存のため塩漬けにしちゃいます。もずくの採れたてはヌルヌル感が全然違い、若草のようないい香りもあり、最高です。4〜5月頃沖縄を旅する人、幸運にも塩漬けにしない採れたてを食べられるチャンスがあったらぜひ食べてみましょう。

【記号について】バス・トイレの欄/○…全室バス(バスタブ無しのシャワーのみの場合も含む)・トイレ付　クーラーの欄/○…全室クーラー無料 コイン…コイン式クーラー　洗濯機・乾燥機の欄/◎…洗濯機、乾燥機あり　○…洗濯機のみ(宿により有料・無料あり)　備考欄/ⓦ…全室WiFi使用可 ⓦ…一部WiFi使用可(パブリックスペースでの使用も含む)　ⓒ…クレジットカード利用可 ⓟ…d払い可 ⓦ…全室温水洗浄便座完備 ⓟ…無料駐車場あり ⓟ…有料駐車場あり 送…送迎有(区間、条件等予約時に要確認) ダ…ダイビングサービス併設 募…アルバイト・スタッフ等募集中

名称	室数	収容人数	税込宿泊料金(単位/百円)			沖縄県島尻郡座間味村	TEL.098	バス・トイレ	クーラー	洗濯機乾燥機	備考
			2食付	朝食付	素泊						
エスポアールあま	1棟	2	—	—	150	阿真33	080-8557-2118	○	○	◎	ⓦⓚⓟ 送 ビーチまで徒歩3分
Dining&Stay38 Miyahira	2	5	—	130〜	—	阿真154-1	851-8638	○	○		ⓦⓚⓟ 送 飲食店併設
民宿 大川	6	16	—	48〜	40〜	阿佐22	080-6485-0574	共同			ⓦ 送 オプションでつり、ボート、シュノーケル有
ホームステイ クチャ	3	9	+25	+10	35〜	阿佐23	996-4781	共同	コイン		ⓦ 食事はアレルギー、ベジ、ヴィーガン対応可
Kerama Blue Resort	22	50	朝食付 S160〜、T290〜、Tr435〜			阿佐119	996-5981	○	○	◎	ⓦⓚⓟⓟⓦ 海近い
リトルマーメイドヴィレッジ	4	14	—	—	T165〜 R330〜	阿佐194	987-2270	○	○	◎	ⓦⓚⓟ (送応相談)ダ グランピングスタイルの宿

阿嘉島 全16宿　慶留間島 全1宿

名称	室数	収容人数	税込宿泊料金(単位/百円)			沖縄県島尻郡座間味村	TEL.098	バス・トイレ	クーラー	洗濯機乾燥機	備考
			2食付	朝食付	素泊						
ペンション シーサー阿嘉島店	17	41	S99〜 T110〜	—	—	阿嘉162	0120-102-737	14室	○	◎	ⓦⓚ 送ダ 屋上に展望ジャグジー有
Lagoon315	4	8	—	—	50〜	阿嘉315	987-2850	共同	○	◎	ⓦⓟ 港歩5分、ボートシュノーケルツアー有
民宿 辰登城(たつのじょう)	10	29	69.3〜	—	—	阿嘉11	987-3557	2室	○		ⓦ募 商店、レンタサイクル有
民宿 すまいる	8	29	82.5	—	—	阿嘉45	987-2818	○	○	◎	ⓦ 送 港まで徒歩2分
民宿 宝生(ほうせい)	7	24	82.5〜	60.5〜	52.8〜	阿嘉58	987-2339	共同	○	○	ⓘⓚⓟ(送まで)ダ www.housei-aka.com
KAWAI DIVING	5	14	110〜	—	—	阿嘉153	問合せはホームページ	共同	○	◎	ⓦ 送ダ http://www.kawaidiving.com
民宿 富里(トゥーラトゥ)	8	25	66〜85〜	—	—	阿嘉140	987-2117	6室	○		ⓦ 送 夕食は海の幸等5〜6品
民宿 あかじま	10	20	2食付 77(1名利用は88)			阿嘉56	987-2214	共同	○		ⓘ 送ダ 港前、TV付
民宿 川道	8	23	77〜	—	—	阿嘉73	987-2710	共同	○	○	ⓘⓚⓟ(送要確認)ダ募 港5分
民宿 さくばる	10	30	75〜	—	45〜	阿嘉54	987-2858	共同	○	◎	ⓦ(要確認)港徒歩5分、TV付
民宿 春海	8	23	75〜	—	50〜	阿嘉130	987-2081	共同	○	◎	ⓦ 送 レンタサイクル有、オリジナルTシャツ販売
あーまんはうす	6	12	77〜	—	—	阿嘉108	090-9787-5357	共同	○	○	ⓦ 送 海の見えるテラス有
ハナムロ・イン"阿嘉島	5	10	料金はWebサイト参照			阿嘉52	090-6857-5430	共同	○		ⓦ ネット予約のみ、HP参照
ブルースイーツ・ハナムロ	3	6	料金はWebサイト参照			阿嘉91	〃	○	○		ⓦ ネット予約のみ、HP参照
民宿 ナーレーラ	6	12	79.8〜	—	48〜	阿嘉125	987-2399	共同	○	◎	ⓦ(送応相談)港徒歩5分
サンサンビューむとうち	5	13	80〜	—	60〜	阿嘉105	080-1546-8763	○	○	◎	ⓘ(送要予約)港徒歩5分、各室冷蔵庫付
民宿 テツ	2	6	75〜	—	—	阿嘉2	090-9782-7077	共同	○	◎	送 ニシハマビーチ近く
●慶留間島											
ペンションゲルマ	12	30	82.5〜	—	—	慶留間60	987-2976	○	○	◎	ⓦⓚ 送ダ 港から車で8分

伊江島 全17宿

名称	室数	収容人数	税込宿泊料金(単位/百円)			沖縄県国頭郡伊江村	TEL.0980	バス・トイレ	クーラー	洗濯機乾燥機	備考
			2食付	朝食付	素泊						
こころハウス	33	66	—	S77 W143	S68.75 W126.5	東江前640	49-5005	○	○	◎	ⓦⓚⓟⓟⓦ送送 「古民家味処 結」併設
ペンション まちたまんやー	3棟	15	—	—	1棟280〜	東江前1178	090-6866-2280	○	○		ⓦⓦ 広い敷地でBBQできる
マリンハウスIEアイランド	11	45	—	70〜	60〜	東江前1947-1	49-2569	○	○		ⓦⓚ(送応相談)ダ http://www.ie-island.com
土の宿	3	15	自炊可	自炊可	25	東江前2300-5	49-3048	共同	○		(送応相談)バリアフリー、車椅子の方の利用可
カーサ・ビエント	5	20	自炊可	自炊可	45〜	東江上549	49-2202	共同	○	○	ⓦ 送 城山近く、陶器販売
伊江島さんご荘	3	10	—	—	35	川平246	090-3074-7820	共同	○		ⓦ 港徒歩5分、コンビニ隣、観光案内可
民宿 上間	8	30	60.5〜	44〜	38.5〜	川平501	49-3040	共同	○	◎	ⓦ 港200m、洋6室、和2室有
かりゆし民宿	13	30	—	38.5	33	川平345	49-3045	共同	○	◎	ⓦ(送応相談)港歩3分、ネコがいます
民宿 ぎぼ	8	20	※55〜	※38.5〜	※33〜	川平351	49-2229	共同	○	○	ⓦ(送応相談)※2名以上利用時1名料金
民宿 みなみ	11	11	—	—	38.5	川平350	49-2910	共同	○	◎	ⓦ 港徒歩5分
民宿 渚	7	7	—	—	38.5	川平351-8	49-3868	共同	○	◎	ⓦ 港徒歩5分
ホワイトハウス	9	17	—	48、60	43、55	川平489-1	49-3473	3室	○		ⓦⓚ 清潔を第1に心掛けてます
NINUFA(ニヌファ)	1棟	5	料金はホームページ参照			川平638	49-2305	○	○	◎	ⓦⓚⓟⓦ 詳しくはHPまで
民宿 マルコポーロ	14	25	—	—	49.5	川平244-2	49-5242	共同	○	◎	ⓦ 港近く、コンビニ向かい
ロッジ江の島	12	30	85〜	55〜	50〜	川平57	50-6110	○	○	◎	ⓦ(送応相談)夕食は島料理(要予約)
伊江島ゲストハウス	9	18	自炊可	自炊可	和室20 洋室25	川平193-6	090-7461-8726	共同	○	○	ⓦ 送 自転車無料レンタル(4台)有

ひとくちメモ

〈沖縄の野菜〉昔は沖縄の夏ならではの野菜だったゴーヤーは今や全国区になっているが、それ以外にも沖縄特有の野菜が多数ある。青パパイヤ、ナーベラー(ヘチマ)、田芋(ふかした状態で売っている)、ムジ(田芋の茎)、島ニンジン(又は黄ニンジン)、フーチバー(よもぎ)、ンスナバー(フダンソウ、巨大な菜っ葉)、カンダバー(ヒルガオ科の植物の茎と葉)、ウンチェバー(空芯菜)、紅芋などなど。中には沖縄産は沖縄でしか食べられないものもあるので色々味わってみよう。

【記号について】バス・トイレの欄／○…全室バス（バスタブ無しのシャワーのみの場合も含む）・トイレ付　クーラーの欄／◎…全室クーラー無料　コイン…コイン式クーラー　洗濯機・乾燥機の欄／◎…洗濯機・乾燥機あり　○…洗濯機のみ（宿により有料・無料あり）　備考欄／ⓌⒾⒻⒾ…全室WiFi使用可　ⓘ…一部WiFi使用可（パブリックスペースでの使用も含む）　ⓒⓐⓡⓓ…クレジットカード利用可　ＰａｙＰａｙ…PayPay利用可　ⓓ…d払い可　Ⓦ…全室温水洗浄便座完備　(送)…送迎有（区間、条件等予約時に要確認）　(ダ)…ダイビングサービス併設　(ア)…アルバイト・スタッフ等募集中

◆伊江島のリゾートホテル

名称	室数	収容人数	税込宿泊料金（単位／百円）	沖縄県国頭郡伊江村	TEL.0980	プール（屋外営業時期）	備考
YYYCLUB iE RESORT	21	63	79〜／朝食付3名利用時の1名料金	東江前1965	49-5011	○4月〜10月末	ⓘ ⓕⓐⓣ Ⓦ (送予約) (ダ)
〃　（コテージ）	8棟	40	92〜／朝食付5名利用時の1名料金	〃	〃	○4月〜10月末	マリンスポーツ各種有

★プールの欄／◎…屋内外プールあり　○…屋外プールのみ（屋内プールは通年、屋外プールは記載時期のみ）

久米島　全22宿

名称	室数	収容人数	税込宿泊料金（単位／百円）			沖縄県島尻郡久米島町	TEL.098	バス・トイレ	クーラー	洗濯機乾燥機	備考
			2食付	朝食付	素泊						
<イーフビーチ周辺>											
民宿 ふくぎ荘	7	15	—	—	42〜	謝名堂548-10	985-8622	○	◎	◎	ⓌⒾⒻⒾ 清潔、広い、レンタサイクル、バイク有
リゾートハウスみなみ	9	18	—	68.2〜	59.4〜	謝名堂548-14	851-7254	○	◎	◎	ⓌⒾⒻⒾ ⓕⓐⓣ 詳しくはfacebookで
シーサイドハウス ジュゴン	11	35	—	50〜	40〜	謝名堂548-16	985-7631	○	◎		ⓌⒾⒻⒾ ⓕⓐⓣ イーフビーチ、飲食街近く
民宿 黒潮	6	15	60.5	41.8	33	謝名堂548-24	985-7355	共同	◎		ⓌⒾⒻⒾ イーフビーチまで徒歩1分
民宿 永（えい）	7	20	—	—	30	謝名堂548-28	985-8142	共同	◎		
ベアーズステイ久米島イーフビーチ	12	32	提携飲食店有、キッチン付		80〜	謝名堂582	0120-438-952	○	◎		ⓌⒾⒻⒾ Ⓦ (ダ) ダイビング洗浄プール有
民宿 なんくるないさぁ	9	20	—	S68〜	S60〜	比嘉160-68	985-7973	○	◎		ⓌⒾⒻⒾ デッキでゆっくり過ごせる、子供料金有
ビーチハウス宮城	8	20	60	45	35	比嘉160-80	985-8827	共同	コイン		ⓌⒾⒻⒾ イーフビーチ徒歩1分
ドミトリー球美（2F個室）	7	15	89.5	71.5	55	比嘉160-49	090-4986-8899	○	◎		ⓌⒾⒻⒾ (送迎えのみ) 食事は要予約
〃　（1Fドミトリー）	2	20	—	—	25	〃	〃	共同	◎		ⓌⒾⒻⒾ 男女別室のドミトリー
島ぬ家（やー）おかえり	1棟	4	—	—	110〜	宇根1899-3	080-3908-7101	○	◎	◎	ⓌⒾⒻⒾ Ⓦ 1滞在につき清掃料+3,300円
民泊まったりん人（ちゅ）	2	7	素泊 58(1〜2名)以降1名につき+28			銭田182	080-9854-7596	共同	◎		ⓌⒾⒻⒾ BBQ設備有、カード占い
<兼城港周辺>											
民宿 久米島（別館）	20	40	69.3〜	57.2〜	49.5〜	大田530	985-5333	○	◎	◎	ⓌⒾⒻⒾ ⓕⓐⓣ 各室洗濯機付
民宿 あさと	10	15	68〜	55〜	49〜	大田532	985-2102	○	◎	◎	ⓌⒾⒻⒾ 兼城港近く、全室に洗濯機有
民宿 南西荘	14	40	50〜	42〜	35〜	仲泊511-1	985-2151	○	◎		(◎2Fまで) 長期滞在応相談
クラブハウス ネプチューン	3	8	—	—	68.2〜	仲泊862-53	985-2586	2室	◎		ⓌⒾⒻⒾ (ダ) 各室高機能空気清浄機有
グリーンビュー久米島	6	20	ウィークリー110〜　マンスリー90〜（1泊料金）			仲泊966-23	985-2407	○	◎		ⓘ Ⓦ Ｐ 90㎡以上あるゆったりしたお部屋
ホテルガーデンヒルズ	45	80	—	+7.5	S60〜、T76〜	兼城10-1	985-2117	○	◎		ⓌⒾⒻⒾ 空港まで車で10分
古民家ゲストハウス 想生（そう）	1	5	150	—	77	具志川659-3	080-9542-5343	共同	◎		ⓌⒾⒻⒾ 1日1組限定
<奥武島（橋で久米島とつながっています）>											
民宿 あみもと	13	35	72〜	44〜	33〜	奥武115	985-8856	5室	◎	◎	ⓌⒾⒻⒾ ⓕⓐⓣ 奥武島入口、畳石まで徒歩3分

◆久米島のリゾートホテル

★プールの欄／◎…屋内外プールあり　○…屋外プールのみ（屋内プールは通年、屋外プールは記載時期のみ）

名称	室数	収容人数	税込宿泊料金（単位／百円）			沖縄県島尻郡久米島町	TEL.098	プール（屋外営業時期）	備考
			2食付	朝食付	素泊				
久米島イーフビーチホテル	80	230	—	T200〜	T176〜	謝名堂548	985-7111	○4月〜10月	ⓌⒾⒻⒾ ⓕⓐⓣ ＰＡＹ Ⓦ (ダ) イーフビーチ目の前
リゾートホテル久米アイランド	142	500	R230〜	R160〜	R125〜	真我里411	985-8001	○4月〜10月	ⓌⒾⒻⒾ ⓕⓐⓣ ＰＡＹ ⓓ Ⓦ (ダ) (ア) 料金季節変動有
サイプレスリゾート久米島	84	247	—	T160〜	—	大原803-1	985-3700	○4月〜10月末	ⓌⒾⒻⒾ ⓕⓐⓣ Ⓦ Ｐ (ア) 久米島で夕日が望める唯一の立地

粟国島　全7宿

名称	室数	収容人数	税込宿泊料金（単位／百円）			沖縄県島尻郡粟国村	TEL.098	バス・トイレ	クーラー	洗濯機乾燥機	備考
			2食付	朝食付	素泊						
プチホテル いさ	9	27	S95 T170	S80 T140	—	浜452	988-2588	○	○	○	ⓌⒾⒻⒾ Ⓦ (ア) 料金変更の可能性有の為、要確認
伊佐 民宿（新館）	4	8	66	—	—	浜149	988-2048	○	○		港徒歩5分
民宿 寿	4	8	70	55	45	浜407	988-2407	共同	○		ⓌⒾⒻⒾ (送要予約) 港徒歩5分
民宿 風月	7	15	80〜	67〜	60〜	浜414	090-3797-1627	○	○		ⓌⒾⒻⒾ (ア) 港徒歩3分
民宿 あぐに	9	20	75	60	55	東991-1	988-2200	○	○		ⓌⒾⒻⒾ (送要予約) 冷蔵庫有
民宿 宝玉	6	15	65〜	55〜	45〜	東513	988-2367	3室	○		ⓘ 予約は2日までに。食事は要予約
そてつ王国 ひさみペンション	9	18	55	—	40	東235	080-1774-9209	共同	○	○	(送応相談) そてつ資料館、食堂併設、そてつ酒有

ひとくちメモ　〈久米島おトク情報〉「おかえり久米島」という観光協会が定期発刊する小冊子があるのだが、けっこう面白い。それを希望すれば毎号送ってもらえる（右のリンク参照）。これすごいよね。この間の号では「久米島ではハブの死骸を持っていくと1匹2,000円もらえる」という超オトク情報も紹介されていた。奄美大島では3,000円もらえるのだが、生きてないとダメである。久米島、めちゃハードルが低くないか？

●宿泊料金・サービス内容は変更される場合があるので、予約時に要確認
●Sはシングル料金、Tはツインルーム利用2人分料金、Wはダブルルーム
　Rはルームチャージ、1棟は1棟貸し料金を表す
●ドミ＝ドミトリー（相部屋）の略

渡名喜島 全3宿

名称	室数	収容人数	税込宿泊料金（単位／百円）			沖縄県島尻郡渡名喜村	TEL.098	バス・トイレ	クーラー	洗濯機乾燥機	備考
			2食付	朝食付	素泊						
民宿あがり浜（ばま）	4	4	70	55	—	1821	989-2888	○バス	○		室内禁煙
民宿むらなか	6	12	70	55	45	1866	989-2626	○トイレ	コイン		港まで徒歩3分
赤瓦の宿ふくぎ屋	6棟	30	料金はHP参照			1909	090-4350-9299				送要予約　伝統的家屋、詳しくはHP参照

南大東島 全5宿

名称	室数	収容人数	税込宿泊料金（単位／百円）			沖縄県島尻郡南大東村	TEL.09802	バス・トイレ	クーラー	洗濯機乾燥機	備考
			2食付	朝食付	素泊						
プチホテルサザンクロス	21	22			S39.6	在所94-1	2-2947	共同	○		冷蔵送 レンタカー有
ホテルよしざと	29	58	T146〜	T132〜	T108〜	在所249	2-2511	20室	○		冷蔵送 レンタカー、レンタサイクル有
民宿 よしざと	21	42	57	50	44	〃	〃	共同	○		冷蔵送 飲食店などがある繁華街に近い
月桃 ムーンピーチ	6	24			35	新東493	2-2017	共同	○		冷蔵が送 レンタカー・バイク・サイクル有
〃　別館	13	26			50	在所269		共同	○		冷蔵が送 2022.6月中心地にオープン

北大東島 全2宿

名称	室数	収容人数	税込宿泊料金（単位／百円）			沖縄県島尻郡北大東村	TEL.09802	バス・トイレ	クーラー	洗濯機乾燥機	備考
			2食付	朝食付	素泊						
ハマユウ荘うふあがり島	46	70	料金はウェブ参照			中野152-9	3-4880	○	○	◎	冷蔵が送
民宿二六荘	23	30	+13	+5	45〜	港37	3-4046	共同	○		送 全館禁煙、食事は前日までに要予約
〃　（別館）	5	11	+13	+5	50〜			共同	○		送 全館禁煙、食事は前日までに要予約

伊平屋島　伊是名島　古宇利島　瀬底島　水納島　津堅島　平安座島　浜比嘉島　久高島　全28宿

名称	室数	収容人数	税込宿泊料金（単位／百円）			沖縄県	TEL.0980	バス・トイレ	クーラー	洗濯機乾燥機	備考
			2食付	朝食付	素泊						
●伊平屋島（いへやじま）						島尻郡伊平屋村					
松金ホテル	17	50	—	洋62〜和57〜	洋55〜和50〜	我喜屋2135-27	46-2282	○	○	◎	冷蔵が送 港まで車で2分、全室禁煙
伊平屋観光ホテル	14	40	66〜	60.5〜	48.5〜	前泊455	46-2123	共同	○	◎	冷蔵ア送 港徒歩2,3分
ホテルにしえ	18	30	117.7	90.2	77	前泊453	46-2145	○	○	◎	冷蔵送 イベント時、特別料金有
内間荘	15	50	45〜70	40〜65	30〜55	前泊259-1	46-2503	○	○		冷蔵送 港から車で5分
みらい荘	9	36	60.5〜			島尻724-1	46-2700	○	○	○	冷蔵ア送 目の前が海
●伊是名島（いぜなじま）						島尻郡伊是名村					
いずみ荘	25	80	77	65	56	仲田1167	45-2028	9室	○		冷蔵送 有料島内観光有（応相談）
なか川館	8	22	77	65	56	仲田743-4	45-2100	○	○		冷蔵送
民宿 前川	13	30	66	55	44	仲田255	45-3350	共同	○		冷蔵送 港徒歩3分
民宿 美島	12	30	85	70	65	仲田177-8	50-7111	共同	○		冷蔵W 仲田港、目の前
旅館 宝の島	8	20	応相談	76	66	伊是名3364-22	45-2334	共同	○		冷蔵送応相談 サンセットビーチ目の前
がーべーちん	3棟	18	素泊 352〜（2連泊〜）			勢理客1542	50-7330	○	○		想像力で過ごす宿
●古宇利島（こうりじま）　（沖縄本島と橋でつながっています）						国頭郡今帰仁村					
One Suite THE TERRACE	9	50	〜T491.3	〜T425.7	〜T415	古宇利281	51-5020	○	○	◎	冷蔵がアドミW 古宇利大橋を望むヴィラ
プチリゾート古宇利島	3	6	—	—	T120〜	古宇利192	56-1566	○	○		冷蔵W 一日3組限定、ネット予約のみ
ゲストハウスぶどうの樹	2	10			30〜	古宇利756	090-4470-3785	共同	○	◎	冷蔵 沖縄古民家宿、キャンプ、BBQ可
民宿 しらさ	1	3	80		50	古宇利176	51-5252	○	○		食堂併設(年中無休お酒持ち込み可)、問合せ5時まで
Resort Villa古宇利島 Aqua blue	1棟	6	素泊 50〜（5名利用時1名料金）			古宇利1484-4	050-3690-1484	○	○	◎	BBQプラン1名30〜有
●瀬底島（せそこじま）　（沖縄本島と橋でつながっています）						国頭郡本部町					
E-horizon Resort コンドミニアム瀬底	48	54	素泊 S45〜 T68〜			瀬底2268-1	43-5229	○	○	◎	冷蔵がアWPド車 共用キッチンで調理可
FOUR ROOMS	4	8	138.5	64〜	48〜	瀬底4588-1	47-3404	○	○		冷蔵がP 食事付プランはジャグジー1時間無料
瀬底 やどかり	5	22	—	—	S40〜 T60〜	瀬底4846	090-2750-4195	○	○		冷蔵P 展望風呂、ペットと泊まれる部屋有
旅宿 もすらのたまご	11	19	軽食サービス		S46.2〜 T77〜	瀬底2267-1	090-6861-8982	共同	○	◎	冷蔵がアドミ送P レンタサイクル有

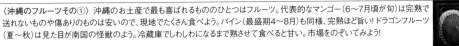

ひとくちメモ　〈沖縄のフルーツその①〉沖縄のお土産で最も喜ばれるもののひとつはフルーツ。代表的なマンゴー（6〜7月頃が旬）は完熟で送れないものや傷ありのものは安いので、現地でたくさん食べよう。パイン（最盛期4〜8月）も同様、完熟ほど旨い！ドラゴンフルーツ（夏〜秋）は見た目が南国の怪獣のよう。冷蔵庫でしわしわになるまで熟させて食べると甘い。市場をのぞいてみよう！

名称	室数	収容人数	税込宿泊料金（単位／百円）2食付	朝食付	素泊	沖縄県	TEL.0980	バス・トイレ	クーラー	洗濯機乾燥機	備考
●水納島（みんなじま）						国頭郡本部町	(0980)				
コーラルリーフインミンナ	6	30	60	45	40	瀬底6223	47-5688	共同	○	○	送 港徒歩5分
民宿 大城	9	25	60	40	—	瀬底6220	47-3646	3室	○	○	送 港徒歩3分、年末年始休業
●津堅島（つけんじま）						うるま市	(098)				
神谷荘	9	45	80		45	勝連津堅1472	978-3027	共同	○		i カード P 送 募 毎日YouTubeライブ配信中
●平安座島（へんざ）	（沖縄本島と橋でつながっています）					うるま市	(098)				
観光ビジネスホテル平安	21	40	レストラン	—	S55 T90	与那城平安座2421-1	977-8230	14室	○	◎	WiFi カード P 送 バストイレ共同の部屋T58
ホテルへんざ	28	56	70	50	40	与那城平安座8197	977-8412	○	○	◎	i P 海中道路すぐ
●浜比嘉島（はまひがじま）	（沖縄本島と橋でつながっています）					うるま市	(098)				
ホテル浜比嘉島リゾート	29	100	T352〜	T264〜	—	勝連比嘉202	977-8088	○	○	◎	i カード P d W P 送 宿泊者展望浴場無料
413はまひがHotel&Cafe	4	14	T340〜	T250〜	T220〜	勝連浜548-2	983-1413	○	○	◎	WiFi カード W P ビーチまで徒歩1分、全室庭付
●久高島（くだかじま）						南城市知念	(098)				
久高島宿泊交流館	8	36	素泊 41〜（5名利用時1名料金）			久高249-1	835-8919	共同	○	◎	i 港徒歩8分

ヨロン島　全29宿

名称	室数	収容人数	税込宿泊料金（単位／百円）2食付	朝食付	素泊	鹿児島県大島郡与論町	TEL.0997	バス・トイレ	クーラー	洗濯機乾燥機	備考
星砂荘	15	32	—	49.5〜	38.5〜	麦屋616-3	97-3710	1室	○	◎	WiFi カード P P 送 宿泊者レンタサイクル有
楽園荘	6	20	71.5〜	60.5〜	55〜	古里1279	97-3574	○	○	◎	i P 送 百合ヶ浜ツアー有
メーダフズユイホステル	10	26	—	44〜	38.5〜	茶花270	85-1711	2室	○	◎	WiFi カード d P 送 募 カフェレストラン併設
ホテル青海荘	46	80	72〜	55〜	45〜	茶花46-4	97-2046	○	○	◎	WiFi カード P P 送 銀座通り中央
汐見荘	14	35	75.9〜	60.5〜	55〜	茶花2229-3	97-2167	3室	○	◎	WiFi W P 送 広い特別室有
ヨロン島ビレッジ	23	60	—	S110〜 T200〜		茶花2904-6	97-4601	○	○	◎	WiFi カード P P 送 レストラン有
与州旅館	18	50	—	45	38	茶花211	97-2168	共同	○	◎	WiFi P 送 共同冷蔵・冷凍庫有
南海荘	17	50	66〜	55〜	49.5〜	茶花231	97-2145	共同	○	◎	WiFi P 送 プライベートビーチ有
旅館 松園	16	40	66			茶花258-8	97-3102	共同	○	◎	P 送 役場まで徒歩2分
旅館 ムトウ	14	40			35	立長731	97-2140	共同	○	◎	i P 送 オーシャンビュー
サンセットビーチマリブ 前田旅館	8	15			45	立長611-2	080-5603-9134	5室	○	◎	WiFi P（要予約）空港徒歩1分
ヨロン宿泊施設 Calm（カーム）	4棟	18	自炊設備有	S77 T110		立長117	97-3941	○	○	◎	WiFi P W P ウィークリー、マンスリー有
イチョーキ・ヴィラ	13	19	料金は要問合せ			立長兼母195-1	97-2272	○	○	◎	WiFi P W P 送 ミニキッチン付
与論島ヴィラ あぐんちゃ	1棟	5	2連泊から296〜/泊（5名まで）			那間886-21	85-1000	○	○	◎	WiFi カード P W P プライベートビーチ有

ひとくちメモ 〈海謝美（うんじゃみ）〉グループのビーチクリーニング ヨロン島の海謝美グループは、2017年4月より、毎日朝6時30分から7時30分まで、海岸掃除をしているそうです。（雨天時・年末年始除く／それまでは各個人でやっていた）各地域にこういう方々、いらっしゃるもんですね。素晴らしい！ 毎日翌朝の集合場所をブログで発表しているので、観光客でも参加することができますよ！ https://ameblo.jp/hurai-bo/

本島周辺の島々
水納島・津堅島・浜比嘉島・久高島・平安座島・ヨロン島
宿泊情報

◎MAP/P.95C3 ヨロン島 ヨロン島地図
◎MAP/P.95 ヨロン島 茶花周辺

【記号について】バス・トイレの欄／◎…全室バス（バスタブ無しのシャワーのみの場合も含む）・トイレ付　クーラーの欄／◎…全室クーラー無料　コイン…コイン式クーラー　洗濯機・乾燥機の欄／◎…洗濯機、乾燥機あり　○…洗濯機のみ（宿により有料・無料あり）　備考欄／WiFi…全室WiFi使用可　ⓘ…一部WiFi使用可（パブリックスペースでの使用も含む）　ⓒ…クレジットカード利用可　ⓟ…PayPay利用可　ⓓ…d払い可　Ⓦ…全室洗浄便座完備　Ⓟ…無料駐車場あり　Ⓟ…有料駐車場あり　送…送迎有（区間、条件等予約時に要確認）　ダ…ダイビングサービス併設　Ⓐ…アルバイト・スタッフ等募集中

（ヨロン島のつづき）

名称	室数	収容人数	税込宿泊料金（単位／百円）			鹿児島県大島郡与論町	TEL.0997	バス・トイレ	クーラー	洗濯機乾燥機	備考
			2食付	朝食付	素泊						
Shima Hotel	1棟	7	—	—	700〜	那間2523-1	080-7108-0493	◎	◎	◎	WiFi ⓒ ⓟ Ⓟ 1日1組、BBQ、釣り可
ペンション サンシャインヨロン	12	25	—	—	40〜	東区1686-1	97-3016	◎	◎	◎	WiFi Ⓟ 送 スーパー、食事処近く
南風荘	14	30	—	55	45	東区1565-1	97-3555	共同	◎	◎	WiFi Ⓟ 送 ビーチ徒歩10分、コンビニ2分
海水館	10	30	—	50〜	40〜	東区774-1	97-3146	共同	◎	◎	WiFi Ⓟ 送 赤崎海岸徒歩3分
竹丸荘	12	28	—	48.5〜	43.5〜	東区177-1	97-2148	4室	◎	◎	WiFi Ⓟ 送 庭から百合が浜が見える
明星荘	6	20	—	75〜	55〜	東区1659-2	050-3501-9453	共同	◎	◎	WiFi ⓒ ⓟ Ⓟ（送）要予約 星空鑑賞を楽しめる
マリナデルレイ	7	23	—	—	45〜	東区965	97-3736	◎	◎	◎	WiFi ⓟ Ⓟ 赤崎海岸徒歩7分
ビーチランドロッジ	14	30	68〜	58〜	48〜	麦屋1022-1	97-3706	共同	◎	◎	WiFi ⓒ ⓟ Ⓟ ボリューム満点の食事
百合ヶ浜ビーチハウス	2	8	1名利用98〜、2〜8名利用時1名70〜			古里79-1	85-1000	共同	◎	◎	WiFi ⓒ ⓟ Ⓦ Ⓟ カフェ併設、朝食予約制
しらゆり荘	4	10	—	—	30	古里1614-2	97-3769	共同	◎	◎	WiFi Ⓟ 送 大金久海岸、共同ミニキッチン可
貸別荘 星乃夜（ほしのや）	2棟	7	素泊 1棟180〜自炊可能			古里909	090-9479-1488	◎	◎	◎	WiFi ⓟ Ⓦ Ⓟ BBQセット貸出可、予約はWEBサイト
Y's HOUSE YORON	2	6	自炊設備有		66〜	茶花259	080-5247-1147	◎	◎	◎	WiFi Ⓦ Ⓟ 送 広い部屋、立地良し
ゲストハウスKAI	5	9	—	—	40	茶花2309	070-5503-6971	共同	◎	◎	WiFi ⓒ ⓟ Ⓟ（送）要予約 全て個室
ドミトリー海	2	5	—	—	25	茶花229-1	〃	共同	◎	※	ⓒ ⓟ Ⓟ 送 長期割引有

◆ヨロン島のリゾートホテル　★プールの欄／◎…屋内外プールあり　○…屋外プールのみ（屋内プールは通年、屋外プールは記載時期のみ）

名称	室数	収容人数	税込宿泊料金（単位／百円）			鹿児島県大島郡与論町	TEL.0997	プール（屋外営業期）	備考
			2食付	朝食付	素泊				
プリシアリゾートヨロン	93	250	T255〜	T165〜	T126〜	立長358-1	97-5060	○4月〜10月	WiFi ⓒ ⓟ Ⓦ Ⓟ 送 ダ Ⓐ 全室コテージ

■宮古諸島

宮古島 来間島 池間島　全73宿　伊良部島 下地島　全12宿　大神島　全1宿

名称	室数	収容人数	税込宿泊料金（単位／百円）		沖縄県宮古島市	TEL.0980	洗濯機乾燥機	駐車場		備考
			朝食付	素泊				台	料金/泊	
◆ホテル										
セントラルリゾート宮古島	135	314	T140〜	T120〜	平良西里228-1	73-2002	◎	12	1,000	WiFi ⓒ ⓟ Ⓦ 送 屋上テラス有、アクティビティ豊富
たびのホテルlit宮古島	111	250	W204〜 T231〜	W204〜 T231〜	平良西里596	75-3100	◎	60	1,000	WiFi ⓒ ⓟ ⓓ Ⓐ キッチン付の部屋、大浴場有
HOTEL385	38	78	T120〜	—	平良西里561	79-0998	◎	34	無料	WiFi ⓒ Ⓦ 中心街にあり便利
HOTEL LOCUS	100	232	S120〜	T100〜	平良下里338-40	79-0240	◎	50	無料	WiFi ⓒ Ⓦ Ⓐ 全室オーシャンビュー、屋外プール有
ホテルライジングサン宮古島	108	190	S80〜 T140〜	S68〜 T116〜	平良久貝1063	79-0077	◎	98	550	WiFi ⓒ Ⓦ 島の風情と利便性が同居したホテル
ホテルサザンコースト宮古島	101	157	S99〜 T198〜	—	平良下里335-1	75-3335	◎	60	無料	WiFi ⓒ Ⓦ Ⓐ ビーチ目の前
観光ホテルセイルイン宮古島	50	112	S85.8 T160.6	—	平良下里3	74-3854	◎	24	無料	WiFi ⓒ ⓟ ⓓ Ⓦ 空港から車で15分
ホテル・デ・ラクァ宮古島	18	56	S148.5〜 T220〜	—	平良下里523-4	73-1155	◎	25	無料	WiFi ⓒ Ⓦ 大浴場有
ホテルオアシティ共和	27	70	—	S62 T112	平良下里571-11	79-0555	◎	31	無料	(WiFi貸出のみに限り有) ⓒ Ⓦ 中心街にあり便利
ホテル・トリフィート宮古島リゾート	207	655	S85〜 T140〜	S70〜 T120〜	平良下里2422-1	75-7700	◎	195	500	WiFi ⓒ ⓟ ⓓ Ⓦ Ⓐ 屋外プール有、レンタカー併設
ホテルピースアイランド宮古島	93	185	S85 T160 Tr180	—	平良西里310	74-1717	各室◎	40	500	WiFi ⓒ ⓟ Ⓦ 冷蔵庫、電子レンジ有
ホテルピースアイランド宮古島市役所通り	98	198	S90 T160 Tr195	—	平良西里328	79-5071	各室◎	60	500	WiFi ⓒ ⓟ Ⓦ 冷蔵庫、電子レンジ、大浴場有
ホテルピースリーイン宮古島NEXUS	32	56	S85 W115 T160	—	平良西里281-1	72-1101	各室◎	40	500	WiFi ⓒ ⓟ Ⓦ 冷蔵庫,電子レンジ,システムキッチン付
ホテル八城	14	16	—	55〜	平良西里1-16	72-1950	◎	7	無料	WiFi ⓒ Ⓦ 門限23時、港徒歩5分、Ⓟ先着順
ホテルフィオマーレ	57	114	S81〜 T119.8〜	S71〜 T98〜	平良松原649-1	73-2288	◎	30	無料	WiFi ⓒ Ⓦ 宮古空港で7分
ホテルキャッスルヴィレッジ宮古島	35	119	S75〜 T150〜	S65〜 T140〜	平良字仲宗根508-137	74-2100	◎	30	無料	ⓘ Ⓦ Ⓐ 広い客室
マリンロッジ・マレア（リーフヴィレッジ）	17	76	55〜	—	下地与那覇847-3	76-3850	◎	20	無料	WiFi ⓒ ⓟ ダ 前浜ビーチ近く、和室
（クリスタルヴィレッジ）	30	45	S77〜 T143〜	—	〃	〃	〃	〃	〃	WiFi ⓒ ⓟ ダ ダイビング専用プール有
Rakuten STAY VILLA 宮古島 前浜ビーチ	3棟	15	—	1棟318〜	下地与那覇257-1	050-3816-7322	◎	3	無料	WiFi Ⓦ プライベートデッキに本格的なBBQグリル有
オーシャンズリゾート ヴィラヴォーラ	46	184	R180〜	—	城辺保良945-1	77-8012	◎	46	無料	WiFi Ⓦ 全室コテージタイプでプール付
ホテルローカルベース	9棟	31	—	1棟180〜	平良西里1886-1	79-7305	◎	18	無料	WiFi ⓒ Ⓦ 空港車約8分、BBQスペース有

〈宮古島まもる君〉宮古諸島の道路に設置されている警察官型人形の愛称。多種のグッズ販売もされている人気者。宮古島の交通安全を雨の日も猛暑日も台風の時でさえ見守ってくれているまさに色男。一説によれば、「まもる君」は総称であり、19人兄弟でそれぞれ顔も名前も違うらしい。なんと妹まる子ちゃんという女性も含まれているらしい。多良間島の空港前にも一体ある。君もチェックしてみよう。

●宿泊料金・サービス内容は変更される場合があるので、予約時に要確認
●Sはシングル料金、Tはツインルーム利用2人分料金、W=ダブルルーム、F=フォースルーム（4人部屋）、R=ルームチャージを表す。＝ドミ=ドミトリー（相部屋）の略

（宮古島のつづき）

名称	室数	収容人数	税込宿泊料金（単位／百円） 2食付	朝食付	素泊	沖縄県宮古島市	TEL.0980	バス・トイレ	クーラー	洗濯機乾燥機	備考
◆民宿・ペンション・ゲストハウス・ユースホステル											
ペンション・MU（ムー）	9	28	—	応相談	S71.5 T121	平良久貝670-1	73-7511	○	○	◎	ⓘP（送応相談）ⓓ チェックアウト11時
ゲストハウス ゆくい	7	16	70			平良狩俣1349	72-5355	共同	○	○	ⓘ🅿P 狩俣バス停徒歩3分
ここみ家	2	6	要予約朝食付109（2名利用時1名）			平良狩俣3462-2	090-1942-3862	○	○	○	夕日を見ながらジャグジーでのんびり
民宿 みなくる荘	8	8	—	—	40	平良下里1562-2	73-1431	共同	コイン	◎	WP 港まで車で5分
ゲストハウス・フェーヌカジ	6	16	—	—	個室38.5〜	平良下里133	070-5409-9607	共同	○	○	（P500円）館内禁煙
ペンション華	30	40	91〜	83〜	73〜	平良下里1420-5	79-9739	○	○	○	🅿WSP募 レンタカー付プラン有
ペンション タカラガイ	5	15	料金は要問合せ			平良久貝670-4	73-1331	○	○	○	WP リノベーション済、伊良部大橋車で5分
カーサディブラボー	4	7			T100〜	平良久貝1002-1	73-5224	○	○	○	🅿P 料金は変動有、要確認
ゲストハウスHanahana	11	26			個室30〜	平良久貝50-1	72-8757	共同	○	○	🅿P送 広い庭、テラス、伊良部大橋1分
民宿 島人	4	9	—	—	45	平良久貝453-17	79-8256	○	○	○	🅿WP 空港車で10分、屋上展望最高
オーシャンヴィラゆにの浜	10	20	要予約		S75〜 T130〜	平良久貝438-3	79-0987	○	○	○	🅿WP 屋上展望所有、軟水
島宿 うぶらうさぎ	3	8	朝食付 100〜（2名利用時1名料金）			平良荷川取696-5	73-0427	○	○	○	WP 砂山ビーチ徒歩10分
オレンジボックス	8	25	—	—	33〜39	平良荷川取103	73-7373	共同	○	○	🅿P 空港から車で15分
ゲストハウス あったかや	9	27	—	サービス	和37.4、洋44	平良荷川取352-35	74-2324	共同	コイン	◎	P ダイビングショップ併設
琉球ゲストハウス つるみ荘	7	16			ドミ22、個室33	平良西里35	090-4470-3805	共同	○	○	P（送有料）シュノーケルツアー、レンタカー有
平和旅館	14	30	45	40	35	平良西里1-3	72-2106	1室	○	○	（送応相談）市街地中心、長期割引有
菊栄旅館	9	15			20	平良西里13-6	72-0663	共同	○		P 見晴らし良し、買物便利、食堂併設
七福荘	9	18			55〜	平良西里274-1	72-3316	共同	○	○	W 港徒歩10分
アザミ7	3	7			45〜	平良西里849-7	80-7008-6427	○	○	○	W 空港近く、便利なロケーション
民宿 スカイ	9	30			T66〜	平良東仲宗根824	73-0011	○	○	○	WP 空港車7分、全室TV・冷蔵庫付
ゲストハウス BIG JOY INN 2000	2	16	男女別ドミトリー 1泊1ベッド22〜			平良東仲宗根827	090-3796-4336	○	○	○	🅿P レンタカー・バイクセット割有
かたあきの里	9棟	54	最新料金はウェブサイト参照			平良東仲根添1186-1	79-9754	○	○	○	🅿WP 熱帯植物園、博物館近く
AZZURRA	2	8		+20	T250〜280	上野上野446	080-3496-8181	○	○	○	🅿WP 全室45m²以上
食・宿 寿々（ひさびさ〜）	3	8	85〜	68〜	60〜	上野野原796-1	76-3668	○	○	○	🅿ⓓWP 全室大きな窓、バルコニー付
ペンション ブルシャンブルー	1棟	8	素泊 2名300（1名増につき+100）			上野野原1188-6	76-2468	○	○	◎	W 2500坪の広大な敷地に樹齢30年
〃 （テント）	1	5	—	—	90〜	〃	〃	共同			の森の中にある施設、レストラン併設
ヒルズヴィラ宮古島	1棟	13			640〜	上野宮国812-16	080-7008-6427	○	○	○	WP 東シナ海を見下ろす抜群のロケーション
民宿 ふくふく			休業中			城辺保良900-1	090-9587-8955				
民宿 いくちゃん	1棟	8			35〜60	城辺保良847-11	090-7293-9766	○	○	○	P 吉野海岸、新城海岸、灯台近く
農家民宿 ざらつき	1棟	8			45〜（2名以上から）	城辺下里添1002-4	090-1946-3972	○	○	○	🅿P 自宅にいるように過ごせる
プライベートコテージ はなれ	1棟	2	素泊 1棟 155〜180			下地川満113	090-6861-1185	○	○	○	WP マングローブ遊歩道徒歩2分
民宿 グリーン荘	5	10	62.7	50.6	42.9	下地川満32-1	76-2409	共同	○	○	🅿ⓓ（送要予約）空港から車で5分
ペンション 湧泉家	13	15	60.5	応相談	44	下地川満126	76-3300	11室	○	○	🅿P送 http://www.wakumiya.com
ゲストハウス宮古島	4	12	—	—	個室33〜	下地与那覇233	76-2330	共同	○	○	🅿P（送有料）レンタサイクル有
農家民宿 つかやま荘	3	15	85	75	55	下地与那覇149	76-2435	○	○	○	🅿P 郷土料理が自慢
宿 タテッチャー	10	24			35〜	平良下里1325-3	73-7700	4室	○	○	P 空港から車で10分
◆ウィークリー・マンスリーマンション											
ピースリーイン宮古島	28	56	ウィークリー385（光熱費込）マンスリー798〜（実費）			平良西里311	080-9240-5723	○	○	○	ⓘP 冷蔵庫、電子レンジ、システムキッチン付
ウィークリー広公路	15	20	S65 T90（ウィークリー・マンスリー要問合せ）			平良西里817	090-6859-5576	○	○	○	🅿P レンタカーセットプラン有
宮古島皆愛マンション	20	80	ウィークリーT560〜、マンスリーT1800〜			下地与那覇1388-5	74-2112	○	○	○	WP 全室バリアフリー
●来間島 （来間島は宮古島と橋でつながっています）											
HOTELハイビスカス	4	12	+10（要予約）	サービス	混浴ドミ25、個室35〜	下地来間89	090-7962-6449	共同	コイン	○	🅿送 マリングッズレンタル有、ビーチ徒歩5分
●池間島 （池間島は宮古島と橋でつながっています）											
アイランドテラスニーラ	5棟	18	料金は要問合せ			平良前里317-1	74-4678	○	○	○	W ジェットバス有
民宿 勝連荘	4	10	リニューアル中につき要問合せ			平良前里44	090-9780-9472				
池間の宿 凸凹家	3	11	朝食付65〜（web予約3、4名利用時の1名）			平良前里68-1	74-4777	○	○	○	WP ペットと泊まれるお部屋有
●伊良部島 （伊良部島は宮古島と橋でつながっています）											
ホテルサウスアイランド	21	38	レストラン	S60〜T110〜	S55〜 T100〜	伊良部1493-1	78-3895	○	○	○	🅿ⓓWP 海近く、1Fスーパー
つきうみ荘	1棟	9	素泊 1棟350（9名まで）			伊良部158	080-6492-6969	○	○	○	WP 鶏の卵を採取し朝食にどうぞ
カテラ荘	10	35			40	伊良部25	78-3654	3室	○	◎	渡口の浜歩3分、ダイビング手配

〈宮古島のオトーリ〉宮古島特有の泡盛の飲み方。一つのグラスでその場に集まった人全員が注がれた泡盛を回し飲みする。親になった人がまず「口上」（簡単な挨拶）を述べ、一人ずつ順番に泡盛を注ぎ、受け取った人はそれを飲み干して、親に戻す。人数分親を回し、また最初の方が親を…これがエンドレスに続く。機会があったら一度は体験したい伝統。

【記号について】バス・トイレの欄／○…全室バス（バスタブ無しのシャワーのみの場合も含む）・トイレ付　クーラーの欄／○…全室クーラー無料　コイン…コイン式クーラー　洗濯機・乾燥機の欄／◎…洗濯機・乾燥機あり　○…洗濯機のみ（宿により有料・無料あり）　備考欄／WP…全室WiFi使用可　WP …一部WiFi使用可（パブリックスペースでの使用も含む）　カ…クレジットカード利用可　P…PayPay利用可　d払…d払い可　W…全室洗浄便座完備　P…無料駐車場あり　P…有料駐車場あり　送…送迎有（区間、条件等予約時に要確認）　ダ…ダイビングサービス併設　募…アルバイト・スタッフ等募集中

名称	室数	収容人数	税込宿泊料金（単位／百円） 2食付	朝食付	素泊	沖縄県宮古島市	TEL.0980	バス・トイレ	クーラー	洗濯機乾燥機	備考
民宿 まるよし	8	25	—	48	40	伊良部国仲86-12	78-5567	○	○	◎	P 食堂併設、長期・団体割引有
ゲストハウスオーシャン伊良部島	2	8	—	—	30〜	伊良部前里添554-1	090-7862-0479	共同	○	◎	WP（送有料）閑散期マンスリー対応有

●下地島（下地島は伊良部島と橋でつながっています）

名称	室数	収容人数	2食付	朝食付	素泊	沖縄県宮古島市	TEL.0980	バス・トイレ	クーラー	洗濯機乾燥機	備考
下地島コーラルホテル	42	42	レストラン	サービス	60.5〜	伊良部国仲925-1	78-6787	○	○	WPカ WP セミダブルベッド
〃 コテージ棟	4	16	レストラン	サービス	1棟（4名）214.5〜	〃	〃	○	○	WPカ WP 料金は要確認
ホテルていだの郷	12	40	T115〜	T90〜	T80〜	伊良部長浜1647-3	78-5252	○	○	WPカ WP P（送応相談）佐和田の浜目の前

●大神島

名称	室数	収容人数	2食付	朝食付	素泊	沖縄県宮古島市	TEL.0980	バス・トイレ	クーラー	洗濯機乾燥機	備考
おぶゆう食堂	2	4	食堂	朝食付40（2人60）		平良大神126-2	72-5350	共同	○	○	島尻港から船で15分、食堂併設

◆宮古島、伊良部島、来間島のリゾートホテル・ヴィラ・プチリゾートホテル

名称	室数	収容人数	税込宿泊料金（単位／百円） 2食付	朝食付	素泊	沖縄県宮古島市	TEL.0980	プール（屋外営業期）	備考
●宮古島　◆リゾートホテル									
宮古島東急ホテル&リゾーツ	247	490	—	T382.8〜	—	下地与那覇914	76-2109	○3/16〜11/30	WPカ WP送 前浜ビーチ目の前
the rescape	38	135	T440〜	T300〜	—	城辺長間1901-1	74-4120	○通年	WPカ WP送募 ビーチまで歩1分
アラマンダ インギャーコーラルヴィレッジ	72	288	—	T550〜	—	城辺友利542	77-8200	○通年	WPカ WP送 プライベートコテージタイプ
ザ シギラ	19	76	R3520〜	—	—	上野新里1405-3	74-7240	全室温水プール付	WPカ WP送 オールインクルーシブ
ホテル シギラミラージュ	160	422	—	T880〜	—	上野新里1405-201	74-7400	○通年（一部温水）	WPカ WP送 ラグジュアリーホテル
シギラベイサイドスイート アラマンダ	174	444	—	T660〜	—	上野新里926-25	74-7100	○通年（一部温水）	WPカ WP送 全室スイート
ホットクロスポイント サンタモニカ	150	300	—	T253〜	—	上野宮国974-1	74-7300		WPカ WP d払 WP送 アクティブ派向けカジュアルホテル
ホテルブリーズベイマリーナ	304	958	—	T374〜	—	上野宮国784-1	76-3000	○通年	WPカ WP送 多様な客室タイプ
ホテル シービーズコーラル	170	340	—	—	T230〜	上野宮国974-3	74-7070	○通年	WPカ WP d払 WP送 アクティブ派向けカジュアルホテル
ウェルネスヴィラ ブリッサ	97	326	素泊 T220〜			上野宮国746-20	76-3870		WPカ WP 全室キッチン・洗濯機付
ホテルアトールエメラルド宮古島	137	284	T275〜	T198〜	T178〜	平良下里108-7	73-9800	○4月〜9月	WPカ WP 市内中心で便利な立地
ヒルトン沖縄宮古島リゾート	329	840	料金は公式ウェブサイト参照			平良久貝550-7	75-5500	○4月〜10月	WPカ WP送 プライベートバルコニー付
●宮古島　◆ヴィラ・プチリゾートホテル									
THE AMARTA	3	8	—	T330〜	—	平良荷川取694-1	72-7780	○通年	WPカ WP 中学生以上からのご利用
グラン ブルー ギャマン	5	12	T1452〜	T1210〜	—	平良荷川取1064-1	74-2511	○通年	カ WP 全室プライベートプール付
フェリスヴィラスイート宮古島・上野	12棟	66	—	—	R450〜	上野宮国935-8	74-7500	○通年（温水式）	WPカ WP 全棟プライベートプール付
●伊良部島　◆リゾートホテル　◆ヴィラ・プチリゾートホテル									
イラフ SUI ラグジュアリーコレクションホテル沖縄宮古	58	178	T2024〜	T1695.1〜	—	伊良部818-5	74-5511	○4月〜11月	WPカ WP送 宮古島初の外資ブランドホテル
ヴィラブリゾート	6棟	15	朝食付200〜（2名利用時1名料金）			伊良部817	78-6777	○通年	WPカ WP 各室専用テラス、プール付
soraniwa　hotel and cafe	3	6	T342〜	T226〜	T186〜	伊良部721-1	74-5528		カ WP 眺望絶佳、カフェ併設
〃 side B sora,niwa	2	8	T690〜T418〜	T574〜T302〜	T548〜 T276〜	〃	〃	プール付の部屋有	カ WP 長期滞在向きコンドミニアム
フェリスヴィラスイート伊良部島・佐和田	9棟	34	—	—	R450〜	伊良部佐和田1725-9	74-5100	○通年（温水式）	WPカ WP 全棟プライベートプール付
ウォーターマークホテル&リゾーツ沖縄宮古島	50	154	T310.6〜	T250.6〜	T200〜	伊良部佐和田前原1725	78-5100	○3月〜11月末	WPカ WP 全室オーシャンビュー
●来間島　◆リゾートホテル									
シーウッドホテル	169	508	T368.5〜	T280.5〜	—	下地来間484-7	74-7888	○4/1〜11/30	WPカ WP 滞在型リゾート、プール付ヴィラ有

★プールの欄／◎…屋内外プールあり　○…屋外プールのみ（屋内プールは通年、屋外プールは記載時期のみ）

多良間島 全7宿

名称	室数	収容人数	税込宿泊料金（単位／百円） 2食付	朝食付	素泊	沖縄県宮古郡多良間村	TEL.0980	バス・トイレ	クーラー	洗濯機乾燥機	備考
ゲストハウスはまさき	6	10	—	—	35〜	塩川271	79-2239	共同	コイン	○	WP レンタカー・レンタサイクル有
ペンションあだん	12	26	55	49.5	38.5	塩川528	79-2088	共同	○	◎	WP送 空港から車で5分、レンタカー有
ゆがぶうランド（コテージ）	3棟	12	55	49.5	38.5	塩川703-1	〃			送	送 自炊可、食事は「ペンションあだん」にて
夢パティオたらま（コテージ）	15	44	S66 T121	S60.5 T110	S55 T99	塩川18	79-2988	○	○	◎	WP 空港から車で10分
cocoハウス	8	16	S55 T100	S45 T80	S40 T70	塩川153	79-2133	共同	○	○	WP送 食事が美味しい、レンタカー有
cocoランド	10	10	S55	S45	S40	塩川175	〃	Mレ○	○		WP送 食事は「cocoハウス」にて、ジム有
たらまんたINN	5	12	素泊 S65〜 W50〜（冷凍食品付）			仲筋139	090-8294-0121	○	○	◎	WP P送 島の食材のお弁当屋併設

〈沖縄のヤギを食す！〉沖縄ではそこらじゅうで姿をみかけるかわいいヤギ。沖縄ではおめでたいことがあったときヤギ鍋でお祝いします。そして旅人もそのヤギ肉をヤギ専門店で食べることができます。ヤギ刺しは食べやすいけれど、「ヤギ汁」は店によってはなかなかヘビー。食べるとものすごく活性化されるため、妊婦や高血圧の人は食べてはいけないと言われます。宮古島には「やぎ料理専門店くんくりやーがま」というヤギメインの店もあるので、ぜひ挑戦してみよう！

■八重山諸島

石垣島 全111宿

名称	室数	収容人数	税込宿泊料金（単位／百円）朝食付	素泊	沖縄県石垣市	TEL.0980	洗濯機乾燥機	駐車場 台	料金/泊	備考
◆シティホテル・ビジネスホテル										
＜石垣港離島ターミナル周辺＞										
ホテルパティーナ石垣島	23	50	サービス	S85～ T120～	八島町1-8-5	87-7400	◎	8	無料	全室フローリング、繁華街近く
石垣島ホテル ククル	45	100	S65～ T80～	—	美崎町8-1	82-3380	◎	20	500～	屋上テラス有、生ビール飲み放題
ホテル海邦 石垣島	40	95	+11	30～150	石垣488-1	87-6103	◎	18	無料	閑静な立地
スーパーホテル石垣島	41	41	サービス	68～	石垣36	83-9000	◎	20	300	1,500円追加でダブル利用可
ホテルアビアンパナ石垣島	64	100	W121～	—	石垣40-1	87-7628	◎	13	1,500	港・繁華街まで徒歩圏内の便利な立地
The BREAKFAST HOTEL MARCHE石垣島	55	149	S60～ T80～	—	大川217	0120-996-941	◎	5	1,500	離島への起点にアクセス抜群
ホテルベルハーモニー石垣島	28	46	S95 T155 W135	—	大川13-4	82-0800	◎	7	880	各室にミニシンク
ホテルグランビュー石垣 The First	98	188	S231～ T352～	—	登野城1	82-6161	◎	35	1,500	市街中心部、大浴場有
ホテルハッピーホリデー石垣島	22	60	軽食サービス	S48.4～ T69.3～	登野城16	87-0417	◎	6	無料	ターミナル、繁華街近く、P は要予約
The BREAKFAST HOTEL PORTO石垣島	119	266	S62～ T87～	—	登野城86	0120-996-941	◎	30	1,500	ミニキッチン、洗濯機付タイプ有
ホテルサンドリバー石垣島	14	56	軽食サービス	S55～ T85～	登野城547-1	87-5838	◎	10	500	ドリンクバーなどサービス充実
ホテルエメラルドアイル石垣島	39	91	S65～ T106～	—	美崎町7-14	82-2111	◎			離島ターミナル、バスターミナル歩2分
ホテルピースランド石垣島	51	114	サービス	S80～ T110～	美崎町11-1	82-0248	◎			離島ターミナル徒歩2分
ホテルイーストチャイナシー	79	162	+18	S75～ T150～	美崎町2-8	88-1155				オーシャンビュー、テラス付
藤原観光ホテル	5	12	—	30	美崎町10-16	82-3922		1	無料	市役所そば、離島ターミナル徒歩5分
ベッセルホテル石垣島	126	198	+15	S70～ T115～	浜崎町1-2-7	88-0101	◎	63	無料	全室クイーンサイズベッド
東横イン石垣島	154	270	サービス	S75～ T120～	浜崎町3-2-12	88-1045	◎	43	無料	P先着順
ルートイングランティア石垣	191	405	+15	S70～ T120～	新栄町21	88-6160	◎	27	無料	大浴場有
アパホテル石垣島	103	164	+22	S60.5～ T88～	八島町1-2-3	82-2000	◎	20	1,100	2024.4月下旬グランドオープン
ホテルピースアイランド石垣イン八島	63	95	サービス	S88 T132	八島町1-1-2	82-0600	全室	20	550	離島ターミナル、市街地歩12分
ホテルチューリップ石垣島	70	120	S76～ T114～	—	八島町1-3-5	83-8060	◎	40	無料	チェックアウト11時、和室有
先嶋ビジネスホテル	58	63	サービス	60	八島町1-6-5	83-8939	◎	15	無料	離島ターミナル徒歩8分
ホテルグランビュー石垣新川	61	132	T150～ Tr200～	—	新川作原2376-30	82-7070	◎	28	1,100	全室海側
ホテル十日三日(トゥカミーカ)	33	70		W50～ T100～	八島町1-8-1	87-9674	○	提携	500	離島ターミナル歩7分、繁華街近

 〈赤馬（アカンマ）の碑〉いつかの石垣島（石垣市大浜）、赤馬（アカンマ）の碑。優秀で琉球国王に献上されたという馬。サッカーパークあかんまという施設名にもなってるね。そういえば、ねずみ捕りで有名な与那国島の猫が首里にめしかかえられて、ぺーちんの称号をもらって墓もあるという。その猫のことを次回取材してみたい。

【記号について】洗濯機・乾燥機の欄／◎…洗濯機、乾燥機あり ○…洗濯機のみ（宿により有料・無料あり） 駐車場欄／収容台数、1泊の駐車料金 バス・トイレの欄／○…全室バス（バスタブ無しのシャワーのみの場合も含む）・トイレ付 クーラーの欄／○…全室クーラー無料 コイン…コイン式クーラー／備考欄／…全室WiFi使用可 …一部WiFi使用可（パブリックスペースでの使用も含む） …クレジットカード利用可 …PayPay利用可 …d払い可 W…全室洗浄便座完備 …送迎有（区間、条件等予約時に要確認） …ダイビングサービス併設 …スタッフ募集中

名称	室数	収容人数	税込宿泊料金（単位／百円）		沖縄県石垣市	TEL.0980	洗濯機乾燥機	駐車場		備考
			朝食付	素泊				台	料金/泊	
＜石垣島郊外＞										
石垣島サン・グリーン	10	28	—	T74〜	桃里196-37	84-5000	◎	10	無料	W 満天の星を楽しむならココ!!
コンフォートホテル石垣島	81	182	サービス	T100〜	真栄里340	82-7611	◎	44	無料	W ライブラリーカフェ有
wi-manオアシティ共和	27	37	—	S61〜 T82〜	真栄里572	87-9885	◎	30	無料	W ウィークリーマンスリー料金設定有
ホテルリゾートイン石垣島	30	120	—	S58〜 T68〜	真栄里491-2	87-7525	○	12	500	W スーパーサンエー前、キッチン付
ホテルロイヤルマリンパレス石垣島	80	350	71.5〜(4名1室1名料金)	—	新川2459-1	84-3102	◎	70	無料	W 広いお部屋でゆったり過ごせる
さくらリゾートホテル石垣	15	33	S120 T240	S110 T220	新川1585-218	87-6015	◎	15	無料	W 全館禁煙、市街地まで車で約15分

名称	室数	収容人数	税込宿泊料金（単位／百円）			沖縄県石垣市	TEL.0980	バス・トイレ	クーラー	洗濯機乾燥機	備考
			2食付	朝食付	素泊						
◆キャビン型ホテル、民宿、ペンション、ゲストハウス											
＜石垣港離島ターミナル周辺＞											
ゲストハウス ちゅらククル石垣島	44	48	素泊 BOX20〜、S30〜、グループ60〜			新川23-1F	87-5558	共同	共同	◎	ブックライブラリー、共有キッチン有
石垣島宿 はればれ	3	10	—	—	48〜	新川38-4	87-5968	○		◎	(P要予約) 自転車貸出有
民宿 青ぞら荘	9	20	—	—	40	新川34	82-7190	共同		◎	P 眺望良し、便利な立地
ゲストハウス美ら宿石垣島	30	30	素泊 カプセル24〜 個室36〜			大川204 2F	84-2611	共同	共同	◎	P バス停歩1分、女性に人気
ペンション ニュー浜乃荘	22	40	—	—	25〜	浜崎町2-4-11	82-4641	○		◎	P 共用簡易キッチン有
ペンションやいま日和	16	25	—	—	45〜50(人数による)	美崎町10-7	88-5578	5室	3H100	◎	(P3台要予約) レンタサイクル無料
民宿 八重山荘	13	20	—	—	37〜	大川34	82-3231	6室		◎	(条件有) 離島ターミナル徒歩圏内
ペンション御嵩(みたけ)荘	10	20	—	—	35	大川229	82-4993	6室		◎	P 離島ターミナル徒歩5分
民宿 きよふく	11	30	—	—	25〜	大川268	83-1171	共同		◎	離島ターミナル徒歩7分
民宿 楽天屋	10	20	—	—	30〜	大川291	83-8713	共同		◎	(P3台要予約) 港徒歩7分、英語OK
南国荘	8	16	—	—	25	石垣8-3	82-2218	共同	コイン	◎	P 離島ターミナル徒歩5分
石垣島ホテルアダン	26	60	+24	+11	S45〜 T50〜	登野城1191-8	82-7558	○		◎	i P 食事はボリューム有、料金変動有
民宿 とのしろ	8	25	(キッチン使用可)		25	登野城13-2	090-9788-0548	共同	コイン	◎	(P1台) 離島ターミナル徒歩4分
民宿 まつや	12	24	—	—	40	登野城2-34	82-3455	共同	コイン	◎	P 離島ターミナル歩3分、長期割引
民宿 さくま	3	13	—	—	20〜40	登野城26	82-8595	共同		◎	P 離島ターミナル徒歩7分
民宿 こはもと	10	30	—	38.5	33	登野城441-1	82-2369	共同		◎	P 八重山毎日新聞 徒歩1分
民宿 たまき荘	10	15	—	—	30	登野城483	82-2332	共同		◎	P 離島ターミナル徒歩10分
島宿 月桃屋	7	14	素泊 S〜39 T〜64 ドミ〜30 (キッチン使用可)			浜崎町2-3-24	83-9725	共同	コイン	◎	(500円/泊) 連泊割有
民宿 パークサイドトモ	11	33	(キッチン使用可)		25	新栄町6-4	090-9788-0548	共同	コイン	◎	素泊りのみの宿
新栄荘	12	30	—	—	30〜	新栄町16-12	82-5524	共同		◎	P 離島ターミナル徒歩10分

ビーチコーマーも大歓迎♪ ビン玉や海豆が沢山あります♪

八重山の香辛料ピパーチ

沖縄を代表するご当地香辛料・島コショウ「ピパーチ」。語源はpepperで、地域によってピパーツ、ヒバーチ、チバティ（与那国）などと、呼び方が変化。八重山そばには必ず実を粉末状にしたものがテーブルに置かれている。生葉の香りも素晴らしく、最近は沖縄本島でも栽培、活用が進んでいる。八重山離島ではどこでも石垣に絡んでいる姿が見られるので観察してみよう。

竹富島の家の石垣にて

●宿泊料金・サービス内容は変更される場合があるので、予約時に要確認
●Sはシングル料金、Tはツインルーム利用2人分料金、W=ダブルルーム
Rはルームチャージを表す●ドミ=ドミトリー(相部屋)の略

（石垣島の続き）

名称	室数	収容人数	税込宿泊料金（単位／百円）			沖縄県石垣市	TEL.0980	バス・トイレ	クーラー	洗濯機乾燥機	備考
			2食付	朝食付	素泊						
民宿 チューリップ荘	15	40	55〜	—	35〜	新栄町70-9	82-8047	共同	○	◎	P TV、冷蔵庫付、長期割有
＜石垣島郊外＞											
民宿 しまかぜ	3	7	—	—	30	真栄里204-9	87-7530	共同	コイン	○	（P1台）送 自転車無料貸出有
民宿 花城	6	14	78	※68	45	桴海米原644-38	88-2568	共同	○	◎	※朝食か夕食のどちらか選べる
海のなかダイビングサービス&ペンション	8	24	応相談	応相談	S180 T200	新川2462-8	88-6044	○	○	◎	WP夕 全室キッチン付、VIPルーム有
ペンション スリーハート	3	6	—	65〜	55〜	新川1577-3	83-1509	○	○	◎	WP（送応相談）展望風呂有
宿・八重山すてい楽楽楽	4	13	休業中			新川1641-64	87-0692				
オーシャンビューゆい	3	12	素泊 40〜（4〜5名利用時1名料金）			新川2095-8	88-6220	○	○	◎	WP送 希望者にかまぼこお握り、みそ汁
ペンション KATSU	16	36	サービス		S66 T110	新川舟蔵2464-1	83-3595	○	○	◎	i夕 冷蔵庫、TV付
民宿 ザーバル	5	10			33	宮良24-25	86-7620	共同	○	◎	P 空港線バスキナヨ入口前
石垣島の素泊り宿 サントール	8	12			28〜	宮良1053-12	87-9971	共同	コイン	○	P 全室個室、マングローブ林近く
白保の宿 青い海	3	12			25〜	白保268-109	090-4470-2797	共同	○	◎	P 館内禁煙、空港まで車で5分
民宿 マエザト	12	40			40	白保68	86-8065	○	○	◎	P 商店、食堂併設
ヴィラ フクギ	3	12	+44	+11	T148	白保134	87-6064	○	○	◎	P 食事は前日までに要予約
Resort life Kabira	5	11	115〜	87〜	72〜	川平895	88-2540	○	○	◎	WP 川平湾歩3分、赤瓦の宿
上や（Jo-ya）	10	26	—	※57.2〜	※44〜	川平920-1	88-2717	○	○	◎	i（P要予約）※4名利用時1名料金
大浜荘	20	50	55	44	33	川平844-2	88-2347	共同	○	◎	P 民具体験有
川平公園茶屋宿所	7	21	66	55		川平934-37	88-2210	共同	○	◎	P 川平公園内、公園茶屋有
川平の宿 やすらぎ	9	25	要予約	100〜	80〜	川平989-2	電話予約なし	○	○	◎	WP 予約はWEBサイトより
宿 まりんはうす	4	7			S38 T70	川平915-3	88-2822	○	○	◎	P 「まりんはうすぐるくん」のメニュー割引有
島宿 イリワ	4	10			ドミ22〜、個室44〜	川平599	88-2563	共同	○	◎	P 川平湾近く
Lulaliya（るらりや）	9	19		+10	S40〜 T120〜	川平921-1	87-0059	5室	○	◎	P 川平湾まで徒歩3分
石垣島北部の宿 海すずめ	5	15	95〜	65〜	50〜	野底1086-14	050-5539-6339	共同	○	◎	P 星空保護区にある民宿
ペンション シーシャイン	5	18	S105 T190	S90T160	S80 T140	野底1096-3	84-5115	○	○	◎	P送 全室冷蔵庫付
月桃の宿あかいし	7	20	2食付 70〜（2名利用時1名料金）			伊原間370	89-2922	共同	コイン		P 赤瓦の木造の宿
ペンションさっぽろ	5	16	95〜	75〜	65〜	伊原間2-302	89-2223	○	○	◎	WP（送応相談）2名以上割引
Nata Beach Villa	10	24	T168〜	T138〜	T126〜	伊原間2-391	89-2060	○	W	（送応相談） P ホテルの裏すぐビーチ
民宿 たいらファミリー	3	15	65		35	伊原間97	89-2588	1室	○	◎	P うみんちゅの宿、体験ツアー有
◆ウィークリー・マンスリーマンション											
コンドミニアムゆがふ川平	3	6	素泊 T72〜（連泊割引有）			川平824-7	080-5082-1115	○	○	◎	（P要予約）全室冷蔵庫洗濯機付パン屋併設
カンセイホーム「島の家」	30	50	マンスリーS900〜（光熱費別）			石垣市内5ヶ所	88-8491	要確認			i（P300円〜/日）
スカイマンション石垣島	22	45	S93.5〜（素泊レンタカーセットプラン免責補償料別）			真栄里204-64	88-6772	○	○		（P他社レンタカー有料）全室オーシャンビュー
◆コンドミニアム・貸別荘・コテージ											
スカイククル石垣島	6	32	素泊1泊260〜			新川23−6.7.8F	87-5558	○	○	W	1LDK、2LDK、2LDK+テラス
サン・石垣の宿	1棟	5	素泊 1棟245〜			宮良192-3	84-5000	○	○	◎	WP 大自然の中に佇む一棟貸し
サン・川平の宿	1棟	10	素泊 1棟510〜			川平728	〃	○	○	◎	WP 庭園付高級邸宅の一棟貸し
サン・マーペーの宿	1棟	8	素泊 1棟126〜			桃里196-38	〃	○	○	◎	WP 観光の拠点に最適
サン・あかいしビーチの宿	1棟	6	素泊 1棟206〜			伊原間327-1	〃	○	○	◎	WP あかいしビーチ徒歩5分
石垣島赤瓦ヴィラ	1棟	8	1棟220〜（4名まで、オフシーズン料金）			新川2465-2	87-0316	○	W	海が目の前の古民家、BBQ可
Suite terrace石垣島	1棟	4	素泊 1棟275〜			新川1625-10	87-6119	○	W	予約、決済はWebサイトで
テラスハウスヤマバレ	1棟	4	—	—	T160〜320	川平1216-354	88-2727	○	W	眺望抜群
ヒルズヤマバレ	1棟	4	45〜（4名利用時1名料金）			川平1216-336	090-1463-1277	○	（事前決済）W	海一望
農園民宿 光星	1棟	9	素泊 52.8（5名以上）〜			川平大嵩1218-391	84-4551			P アガラサー、さとうきびジュース作り有
コーラルリゾート石垣島	2棟	8	素泊 1名40〜			伊原間2-504	090-5489-0272	○	（事前決済）P	
リゾートペンション みなみのひとつ星	1棟	5	2名まで280、5名まで650			平久保牧234-262	82-0808	○	W	サンセットビーチ徒歩5分
コンドミニアムホテル名蔵ヴィレッジ	21	84		+7	R100〜	名蔵1356-108	87-8287	○	W	ペット対応ルーム、BBQ要予約可
ビーチヴィレッジ野底	5	10			T123〜	野底1048-10	89-2181	○	W	テラスでBBQ、マリン用品レンタル有
棲家（すみか）ま〜る	6	20	素泊 T200〜（5名まで1人につき+60）			宇土名337-290	89-2205	○	W	ビーチ徒歩1分、連泊割有
県立石垣青少年の家	8	130	研修を目的とした10名以上の団体用施設			新川868	82-7301	共同	○		iP 港より車10分、日帰り可

ひとくちメモ

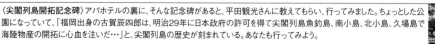

〈尖閣列島開拓記念碑〉アパホテルの裏に、そんな記念碑があると、平田観光さんに教えてもらい、行ってみました。ちょっとした公園になっていて、「福岡出身の古賀辰四郎は、明治29年に日本政府の許可を得て尖閣列島魚釣島、南小島、北小島、久場島で海陸物産の開拓に心血を注いだ…」と、尖閣列島の歴史が刻まれている。あなたも行ってみよう。

【記号について】バス・トイレの欄／◎…全室バス（バスタブ無しのシャワーのみの場合も含む）・トイレ付　クーラーの欄／○…全室クーラー無料　コイン…コイン式クーラー　洗濯機・乾燥機の欄／◎…洗濯機、乾燥機あり　○…洗濯機のみ（宿により有料・無料あり）　備考欄／📶…全室WiFi使用可　ⓘ…一部WiFi使用可（パブリックスペースでの使用も含む）　🅟…無料駐車場あり　🈂…送迎有（区間、条件等予約時に要確認）　ｄ…ダイビングサービス併設　𝕩…スタッフ募集有　🄷…クレジットカード利用可　🅟…PayPay利用可　Ｗ…全室洗浄便座完備　ｄ…ｄ払い可

◆石垣島のリゾートホテル・ヴィラ・プチリゾートホテル

名称	室数	収容人数	税込宿泊料金（単位／百円）			沖縄県石垣市	TEL.0980	プール（屋外営業期）	備考
			2食付	朝食付	素泊				
◆リゾートホテル									
フサキビーチリゾート ホテル＆ヴィラズ	398	1454	—	T341〜	—	新川1625	88-7000	◎通年（一部3〜10月）	📶🄷🅟ＷＰ🈂 天然白砂ビーチすぐそば
OKINAWA KARIYUSHI RESORT EXES ISHIGAKI	50	161	T860〜	T660〜	—	宮良923-1	86-8001	○4月〜10月	📶🄷🅟 大人の隠れ家風リゾート
石垣リゾートホテル	33	132	T550〜	T490〜	—	宮良浜川原1053-4	0120-700-446	○3月中旬〜10月	📶🄷ＷＰ 全室120㎡以上のコンドミニアム型リゾートホテル
アートホテル石垣島	245	774	T278〜	T208〜	T164〜	大川559	83-3311	○4月〜10月	📶🄷ＷＰ 居心地よくアクセス良し
石垣島ビーチホテルサンシャイン	114	232	T341〜	T242〜	—	新川2484	82-8611	○4月〜9月末	📶🄷🅟ＷＰ 露天風呂付展望浴場有
南の美ら花ホテルミヤヒラ	150	300	—	T172.8〜	T151.2〜	美崎町4-9	82-6111	○4月〜10月	📶🄷ＷＰ 離島ターミナル向い
〃　　美崎館	95	190	—	T226.8〜	T216〜	〃	〃		📶🄷ＷＰ 2018年6月1日オープン
グランヴィリオリゾート石垣島	300	911	T396〜	T264〜	—	新川舟蔵2481-1	88-0030	○3月〜10月	📶🄷ＷＰ 自然の中のリゾート
石垣シーサイドホテル	108	418	T345.4〜	T264〜	T220〜	川平154-12	88-2424	○通年（2月のみ閉館）	📶🄷ｄⓀＷＰ 底地ビーチ前
◆ヴィラ・プチリゾートホテル									
THIRD 石垣島	28	120	T270〜	T170〜	T130〜	美崎町4-7	83-6366		📶🄷𝕩 オールインクルーシブプラン
ザ・ビーチテラス ホテルアオ石垣	6	16	T340〜	T180〜	T140〜	新川2461	87-7797		📶🄷ＷＰ𝕩 全室ジャグジー完備
Haruhoo Resort ISHIGAKI	6	21	—	T220〜	—	宮良92-3	84-4491		📶🄷ＷＰ 貸切大浴場有（有料予約制）
JUSANDI（ユサンディ）	5	12	T1430〜	T1100〜	—	桴海470	88-2833	○通年	📶🄷ＷＰ（🈂有料）プライベートプール有
アレーズド・バレ ISHIGAKI	8	20	—	—	T256〜	桴海337-250	84-5377	○通年	📶🄷ＷＰ 目の前が海のプール付ホテル
グランピングリゾート ヨーカブシ	8	24	—	—	80〜	伊原間2-737	89-2345	○通年	📶🄷🅟 BBQプラン有（要予約）
Seven Colors 石垣島	7	21	T636	T380	—	平久保226-523	84-5107		📶🄷ＷＰ ビーチ歩15秒

★プールの欄／◎…屋内外プールあり　○…屋外プールのみ（屋内プールは通年、屋外プールは記載時期のみ）

小浜島　全7宿

名称	室数	収容人数	税込宿泊料金（単位／百円）			八重山郡竹富町	TEL.0980	バス・トイレ	クーラー	洗濯機乾燥機	備考
			2食付	朝食付	素泊						
◆民宿											
民宿 宮良	5	10	—	77	—	小浜36-1	85-3553	3室	○	○	ⓘ🈂 チェックアウト9時、http://kohama-miyara.com
民宿 だいく家	6	17	—	77〜	66〜	小浜73	85-3352	2室	○	○	📶🈂 休憩所有、相部屋なし、TV、冷蔵庫付
うふだき荘				休業中		小浜52	85-3243				
民宿 長田荘				休業中		小浜49	85-3250				
小浜の宿 panapana	5	15	—	70〜	60〜	小浜1496（細崎）	080-6516-8356	3室	○	○	📶🈂 目の前がビーチ

◆小浜島のリゾートホテル

名称	室数	収容人数	税込宿泊料金（単位／百円）			沖縄県八重山郡竹富町	TEL.0980	プール（屋外営業期）	備考
			2食付	朝食付	素泊				
星野リゾート　リゾナーレ小浜島	60	240	—	T480〜	—	小浜2954	84-6300	○通年	📶🄷ＷＰ 全室ヴィラタイプのオールスイート
はいむるぶし	148	560	T404〜	T344〜	T334〜	小浜2930	85-3111	○3/20〜11/30	📶🄷ＷＰ🈂ｄ

★プールの欄／◎…屋内外プールあり　○…屋外プールのみ（屋内プールは通年、屋外プールは記載時期のみ）

黒島　全8宿

名称	室数	収容人数	税込宿泊料金（単位／百円）			八重山郡竹富町	TEL.0980	バス・トイレ	クーラー	洗濯機乾燥機	備考
			2食付	朝食付	素泊						
民宿 くろしま	11	20	70	55	45	黒島1948	85-4280	共同	コイン	○	📶🄷🅟 仲本海岸近く
民宿 あーちゃん	9	18	70〜	—	45〜	黒島83	85-4936	1室	コイン	○	📶🈂 釣り船有料ツアー有
民宿 のどか	8	18	65	50	40	黒島1797-3	85-4804	共同	4室	○	📶🈂 宿泊者自転車無料貸
民宿 みやよし荘	10	25	60	55	40	黒島1830	85-4152	3室	コイン	○	📶🈂 3000冊のマンガ有
しま宿 南来（なんくる）	6	16	70	58	50	黒島412	85-4304	共同	○	○	📶🈂 西の浜近く
民宿 なかた荘	7	10	70〜	55〜	50〜	黒島31	84-6811	1室	コイン	◎	📶（🈂黒島港）宮里海岸近く
古民家宿 まいすく家	1棟	10	素泊 2名200、5名350（調味料付キッチン利用可）			黒島460	85-4007	○	○		📶Ｗ🈂 1日1組限定、HP
古民家 のんびりや	1棟	4	素泊 S70 T110（予約は2連泊から）			黒島1858	85-4777	○	コイン		📶Ｗ🈂ｄ キッチン付、食品購入可

〈沖縄のラム〉沖縄のラムといえば、伊江島のイエラムサンタマリアや南大東島のコルコルだが、泡盛会社などが作るラム酒もあるぞ。この間は宮古島の多良川酒造製のラム「マクガン」（2020年発売）を石垣島のバーでいただいてみた。このほかにも瑞穂酒造が各島のサトウキビで作るONE RUMプロジェクトをやったり沖縄のラムがいよいよおもしろくなってるだっちゃ。

竹富島　全18宿

●宿泊料金・サービス内容は変更される場合があるので、予約時に要確認
●Sはシングル料金、Tはツインルーム利用2人分料金、W＝ダブルルーム
Rはルームチャージを表す●ドミ＝ドミトリー（相部屋）の略

名称	室数	収容人数	税込宿泊料金（単位／百円）			八重山郡竹富町	TEL.0980	バス・トイレ	クーラー	洗濯機乾燥機	備考
			2食付	朝食付	素泊						
高那旅館	17	40	2食付 95（1名利用の場合+10）			竹富499	85-2151	一部	○	◎	i 送 郷土料理が自慢
〃　（コテージ）	2		2食付 150（4名利用時1名料金）			〃	〃	○	○	◎	i 送 郷土料理が自慢
ユースホステル高那	6	15	夕食のみ+12	+8	45（会員価格）	〃	〃	共同	コイン	◎	i 送 茶屋たかにゃ併設
民宿 小浜荘	8	16	65〜	53〜	45〜	竹富316	85-2131	共同	コイン	◎	夕食のみ6,000円〜
民宿 新田荘	9	18	68	52	45	竹富347	85-2201	共同	コイン	◎	自家菜園の無農薬野菜を使った料理
やど家 たけのこ	6	18	T314.6〜	T237.6〜	T198〜	竹富206-1	85-2009	○	○	◎	W 夕日の名所、西桟橋に一番近い宿
島宿 願寿屋	2棟	10	朝食付 198〜（2名利用時1名料金）			竹富2279-1	85-2211	○	○	◎	W 送要予約 露天風呂有
ゲストハウスたけとみ	7	24	—	75〜		竹富378	85-2334	○	○	◎	i 送 全室個室、ミニキッチン、電子レンジ付
民宿 内盛荘	8	24	個室91〜76〜	63〜	56〜	竹富490	85-2255	3室	○	◎	i 送 個室使用は2食付プランのみ
民宿 松竹荘			休業中			竹富484-1	85-2257				
民宿 大浜荘	8	20	65〜	50〜	45〜	竹富501	85-2226	○	○	◎	i 送 パーラー併設
民宿 マキ荘	5	15			40	竹富476	85-2236	共同	コイン	◎	i 送 民芸喫茶併設
民宿 泉屋	6	16			50〜	竹富377	090-5943-5165	共同	○	◎	の 送 伝統的赤瓦古民家の宿
竹富島ゲストハウス&ジュテーム	5	12	素泊 ドミ42.8、個室73.8			竹富321-1	85-2555	共同	○	◎	連泊割引有
一日一組の宿 すかぶら	1棟	2	—	140〜		竹富1489-1	85-2225	○	○	◎	W 1日1組限定離れタイプ
ちいさな島宿 cago	3	6	205〜	150〜		竹富362	85-2855	○	○	◎	W 送 1日3組のみ限定の大人向けの宿
赤瓦の宿 そうりゃ	1棟	5	軽朝食付 165			竹富393	090-1943-3765	○	○	◎	W 送 庭にジャグジー、レンタル電動自転車有
ホテルピースアイランド竹富島	20	61	2食付 130〜（3名利用時の1名料金）			竹富112-1	84-5955	○	○	◎	W 送要事前連絡 夕日スポット西桟橋歩7分

◆竹富島のリゾートホテル

★プールの欄／◎…屋内外プールあり　○…屋外プールのみ（屋内プールは通年、屋外プールは記載時期のみ）

名称	室数	収容人数	税込宿泊料金（単位／百円）			沖縄県八重山郡竹富町	TEL.0980	プール（屋外営業期）	備考
			2食付	朝食付	素泊				
星のや竹富島	48	107	—	—	R1120〜	竹富	050-3134-8091	○通年	W 送 離れ家形式

西表島　全59宿

宿の近くまで行く船会社の無料送迎バスがあります。

西部

名称	室数	収容人数	税込宿泊料金（単位／百円）			八重山郡竹富町	TEL.0980	バス・トイレ	クーラー	洗濯機乾燥機	備考
			2食付	朝食付	素泊						
民宿さわやか荘	12	27	75〜	62〜	55〜	上原10-448（住吉）	85-6752	9室	○	◎	（送上原送りのみ）各種ツアー有
民宿パイン館	15	40	72〜82〜	58〜68〜	49〜59〜	上原10-171（住吉）	080-6481-6408	11室	○	◎	船会社無料送迎有、夏期パインサービス有
山猫お針箱	2	4	—	90	—	上原870-117（浦内）	070-2439-9481	○	○	◎	W 送 レンタカー、BAR「HIDE OUT」併設
ペンション星の砂（和室）	4	20			60〜	上原289（星砂）	85-6448	○	○	◎	夕 オーシャンビュー
ペンション星の砂（洋室）	7	21			85〜	〃		○	○	◎	星砂の浜が目の前

ひとくちメモ

〈進化した竹富島入島料〉竹富島の入島料は石垣港離島ターミナル科竹富港ターミナルの券売機で払えるのだが、竹富島側ではクレジットカードが使えるようになっている（JCBはだめ）。竹富言葉のステッカーか、草あみの飾りがもらえた、いいね！　そして今度友利観光の事務所には入島料ガチャという新兵器が設置（P.133コラム参照）　入島料を楽しく払えるという情報で周知がすすんでほしいね。

入島料

【記号について】バス・トイレの欄/○…全室バス(バスタブ無しのシャワーのみの場合も含む)・トイレ付　クーラーの欄/○…全室クーラー無料 コイン…コイン式クーラー　洗濯機・乾燥機の欄/◎…洗濯機、乾燥機あり　○…洗濯機のみ(宿により有料・無料あり)　備考欄/WiFi…全室WiFi使用可　i…一部WiFi使用可(パブリックスペースでの使用も含む)　加…クレジットカード利用可　P…PayPay利用可　d…d払い可　W…全室洗浄便座完備　P…無料駐車場あり　送…送迎有(区間、条件等予約時に要確認)　ダ…ダイビングサービス併設　募…スタッフ募集有

名称	室数	収容人数	税込宿泊料金(単位/百円) 2食付	朝食付	素泊	八重山郡竹富町	TEL.0980	バス・トイレ	クーラー	洗濯機乾燥機	備考
villa 西表 本館・西華	20	60	2食付69～ 前日当日割有	直電限定		上原661	85-6653	○	○	○	港近い、施設使用料1泊300円
villa 碧(あお)	8	32	150	120	98	〃	〃	○	○	○	ダイレクトビーチ、施設使用料1泊300円
民宿 カンピラ荘	15	30	—	42 52	35 45	上原545	85-6508	8室	○	○	上原港徒歩2分、ロビーWiFi可
うえはら館	16	35		75～	—	上原559	090-2512-6516	○	○	○	カフェ『西表の少年』併設
アルファールーム	8	9			35	上原550-1	85-6974	○	○	○	上原港徒歩1分、カヌーツアー有
マリンペンションたいら	11	20			35～	上原564	0120-564-504	3室	○	○	三線・民謡が聴ける
民宿 きよみ荘	9	18	73～	57～	510～	上原571-6	85-6251	6室	○	○	上原港から徒歩5分以内
民宿 まるま荘	9	18	77	応相談	55	上原527	85-6156	共同	○	◎	上原港のそば
民宿 八重(スーパー八重)	3	6	—	—	30(3泊から)	上原330-2(中野)	85-6439	共同	○	◎	1Fがスーパー
GUEST HOUSE nesou	3	7	素泊 S55～ T70～120			上原339-14(中野)	予約はメールで	共同	○	◎	raita0830@gmail.com
西表ココナツビレッジ	11	33	70～	50～	40～	上原397-1(中野)	85-6045	○	○	○	海が目の前、連泊割引有
シーサイドハウス中野	2	7	—	—	S35～65 T70～120	上原339-2(中野)	85-6282	○	○	各室◎	一軒家
シーサイドペンションBUFF	5	12	93.5～	77～	68.2～	上原397-35(中野)	85-6407	○	○		オーシャンビュー
あけぼの館	7	15	夕食付55～		38	上原397-4(中野)	85-6151	共同	コイン	◎	海の近く
アコークロー西表	2	4	—	—	S51.7～ T81.4～	上原324-100(中野)	85-6372	○	○	◎	キッチン・食器付コンドミニアム
villa HIRUGI	6	15	—	軽食サービス	70～	上原984-75(船浦)	85-7036	4室	○	◎	海の見える高台の宿
馬のいる癒しの宿モンスーン	8	21	—	65	55	上原984-50(船浦)	85-6019	共同	夜は無料	◎	カヌー、シュノーケルツアー有
民宿 マリウド	8	32	65	55	45	上原984-14(船浦)	85-6578	共同	○	◎	カヌー、シュノーケルツアー有
西表島マリウド新館	11	50	90～	80～	70～	上原984-37(船浦)		○	○	○	全室オーシャンビュー
いるもて荘	11	35	夕食要予約		ドミ44～ S52.8～	上原870-95(船浦)	85-6076	3室	○	○	見晴らし良好、夕食(要予約)
Luana Mele Iriomote	4	13	T196～	T176～	—	上原289-17(星砂)	85-6027	○	○	◎	星砂の浜10秒
〃 (コンドミニアム)	1	4	+28～	+10	T200～	〃		○	○	◎	星砂の浜10秒
ニライナリゾート	3	9	—	T231～	—	上原10-425(星砂)	85-6400	○	○	◎	アクティビティ充実
テラス西表島コンドミニアム	3	6	—	—	T150～	上原10-715(星砂)	85-6271	○	○	◎	ビーチまで徒歩4分
Villa芭蕉(コンドミニアム)	2棟	8	朝食付 1泊T206～(2泊以上からのみ)			上原10-320(住吉)	84-8478	○	○	◎	https://villa-basyo.com
琉夏(るか)			—	—	T440～	上原10-357(住吉)	85-6645	○	○	◎	伝統沖縄建築、縁側、庭付
イルマーレウナリザキ	40	58	—	朝食付S77～	T143～	上原10-172(住吉)	85-6146	○	○	◎	全室オーシャンビュー
ヴィラうなりざき	12	36	レストラン	T242～		上原133(住吉)		○	○	◎	全室オーシャンビュー
NEST Iriomote	3	6	—	168～	150～	上原10-189(住吉)	84-8178	○	○	◎	プール、カヌーツアー有
ティンヌカーラ	3	9	朝食付110～(2名1室利用1名料金)			上原10-647(住吉)	85-6017	○			有線LAN、レストラン有
宿 mamaya	4	8	+30	+10	60～	上原47-1(住吉)	85-6718	○	○	◎	星砂徒歩10分
マヤグスク・リゾート	2	8	レストラン	T236～	T196～	上原10-544(住吉)	85-6065	○	○	○	全室オーシャンビュー
Enysea B&B(エニシー)	3	9	—	朝食付 S187～	T242～	上原742-1(浦内)	85-6568	○	○	◎	ダイバーズ割引有
ペンションイリオモテ	5	16	—	朝食付 T162～		上原750(浦内)	85-6555	2室	○	◎	トゥドゥマリの浜近く
マリンロッヂ アトク	5	14	110	—	—	上原7(浦内)	85-6356	○	○	○	広いお庭の静かな宿
ホテルWBC	4	16	—	+10	55～	上原868(浦内)	85-6974	○	○	◎	浦内川のほとり
海の家 南ぬ風(ぱいぬかじ)	10	26	88～、99～	77～、88～	66～、77～	西表946(干立)	85-6411	10室	○	◎	美味しい島料理が自慢

Close up! 西表に泊まって遊ぶ小さなホテルオープン

ミニキッチン付き 調理器具も揃ってます　◎MAP/P.144A1

世界自然遺産の島、西表島のもっとも古い集落「祖納(そない)」に、西表島カヌー旅行人グッドアウトドアの手掛けるコンドミニアムホテルが誕生した。

ピサダ道、新盛家など、歴史的文化財に囲まれ、美しい景色と静かな雰囲気の中でゆっくり過ごしたり、自然を楽しむアクティビティやツアーに参加したり…楽しみ方はあなた次第。

【DATA】yadoya padoma 竹富町字西表607 ☎0980-84-8116　料金:1室2名まで17,000～20,000円(シーズン変動)※大人1名追加につき＋6,000～7,000円※小学生1名追加につき＋4,000～5,000円※小学生未満寝具なしの場合は無料、寝具ありの場合は小学生と同料金　予約はHPより→

 〈GUESTHOUSE nesou〉伊良部島で人気のあった宿が西表島でオープン。全部宿主一家の手作り改装という中を見せてもらったが、めちゃおしゃれ。そして庭からすぐに中野海岸という抜群のロケーション。宿主の土橋さんご夫妻がめちゃ感じいい。上原港からは各船会社さん(安栄観光、八重山観光フェリー)による無料の送迎バスに乗って宿まで行く。ホームページには石垣空港から宿まで行く方法などめちゃ丁寧に書いてあって親切♪

●宿泊料金・サービス内容は変更される場合があるので、予約時に要確認
●Sはシングル料金、Tはツインルーム利用2人分料金、W＝ダブルルーム
Rはルームチャージを表す●ドミ＝ドミトリー(相部屋)の略

(西表島の続き)

名称	室数	収容人数	税込宿泊料金(単位／百円) 2食付	朝食付	素泊	八重山郡竹富町	TEL.0980	バス・トイレ	クーラー	洗濯機乾燥機	備考
ホテル星立西表島	20	36	レストラン	朝食付S118.8～ T259.6～		西表949(干立)	85-7528	○	○	◎	W 星立の浜目の前
イルンティフタデムラ	9棟	54	素泊 50～(季節、人数により異なる)			西表973-3(干立)	84-8484	○	○	◎	静かな集落にある1棟貸コテージ
Kuganipi ビーチサイドイン	2	6	素泊 T160～(2泊以上も宿泊可、連泊割引)			西表984(干立)	090-7585-6781	○	○	◎	W 自転車、カヌー無料貸出有
yadoya Padoma	4	16	素泊 1室2名まで170～200(1名増につき+60)			西表607(祖納)	090-8294-5700	○		◎	グッドアウトドア(ツアー)併設
西表アイランドホテル	30	80	T200～	T160～	T140～	西表634(祖納)	85-6001	○	○		(i)(送要予約)
星砂荘	9	15	—	—	S20、T35、Tr45	西表657(祖納)	080-8568-5689	共同			食堂、スーパー、ビーチ徒歩30秒
金城旅館	7	15	70	55	50	西表1499(白浜)	85-6351	共同			海・山の幸の島料理
白浜海人の家	6	40	—	サービス	50～	西表1499-57(白浜)	85-6119	○			多目的ホール有、BBQ有(応相談)
御宿 奥西表	1棟	4	朝食付 T170～(連泊割引有)			西表2460(船浮)	090-4470-5966	○	W		夕食は要予約、詳細はHP参照 ＊
民宿 かまどま	6	22	70	55	45	西表2463(船浮)	080-9851-5740	共同	コイン		(i) 白浜港より定期船10分 ＊
民宿 ふなうき荘	9	25	80	—	50	西表2458(船浮)	85-7155	○	W		2020年改装済 ＊
民宿 やまねこ	9	25	(キッチン使用自由)		20	南風見201-216(大原)	090-9578-1827	共同	コイン		大部屋有
民宿 池田屋	7	15	75～	51～	41～	南風見201-116(大原)	85-5255	共同	有料		(送応相談)浴室は男女別
民宿 なみ荘	7	17	—	+5	50	南風見201-60(大原)	85-5257	○			(i)(送) 大原港近くて便利
ペンション なかまがわ	4	8	—	—	62～68	南風見仲29-37(大富)	85-5407	○	W		(送要予約)仲間川に近い
竹盛旅館	9	20	88～	応相談	応相談	南風見仲36-5(大富)	85-5357	7室	○	◎	(送大原港要予約)レンタカー併設
農家民宿 マナ西表島	1棟	4	2食付 99～(2泊以上2名利用時1名料金)			古見202	85-5656	○			(送大原港) 2部屋有、ファミリーに最適
エコヴィレッジ西表	15	44	S110～T160～	S70～T120～	—	高那280-36	85-5115	○	W	◎	(i)(送大原港) プール有

＊船浮は船でしか行けない地域です

◆西表島のリゾートホテル

名称	室数	収容人数	税込宿泊料金(単位／百円) 2食付	朝食付	素泊	沖縄県八重山郡竹富町	TEL.0980	プール(屋外営業期)	備考
星野リゾート 西表島ホテル	139	556	朝食付2泊280～(2名利用時1名料金)			上原2-2	050-3134-8094	○通年	WP(送上原港)宿泊予約は2泊より
ラ・ティーダ西表リゾート	32	106	—	T220～		南風見508-205(豊原)	85-5555		W(送要予約) 日本最南端の温泉併設
西表島ジャングルホテルパイヌマヤ	29	120	T319～	T209～	—	高那243	85-5700	○4月～10月	WP(送要予約)エコツアー多種有

★プールの欄／○…屋外プールのみ(屋内プールは通年、屋外プールは記載時期のみ)

鳩間島 全7宿

名称	室数	収容人数	税込宿泊料金(単位／百円) 2食付	朝食付	素泊	八重山郡竹富町	TEL.0980	バス・トイレ	クーラー	洗濯機乾燥機	備考
民宿 まるだい	4	15	3食付60	—	—	鳩間42	85-6557	共同	扇風機	○	鳩間港徒歩5分
ペンションマイトウゼ	9	18	2食付55、3食付60			鳩間46-2	85-6166	1室	コイン	○	(i) 港徒歩5分、別棟ファミリールーム有
素泊宿 寄合	4	8	—	—	35	鳩間31	090-1518-4070	共同	扇風機	○	みつるおじのファン多し
民宿 いだふに	6	13	70	—	—	鳩間26	85-6374	共同	無料	◎	全室個室でくつろげる、不定休
民宿 海風	5	9	3食付 80、シュノーケルツアー付 140			鳩間529	090-8836-1778	共同	1日500		(送) マリンサービス、食堂併設
宿屋 あだなし	9	20	—	—	40～	鳩間51	85-6780	共同	1日500		(送)シュノーケルツアー有
素泊り あやぐ	5	8	—	—	40	鳩間39	85-6627	共同	1h100		港すぐ、宮古民謡歌手の宿

波照間島 全15宿

名称	室数	収容人数	税込宿泊料金(単位／百円) 2食付	朝食付	素泊	八重山郡竹富町	TEL.0980	バス・トイレ	クーラー	洗濯機乾燥機	備考
ホテルオーシャンズ	14	28	—	77～	—	波照間78-3	85-8787	○	○		(送電) レンタカー・バイク・自転車有
ペンション最南端	12	28	2食付 110～(小人半額・3泊目～割引有)			波照間886-1	85-8686	○	○		ニシ浜ビーチ目の前
けだもと荘	7	15	—	—	30	波照間3114	85-8249	共同	コイン		宿泊者レンタサイクル無料
民宿 たましろ	6	20	55	45	25	波照間539	85-8523	共同	コイン		(送)夕飯ボリュームMAX
星空荘	5	10	—	—	40	波照間85	85-8130	共同	コイン		(送応相談)集落の真ん中でアクセスがいい
ハウス美波	9	26	キッチン付き		36～	波照間3138	090-8437-3132	6室	コイン		(i)(送) 冬期ウィークリー半額
宿 いしの	7	12	—	—	50	波照間622	85-8469	共同	コイン		(送) ダイビング以外の方も大歓迎
照島荘	5	5	68	—	—	波照間5245	090-4518-4921	共同	コイン		ゆったりできる宿
素泊まり民宿やどかり	5	12	—	—	35	波照間723	85-8525	共同	コイン		(送要予約)1人旅大歓迎!

ひとくちメモ 〈沖縄・奄美のフルーツその②〉沖縄・奄美のフルーツで、おいしいもののひとつパッションフルーツ(6～8月が旬)は香りがよく、生はもちろんジュースや料理のソースにしても抜群。珍しさと美味しさ両方でおすすめ。また冬時期の柑橘類、タンカン(1月下旬～3月上旬)はその時期旅するならぜひ味わってみよう。香りも味も最高!(生産地は沖縄本島北部、奄美大島が有名)。

【記号について】バス・トイレの欄／○…全室バス（バスタブ無しのシャワーのみの場合も含む）・トイレ付　クーラーの欄／○…全室クーラー無料　コイン…コイン式クーラー　洗濯機・乾燥機の欄／◎…洗濯機、乾燥機あり　○…洗濯機のみ（宿により有料・無料あり）　備考欄／WiFi…全室WiFi使用可　i…一部WiFi使用可（パブリックスペースでの使用も含む）　C…クレジットカード利用可　d…d払い可　W…全室洗浄便座完備　P…無料駐車場あり　送…送迎有（区間、条件等予約時に要確認）　ダ…ダイビングサービス併設　働…スタッフ募集有

名称	室数	収容人数	税込宿泊料金（単位／百円）			八重山郡竹富町	TEL.0980	バス・トイレ	クーラー	洗濯機乾燥機	備考
			2食付	朝食付	素泊						
ゆったい	4	12	—	—	35〜	波照間3141-1	090-3796-0420	○	○	◎	WiFi送 全室個室、予約はSMSのみ
ラグーン	6	10	—	—	47〜	波照間2938	〃	共同	○	◎	WiFi送 全室個室、予約はSMSのみ
うるま家	5	10	70	—	—	波照間121	85-8437	共同	コイン	◎	WiFi送 アットホームな宿
民宿 あがた村	6	8	68	—	—	波照間5375	85-8622	共同	コイン	◎	WiFi送 体験型の民宿、レンタサイクル有
民宿 まんや	4	12	70	55	—	波照間122	090-8669-9485	共同	コイン	◎	WiFi送 おばあの家にきたような雰囲気の宿
ゲストハウスNami	8	16	—	—	35	波照間5251	85-8203	共同	コイン	○	WiFi送

与那国島　全21宿

与那国島は祖納、久部良、比川の3集落に分かれています。

名称	室数	収容人数	税込宿泊料金（単位／百円）			八重山郡与那国町	TEL.0980	バス・トイレ	クーラー	洗濯機乾燥機	備考
			2食付	朝食付	素泊						
ふじみ旅館	10	25	79	69	50	与那国71-1(祖納)	87-2143	共同	○	◎	WiFi送 祖納集落内、便利な場所
民宿 よしまる荘	13	43	77〜	要問合せ	66〜	与那国3984-3(久部良)	87-2658	トイレ7室	○	◎	WiFiか送 大浴槽付シャワー室完備
ホテル・民宿 はいどなん	23	58	—	—	35〜	与那国4022-235(久部良)	87-2651	12室	○	◎	i 久部良港・ナーマ浜目の前
はいどなん 新館	8	16	—	—	77〜	〃	〃	○	○	◎	WiFiW ホテルタイプ、全室禁煙
民宿 てぃだん(太陽)	7	16	—	—	38、55	与那国4022-21(久部良)	87-2550	3室	○	◎	WiFiか(応相談) 居酒屋併設(要予約)
民宿 もすら	7	15	料金は要問合せ			与那国4022-380(久部良)	080-9851-7779	共同	○	◎	WiFi レンタカー、バイク、サイクル有
Villa エデンの幸 旅物語	15	35	114.4	95.7	82.5	与那国4022-253(久部良)	87-2450	○	○	◎	WiFiか 角部屋はオーシャンビュー
ペンションサザンスマイル	5	9			S66 T110	与那国4022-39(久部良)	070-2640-7743	○	○	◎	W 久部良漁港近く
ペンション ディーパ	4	16			S60、T100	与那国3765-26(久部良)	080-8395-2520	○	○	◎	WiFi送 キッチン・冷蔵庫付
民宿 みねむら	8	8			S40 T70	与那国4022(久部良)	87-3636	共同	○	◎	WiFi 朝にパン、ドリンクのサービス有
シーサイドイン太郎丸	5	10	パン・コーヒー		S75〜 T130〜	与那国4022-530(久部良)	090-8290-4022	○	○	◎	WiFiW 久部良漁港、漁協すぐそば
民宿 ゆうな	8		休業中			与那国4022-5(久部良)	87-2963				
旅の館 阿壇(ADAN)	13	25	料金は要問合せ			与那国186-1(祖納)	87-2947	共同	○	◎	WiFiか 2024年1月リフォーム済
民宿 さんぺい荘	8	18	—	軽食サービス	35	与那国4753-1(祖納)	87-3377	共同	コイン	◎	WiFi(送)空港 展望良好
ぐまーぬ入船	7	14	—	軽食サービス	55〜	与那国197(祖納)	87-2311	共同	○	◎	WiFiダ(送)空港 共有キッチン有
旅の宿 かふう	6	9	88〜	—	—	与那国14(祖納)	87-2419	共同	○	◎	WiFiか(送応相談) 地元の食材でのおもてなし
ゲストハウスFiesta	4	14	素泊 ドミ30、個室 S50 T80			与那国1080(祖納)	080-6499-0740	共用	お気持ち	◎	WiFi送 オーシャンビューのDXルーム有
赤瓦の宿 おくや	1棟	5	素泊 90(別途清掃料)			与那国366(祖納)	070-4283-8666	○	○	◎	WiFiW お弁当配可
入福旅館			休業中			与那国160(祖納)	87-2017				
民宿 里家	6	10	78	60	50	与那国3093(比川)	090-5294-4445	共同	コイン	◎	WiFi送 Dr.コトーのセット近く
アネックスバンブーヴィラ	1棟	12	素泊 120〜(5名以上より予約可)			与那国3024(比川)	87-2311	○	○	◎	WiFiダ(送)空港 5名以上は要問合せ

 ひとくちメモ　〈与那国島のクシティ〉与那国島といえば、長命草(ボタンボウフウ)が有名だが、2019年、初めて冬場の名物「クシティ」に出会えた。クシティ(パクチー)は大昔(もちろん戦前だが、どのくらい前かは不明)南方より島に伝わり、11〜2月くらいまでがシーズン。そんな島は沖縄でここだけ。今までおいしいクシティーを単品でこんなに山盛り食べたことがあっただろうか、いやない！感動体験！

飛行機 本土〜奄美・沖縄 運航予定・料金

那覇空港ターミナル（国内線ターミナル）紹介

- ■総合案内所（1F・2F・3Fのロビー中央）☎098-840-1179
  - 🕐1F 7:30〜23:30／2F 7:00〜20:30／3F 7:00〜20:00
- ●1F…宅配サービス／手荷物預り所有　※琉球銀行は撤退してます
- ●1F・2F・3F…コインロッカー（取扱時間 6:00〜24:00空港閉館）
  - （取扱時間 6:00〜24:00空港閉館／ただし、2Fは22:00まで）
- ●2F…多数のおみやげ店、喫茶店の他、コンビニ、薬店、宮脇書店那覇空港店 🕐6:30〜20:30位（＊店により異なる）
- ●4F…食事、喫茶処が揃っている 🕐6:30〜20:30位（＊店により異なる）
- ●立体駐車場…搭乗ロビー2Fと連絡通路で結ばれている
  - 2,472台収容／☎098-858-7626　🕐6:00〜24:00

飛行機手荷物について

●機内持ち込み手荷物（1人につき／普通席利用の場合）

100席以上の便…JAL／JTA／ANA／SKY／SNA
55cm×40cm×25cm以内／3辺 合計115cm以内／総重量10kgまで＊
100席未満の便…JAL／JAC／ANA／RAC／J-AIR
45cm×35cm×20cm以内／3辺 合計100cm以内／総重量10kgまで＊
ピーチ　40cm×50cm×25cm以内／総重量7kgまで＊
GK（ジェットスター）　56cm×36cm×23cm以内／総重量7kgまで＊

＊上記サイズ 手荷物1個＋身回品1個 の合計の総重量が規定内なら機内持ち込み可（ただし、荷物の種類などにより規定内でも持ち込めない場合もあります）

●預けられる手荷物（受託手荷物）

航空会社により、無料で預けられる重量及びサイズがそれぞれ違うので、利用する航空会社に問合せ又は、ホームページで確認しましょう。
※LCC（ピーチ、ジェットスター）の場合、基本的に受託手荷物は有料なので、チケット予約時に必ず各社の料金体系を確認してください。／チケット予約と同時に受託手荷物の重量分も一緒に予約すれば格安ですが、当日受託手荷物の重量が増える場合、かなり割高な受託手荷物料金が必要になったりします。

■那覇空港のラウンジ華　🕐8:00〜20:00 ☎098-840-1727
那覇空港の（クレジットカード会社の）ラウンジは、ターミナルビル1F到着ロビーにある。那覇空港から搭乗前に利用する場合は、チェックイン前の場所。提携クレジットカード会社のゴールドカード等と当日の航空券又は半券の提示で無料利用できる。フリーWi-Fi、パソコンも有。一般の方の利用料は1,320円。〔注意〕ラウンジ華内は、飲食物の持ち込みは禁止。

3F チケットロビー

2F 出発ロビー

＊出発者は3階でチケットを購入後チェックインした後、2階の出発口ビーから搭乗する。

1F 到着ロビー

★到着者は1階の到着ロビーに着き、1階から外に出る。

🛗エレベーター　Ⓨキャッシュコーナー　🔒コインロッカー　喫煙所　WCトイレ
カフェテリア　レストラン　☎電話　インターネット　フリーコンセント設置

【空港→ホテル／空港→自宅】　※P.221 ひとくちメモも参照
◉ヤマト運輸　☎0570-200-000／☎0120-01-9625
　・手荷物預かりサービス…手荷物、コート 約1ヶ月　　・荷物全国発送
　・手荷物らくちん便…当日受付時間までに預けると沖縄本島内の宿泊施設に配達してくれる。
◉OAS航空　☎098-857-2202　　・荷物全国発送
　・手ぶらパック…当日受付時間までに預けると沖縄本島内の宿泊施設に配達してくれる。（一部当日配達不可地域あり）
◉佐川急便　☎080-3930-9851　　・荷物全国発送

航空会社・問合せ先

- ■日本航空（JAL）／日本トランスオーシャン航空（JTA）／J-AIR（J-AIR）／琉球エアーコミューター（RAC）／日本エアコミューター（JAC）☎0570-025-071　沖縄☎098-891-8201
  - https://www.jal.co.jp
- ■全日空（ANA）／ANAウィングス（AKX）☎0570-029-222 東京☎03-6741-8800
  - https://www.ana.co.jp
  - ※ANAとSNAは共同運航です。ANAで予約してもSNAの場合もあります
- ■ソラシドエア（SNA）☎0570-037-283、06-7637-8817
- ■スカイマークエアラインズ（SKY）☎0570-039-283 直前予約0570-055-283
- ■ジェットスター・ジャパン（GK）☎0570-550-538
- ■ピーチ・アビエーション（ピーチ／MM）☎0570-001-292
- ■第一航空(株)那覇営業所 ☎098-859-5531（7:30〜17:30）
  - P.221●印参照　石垣営業所 ☎0980-86-8700（9:00〜17:00）

本土～沖縄の直行便

下…本土→沖縄便　上…沖縄→本土便

航路	航空会社	一日の便数	所要時間 本土→沖縄	所要時間 沖縄→本土	参考片道運賃
札幌～那覇	ピーチ	上下各1	3:50	3:20	9,490円～
仙台～那覇	ANA	上下各1	3:05	2:40	19,730円～
新潟～那覇	ANA *6/1～9/30 運休	上下各1*	3:05	2:25	20,740円～
茨城～那覇	SKY	上下各1	2:50	2:45	7,800円～
東京(羽田)～那覇	JAL	上下各13	2:45	2:20	13,150円～
	ANA/SNA	上下各16～17 (内SNA3便)	2:45	2:20	13,610円～
	SKY	上下各6	2:45	2:25	6,600円～
東京(成田)～那覇	ピーチ	上下各3	3:05	2:40	6,390円～
	GK	上下各2～3	3:05	2:35	6,380円～
東京(羽田)～久米	JAL	下1* *7/12～8/31のみ運航	2:35	那覇で給油のため一旦降機	16,430円～
東京(羽田)～宮古	JAL/JTA	上下各1	3:00	2:35	16,430円～
	ANA	上下各2	3:05	2:35	16,540円～
東京(羽田)～石垣	JAL/JTA	上下各2	3:10	2:50	14,890円～
	ANA	上下各2	3:10	2:45	14,890円～
東京(羽田)～下地	SKY	上下各1	3:00	2:40	9,000円～
東京(成田)～下地	GK	上下各1* *5/8と5/9～6/27の火・水は運休	3:20	2:50	7,490円～
東京(成田)～石垣	ピーチ	上下各1～2	3:25	3:20	7,990円～
静岡～那覇	ANA *4/26～5/6、7/1～10/26のみ運航	上下各1*	2:25	2:10	15,280円～
名古屋(中部)～那覇	JTA	上下各4	2:20	2:05	13,220円～
	ANA/SNA	上下各3～4 (内SNA1便)*8/1～8/31のみ4便	2:25	2:00	13,880円～
	ピーチ	上下各1	2:25	2:15	6,690円～
	SKY	上下各3	2:20	2:10	5,600円～
	GK	上下各1* *4/3,10,17,24,9/24～26,10/1～3,10/8～10は運休	2:15	2:10	5,080円～
名古屋(中部)～宮古	ANA	上下各1	2:40	2:15	12,540円～
	JTA	上下各1* *3/15～4/7、4/26～5/6、7/12～8/31のみ運航	2:40	2:20	11,330円～
名古屋(中部)～石垣	ANA	上下各1	2:50	2:20	11,330円～
	JTA	上下各1* *3/15～4/7、4/26～5/6、7/12～8/31のみ運航	2:45	2:35	11,330円～
大阪(関西)～那覇	JTA	上下各3	2:10	2:00	11,680円～
	ANA	上下各3～4	2:10	1:55	11,680円～
	GK	上下各1～2	2:20	2:05	5,410円～
	ピーチ	上下各4	2:20	2:10	5,490円～
大阪(関西)～宮古	ANA	上下各1～2	2:30	2:05	14,960円～
	JTA	上下各1	2:25	2:15	16,170円～
大阪(関西)～石垣	JTA	上下各2	2:40	2:20	15,950円～
	ANA	上下各1	2:40	2:15	15,950円～
	ピーチ	上下各2	2:25	2:15	7,990円～
大阪(伊丹)～那覇	JAL	上下各2～3	2:05	1:55	11,580円～
	ANA	上下各3～4	2:10	1:55	11,580円～
大阪(伊丹)～石垣	ANA	上下各1* *7/12～8/31のみ運航	2:25	2:25	15,850円～
神戸～那覇	SNA	上下各3	2:10	1:55	11,240円～
	SKY	上下各4	2:05	1:55	5,000円～
神戸～下地	SKY	上下各1	2:20	2:10	8,400円～
小松～那覇	JTA	上下各1	2:30	2:10	14,870円～
岡山～那覇	JTA	上下各1～3	1:55	1:55	18,060円～
広島～那覇	ANA	上下各2	2:00	1:45	12,540円～
岩国～那覇	ANA	上下各2	2:05	1:45	12,540円～
高松～那覇	ANA	上下各2	2:05	1:50	13,540円～
松山～那覇	ANA	上下各1	1:50	1:45	12,240円～
福岡～那覇	JTA	上下各6	1:40	1:40	11,680円～
	ANA/SNA	上下各8～10 (内1便SNA)	1:45	1:45	11,680円～
	SKY	上下各3	1:40	1:45	5,200円～
	ピーチ	上下各4	1:50	1:55	4,990円～
福岡～下地	SKY	上下各1* *7/1～8/31のみ運航	1:55	2:00	8,800円～
福岡～石垣	ピーチ	上下各1	2:05	2:15	6,990円～
熊本～那覇	ANA	上下各1	1:35	1:30	10,840円～
宮崎～那覇	SNA	上下各1	1:35	1:25	13,040円～
鹿児島～那覇	SNA	上下各2	1:35	1:20	15,440円～

本土～奄美群島の直行便

下…本土→奄美群島便　上…奄美群島→本土便

航路	航空会社	一日の便数	所要時間 (下)本土→	所要時間 (上)→本土	参考片道運賃
東京(羽田)～奄美大島	JAL	上下各1	2:25	1:55	22,480円～
東京(成田)～奄美大島	ピーチ	上下各1* *4/1～6/30の火・水・木は運航しない	2:40	2:15	6,890円～
大阪(関西)～奄美大島	ピーチ	上下各1* *7/1～9/30のみ運航	1:50	1:35	4,990円～
大阪(伊丹)～奄美大島	JAL	上下各1～2* *8/1～8/27のみ2便	1:45	1:30	10,900円～
福岡～奄美大島	J-AIR	上下各1	1:10	1:10	10,340円～
鹿児島～奄美大島	JAC/J-AIR	上下各7～8	0:55	0:50	9,900円～
	SKY	上下各1	1:00	0:55	5,800円～
大阪(伊丹)～徳之島	JAL	上下各1* *8/10,8/18のみ運航(他の日は鹿児島、奄美経由利用)	1:55	1:50	40,160円～
鹿児島～徳之島	JAC/J-AIR	上下各4～5	1:00	0:55	11,880円～
鹿児島～喜界島	JAC/JAL/ANA	上下各2	1:10	1:05	10,670円～
鹿児島～沖永良部島	JAC	上下各3～4	1:25	1:20	13,640円～
鹿児島～与論島	JAC	上下各1	1:40	1:30	14,410円～

那覇～沖縄の島々・奄美の島々 の便

航路	航空会社	一日の便数	所要時間	片道運賃
那覇～与論島	RAC/JAC	与論行0～2／那覇行2～3	40分	12,230円～
那覇➡奄美大島	RAC/JAC	奄美大島行のみ1 *那覇直行便なし、与論島で乗継	60分	15,860円～
那覇～沖永良部島	JAC	沖永良部行1／那覇行1	50分	11,240円～
那覇～久米	JTA/RAC/JAL	久米行6／那覇行6～7	35分	5,630円～
那覇～宮古	JTA/RAC	宮古行9／那覇行9 JTA各8便／RAC各1便	55分	5,410円～
	ANA	宮古行3～5／那覇行3～5	50分	5,410円～
那覇～みやこ下地島	SKY	下地島行1／那覇行1	50分	5,500円～
那覇～石垣	JTA/RAC	石垣行7／那覇行8	60分	5,410円～
	ANA/SNA	石垣行6～8／那覇行7～8 SNA各2便	60分	5,340円～
那覇～与那国	RAC	与那国行2／那覇行1	80分	12,670円～
那覇～北大東	RAC	月・金・土・日の北大東行1 火・水・木のみ北大東行1 *7/31までの運航日 ☆2024/8/1からは、毎日上下1便の運航になります。	60分	13,330円～
那覇～南大東	RAC	南大東行1～2／那覇行1～2 ☆2024/8/1からは、毎日上下1便の運航になります。	60分	13,330円～
那覇～粟国	第一航空 ●	月・水・土のみ1往復	30分	8,000円～

★月により追加便があり、運航予定はホームページ等で確認 https://www.dai1air.com

沖縄の離島・与論・奄美の島々間の便

航路	航空会社	一日の便数	所要時間	片道運賃
北大東～南大東	RAC	月・金・土・日の南大東行1 火・水・木の北大東行1 ☆2024年7/31までの運航／8月からは南北をつなぐ飛行機の運航はなくなります。	20分	6,490円～
宮古～石垣	RAC	石垣行2～3／宮古行2～3	30分	11,990円～
宮古～多良間	RAC	多良間行2／宮古行2	25分	6,490円～
石垣～多良間 ●	第一航空	月・土のみ多良間行1／石垣行1	30分	14,000円～
石垣～波照間	第一航空	月・水・土のみ波照間行1／石垣行1	30分	14,000円～
石垣～与那国	RAC	与那国行3／石垣行4	30分	8,690円～
奄美大島➡与論島	JAC	与論行のみ1 *奄美大島へは、鹿児島又は那覇を経由	45分	10,670円～
奄美大島～徳之島	JAC	徳之島行2／奄美大島行2	30分	7,590円～
奄美大島～喜界島	JAC	喜界島行2／奄美大島行2	20分	5,390円～
沖永良部～徳之島	JAC	徳之島行1／沖永良部行1	30分	5,830円～

●第一航空の予約は…ホームページ https://www.dai1air.com 又は電話にて
（決済は当日窓口）　那覇発☎098-859-5531　石垣発☎0980-86-8700

ひとくちメモ

飛行機・船

船 本土〜奄美〜那覇 運航表・料金

＊スケジュールは、2024年2月末現在のものです。
＊運賃は、消費税を含んだものです。運賃に燃料油価格調整金は含まれておりません。

【注意】 船の運航は、天候・海洋状況などにより、寄港地・入出港時刻が変更になる場合や抜港（寄港できないこと）・欠航になる場合があるので、必ず事前に確認をしましょう。

マルエーフェリー 鹿児島〜奄美・与論・沖縄（那覇港）

●マルエーフェリー鹿児島航路予約センター ☎099-226-4141

★フェリーあけぼの 〈下り便〉

鹿児島新港発（奄美各島・沖縄向け出港日）
4月 2・6・10・14・18・22・26・30
5月 4・8・12・16・20・24・28
6月 ドック・13・17・21・25・29
7月 3・7・11・15・19・23・27・31
8月 4・8・12・16・20・24・28
9月 1・5・8・11・14・18・22・26・29
10月 2・5・8・12・16・20・24・28
11月 1・5・9・13・17・21・25・28
12月 1・4・7・11・15・19・23・27・31
1月 4・8・12・16・20・24・28
2月 1・5・9・13・17・21・25
3月 -

★フェリー波之上 〈下り便〉

鹿児島新港発（奄美各島・沖縄向け出港日）
4月 4・8・12・16・20・24・28
5月 2・6・10・14・18・22・26・30
6月 2・5・8・11・15・19・23・27
7月 1・5・9・13・17・21・25・29
8月 2・6・10・14・18・22・26・30
9月 3・ドック・16・20・24・27・30
10月 4・8・12・16・20・24・28
11月 3・7・11・15・19・23・27・30
12月 3・6・9・13・17・21・25・29
1月 2・6・10・14・18・22・26・30
2月 3・7・11・15・19・23・27
3月 3・7・11・15・19・23・27・31

★フェリーあけぼの 〈上り便〉

那覇港・本部港及び奄美各島（鹿児島向け出港日）
4月 4・8・⑫・16・20・24・28
5月 ②・6・10・14・18・22・26・30
6月 ドック・15・19・23・27
7月 1・⑤・9・13・17・21・25・29
8月 ②・6・10・14・18・22・26・㉚
9月 3・7・10・13・16・⑳・24・28
10月 1・4・7・10・14・⑱・22・26・30
11月 3・7・11・⑮・19・23・27・30
12月 3・6・9・13・17・21・25・29
1月 2・6・10・14・18・22・26・30
2月 3・7・11・15・19・23・27
3月 3・7・11・15・19・23・27・31

★フェリー波之上 〈上り便〉

那覇港・本部港及び奄美各島（鹿児島向け出港日）
4月 2・6・10・14・18・22・㉖・30
5月 4・8・12・16・20・㉔・28
6月 1・4・7・11・14・17・㉑・25・29
7月 3・7・11・15・⑲・23・27・31
8月 4・8・12・⑯・20・24・28
9月 1・5・ドック・18・22・26・29
10月 2・5・8・12・16・20・24・28
11月 ①・5・9・13・17・21・25・29
12月 2・5・8・11・15・19・23・27・31
1月 4・8・12・16・20・24・28
2月 1・5・9・13・17・21・25
3月 1・5・9・13・17・㉑・25・29

※○は屋久島寄港便。

マリックスライン 鹿児島〜奄美・与論・沖縄（那覇港）

●マリックスライン予約 ☎099-225-1551 （鹿児島）

★クイーンコーラルプラス 〈下り便〉

鹿児島新港発（奄美各島・沖縄向け出港日）
4月 1・5・9・13・17・21・25・29
5月 3・7・11・15・19・23・27・31
6月 3・6・9・12・16・20・24・28
7月 2・6・10・14・18・22・26・30
8月 3・7・11・15・19・23・27・31
9月 4・7・10・13・17・21・25・28
10月 1・4・7・11・15・19・23・27・31
11月 4・8・12・16・20・24・ドック
12月 ドック・10・14・18・22・26・30
1月 3・7・11・15・19・23・27・31
2月 4・8・12・16・20・24・28
3月 4・8・12・16・20・24・28

★クイーンコーラルクロス 〈下り便〉

鹿児島新港発（奄美各島・沖縄向け出港日）
4月 3・7・11・15・19・23・27
5月 1・5・9・13・17・21・25・29
6月 1・4・7・10・14・18・22・26・30
7月 4・8・12・16・20・24・28
8月 1・5・9・13・17・21・25・29
9月 2・6・9・12・15・19・23・ドック
10月 ドック・9・13・17・21・25・29
11月 2・6・10・14・18・22・26・29
12月 2・5・8・12・16・20・24・28
1月 1・5・9・13・17・21・25・29
2月 2・6・10・14・18・22・26
3月 2・6・10・14・18・22・26・30

★クイーンコーラルプラス 〈上り便〉

那覇港・本部港及び奄美各島（鹿児島向け出港日）
4月 3・7・11・15・19・23・27
5月 1・5・9・13・17・21・25・29
6月 2・5・8・11・14・18・22・26・30
7月 4・8・12・16・20・24・28
8月 1・5・9・13・17・21・25・29
9月 2・6・9・12・15・19・23・27・30
10月 3・7・11・15・19・23・27・31
11月 2・6・10・14・18・22・26・ドック
12月 ドック・12・16・20・24・28
1月 2・6・10・14・18・22・26・30
2月 2・6・10・14・18・22・26
3月 2・6・10・14・18・22・26・30

★クイーンコーラルクロス 〈上り便〉

那覇港・本部港及び奄美各島（鹿児島向け出港日）
4月 1・5・9・13・17・21・25・29
5月 3・7・11・15・19・23・27・31
6月 3・6・9・13・16・20・24・28
7月 2・6・10・14・18・22・26・30
8月 3・7・11・15・19・23・27・31
9月 4・8・11・14・17・21・25・ドック
10月 ドック・11・15・19・23・27・31
11月 4・8・12・16・20・24・28
12月 1・4・7・10・14・18・22・26・30
1月 4・8・12・16・20・24・28
2月 1・5・9・13・17・21・25
3月 4・8・12・16・20・24・28

フェリーあけぼの・フェリー波之上 クイーンコーラルプラス・クイーンコーラルクロス 共通時刻表・運行航路

下り便 名瀬着は2日目

寄港地	〈鹿児島県〉鹿児島新港	奄美大島 名瀬	〈徳之島〉亀徳	〈沖永良部島〉和泊	〈与論島〉与論	〈沖縄本島〉本部	〈沖縄本島〉那覇港
入港時間		05:00	09:10	11:30	13:40	16:40	19:00入港
出港時間	出港18:00	05:50	09:40	12:00	14:10	17:10	

上り便 鹿児島着は2日目

寄港地	〈沖縄本島〉那覇港	〈沖縄本島〉本部	〈与論島〉与論	〈沖永良部島〉和泊	〈徳之島〉亀徳	奄美大島 名瀬	〈鹿児島県〉鹿児島新港
入港時間		09:00	11:50	14:10	16:00	20:30	入港08:30
出港時間	出港07:00	09:20	12:10	14:40	17:00	21:20	

※屋久島寄港便は名瀬港出港後、宮之浦港（屋久島）に寄港し、鹿児島新港に入港します。
屋久島寄港便は鹿児島新港に09：00に入港します。

※ドック…船の点検のことです。

※鹿児島航路船…マルエーフェリーのフェリーあけぼの、フェリー波之上の運航予定日以外は、マリックスラインのクイーンコーラルプラス、クイーンコーラルクロスが運航されています。

●フェリーあけぼの・フェリー波之上、クイーンコーラルプラス・クイーンコーラルクロスの鹿児島発着は「鹿児島新港」です

■マルエーフェリー予約・問合せ先
●鹿児島新港 新港待合所 ☎099-226-4141
●鹿児島本港 北埠頭ターミナル ☎099-222-2338
●名瀬港 船客待合所 ☎0997-53-2111
●与論港 船客待合所事務所 ☎0997-97-3251
●沖縄本部港 船客待合所 ☎0980-47-3801
●沖縄那覇港 船客待合所 ☎098-861-1886
https://www.aline-ferry.com/

■マリックスライン予約・問合せ先
●鹿児島営業部 ☎099-225-1551
●鹿児島切符発売所（エムオーフェリーサービス）
☎099-225-1554
●東京 ☎03-3511-3750
●沖縄 ☎098-862-8774
●与論島（龍野運送店）☎0997-97-3151
●本部（トランスネット沖縄 本部営業所）
☎0980-51-6630
●那覇（那覇港ターミナル内／トランスネット沖縄）
旅客 ☎098-868-9098
https://www.marixline.com

フェリーあけぼの 約8,083トン（マルエーフェリー）

〈船内に持ち込める手荷物〉1人重量30kg以下でスーツケース2個程度の大きさのものまで持ち込みOK。それ以上は、受託手荷物料（鹿児島〜那覇 マルエーフェリー520円、マリックスライン1,150円）が必要。〈ペット船内持ち込みについて〉小鳥、小猫、小型犬は、ケージやバスケットに入れたままなら可能（客室には持ち込めない）。ただし、船によりペット室使用料（鹿児島〜那覇1,570円）や受託手荷物料が必要。小型犬以上は貨物扱いです。

奄美海運 鹿児島（鹿児島本港）〜奄美各島

●奄美海運 予約センター ☎099-222-2338

★フェリーあまみ（2,942トン） 〈下り便〉

鹿児島本港北埠頭発	（奄美各島向け出港日）
4月	1・3・5・ドック・18・22・24・26 29 ※赤字は知名まで
5月	1・3・6・8・10・13・15・17・20 22・24・27・29・31
6月	3・5・7・10・12・14・17・19・21 24・26・28
7月	1・3・5・8・10・12・15・17・20 22・24・26・29・31
8月	2・5・7・9・12・14・16・19・21 23・26・28・30
9月	2・4・6・9・11・13・16・18・20 23・25・27・30

★フェリーきかい（2,551トン） 〈下り便〉

鹿児島本港北埠頭発	（奄美各島向け出港日）
4月	2・4・8・10・12・15・17・19・23 25・30 ※赤字は平土野まで
5月	2・7・9・14・16・21・23・28・30
6月	4・6・11・13・18・20・25・27
7月	2・4・9・11・16・18・23・25・30
8月	1・6・8・13・15・20・22・27・29
9月	3・5・10・12・17・19・24・26

◆フェリーあまみ 運航経路・時刻表〈下り便〉

下り便 喜界着は2日目

寄港地	鹿児島本港北埠頭	喜界	名瀬	古仁屋	平土野	知名
入港時間		04:30	07:00	9:40	12:20	14:50
出港時間	17:30	05:00	07:30	10:00	12:40	

◆フェリーきかい 運航経路・時刻表〈下り便〉

下り便 喜界着は2日目

寄港地	鹿児島本港北埠頭	喜界	名瀬	古仁屋	平土野	知名
入港時間		04:30	07:00	9:40	12:20	14:50
出港時間	17:30	05:00	07:30	10:00	12:40	

★フェリーあまみ 〈上り便〉

奄美各島発	（鹿児島向け出港日）
4月	2・4・6・ドック・19・23・25 27・30 ※赤字は知名まで
5月	2・4・7・9・11・14・16・18・21 23・25・28・30
6月	1・4・6・8・11・13・15・18・20 22・25・27・29
7月	2・4・6・9・11・13・16・18・20 23・25・27・30
8月	1・3・6・8・10・13・15・20・22 24・27・29・31
9月	3・5・7・10・12・14・17・19・21 24・26・28

★フェリーきかい 〈上り便〉

奄美各島発	（鹿児島向け出港日）
4月	3・5・9・11・13・16・18・20・24 26 ※赤字は平土野まで
5月	1・3・8・10・15・17・22・24・29 31
6月	5・7・12・14・19・21・26・28
7月	3・5・10・12・17・19・24・26・31
8月	2・7・9・14・16・21・23・28・30
9月	4・6・11・13・18・20・25・27

◆フェリーあまみ 運航経路・時刻表〈上り便〉

上り便 鹿児島着は2日目

寄港地	平土野	古仁屋	名瀬	喜界	鹿児島本港北埠頭
入港時間		15:10	17:50	20:30	08:30
出港時間	12:50	15:30	18:20	21:00	

※4/19は知名便と同じ時間帯で運航します。

◆フェリーきかい 運航経路・時刻表〈上り便〉

上り便 鹿児島着は2日目

寄港地	知名	平土野	古仁屋	名瀬	喜界	鹿児島本港北埠頭
入港時間				19:55	22:20	10:20
出港時間	15:05	（寄港しません）		20:15	22:50	

※4/11,4/13,4/16,4/18,4/20は平土野便と同じ時間帯で運航します。

●フェリーあまみ・フェリーきかいの鹿児島発着は「鹿児島本港北埠頭」です
　※10月以降のスケジュールは6月頃に発表されるのでホームページ等で確認しよう。

■船の乗船チケット購入について

★旅客・車の予約は、乗船日より1ヶ月前の同日（営業日）から可能。
★最寄りの全国の旅行代理店で購入できる。
★WEB予約はWILLER TRAVELのサイトより可能（1ヶ月前から3日前の9:00まで）
★クレジットカードでの支払いはマルエーフェリー、マリックスラインの窓口でのみ利用可能。
★特等や車両乗船の場合は必ず予約しよう。
★閑散期は予約なしで乗船できるが、予約をしたほうが安心確実。
　多客期（GW・夏休み・年末年始）は予約で満席となる為、必ず予約をすること。
●学生割引…片道101km以上2等旅客運賃に適用、2割引（10円未満は切上）。所属の学校交付の「旅客運賃割引証」の提示の他、学生証・生徒手帳（顔写真付）、在学証明証の提示・提出でも対応します。
●一般往復割引…往復同時購入の場合、同一区間、同等級に限り復路10％割引。（但し、奄美群島間、沖縄本島間は適用なし）14日間有効。

【奄美・沖縄交流割引】
2024年4月1日〜2025年3月31日まで奄美群島振興交付金を活用し鹿児島県と沖縄県の連帯事業により、マルエーフェリー、マリックスラインの大人運賃（特等、1等、2等運賃）が、割引されます。
【奄美群島間割引】も同じ期間、対象の旅客、運賃で奄美群島振興交付金を活用した運賃割引があります。
詳しくはフェリー会社に問い合せかホームページ参照。

区間	奄美・沖縄交流割引		奄美群島間割引
	名瀬〜本部 名瀬〜那覇 亀徳〜本部 亀徳〜那覇	和泊〜本部 和泊〜那覇 与論〜本部 与論〜那覇	奄美大島〜 与論島 群島間
割引額	2,030円	1,420円	800円

■マルエーフェリー・マリックスライン 旅客運賃・料金表

片道運賃（単位／円）

＊消費税10%含む
＊燃料油価格変動調整金要別途

港名等級	鹿児島新港							
特等	23,050	名瀬（奄美大島）						
1等	18,440							
2等寝台	13,830							
2等	9,220							
特等	28,550	7,600	亀徳（徳之島）					
1等	22,840	6,080						
2等寝台	17,700	4,720						
2等	11,420	3,040						
特等	31,430	11,530	3,900	和泊（沖永良部島）				
1等	25,140	9,220	3,120					
2等寝台	18,850	7,330	2,290					
2等	11,420	4,610	1,560					
特等	34050	14,680	7,080	3,680	与論（与論島）			
1等	27,240	11,740	5,660	2,940				
2等寝台	19,900	9,220	4,510	2,100				
2等	13,620	5,870	2,830	1,470				
特等	34,830	20,180	13,100	10,450	7,330	本部（沖縄本島）		
1等	27,860	16,140	10,080	8,360	5,860			
2等寝台	20,210	11,420	7,960	5,860	3,660			
2等	13,930	8,070	5,240	4,180	2,930			
特等	37,200	24,380	17,030	14,400	10,730	4,980	那覇（沖縄本島）	
1等	29,760	19,500	13,620	11,520	8,580	3,980		
2等寝台	21,160	14,360	10,160	8,480	5,970	2,720		
2等	14,880	9,750	6,810	5,630	4,290	1,990		

●子供料金…小児（小学生）は、大人の運賃及び料金の半額（10円未満は四捨五入）。
幼児は大人1人につき、1人に限り無料（添い寝）。1人を越える場合は半額。1歳未満の乳児は無料。
※往復割引、学生割引については、左下記参照。

■マルエーフェリー・マリックスライン 自転車・単車運賃表

片道運賃（単位／円）　＊消費税10%含む

港名種別	鹿児島新港						
自転車	1,730	名瀬（奄美大島）					
原付	3,450						
自動二輪	4,330						
自転車	2,650	1,020	亀徳（徳之島）				
原付	5,300	2,040					
自動二輪	6,630	2,540					
自転車	2,650	1,020	870	和泊（沖永良部島）			
原付	5,300	2,040	1,730				
自動二輪	6,630	2,540	2,170				
自転車	2,650	1,730	1,020	710	与論（与論島）		
原付	5,300	3,450	2,040	1,430			
自動二輪	6,630	4,330	2,540	1,780			
自転車	2,900	1,730	1,730	1,020	870	本部（沖縄本島）	
原付	5,810	3,450	2,040	2,040	1,730		
自動二輪	7,250	4,330	2,540	2,540	2,170		
自転車	2,900	1,730	1,730	1,020	870	那覇（沖縄本島）	
原付	5,810	3,450	3,450	2,040	2,040	1,730	
自動二輪	7,250	4,330	2,540	2,540	2,540	2,170	

※旅客の手荷物の扱いなので、乗船券を提示のこと。乗船しない場合は、貨物扱いになるので料金は、要問合せ。
※手続きは鹿児島新港は出港1時間前、その他の港は30分前までに行ってください。
※手荷物預け料（那覇〜ヨロン間、マルエーフェリー310円、マリックスライン690円）

燃料油価格変動調整金

利用の際は運賃額に『燃料油価格変動調整金』が加算される。
燃料油価格は変動するため、乗船日に有効な金額が適応されるので確認しよう。

■奄美海運 旅客運賃・料金表

片道運賃（単位／円）

＊消費税10%含む
＊燃料油価格変動調整金要別途

港名等級	鹿児島本港				
1等	18,440	喜界（喜界島）			
2等寝台	12,220				
2等和室	9,220				
1等	18,440	7,320	名瀬（奄美大島）		
2等寝台	12,220	4,660			
2等和室	9,220	3,660			
1等	21,160	11,100	4,400	古仁屋（奄美大島）	
2等寝台	13,580	6,550	3,200		
2等和室	10,580	5,040	3,200		
1等	22,840	13,200	6,080	5,240	平土野（徳之島）
2等寝台	14,420	7,600	4,040	3,620	
2等和室	11,420	6,600	3,040	2,620	
1等	25,140	15,920	8,160	3,120	知名（沖永良部島）
2等寝台	15,570	8,960	5,610	5,080	2,560
2等和室	12,570	7,960	4,610	4,080	1,560

●子供料金…小児（小学生）は、大人の運賃及び料金の半額（10円未満は四捨五入）。
幼児は大人1人につき、1人に限り無料（添い寝）。1人を越える場合は半額。1歳未満の乳児は無料。
※往復割引、学生割引については、左記参照。

<屋久島に下船できるマルエーフェリー>これまで奄美と屋久島を直接結ぶ航路はなく、沖縄・奄美と屋久島の往来は、鹿児島本土を経由する必要があったが、マルエーフェリーの「フェリー波之上」「フェリーあけぼの」那覇発鹿児島行き上り便のみに屋久島に下船できる新航路ができ、2024年度は15航海を予定している。（12月〜2月は寄港なし）運航日の3日前までに事前予約が必須。予約・問い合わせはマルエーフェリー(株)旅客部　099-226-4141

飛行機・船

林檎プロモーション 沖縄&旅関係 発刊物のお知らせ

全国安い宿情報

2025年版（定価727円＋税／A5判）は2024年7月発売予定
★全国の素泊5,500円以下（地域により6,600円以下）のリーズナブルな宿5,000軒以上を掲載。ビジネス・家族旅行・一人旅に!

カベルナリア吉田の 沖縄バカ一代

2011年4月21日発売 絶賛発売中!
定価：1,430円（税10%）
A5判224ページ
★沖縄に通いつめた沖縄バカ・カベっちのへんてこで怪しい爆笑沖縄ネタ満載!

さすらいの 沖縄伝承男

カベルナリア吉田著／絶賛発売中!
定価：1,540円（税10%）
A5判200ページ
★JTAの人気機内誌「コーラルウェイ」で4年間連載した体当たり取材シリーズ書籍化! この取材はスゴイ!

サバニ 旅をする舟

写真・文：村山嘉昭（むらやまよしあき）
2016年8月1日発売
定価：1,800円（税10%）
A5判120ページ
★沖縄には昔からサバニで漁をしたり外国まで旅をする文化があります

何度行っても 変わらない沖縄

カベルナリア吉田 著
2018年7月24日発売
定価：1,650円（税10%）
A5判224ページ
第4回斎藤茂太賞候補作品

アダンの葉で編む 琉球パナマ帽 の作り方 木村麗子著

沖縄では身近にある植物アダンで作る帽子。この美しい手仕事を残していくために、この本を作りました。
定価1,700円＋税／A4判36ページ

西表島の旅 徹底ガイド 電子書籍版 窪田和人著

25年間、315日西表島を旅して、西表島の楽しみ方をアドバイス。これと離島情報で完璧な旅を。
2023年7月7日発売／定価700円＋税／121ページ（毎年改定予定）

編集後記　五感で記憶する旅の一瞬

　毎回沖縄・奄美に宝探しの旅に出る。今回の自分にとっての宝物上位は?　第3位→西表島の滝でドリップコーヒーを入れてもらい飲んだこと（時間に余裕がある時だけらしい）。これ、自分だけの滝とヤル気さえあればできると思うけど、めちゃハードル高いよね。

　第2位、小浜島の超絶景サウナ。これはもう絶対一生の思い出レベル。風景と温度と風、飲み物の冷たさ美味しさ、とかの感じが身体に焼き付いていて、いつでも思い出して反芻したくなる。サウナー（サウナ愛好家）のハマる気持ちがわかったかも?

　そして第1位は沖永良部島で辿り着いたビーチロック（大津勘海岸）って場所。地図に書いてあるのに全然場所がわからず、うろうろしていたら、木製の標識が朽ち果てて草むらに落ちてるのを発見して、右か左か、というマンガみたいな展開。

　こっちだろう! というのが当たって辿り着けたのが嬉しかった。そしてその浜の「砂粒が自然に固まって岩になる」様が見てわかるところがすごかった。

　入口の説明板にビーチロックの意味が書いてあるからこそわかる不思議さ。知識は感動を産み出すね、とあらためて思った。

　印象に強く残るのは、偶然の出会いのタイミング。

写真家　北島清隆 きたじま・きよたか

〈プロフィール〉1966年生まれ　東京都出身　86年に八重山諸島の小浜島を訪れた際、その美しい自然に魅せられて東京から移住し36年目。沖縄の島々を中心に南の島々、海と島と空の彩りをテーマに風景や水中、リゾートイメージなどの写真や映像を撮影。作品は広告やポスター、雑誌、Web、写真展などで発表している。沖縄のすべての有人島と数多くの無人島への上陸撮影を果たし、2016年6月「秘密の沖縄スポットガイド」（エクスナレッジ刊）を発売。2021年、新作写真集「Ishigaki Is.」を林檎プロモーションより発売。日本広告写真家協会正会員。

FOLLOW! Instagram

【表紙の写真】表紙写真：無人島嘉比島のビーチ
（正面に見えるのは安座名敷島）
撮影協力：マリンショップアイリー座間味（座間味島）

沖縄・離島情報 2025

おきなわ　りとう　じょうほう

（1980年創刊）
本体1,000円＋税

発行日　2024年3月31日
定　価　本体1,000円＋税

発売元　株式会社 林檎プロモーション
〒408-0036 山梨県北杜市長坂町中丸4466
TEL.0551-32-2663 FAX.0551-32-6808
e-mail　ringo@ringo.ne.jp

印刷製本　シナノ印刷株式会社

ISBN978-4-906878-88-8

沖縄・離島情報 電子書籍版のお求めは Amazon kindle で

沖縄・離島情報
facebookページ

[編集人]──────── 窪田　和人
[写真]──────── 北島　清隆
加藤　朋成（KIRARI）
竹澤　雅文
柳橋　道一（西表島）
古谷　千佳子
荻原　健太

[取材・執筆]──────── 窪田　和人
カベルナリア吉田
飯塚　みどり
呉屋　博典（すば人呉屋親方）
YUKO
比嘉　陽子
大久保　順子

松本　壮
阿部　保智（しまかぜ）
加藤　祐子
笹原　陽一
愛川　直樹（アナタビ宮古島）
川口　聖加（声楽家）

[編集・デザイン]──────── YUKO
窪田　和人
小林　和佐
中嶋　なつき

[クリエイティブスタッフ]

[久米島写真協力]　久米島町観光協会
[奄美写真協力]　奄美群島観光物産協会
[徳之島写真協力]　徳之島観光連盟
[沖永良部島写真協力]　おきのえらぶ島観光協会
[WEB動画制作]　笹原　陽一